U0330188

杜威全集

John Dewey

1882—1953

复旦大学杜威与美国哲学研究中心　组译

杜威全集

补遗卷

非现代哲学与现代哲学

孙宁　译

华东师范大学出版社

UNMODERN PHILOSOPHY AND MODERN PHILOSOPHY
by John Dewey
edited and with an introduction by Phillip Deen; with a foreword by Larry A. Hickman
Copyright © 2012 by the board of Trustees, Southern Illinois University
Published by agreement with Southern Illinois University Press, 1915 University Press Drive, Carbondale, Illinois 62901, USA
Simplified Chinese translation copyright © 2017 by East China Normal University Press
All rights reserved.

上海市版权局著作权合同登记　图字:09-2013-389号

《杜威全集》中文版编辑委员会

主　编　刘放桐

副主编　俞吾金　童世骏　汪堂家（常务）

编辑委员会（按姓氏笔画排序）

万俊人	冯　俊	江　怡	孙有中
刘放桐	朱志方	朱杰人	张国清
吴晓明	陈亚军	汪堂家	沈丁立
赵敦华	俞吾金	韩　震	童世骏

目　录

中文版序

《杜威全集》中文版终于由华东师范大学出版社出版了。作为这一项目的发起人，我当然为此高兴，但更关心它能否得到我国学界和广大读者的认可，并在相关的学术研究中起到预期作用。后者直接关涉到对杜威思想及其重要性的合理认识，这有赖专家们的研究。我愿借此机会，对杜威其人、其思想的基本倾向和影响，以及研究杜威哲学的意义等问题谈些看法，以期抛砖引玉。考虑到中国学界以往对杜威思想的消极方面谈论得很多，大家已非常熟悉，我在此就主要谈其积极方面，但这并非认为可以忽视其消极方面。

一、杜威其人

约翰·杜威(John Dewey，1859—1952)是美国哲学发展中最有代表性的人物。他不仅进一步阐释并发展了由皮尔士创立、由詹姆斯系统化的实用主义哲学的基本理论，而且将其运用于社会、政治、文化、教育、伦理、心理、逻辑、科学技术、艺术、宗教等众多人文和社会科学领域的研究，并在这些领域提出了重要创见。他在这些领域的不少论著，被西方各该领域的专家视为经典之作。这些论著不仅对促进这些领域的理论研究起到过重要的作用，在这些领域的实践中也产生过深刻的影响。杜威由此被认为是美国思想史上最具影响的学者，甚至被认为是美国的精神象征；在整个西方世界，他也被公认是 20 世纪少数几个最伟大的思想家之一。

杜威出生于佛蒙特州伯灵顿市一个杂货店商人家庭。他于 1875 年进佛蒙特大学，开始受到进化论的影响。1879 年，他毕业后先后在一所中学和一所乡村学校教书。在这期间,他阅读了大量的哲学著作,深受当时美国圣路易黑格尔学派刊物《思辨哲学杂志》的影响。1882 年,他在该刊发表了《唯物主义的形而上学假定》和《斯宾诺莎的泛神论》两文,很受鼓舞,从此决定以哲学为业。同年,他成了约翰·霍普金斯大学的哲学研究生,在此听了皮尔士的逻辑讲座,不过当时对他影响最大的是黑格尔派哲学家莫里斯(George Sylvester Morris)和实验心理学家霍尔(G. Stanley Hall)。两年后,他以《康德的心理学》论文取得哲学博士学位。

1884 年,杜威到密歇根大学教哲学,在该校任职 10 年(其间,1888 年在明尼苏达大学)。初期,他的哲学观点大体上接近黑格尔主义。他对心理学研究很感兴趣,并使之融化于其哲学研究中。这种研究,促使他由黑格尔主义转向实用主义。在这方面,当时已出版并享有盛誉的詹姆斯的《心理学原理》对他产生了强烈的影响。杜威对心理学的研究,又促使他进一步去研究教育学。他主张用心理学观点去进行教学,并认为应当把教育实验当作哲学在实际生活中的运用的重要内容。

1894 年,杜威应聘到芝加哥大学,后曾任该校哲学系主任。他在此任教也是 10 年。1896 年,他在此创办了有名的实验学校。这个学校抛弃传统的教学法,不片面注重书本,而更为强调接触实际生活;不片面注重理论知识的传授,而更为强调实际技能的训练。杜威后来所一再倡导的"教育就是生活,而不是生活的准备"、"从做中学"等口号,就是对这种教学法的概括。杜威在芝加哥时期,已是美国思想界一位引人注目的人物。他团聚了一批志同道合者(包括在密歇根大学就与他共事的塔夫茨、米德),形成了美国实用主义运动中著名的芝加哥学派。杜威称他们共同撰写的《逻辑理论研究》(1903 年)一书是工具主义学派的"第一个宣言"。此书标志着杜威已从整体上由黑格尔主义转向了实用主义。

从 1905 年起,杜威转到纽约哥伦比亚大学任教,直到 1930 年以荣誉教授退休。他以后的活动也仍以该校为中心。这一时期不仅是他的学术活动的鼎盛期(他的大部分有代表性的论著都是在这一时期问世的),也是他参与各种社会和政治活动最频繁且声望最卓著的时期。他把两者有机地结合在一起。他对各种社会现实问题的评论和讲演,往往成为他的学术活动的重要组成部分。从 1919 年起,杜威开始了一系列国外讲学旅行,到过日本、墨西哥、俄罗斯、土耳其等国。"五四"前夕,他到了中国,在北京、南京、上海、广州等十多个城市作过系列讲演,于 1921 年 7 月返美。

杜威一生出版了40种著作，发表了700多篇论文，内容涉及哲学、社会、政治、教育、伦理、心理、逻辑、文化、艺术、宗教等多个方面。其主要论著有：《学校与社会》(1899年)、《伦理学》(1908年与塔夫茨合著，1932年修订)、《达尔文主义对哲学的影响》(1910年)、《我们如何思维》(1910年)、《实验逻辑论文集》(1910年)、《哲学的改造》(1920年)、《人性与行为》(1922年)、《经验与自然》(1925年)、《公众及其问题》(1927年)、《确定性的寻求》(1929年)、《新旧个人主义》(1930年)、《作为经验的艺术》(1934年)、《共同的信仰》(1934年)、《逻辑：探究的理论》(1938年)、《经验与教育》(1938年)、《自由与文化》(1939年)、《评价理论》(1939年)、《人的问题》(1946年)、《认知与所知》(1949年与本特雷合著)等等。

二、杜威哲学的基本倾向

杜威在各个领域的思想都与他的哲学密切相关，这不只是他的哲学的具体运用，有时甚至就是他的哲学的直接体现。我们在此不拟具体介绍他的思想的各个方面和他的哲学的各个部分，仅概略地揭示他的哲学的基本倾向。杜威哲学的各个部分，以及他的思想的各个方面，大体上都可从他的哲学的基本倾向中得到解释。这种基本倾向从其积极意义上说，主要表现为如下三点。

第一，杜威把对现实生活和实践的关注当作哲学的根本意义所在。

在现代西方各派哲学中，杜威哲学最为反对以抽象、独断、脱离实际等为特征的传统形而上学，最为肯定哲学应当面向人的现实生活和实践。如何通过人本身的行为、行动、实践(即他所谓的以生活和历史为双重内容的经验)来妥善处理人与其所面对的现实世界(自然和社会环境)，以及人与人之间的关系，是杜威哲学最为关注的根本问题。杜威哲学从不同的角度来说有着不同的名称，例如，当他强调实验和探究的方法在其哲学中的重要意义时，称其哲学为实验主义(experimentalism)；当他谈到思想、观念的真理性在于它们能充当引起人们的行动的工具时，称其哲学为工具主义(Instrumentalism)；当他谈到经验的存在论意义，而经验就是作为有机体的人与其自然环境的相互作用时，称其哲学为经验自然主义(empirical naturalism)。贯彻于所有这些称呼的概念是行动、行为、实践。杜威哲学的各个方面，都在于从实践出发并引向实践。这并不意味着实践就是一切。实践的目的是改善经验，即改善人与其自然和社会环境的关系，一句话，改善人的生活和生存条件。

杜威对实践的解释当然有片面性。例如，他没有看到人类的物质生产活动在人的实践中的基础作用，更没有科学地说明实践的社会性；但他把实践看作是全部哲学研究的核心，认为存在论、认识论、方法论等问题的研究都不能脱离实践，都具有实践的意义，且在一定意义上是合理的。

值得一提的是：与胡塞尔、海德格尔等人通过曲折的道路返回生活世界不同，与只关注逻辑和语言意义分析的分析哲学家也不同，杜威的哲学直接面向现实生活和实践。杜威一生在哲学上所关注的，不是去建构庞大的体系，而是满腔热情地从哲学上探究人在现实生活和实践各个领域所面临的各种问题及其解决办法。在杜威的全部论著中，关于政治、社会、文化、教育、心理、道德、价值、科学技术、审美和宗教等多个领域的具体问题的论述占了绝大部分。他的哲学的精粹和生命力，大多是在这些论述中表现出来的。

第二，杜威的哲学改造适应和引领了西方哲学由近代到现代转向的潮流。

19 世纪中期以来，西方哲学发展出现了根本性的变更，以建构无所不包的体系为特征的近代哲学受到了广泛的批判，以超越传统的实体性形而上学和二元论为特征的现代哲学开始出现，并越来越占主导地位。多数哲学流派各以特有的方式，力图使哲学研究在不同程度上从抽象化的自在的自然界或绝对化的观念世界返回到人的现实生活世界，企图以此摆脱近代哲学所陷入的种种困境，为哲学的发展开辟新道路。西方哲学由近代到现代的这种转折，不能简单归结为由唯物主义转向唯心主义、由进步转向反动，而是包含了哲学思维方式上一次具有划时代意义的转型。它标志着西方哲学发展到了一个新的、更高的阶段。杜威在哲学上的改造，不仅适应了而且在一定意义上引领了这一转型的潮流。

杜威曾像康德那样，把他在哲学上的改造称为“哥白尼革命”（Copernican revolution）。但他认为康德对人的理智的能动性过分强调，以致使它脱离了作为其存在背景的自然。而在他看来，人只有在其与自然的相互作用中才有能动作用，甚至才能存在。哲学上的真正的哥白尼革命，正在于肯定这种交互作用。如果说康德的中心是心灵，那么杜威的新的中心是自然进程中所发生的人与自然的交互作用。正如地球或太阳并不是绝对的中心一样，自我或世界、心灵或自然都不是这样的中心。一切中心都存在于交互作用之中，都只具有相对的意义。可见，杜威所谓哲学中的哥白尼革命，就是以他所主张的心物、主客、经验自然等的交互作用，或者说人的现实生活和实践来既取代客体中心论，也取代主体中心论。他也是在这种意义上，既反对忽视主体的能动性的旧的唯物主义，又反对忽视自然作为存在的根据和作用的旧的唯心主义。

不是把先验的主体或自在的客体，而是把主客的相互作用当作哲学的出发点；不是局限于建构实体性的、无所不包的体系，而是通过行动、实践来超越这样的体系；不是转向纯粹的意识世界或脱离了人的纯粹的自然界，而是转向与人和自然界、精神和物质、理性和非理性等等都有着无限牵涉的生活世界，这大体上就是杜威哲学改造的主要意义；而这在一定程度上，也正是多数西方哲学由近代到现代转向的主要意义。杜威由此体现和引领了这种转向。

第三，杜威的哲学改造与马克思在哲学上的革命变更存在某些相通之处。

西方哲学从近代到现代的转向与马克思在哲学上的革命变更的政治背景大不相同，二者必然存在原则性区别；但二者发生于大致相同的历史时代，具有共同的历史和文化背景，因而又必然存在相通之处。如果我们能够肯定杜威的哲学改造适应并引领了西方哲学从近代到现代转向的潮流，那就必须肯定杜威的哲学改造与马克思在哲学上的革命变更必然同样既有原则区别，又有相通之处。后者突出地表现在，二者都把实践当作哲学的根本意义而加以强调。马克思正是通过这种强调而得以超越旧唯物主义和唯心主义辩证法的界限，把唯物主义和辩证法有机地统一起来，建立了唯物辩证法。杜威在这些方面与马克思相距甚远。但是，他毕竟用实践来解释经验而使他的经验自然主义超越了纯粹自然主义和思辨唯心主义的界限，并由此提出了一系列超越近代哲学范围的思想。

杜威的经验自然主义并不否定自然界在人类经验以外自在地存在，不否定在人类出现以前地球和宇宙早已存在，而只是认为人的对象世界只能是人所遭遇到（经验到）的世界，这在一定程度上类似于马克思所指的与纯粹自然主义的自在世界不同的人化世界，即现实生活世界。杜威否定唯物主义，但他只是在把唯物主义归结为纯粹自然主义的唯物主义的意义上去否定唯物主义。杜威强调经验的能动性，但他不把经验看作可以离开自然（环境）而独立存在的精神实体或精神力量，而强调经验总是处于与自然、环境的统一之中，并与自然、环境发生相互作用。这与传统的唯心主义经验论也是不同的，倒是与马克思关于主客观的统一和相互作用的观点虽有原则区别，却又有相通之处。

杜威是在黑格尔影响下开始哲学活动的。他在转向实用主义以后，虽然抛弃了黑格尔的绝对唯心主义，甚至也拒绝了黑格尔的辩证法，但是在他的理论中又保留着某些辩证法的要素。例如，他把经验、自然和社会等都看作是统一整体，其间都存在着多种多样的联系；他在达尔文进化论的影响下，明确肯定世界（人类社会和自然界）处于不断进化和发展的过程之中。他所强调的连续性（如经验与自然的连续、人与世界的连续、身心的连续、个人与社会的连续等等）概念，在一定程度上就是统一整体的概念、进化和发展的概念。这种概念虽与马克思的辩证法不能相提并论，但毕竟也有相通之处。

三、杜威哲学的积极影响

杜威实用主义哲学对现实生活和实践的强调，对西方哲学从近代到现代转向的潮流的适应和引领，特别是它在一些重要方面与马克思哲学的相通，说明它在一定程度上体现了时代精神发展的要求。正因为如此，它必然是一种在一定范围内能发生积极影响的哲学。

实用主义在美国的积极影响，可以用美国人民在不长的历史时期里几乎从空地上把美国建设成为世界的超级大国来说明。实用主义当然不是美国唯一的哲学，但它却是美国最有代表性的哲学。实用主义产生以前的许多美国思想家（特别是富兰克林、杰斐逊等启蒙思想家），大多已具有实用主义的某些特征，这在一定意义上为实用主义的正式形成作了思想准备。实用主义产生以后，传入美国的欧洲各国哲学虽然能在美国哲学中占有一席之地，其中分析哲学在较长时期甚至能在哲学讲坛上占有支配地位；但是，它们几乎都毫无例外地迟早被实用主义同化，成为整个实用主义运动的组成部分。当代美国实用主义者莫利斯说：逻辑经验主义、英国语言分析哲学、现象学、存在主义同实用主义“在性质上是协同一致的”，它们“每一种所强调的，实际上是实用主义运动作为一个整体范围之内的中心问题之一”。[①] 就实际影响来说，实用主义在美国哲学中始终占有优势地位。桑塔亚那等一些美国思想家也承认，美国人不管其口头上拥护的是什么样的哲学，但是从他们的内心和生活来说都是实用主义者。只有实用主义，才是美国建国以来长期形成的一种民族精神的象征。而实用主义的最大特色，就是把哲学从玄虚的抽象王国转向人所面对的现实生活世界。实用主义的主旨

---

① Morris, Charles W. *The Pragmatic Movement in American Philosophy*. New York: George Braziller, 1970, p. 148.

就在指引人们如何去面对现实生活世界，解决他们所面临的各种疑虑和困扰。实用主义当然具有各种局限性，人们也可以而且应当从各种角度去批判它，马克思主义者更应当划清与实用主义的界限；但从思想理论根源上说，正是实用主义促使美国能够在许多方面取得成功，这大概是一个不争的事实。

在美国以外，实用主义同样能发生重要的影响。与杜威等人的哲学同时代的欧洲哲学尽管不称为实用主义，但正如莫利斯说的那样，它们同实用主义"在性质上是协同一致的"。如果说它们各自在某些特定方面、在一定程度上体现了现代西方社会的时代特征，实用主义则较为综合地体现了这些特征。换言之，就体现时代特征来说，被欧洲各个哲学流派特殊地体现的，为实用主义所一般地体现了。正因为如此，实用主义能较其他现代西方哲学流派发生更为广泛的影响。

杜威的实用主义在中国也发生过重要的影响。早在"五四"时期，杜威就成了在中国最具影响的西方思想家。从外在原因上说，这是由于胡适、蒋梦麟、陶行知等他在中国的著名弟子对他作了广泛的宣扬；杜威本人在"五四"时期也来华讲学，遍访了中国东西南北十多个城市。这使他的思想为中国广大知识界所熟知。然而，更重要的原因是：他在理论中所包含的科学和民主精神，正好与"五四"时期中国先进知识分子倡导科学和民主的潮流相一致。另外，他的讲演不局限于纯哲学的思辨而尤其关注现实问题，这也与中国先进分子的社会改革的现实要求相一致。正是这种一致，使杜威的理论受到了投入"五四"新文化运动和社会改革的各阶层人士的普遍欢迎，从而使他在中国各地的讲演往往引起某种程度的轰动效应。杜威本人也由此受到很大鼓舞，原本只是一次短期的顺道访华也因此被延长到两年多。胡适在杜威起程回国时写的《杜威先生与中国》一文中曾谈到："我们可以说，自从中国与西方文化接触以来，没有一个外国学者在中国思想界的影响有杜威先生这样大的。我们还可以说，在最近的将来几十年中，也未必有别个西洋学者在中国的影响可以比杜威先生还大的。"①作为杜威的信徒，胡适所作的评价可能偏高。但就其对中国社会的现实层面的影响来说，除了马克思主义者以外，也许的确没有其他现代西方思想家可以与杜威相比。

尽管杜威的实用主义与马克思主义有原则区别，但"五四"时期中国马克思主义者对杜威及其实用主义并未简单否定。陈独秀那时就肯定了实用主义的某

---

① 引自《胡适哲学思想资料选》(上)，上海：华东师范大学出版社，1981年，第181页。

些观点，甚至还成为杜威在广州讲学活动的主持人。1919 年，李大钊和胡适关于“问题与主义”的著名论战，固然表现了马克思主义与实用主义的原则分歧，但李大钊既批评了胡适的片面性，又指出自己的观点有的和胡适“完全相同”，有的“稍有差异”。他们当时的争论并未越出新文化运动统一战线这个总的范围，在倡导科学和民主精神上毋宁说大体一致。毛泽东在其青年时代也推崇胡适和杜威。

“五四”以后，随着国内形势的重大变化，上述统一战线趋向分裂。20 世纪 30 年代后期，由于受到苏联对杜威态度骤变的影响，中国马克思主义者对杜威也近乎于全盘否定了。20 世纪 50 年代中期，为了确立马克思主义在思想文化领域的主导地位，从上而下发动了一场对实用主义全盘否定的大规模批判运动。它在一定程度上达到了预期的政治目的，但在理论上却存在着很大的片面性。当时多数批判论著脱离了杜威等人的理论实际，形成了一种对西方思潮“左”的批判模式，并在中国学术界起着支配作用。从此以后，人们在对杜威等现代西方思想家、对实用主义等现代西方思潮的评判中，往往是政治标准取代了学术标准，简单否定取代了具体分析。杜威等西方学者及其理论的真实面貌就因此而被扭曲了。

对杜威等西方思想家及其理论的简单否定，势必造成多方面的消极后果。其中最突出的有两点：一是使马克思主义及其指导下的思想理论领域在一定程度上与当代世界及其思想文化的发展脱节，使前者处于封闭状态，从而妨碍其得到更大的丰富和发展；二是由于扭曲了马克思主义哲学和现代西方哲学的关系，忽视了二者在某些方面存在的共通之处，在批判杜威哲学等现代西方哲学的名义下扭曲了马克思主义哲学一些最重要的学说，例如关于真理的实践检验、关于主客观统一、关于个人与社会的关系等学说都存在这种情况。这种理论上的混乱导致实践方向上的混乱，甚至在一定程度上导致实践上的挫折。

需要说明的是：肯定杜威实用主义的积极作用并不意味着否定其消极作用，也不意味着简单否定中国学界以往对实用主义的批判。以往被作为市侩哲学、庸人哲学、极端个人主义哲学的实用主义不仅是存在的，而且在一些人群中一直发生着重要的影响。资产阶级庸人、投机商、政客以及各种形式的机会主义者所奉行的哲学，正是这样的实用主义。对这样的实用主义进行坚定的批判，是完全正当的。但是，如果对杜威的哲学作具体研究，就会发觉他的理论与这样的实用主义毕竟有着重大的区别。杜威自己就一再批判了这类庸俗习气和极端个人主义。如果简单地把杜威哲学归结为这样的实用主义，那在很大程度上就是把杜威所批判的哲学当作是他自己的哲学。

四、杜威哲学研究在当代中国的积极意义

改革开放以来，中国政治和思想文化上的“左”的路线得到纠正，哲学研究出现了求真务实的新气象，包括杜威实用主义在内的现代西方哲学研究得到了恢复和发展。以 1988 年全国实用主义学术讨论会为转折点，对杜威等人的实用主义的全盘否定倾向得到了克服，如何重新评价其在中国思想文化建设中的作用的问题也越来越受到学界的关注，对杜威等人的实用主义的研究由此进入了一个新阶段。“五四”时期，由于杜威的学说正好与当时中国的新文化运动相契合，起过重要的积极作用；今天的中国学界，由于对马克思主义哲学和现代西方哲学都已有了更为全面和深刻的理解，对杜威的思想的研究也会更加深入和具体，更能区别其中的精华和糟粕，这对促进中国的思想文化建设会产生更为积极的作用。

对杜威哲学的重新研究在当代中国的积极意义，至少包括如下三个方面：

第一，有利于对马克思主义哲学有更为全面和深刻的理解。

这是因为，杜威哲学和马克思的哲学虽有原则性区别，但二者在一些重要方面有相通之处。这主要表现在二者都批判和超越了以抽象、思辨、脱离实际等为特征的传统形而上学；都强调对现实生活和实践的关注在哲学中的决定性作用；都肯定任何观念和理论的真理性的标准是它们是否经得起实践的检验；都认为科学真理的获得是一个不断提出假设、又不断进行实验的发展过程；都认为社会历史同样是一个不断发展的过程，社会应当不断地进行改造，使之越来越能符合满足人的需要和人的全面发展的目标；都认为每一个人的自由是一切人取得自由的条件，同时个人又应当对社会负责，私利应当服从公益；都提出了使所有人共同幸福的社会理想，等等。在这些方面将马克思主义与杜威的实用主义作比较研究，既能更好地揭示它们作为不同阶级的哲学的差异，又能更好地发现二者作为同时代的哲学的共性，从而使人们既能更好地划清马克思主义和实用主义的界限，又能通过批判地借鉴后者可能包含的积极成果来丰富和发展马克思主义。

第二，有利于对中国传统文化的批判继承。

杜威哲学和中国传统文化有着两种不同的联系。以儒家为代表的中国传统文化是一种前资本主义文化，没有西方资本主义文化的理性主义特质，不会具有因把理性绝对化而导致的绝对理性主义和思辨形而上学等弊端；但未充分经理性思维的熏陶又是中国传统文化的缺陷，不利于自然科学的发展，更不利于人的个性的发展和自由民主等意识的形成。正因为如此，以儒家为代表的中国传统文化往往被历代封建统治阶级神圣化和神秘化，成为他们的意识形态，后者阻碍了中国科学技术的发展、人民的觉醒和社会历史的进步。“五四”新文化运动的主要矛头就是针对儒家文化作为封建意识形态的方面，以此来为以民主和科学精神为特征的新文化开辟道路。杜威哲学正是以倡导民主和科学为重要特征的。杜威来到中国时，正好碰上“五四”新文化运动，他成了这一运动的支持者。他的学说对于批判作为封建意识形态的儒学，自然也起了促进作用。

但是，儒家文化并不等于封建文化；孔子提出的以“仁”为核心的儒学本身并不是统治阶级的意识形态。直到汉武帝实行“罢黜百家，独尊儒术”的政策以后，儒学才取得了独特的官方地位，由此被历代封建帝王当作维护其统治的精神工具。即使如此，也不能否定儒学在学理上的意义。它既可以被封建统治阶级所利用，又能为广大民众所接受，成为他们的生活信念和道德准则。历代学者对儒学的发挥，也都具有这种二重性。正因为如此，儒学除了被封建统治阶级利用外，还能不断发扬光大，成为中华民族宝贵的思想文化遗产。儒学所强调的“以人为本”、“经世致用”、“公而忘私”、“以和为贵”、“己所不欲，勿施于人”等观念，具有超越时代和阶级的普世意义。新文化运动的代表人物并不反对这些观念，而这些观念与杜威哲学的某些观念在一定程度上是相通的。杜威哲学在“五四”时期之所以能为中国广大知识分子接受，在一定程度上正是因为中国文化传统中已有与杜威哲学相通的成分。正因为如此，研究杜威的实用主义思想，对于更清晰地理解儒家思想，特别是分清其中具有普世价值的成分与被神圣化和神秘化的成分，发扬前者，拒斥后者，能起到促进作用。

第三，有利于促进对各门社会人文学科的研究。

杜威的哲学活动的一个突出特点，是他非常自觉地超越纯粹哲学思辨的范围而扩及各门社会人文学科。我们上面曾谈到，在杜威的全部论著中，关于政治、社会、文化、教育、道德、心理、逻辑、科学技术、审美和宗教等各个领域的具体问题的论述占了绝大部分。他不只是把他的哲学观点运用于这些学科的研究，而且是通过对这些学科的研究更明确和更透彻地把他的哲学观点阐释出来。反过来说，他对这些学科的研究都不是孤立地进行的，而是通过其基本哲学观点的具体运用而与其他相关学科联系起来，从而把对这些学科的研究形成为一个有机整体，并由此使他对这些学科的研究可能具有某些独创意义。

例如，杜威极其关注教育问题并在这方面作了大量论述，除了贯彻他对现实生活和实践的重视这个基本哲学倾向、由此强调在实践中学习在整个教学过程中的决定作用以外，他还把教育与心理、道德、社会、政治等因素紧密地结合在一起，从而使教育的内容更加丰富、全面。他的教育思想也由此得到了更为广泛的认同，被公认为是当代西方最具影响的教育学家。值得一提的是：无论在中国还是在苏联，杜威在教育上的影响几乎经久不衰。即使是在政治和意识形态影响极为深刻的年代，杜威提出的许多教育思想依然能不同程度地被人肯定。陶行知的教育思想在中国就一直得到肯定，而陶行知的教育思想被公认为主要来源于杜威。

我们这样说，并不是全盘肯定杜威。无论是在哲学和教育或其他方面，杜威都有很大的局限性，需要我们通过具体研究加以识别。但与其他现代西方哲学家相比，杜威是最善于把哲学的一般理论与其他人文社会学科密切结合起来、使之相互渗透和相互促进的哲学家，这大概是不可否认的事实。在这方面，很是值得我们借鉴。

五、关于《杜威全集》中文版的翻译和出版

要在中国开展对杜威思想的研究，一个重要的条件是有完备的和翻译准确的杜威论著。中国学者早在“五四”时期就开始从事这方面的工作。当时杜威在华的讲演，为许多报刊广泛译载并汇集成册出版。“五四”以后，杜威的新著的翻译出版仍在继续。即使是杜威在中国受到严厉批判的年代，他的一些主要论著也作为供批判的材料公开或内部出版。杜威部分重要著作的英文原版，在中国一些大的图书馆里也可以找到。从对杜威哲学的一般性研究来说，材料问题不是主要障碍。但是，如果想要对杜威作全面研究或某些专题研究，特别是对他所涉及的人文和社会广泛领域的研究，这些材料就显得不足了。加上杜威论著的原有中译本出现于不同的历史年代，标准不一，有的译本存在不准确或疏漏之

处，难以为据。更为重要的是，在杜威的论著中，论文(包括书评、杂录、教学大纲等)占大部分，它们极少译成中文，原文也很难找到。为了进一步开展对杜威的研究，就需要进一步解决材料问题。

2003年，在复旦大学举行的一次大型实用主义国际学术讨论会上，我建议在复旦大学建立杜威研究中心并由该中心来主持翻译《杜威全集》，得到与会专家的赞许，复旦大学的有关领导也明确表示支持。2004年初，复旦大学正式批准以哲学学院外国哲学学科为基础，建立杜威与美国哲学研究中心，挂靠哲学学院。研究中心立即策划《杜威全集》的翻译。华东师范大学出版社朱杰人社长对出版《杜威全集》中文版表示了极大的兴趣，希望由该社出版。经过多次协商，我们与华东师范大学出版社达成了翻译出版协议，由此开始了我们后来的合作。

《杜威全集》(*Collected works of John Dewey*)由美国杜威研究中心(设在南伊利诺伊大学)组织全美研究杜威最著名的专家，经30年(1961—1991)的努力，集体编辑而成，乔·安·博伊兹顿(Jo Ann Boydston)任主编。全集分早、中、晚三期，共37卷。早期5卷，为1882—1898年的论著；中期15卷，为1899—1924年的论著；晚期17卷，为1925—1953年的论著。各卷前面都有一篇导言，分别由在这方面最有声望的美国学者撰写。另外，还出了一卷索引。这样共为38卷。尽管杜威的思想清晰明确，但文字表达相当晦涩古奥，又涉及人文、社会等众多学科；要将其准确流畅地翻译出来，是一项极其庞大和困难的任务，必须争取国内同行专家来共同完成。我们旋即与中国社会科学院哲学研究所、北京大学、清华大学、中国人民大学、北京师范大学、南京大学、浙江大学、武汉大学、北京外国语大学，以及华东师范大学和上海社会科学院哲学研究所等兄弟单位的专家联系，得到了他们参与翻译的承诺，这给了我们很大的鼓舞。

《杜威全集》英文版分精装和平装两种版本，两者的正文(包括页码)完全相同。平装本略去了精装本中的"文本的校勘原则和程序"等部分编辑技术性内容。为了力求全面，我们按照精装本翻译。由于《杜威全集》篇幅浩繁，有一千多万字，参加翻译的专家有几十人。尽管我们向大家提出在译名等各方面尽可能统一，但各人见解不一，很难做到完全统一。为了便于读者查阅，我们在索引卷中把同一词不同的译名都列出，读者通过查阅边码即原文页码不难找到原词。为了确保译文质量，特别是不出明显的差错，我们一般要求每一卷都由两人以上参与，互校译文。译者译完以后，由复旦大学杜威与美国哲学研究中心初审。如无明显的差错，交由出版社聘请译校人员逐字逐句校对，并请较有经验的专家抽查，提出意见，退回译者复核。经出版社按照编辑流程加工处理后，再由研究中心终审定稿。尽管采取了一系列较为严密的措施，但很难完全避免缺点和错误，我们衷心地希望专家和读者提出意见。

复旦大学杜威与美国哲学研究中心的工作是在哲学学院和国外马克思主义与国外思潮创新基地的支持下进行的，学院和基地的不少成员参与了《杜威全集》的翻译。为了使研究中心更好地开展工作，校领导还确定研究中心与美国研究创新基地挂钩，由该基地给予必要的支持。《杜威全集》中文版编委会由参与翻译的复旦大学和各个兄弟单位的专家共同组成，他们都一直关心着研究中心的工作。俞吾金教授和童世骏教授作为编委会副主编，对《杜威全集》的翻译工作作出了重要的贡献。汪堂家教授作为常务副主编，更是为《杜威全集》的翻译工作尽心尽力，承担了大量具体的组织和审校工作。华东师范大学出版社与我们有着良好的合作，编辑们怀着高度的责任心兢兢业业地在组织与审校等方面做了大量的工作，在此一并表示衷心的感谢。

刘放桐

2010 年 6 月 11 日

序 言

通过编辑和重现这一被认为已经消失了的、从未出版的杜威手稿，菲利普· vii
迪恩为已经熟悉了杜威的大量著作的读者提供了可敬的服务。而对于那些并不熟悉杜威的思想，但希望有一个更好的切入口的读者来说（由杜威自己写作，但又不像三十七卷本的《杜威全集》那么复杂），迪恩的贡献也许更为巨大。

第一类读者在这一著作中会发现一个比他们所熟悉的杜威更为柔顺的杜威，也许这个杜威更为真诚，明显地较少受制于他的编辑们。他们会发现杜威在这里对在其前期著作和文章中出现和发展过的大量主题进行了进一步的展开。在这一著作中，杜威澄清了其旧的观点，并在它们之间建立了新的联系而使之更为明白。

第十章"心灵与身体"提供了一些很好的例子。在这里，杜威重现和拓展了他在1925年的《经验与自然》的第七章（"自然、生命与身心"）中所讨论的主题。比如，他指出，通常语言中将"心灵"视为一个动词[比如"注意我说的话"（Mind what I am saying to you）和"我在照看孩子们"（I'm minding the children）]的事实显示了将心灵与物质分裂开来的前现代理论与现代理论的贫乏。一旦这种分裂变成了哲学教条，这些理论就很难被用来解释这两个假定分裂的元素是如何再被联系在一起的。在杜威看来，用心灵（to mind）就是去关照（to care for），也即用一定的可观察的方式去行为。杜威还拓展了他对感觉材料理论的批判，他指出，传统上将观察等同于它的组成元素，即感性知觉，是一个巨大的历史性哲学错误。

进一步，在一个迪恩恰当地称之为"引人注目的章节"中，杜威对认识作为技术的一种形式展开了深入的讨论，就我所知，这一章节在杜威的著作中是独一无二的。对技术感兴趣的哲学家长久以来都遗憾于杜威没有集中讨论过关于技术

viii 的问题，尽管他的讨论散见于其著作各处。现在，在这一章中，我们有了杜威对其技术观及其与当代文化的哲学角色之关系的最为清晰而简洁的评论。值得一提的是，这里杜威对弗朗西斯·培根的认识比他同时代的其他阐释者更为细致，他不是简单地理解培根，认为他将自然视为需要被征服的对象，相反，杜威认为培根试图证明与非人化自然的一种交流，如果人类想要达到他们在平常生活中希望达到的目的，那么他们首先必须要服从自然。

对于希望更加容易地接触杜威的第二类读者来说，这本书也能提供很多帮助。《杜威全集》中从早期到晚期的很多主题被简洁而有组织地呈现在了这里。比如，杜威对心理学中“反射弧”概念的批判；他对以“寻求确定性”为特点的前现代和现代哲学的拒斥；他对前现代和现代哲学中理论与实践的关系的批判；他对科学主义的攻击；他对传统意义上的人类与自然的二分的拒绝，以及他对传统还原论伦理学理论的拒斥——所有这些都能在本书中找到。

以上这些批判、拒斥和攻击当然都是否定性的，然而，在每一种情况下，杜威的革命性哲学都在试图呈现一个建构性的其他可能。如果传统心理学的刺激—反应理论因为所选材料的狭窄和对过时的机械模式的依赖而具有局限性且缺乏效率，那么杜威则以一种有机模式来代替它，这种有机模式强调了选择性的兴趣以及对变动的周围环境的调整与适应。如果现代哲学对确定性的寻求及其所催生的“认识论工业”依然处于前现代哲学的综合之中，那么杜威则希望用试验性的和可错性的科学方法来代替它们。如果前现代和现代哲学构建了一种造成理论与实践之间有问题的形而上学，那么杜威则希望将传统的认识论重建为一种探究的理论，这一理论确保了理论和实践能够在相互协调中制造新工具与新习惯。如果实证主义在科学的方法和内容是普遍有效的这一观点上走得太远，那么杜威则赞扬了科学对人类生活作出的众多贡献，同时又强调了广阔的经验领域的重要性。如果传统哲学试图将人类从自然中分离出来，那么杜威则试图在人类学家(也许最重要的是在他所热爱的达尔文)的帮助下重构这一传统观点，他试图证明其中连续性与进化性的发展。如果传统伦理学理论试图宣扬一种还
ix 原论，无论是还原为功利主义的幸福，还是义务论的权利和义务，还是亚里士多德和其他人所赞扬的美德，那么杜威则认为伦理学应该是试验性的和发展性的，他把幸福、权利或美德当作许多因素中的一种，当问题性境况出现时，我们也许要用到它们，并通过现象在道德权衡中比较各种立场，这种道德权衡是比传统观

点所想象的更为复杂的过程。

理查德·罗蒂在晚期有一个著名的论断，即当英美分析哲学家和法国哲学家，比如福柯与德勒兹，走到道路的尽头的时候，他们会发现杜威已经在等着他们了。如果罗蒂的论断需要更多的支撑，那么这些支撑可以在本书中找到。迪恩引用了杜威对科瑞纳·奇斯霍姆·佛罗斯特(Corinne Chisholm Frost)就本书所作的描述，这一描述很好地总结了这一事实：杜威在尝试一些与他之前所做的不同的工作，他完全不知道结果会怎样。他试图重建亚里士多德的形而上学，而中世纪的科学家在这一工作上都失败了，因为他们都保留了使人衰弱的旧的“中世纪综合”，这一失败也阻止了新的综合的产生，杜威的这一新的综合是必要的且与当代环境密切相关。

本书还稳固了杜威作为当下哲学家的对话者的位置。比如，在大约五十年之前他就预见了布鲁诺·拉托尔(Bruno Latour)的著名论断，即“我们其实从来没有现代过”。拉托尔的意思是，现代哲学把人文与社会科学从自然科学中分离出来的方式保留了旧的寻求事物本质的实体性本体论。他指出，相反地，我们的当代境况需要一种功能主义的方法，这一方法旨在寻求事物是如何工作、如何行为的，以及如何才能智性地控制不可预见的因素。进一步，现代哲学通过分离自足的、非文化的自然与处于文化之中的人类而设置了一种不连续性，在拉托尔看来，现在我们需要治疗这种分裂，这种治疗需要把自然作为一种文化，并将人类理解为处于一个创新性的、进化的自然之中。换言之，我们其实从来没有现代过，因为我们就像所谓的“现代人”一样，从来没有逃脱“前现代”的轨道。

杜威在大约五十年前就或多或少地指明了所有这些问题，并在这本《非现代哲学与现代哲学》中进行了清晰的讨论。在本书中，杜威指明了一条通往新哲学的道
路，这一新哲学与我们现在的处境密切相关，且被迫切需求。这是一种将伦理学、 x
社会和政治哲学以及美学置于中心位置的哲学。如果我们采用这一哲学方法，那么它将永远改变专业杂志中所讨论的问题，以及课堂中教授哲学的方式。这种哲学现在被呈现在这里，这一切都归功于菲利普·迪恩让它从故纸堆中重现天日。

拉里·海克曼

杜威研究中心

南伊利诺伊大学加本代尔分校

致　谢

在个人层面，我想首先感谢德州农工大学的约翰·麦克德莫尔(John J. McDermott)和南伊利诺伊大学的拉里·海克曼与托马斯·亚历山大(Thomas Alexander)，是他们激发和维持了我对杜威思想的兴趣。另外，我还要感谢杜威研究中心的工作人员们，为了让杜威的遗产保持生命力，他们做了无价的工作，并帮助我完成了这个项目。南伊利诺伊大学特殊收藏研究中心的工作人员也是不可或缺的，他们为我提供了手稿，并为我的到访提供了帮助。为了让这个项目启动，约翰·修克(John Shook)与探究中心在2009年的夏天为我提供了一个研究职位。我还要感谢南伊利诺伊出版社的编辑和审稿人，是他们引领我完成了让杜威的著作问世这个巨大的任务。 xi

最后，我想感谢维勒斯利学院在无以计数的方面给我提供的帮助：为我提供研究基金和研究助理[克里斯蒂娜·科斯塔(Kristina Costa)，克里斯蒂娜的工作是誊写杜威的手稿]，给我教职，让我有地方将零碎的手稿变成一本书。这些工作是在2009至2010学年完成的，恰好是在杜威到维勒斯利学院哲学心理学系访问讲学的一百年之后。并且，在我写这篇致谢的时候，距离杜威到维勒斯利学院作以“人与科学”为题的讲座恰好又是七十年。杜威在那个讲座中指出，科学是一个积极的、想象性的和社会性的事业，也是反击极权主义之威胁的必要手段。维勒斯利学院、我在哲学系的同事，以及来这所学院学习的令人印象深刻的年轻女士们都会在实践智性和智性实践中继续荣耀杜威的信念。

菲利普·迪恩

维勒斯利学院，马萨诸塞州

2010年5月

前　言

杜威在九十岁生日的时候接受了《纽约时报》的采访，在那个采访中，他承诺 xiii
写出一本著作作为“他多年来哲学观点的总结”。杜威应该完成了这本著作，但手稿却丢失了。他为此伤心了两天，但同时又表现出了他一贯的镇静，两天之后，他决定“再写一次”。他将这次重写视为一次写出一本更好的书的机会，他乐观地声称：“你知道，重新写作给了我新的想法，一切都是崭新的，我觉得现在我有了更好的想法。”(Fine 1949)然而对杜威学者来说，这部著作从来没有出现过。约瑟夫·拉特纳(Joseph Ratner)在杜威《经验与自然》的再版前言的编者按中写道：“这一未竟的前言展示了一个宏大的构思——一个关于西方人类历史的哲学阐释。杜威原先的意图是在这一前言之后完成一部以此为主题的著作。”(LW 1：329)这一提示激发了人们对这部著作的渴望，以及对其中内容的种种揣测。1959 年，杜威的很多朋友聚在一起纪念他的百年诞辰，他们互相交换关于杜威的故事，讨论他的思想和性格。在谈话中，克里斯·拉莫特(Corliss Lamont)对杜威没有写作一部完整地表达他的哲学的著作表示失望。他说：“我知道在他最后的日子里，他确实开始写作这样一部著作，并且已经完成了四分之三。”(Lamont 1959，50—51)在这里，我高兴地向大家汇报，杜威这部著作的原始手稿已经被发现。虽然这部手稿远未臻完善，且内容并不完全与拉特纳和拉莫特所想象的相同，但我们仍然有机会在这里阅读六十年来杜威的首部“新”书。

这一前言有三个任务。首先是介绍这部手稿的历史和它的发现过程。其次是总结它的内容，包括杜威的现代哲学史观。在杜威看来，现代哲学的失败之处在于滑向了传统意义上的认识论，为此，我们需要重新构建一个真正意义上的现

代知识论。第二部分还讨论了这部著作所处的哲学框架，也即杜威所称的“文化
xiv 自然主义”(cultural naturalism)，我试图证明这部著作发展了杜威在《经验与自
然》的再版前言中的启发性论断，即他将开始不再使用经验这一表达，而开始使
用文化。我的最后一个任务是试图呈现一个我认为是基础性的方案，即联系现
代性和相关任务，构建起一个关于文化的批判理论。

手稿的历史

杜威的手稿在其写作的八年间经历了巨大的变化，但这些变化从一开始就被预示了。杜威最早提到手稿是在他1939年写给约瑟夫·拉特纳的一封信中，最早确定的题目是《哲学性的科学》，在后来的提纲中，又改为《科学的发展》——他打算写一部关于哲学、科学与常识之间的关系的大众读物。但他很快放弃了这一意图：“它并没有成为我所预想的那种形式，而变得像是对现代哲学的文化阐释。……除了展现哲学是如何在既有文化下发展成当下形态的，我并不打算做其他事情。这样看来，我所做的工作是为现代哲学正名，而非批判。这该死的东西变成了关于现代历史的一种哲学。”在一个粗略的提纲中，杜威构思了一个三层的框架：一个前言，一组问题，比如“知识—方法的问题”和“自然与人—主体与客体”等，以及第三部分“解决方案”。但是这封信以戏剧性的反讽结尾：“然而我担心我构思的工作太过庞大了。”(1939.02.13,07028)

杜威对于这“该死的东西”的沮丧将伴随他始终。1939年的夏天，他在他的赫巴特(Hubbards)度假地开始写作，接着又在凯维斯(Key West)继续了一部分工作，然而一年之后，他写道，这两部分文字“一点也不好，可是我怀疑它们会变好”。(1940.01.22,09497)1941年2月，他开始第三次尝试写作此书，他提到“开始比前两次要好，但这仅是开始”。(1941.02.20,07067)这一次开始包括以下三个章节：“哲学的连续性生命”、“哲学内部的冲突”和“从冲突到迷惑”，然而它们都没有幸存下来。

然而不久后，转变发生了。重新发现的手稿的日期是从1941年的夏天到1942年末(其中只有一个例外，即1943年的一次修改)，这是杜威集中思考和工作的时期。他写道，在战争时期，“哲学在这人间地狱中似乎并没有太多的位置，但从5月开始，我一直都在或多或少地进行写作，我把这当作一种逃避。这本书，如果我能把它写完的话，将不同于我以往写的任何一般的哲学理论，它并没

有多少论辩，它的形式更像是‘我如此这般告诉你’”。（1941.07.29,09748；还可参见1941.12.10,13300）杜威开始真诚地工作，同时对最终的结果也有了较为清晰的把握。在给科瑞纳·奇斯霍姆（Corinne Chisholm）的信中，他写道：“我 xv
的主要观点是，现代的问题和其中不同的哲学（为了解决问题而作出的不同尝试）是来源于由于对中世纪的综合（medieval synthesis）的相对分解而造成的紧绷和张力。……我在尝试一些与我之前所做的不同的工作，我完全不知道结果会怎样。我想展现现代生活中之所以有如此多的迷惑和混乱，是因为新的力量的兴起，比如新教、国家主义、民主、工业革命、新物理学，等等。新的哲学公式由中世纪的综合发展而来，但许多旧的综合的基本观念并没有被摒除，相反，它们被带入了新的系统中，这种情况阻止了新的综合的发展，新的综合本该对应于当下鲜活的环境和力量。”（1941.06.28,09404）1942年1月，杜威声称他已经有了“一个不同于任何以往的可行的想法，即并不存在严格意义上的‘现代’哲学，在现代语境下被理解的现代不过是新旧观念的不协调的混合体”。（1942.01.23,13074）大体而言，这正是他想继续写作的观点。

乐观与悲观心态之间的转换还将继续。杜威告诉亚瑟·本特利（Arthur Bentley）他已经在认识论、人性和个人主义、现代思维在希腊—中世纪的根基这些问题上取得了显著的进展，同时还完成了这一手稿的第九和第十章。（1942.03.19,15220）他还想到了一个新的标题——《非现代哲学与现代哲学》。（1942.05.01,13310）在1941年到1942年的这段乐观主义时期，杜威写作了我们现在看到的手稿，然而三年之后，这本著作才重新出现在他与本特利的通信中，当时他们正在合写《认识与被认识物》。杜威写道：“我不知道是否已经告诉过你，我已经两次开始写作哲学家史（如果不是哲学史）的‘社会化’阐释了。我已经积累了大量的手稿，但它们永远不能定型。等我们写完这本书后，也许我会重新回到这些手稿。”（1945.02.14,15410）

当然，他没有回到这些手稿，因为它们丢失了。手稿丢失之后，约瑟夫·拉特纳鼓励杜威以《经验与自然》的再版前言为基础重新开始，杜威也希望重新开始他关于现代著作的写作。杜威考虑与拉特纳合写这部著作，拉特纳也高兴地答应了，但这一合作并没有实现。（1949.07.11,07254；1949.07.16,07256；1949.07.18,07258）

下面我们要讨论最有趣的一个部分——手稿是如何消失的，又是如何重现

xvi 的。这两个问题的答案都很平凡。虽然杜威经历了从美国内战到原子弹的引爆，但他关于现代哲学的手稿的神秘丢失只有两个解答，要么杜威在 1947 年的某一天将它遗忘在了出租车里，要么他将手稿丢失在了人行道上，被其他人拿走了。

关于这一丢失事件众说纷纭，但说法大体相同。在给雷蒙德·狄克松(Raymond Dixon)的信中，杜威写道："我把和'哲学图书馆'的所有通信与书中某些章节的打字稿一起放在了一个公文包中，而这个公文包则在我们从加拿大新斯科舍省(Nova Scotia)的回程中丢失了，这完全是因为我自己的不小心。"(1947.10.11,14441)《纽约时报》的采访称这一事件为"旅行的附加错误"。克里斯·拉莫特与瑞贝塔·杜威(Roberta Dewey)讲述了同样的故事：那年夏天，杜威一家从新斯科舍省的木屋回到他们在纽约的公寓。当他们把行李交给看门人准备乘电梯上楼时，杜威突然意识到他将他的公文包忘在了出租车里。后来他们得知公文包从出租车中被转移了出来，但不久就不知道去向了。(Lamont 1959,50)在杜威去世七年之后，瑞贝塔·杜威也说：他们一家回到纽约，关上了来自新斯科舍省的出租车门，看门人等他们上楼之后将行李搬回他们的房间，只有那个公文包没能回到它的出发地。"约翰·杜威只相信事实，然而在这起消失事件中没有事实，只有假设，我们不能确定手稿是否在那晚被偷了。"(1959.09.14,17930)虽然杜威不想臆断，但瑞贝塔则不然，她提醒说当时周围有好多男孩因为犯类似的罪而被逮到。

那么我们又是如何得到现在这部手稿的？简单的答案是：它被编号后放在南伊利诺大学特殊收藏研究中心的杜威文献(Dewey Papers)中，等了好几十年，直到被最终发现。特殊收藏研究中心的档案学家认为这一手稿是原始收藏的一部分。更为困难的问题是它是如何被归入杜威文献的。备受尊敬的《杜威全集》主编乔·安·博伊兹顿(Jo Ann Boydston)将每一份文献都进行了编号，然而在与我的个人通信中，博伊兹顿博士能够回忆起某些章节的标题，但就手稿却没有其他的记忆。

关于在进入特殊收藏之前，这些手稿置身何处，我们至少有四种理论。第一种认为是拉特纳收藏了它。杜威经常将初稿给拉特纳评论，而拉特纳则是一只有名的酷爱搜集的林鼠，也许是他将这些章节归入了杜威文献。考虑到拉特纳对整个收藏的巨大贡献，这一理论不无可能。但这就不能解释为何拉特纳在

1949 年对手稿的遗失表示同情并鼓励杜威重新开始。(1949.07.06,07255)也 xvii
许是因为他忘记了他也有这些手稿。然而同样,这也不能解释为何手稿被编号于杜威文献中,而非拉特纳的收藏中。第二种理论认为是瑞贝塔收藏了它。杜威去世后不久,乔治·戴奎真(George Dykhuizen)问她:“你进一步研究了你在新斯科舍省找到的被认为是遗失了的手稿吗?”(1952.10.01,13674)换句话说,手稿也许并没有被偷,而是被留在了新斯科舍省。我们并不知道瑞贝塔最终是否确定了她的怀疑,她 1959 年的评论表明她也许并没有确定。第三种理论认为手稿也许并没有整部遗失,因为杜威称公文包里只有一个章节。也许是因为整部手稿遗失的说法比只遗失了一些章节的说法更有诱惑力,所以谣言错误地在杜威共同体中传开了。可如果是这样,为何杜威又经常提到整部手稿的遗失呢?最后一种理论认为杜威遗失的是最终定稿,而我们现在拥有的只是未定稿的清单。但这同样解释不了为何杜威对拉特纳说得好像整部手稿都已丢失,因而必须重新开始。杜威的通信还显示了他的手稿写作工作在 1941 年至 1942 年的高强度工作之后便停止了,而现存的手稿正是在那段时间写成的。

简言之,目前,所有人(包括作者本人)都认为已经遗失的手稿是如何重新出现在档案中的是一个未解之谜。也许杜威的“宏大的构思——一个关于西方人类历史的哲学阐释”从未真正遗失,只是没有被完成,并被遗忘在了他的其他手稿中。在多年对于这一手稿的内容及其失窃风波的揣测之后,我们讽刺性地发现它竟等待了我们那么久的时间。我们现在不禁会想:“在那个公文包里的究竟是什么?”

杜威的文化哲学史观

正如记者会所描述的那个比实际更具悲剧效果的故事,《纽约时报》称这一手稿在 1945 年已经实际完成了,而杜威的通信却否定了这一论断。杜威的原始意图是这一著作将包括三个部分——历史部分、理论部分与实践部分,然而实践部分似乎并没有写。进一步,我们拥有的最后与最完整的提纲表明这个三层结构最终消失了,而且,有些部分也的确并不存在。比如,我们没有第五章的手稿;又如,尽管在前面的章节中,社会、政治和经济的问题经常出现,但它们并没有被
充分讨论,而多是被承诺将在后面进一步讨论。举一个有趣的例子,杜威在第十 xviii
一章的最后给自己留了一个注解:“讨论自由——在某处。”(文件夹 54/3)简言

之，杜威没有完成他希望完成的这部著作。

这一手稿也不是原始的。从一个极端来看，大约有半数的章节是连续性的手稿，其中只有偶尔的缺页；而从相反的另一个极端来看，“对救赎的寻求”和“当下的知识问题”这两个章节支离破碎，有的页数甚至是完全孤立的。在这两个章节之间，插入了“徘徊于两个世界间”与“作为生命功能的经验”这两个从别处较完整的手稿中移植过来的章节。考虑到这些事实，我们不禁惊讶于现在这一文本在形式、内容和论证上的连贯性。（关于手稿情况的完整讨论以及文本最终形态的背后的编辑原则和判断，参见编者按。）

在杜威的著作中，我们找不到像海德格尔或维特根斯坦那样的重大的断裂。在此意义上，《非现代哲学与现代哲学》讨论了我们所熟悉的杜威式话题和主题。在这一文本中，可以说杜威重撰写和改进了他的《哲学的改造》（同时也糅合了《确定性的寻求》），并延续了他半大众化的写作风格。他首先考察了前现代神话的制造，然后考察了现代哲学是如何不幸地延续了古代的思维模式的，他论证了概念上的二元论是如何与科学格格不入的，并在结尾指明了其在社会和道德上的后果。如果杜威断言我们还没有完全理解和接受科学技术革命的后果，特别是那些关于人类价值的后果，我们并不会感到惊讶。尽管存在争议，这一观点可以被视为他所有著作的中心观点。当然在其他著作中他还给出了历史性的考察。

杜威的著作不仅在基本概念上，同时也在细节和强调上不尽相同，因此我们必须探究《非现代哲学与现代哲学》能够提供给我们何种微妙的景观。但我们可以有许多路径来分析它的独到之处，我们可以通过此书评估杜威的历史观，可以将此书与杜威同时期的著作进行比较（比如《经验与自然》的再版前言或《认识与被认识物》），我们可以将它作为一种事件的本体论来加以检视，还可以把它当作一种功能心理学或技术探究的理论。它具有所有这些层面，但不止于此。在接下来的介绍中，我通过文化范畴来检视这一著作。在这一思路上，我不但会介绍杜威的文化哲学史观，还会介绍蕴含其中的哲学框架，即文化自然主义。

xix 众所周知，杜威认为经验的使用存在问题，希望用文化来取代它。考虑到再没有任何一个词比经验更深得杜威之心，这一论断非常醒目。经验和民主、教育、探究一起形成了他的最终词汇。在《经验与自然》的再版前言中，杜威认为此书应该改名为《文化与自然》，他将文化视为经验这一概念的延伸，而非对它的拒斥。他写道:“以一种总结的方式,‘经验’被用来指称所有只属于人类事物的综合体……‘文化’则包括了所有处于交互关系中的物质与观念,并且与‘经验’的流行用法相反。在这种交互关系中,‘文化’还指称了所有被喜欢贴标签的人分门别类于‘宗教’、‘道德’、‘美学’、‘政治’、‘经济’等条目之下的人类事物、兴趣、考量与价值的无限多样性。”(LW 1: 331,363;还可参见 LW 1: 42)不幸的是,再版前言在杜威给出对文化的细节性讨论之前就结束了,但文化无疑是一个包括了整个人类协同体的概念。这一概念体现了黑格尔在杜威思想中的“永久遗产”(permanent deposit),杜威让文化取代了精神的角色,在文化这一范畴中,人类生命中的多种领域互相作用。“我们习惯了用大而模糊的方式来思考社会。我们应该忘掉‘社会’这个概念,而改为思考法律、工业、宗教、医药、政治、艺术、教育、哲学——并且在多元的意义上思考它们。”我们也许可以在概念上将社会现象划分为经济、政治与道德,但这些都是“一个极度复杂和多样化的主题”的某一方面。(LW 5: 120, Dewey 1927)通过转向“文化”,杜威希望再一次逃脱影响着经验、实践以及其他概念的遗留下来的二元论与分裂观。

在处理社会现象时,哲学必须避免任何一元论的方法,因为哲学本身就产生于复杂的社会中。所谓一元论,在杜威看来,就是将文化的某一方面作为完全的中心,以至于认为其他方面不足以解释社会现象。比如,马克思主义和英国古典学派将经济理论作为唯一的理论考量,同样地,当代历史学家将政治学作为唯一的理论路径,社会达尔文主义者将所有的现象都削减为力量,教会和报纸在回应社会问题时都只提出了单一的道德改革方案。文化领域之间的相互关系是辩证的,因为所有的群体都相互依赖,没有一个群体是其他群体的最终基础。比如,杜威对基督教群体(比如中世纪教会)的批判并不在于它们在表达人类本真需求上的失败,而是在于作为一个群体,它们不仅要服务于精神需求,还应该努力控制经济关系、家庭和政府。对杜威的核心概念和宽泛方法有了了解之后,我们现 xx
在来考察他的文化哲学史观。

根据《非现代哲学与现代哲学》这一标题,本书分为两个部分。第一部分是从第一章到第七章,考察了现代哲学的兴起以及作为其核心的认识论问题。讽刺的是,这种谱系学的考察旨在证明现代哲学是多么地“非现代”。第二部分不是历史性的而是理论性的。从第八章到第十四章,通过将认识过程功能化与自然化,杜威开始给出一个真正的现代哲学观,这一新的哲学观克服了主体与客体之间的认识论问题。让我们逐章检视这部著作。

在“信念的冲突与哲学”这一章中，杜威以人类学家的姿态来处理哲学。他首先考察了前哲学的文化，处于这些文化中的人们通过讲故事的方式来表现他们的自然与文化环境。他们区分了平常与异常、幸运与不幸、神圣与俗常。因为渴望安全感，他们寻求控制的方法；因为缺少科学，他们向灵魂的力量寻求庇护和慰藉。哲学产生于神话与文化，但我们并不能认为它已经脱离了它们。甚至在今天，哲学依然产生于新经验与旧传统之间的碰撞。在杜威看来，哲学并不像科学那样旨在消弭社会因素，相反，哲学探讨社会因素，因为文化方法比简单的科学方法来得更为全面。杜威说：“哲学必须将科学结论纳入考量……然而哲学并不将这些结论视为孤立的完成体，而是将它们视为其他道德、政治、宗教、经济及美学信念的语境……认为冲突只能通过科学信念解决的观念跟认为冲突只能通过传统宗教信仰解决的观念一样，都是单方面的，因为任何这些信念都不能穷尽经验的场域。”哲学将科学探究置于广阔的文化语境中，同时也应该（我们希望）采用文化的方法。

“自然的故事”这一章展现了两个关于自然的本质的观点是如何产生的。杜威赞美希腊人以一种简单而原生的能力在自然与人类之间取得了平衡。希腊人认为展现在他们面前的是有序的自然世界，这一自然世界并没有被僧侣阶层僵化，艺术感、想象力和新事物并没有被抛弃。杜威再次声明哲学必须是对社会介质的回应，在他看来，两个互相竞争的关于自然的理论是来自两种不同的手艺(crafts)——一种是农业，另一种是机械业。农业阶层认为自然是从种子到最终
xxi 某个目的或界限的内在的生长过程，个体的事物被它们所属的固定形态所规定。而对于工业阶层来说，目的是手艺人从无到有制造出来的，元素并不以它们内在的原则生长，而是通过混合与分离的原则被操纵。

杜威在第三章“理性思维的发现”中重新考察了古希腊从叙事到哲学的转变过程。为了对世界进行亚当式的再现而讲述的故事，如今外在地与互动的社会产生了冲突，并内在地失去了自身的凝聚力。语言的再现能力成为了问题。当哲学家询问关于自然的理性思维是如何可能的时候，探究的逻辑产生了。杜威考察了从智者学派到苏格拉底，再到柏拉图，最后到亚里士多德的历史，指出哲学对社会解体的回应是强调理性思维需要一个共同性理解和意图的对象，也即一个世界。在柏拉图那里，这一能够支撑知识和重组社会的共享对象是超自然

的理念，而理念又是政治体制的基础。亚里士多德则将知识与社会行为的内在联系严重化了，因为这两者仅仅在沉思中才能被统一。亚里士多德还将世俗的行为包含进自我运作的内在目的当中。在杜威看来，由于希腊人缺少坚实的探究的逻辑，得出这样的结论是必然的，他们不能将思维与它的对象（世界）调和起来，是因为希腊式的思维模式已经被先在地规定于自然之上了。他们定义与分类的逻辑缺少方法上和物理上的工具，来使之发展成为真正的发现、试验与探究的逻辑。

在对古代世界的考察之后，是一章关于中世纪的片段式章节——“对救赎的寻求”。中世纪思维的主要工作是通过亚里士多德的存在理论、希伯来的神体(godhead)，以及罗马的自然法论来寻找一条逃离政治动乱的道路。这些抽象的概念被综合到教会中，并被赋予了情感和机构化的形式。教会完成了这一看起来不可能的任务，即将理论和实践在一个依上帝意志而建立起来的等级化社会中统一起来。这样，希腊的自然主义就被超自然化了。在这章的最后，杜威将我们的注意力转向现代，他指出了现代对自然法观念的继承，以及将现代科学作为一个宽泛的文化运动的一部分来研究的必要性。

“从宇宙自然到人性”及之后的三章是杜威对现代哲学的讨论。为了反抗以教会为代表的沉闷的中世纪式的综合，现代的思想家用人性替代了宇宙的秩序，但他们过度使用了直觉性的与反思的方法，这种方法实际上复制了对心灵与自然的超自然的分离。尽管存在缺陷，古代的模式仍然是一种自然主义，而中世纪的 *xxii*
超自然主义则将人性与自然分裂开来。现代哲学家虽然反对这种分裂，但他们所做的仅仅是将这种分裂倒转过来。作为典型的现代思想家，笛卡尔与洛克没有克服人与自然之间的分裂，他们在应该把内在于人性还是外在于人性的要素置于首要位置的问题上产生了分歧。实践的人的问题现在僵化成了形而上学和认识论的问题。在自然与人性分裂的这一背景之下，认识论的问题是不可避免的。

在现代哲学这里，问题不是“关于自然的理性思维如何可能?”，问题是“知识是可能的吗?”。这一问题不再与探究的逻辑相关，而只与认识论相关。在“徘徊于两个世界间”这一章中，对于认识论的批判再一次落在了从希腊—中世纪时期承袭而来的旧传统上。杜威指出，经验论者与理性主义者之间无休无止的争论抹去了他们共同分享的观念，即功能心理学，他们都相信内在与外在之间是分裂的，同时也相信某些知识是基于第一原则、一般法则、实体之上的，是“被给予”

的。这种观念所造成的结果只能是对什么是“确凿无疑的”真理的争论，而这些真理并不能被检验。同时，原则和材料在科学实践内部拥有权威地位仅仅是因为它们是在探究内部运作的功能，而非因为它们在时间性或本体论上具有首要地位。当科学在知识的获取上取得迅速进步的同时，哲学却在询问知识究竟是否是可能的。

“当下的知识问题”是关于杜威的文化自然主义的关键性章节，它完成了杜威对现代哲学的谱系学考察。杜威强调了现代哲学是寻求保障知识的方法的事业，这一事业将认识从广泛的人类考量中孤立出来。哲学传统以抽象的方式处理知识的问题，而探究实际上只与具体的事件相关。事实或问题依赖于文化的状态和张力。自然主义者将知识理解为一个事件，一个“知识的过程”(knowledging)，而认识的方法必须从联系中的事件开始。“说一个人处于自然世界中即是说所有可以被归于此人的大小事件都与其他事件相联系，这些事件在其他的探究进程中被研究，这种研究借助了关于其他事件的所有知识。”(144)探究是特殊的群体所追求的文化事件，这一事件与其他事件密切相关。

社会随着时间而改变，知识的问题亦然。历史上，哲学已经区分了由理性所
xxiii 揭示的真理，以及通过文化中的探究而得到的信念。我们可以在被传统僵化的文化群体与反思的文化群体之间找到一个合适的对立。通过排挤更具反思性的群体，文化中道德、宗教和美学的方面被那些接受了古代—中世纪传统的群体所支配。悲哀的是，科学共同体作为以反思性探究为主导的高级群体，致力于自由研究自然，却将广义上的人类考量排除了出去。正如杜威迄今所展示的那样，自然与人性的分裂本身就是一个拥有自身历史的事件，且并不必然发生。接下来的任务就是要培养能够习惯和整合科学实践的机构，让它们成为一个能够与其他领域交流的文化领域。

为了展示现代哲学是多么地非现代，杜威考察了现代哲学的文化史，在第二部分中，杜威开始建构一个真正的现代哲学。他别出心裁地想用一种功能性的、自然化的认知理论来替代认识论。在一个间断的前言性章节之后，杜威开始克服一系列过时的哲学二元论。

在“至高的人类技艺”这一章中，杜威旨在展示现代哲学中的进步因素，即将经验带到批判性的探究之中。“在旧的观念中有某些隐藏的神秘东西，这种现代作家的普遍感觉转移或至少违反了进步的方向。从肯定的方面来看，存在着一

种真诚而又有效的想把事物带到公共空间和白天光线下的努力，这样，任何具有合适的能力的人都可以公允地检视这些事物。”(169)比如，贝克莱对洛克式的实体的消除就是一种消除事件之后的神秘力量的尝试。然而杜威很快又转向了批判，指出休谟、康德以及当代观念论者的失败之处在于没有逃脱对确定性的寻求、内在与外在之间的区分，以及将非物质的心灵置于首要位置的思考模式。

第九章“事物与人格”指出了五个错误二元论中的第一个。由于古代、中世纪与现代的残余物，一种自然化的人格观被推迟了。希腊—中世纪的非物理的不朽灵魂观、现代的认识论、认识主体，以及自由的非社会的政治个体，都是来自一种非根植于交互行为的人格观。秉承其一贯的发生学方法，杜威将个体理解为独特的历史体或时间性的行为连续体。当个体拿起了某个社会角色，并接受了随之而来的道德尊重或指责，他就变成了人格。根植于直觉性自我意识的人格模式在解释关于他人的知识上遇到了问题，这一模式没有意识到那些使人格 xxiv
与自我意识成为可能的情感、自然和文化上的互动。事物和人格实际上产生于同样的材料，是它们在文化实践中的功能将它们区分开来。

第十章“心灵与身体”将心灵的运作功能化为关心(minding)、注意(attending)或是在连续的行为中的意向(intending)行为。这些行为指示的是能量的重新导向，而不是外在刺激或内在意志的简单作用。认识并不是消极的观察，而是训练有素的观察和实验。杜威将关注点放在所谓的感觉与反思之间的二分上，并指出前者不过是一种习惯或预期，而后者则不过是有机体在准备未来的行动时对内在的行为进行重新导向。感觉是事件，而不是孤立的特性，这些特性只有在区别和分析之后才能得到。这一章的第二部分来自另一份单独的手稿，此部分功能化了经验与理性之间的区分。在这一章的总结部分，杜威醒目地将认识描述为一种技术模式。如果不是在当下被互相冲突的、非智性的习俗与机构控制，知识本可以作为控制其他技术(通常被理解为工具)的技术。悲哀的是，技术在当下被认为不能制造新的目的，并被削减至单纯的工具性(instrumentality)，由物质转化为产品的过程被遗忘了，而我们则只好通过哲学来解释高级的观念是如何出现的这一“神秘事件”。

在“实践的与理论的”这一章中，杜威通过运用认识的技术化模式来反对历史与社会上固有的对实践的愚蠢贬低，以及对纯理论的相应的提升。杜威保留了理论作为纯粹科学的观点，但他把理论视为实践的一个方面。被功能化之后，理论意味着“在科学实践中理论所拥有的特性或扮演的角色”。实践则常常被削减至单纯的“实践”，并从属于某些期望的目的。如果探究服务于其外在的目的，那么它就不是实践的，因为纯粹科学是一种过程，而非结果。科学是自由的，而正因为它是自由的，科学实践需要包括对目的的反思。工具化的行为并不是真正目的性的行为，目的性行为持续地影响着对可预见的目的(end-in-view)的寻求。理论是假设性的，它通过设定一些一般的事实将我们引向对境况的生存性的重建。理论因而是实践的一部分，在这一部分中，习惯性的互动被打断，能量被导向至内在地考虑目的与方法，以此为未来的行为准备道路。反思可以通过无功利的(disinterested)好奇或幻想而在自身之内被欣赏。因而，反思、外在的行为，甚至是沉思，都是一个巨大的连续性整体的一部分。

xxv 接下来一章的标题“物质与观念”表达了实践与理论的二分背后的原因。杜威承认文化是一个整体，为了探究的目的，我们把它的组成部分区分开来。对象或实践，无论它们是椅子还是宗教仪式，都是具象化的意义(embodied meanings)。为了分析文化，我们把物质从知识、价值及社会组织的非物质世界中区分出来，但这种区分并不是内在的。物质被功能化之后，意味着“与当下研究相关或密切相关”，而那些不相关的则被当成“非物质的”。典型地，我们提取出事件发生过程中的某一方面，使之实体化，并把它当作该事件的本质意义。

在“自然与人性”这章中，杜威提及了“从宇宙自然到人性”这一章中的某些元素，并遗憾地认为现代哲学忽视了能够克服希腊—中世纪传统的一个机会。他回到了人性与自然是如何成为对立的这一问题。虽然现代人由自然转向人性，但他们将人性从社会语境中孤立出来进行理解，不健康的和自我中心的个人主义由此兴起。杜威将这一过程视为物理科学从自然中消除道德目的的一部分。当然他认为这种消除是来自希腊—中世纪一味提升确定不变的知识的传统。真正的现代哲学家会问为什么对目的的消除会造成自然科学飞速的发展。由此，他们能够对经验各个方面(科学、美学、道德)的关系有一个富有成果的讨论。但事实上，他们并没有。

“作为生命功能的经验”是现存的最后一章，它意外地对前面的大部分章节作了一个总结。杜威指向了一个关于经验的一般性理论，他假设经验是生命过程本身，而生命则是由一系列的社会文化事件组成的，任何心理学理论都必须由这种社会行为出发，最后，关于经验的理论应该是批判和改进行为的方法。为了为这些假设辩护，杜威指出社会性互动是意义的基础。我们总是由一个意义整体出发，事实上也总是身处其中。在这一整体中，我们也许可以区分有机体与其环境，或者区分认识的与审美的及实践的，但这些都是功能性的，而非类型的区分。所有行为，包括科学行为，都是实践的、朝前看的，同样，所有行为都具有直接的审美能力。一个特殊的事件主要关涉真理、道理还是艺术是由具体的境况和所强调的方面决定的。简言之，哲学必须把文化作为它的主题和分析的中心范畴。在这之后，手稿就断了。

因为我重复地强调文化的中心地位，所以有必要指出文化本身也是自然。 *xxvi*
文化与自然之间并没有断裂。正如杜威在《逻辑：探究的理论》中所指出的：生命的母体是生物的，也是文化的。(LW 12：Chs. 2—3)如果杜威把文化孤立出来并将其作为人类的领域提升到自然之上，那么他也犯了非现代哲学的错误。将人类的领域(道德、目的、理论、心灵、人格等)从自然中孤立出来正是问题之所在。在自然科学中，达尔文克服了这种分裂，现在我们要将这一教训扩大到人类的所有其他领域。这一事实对当代的哲学家同样适用，极端的例子是，有些人希望将心灵削减至大脑的神经化学运作，而另外一些人，比如杜威的仰慕者理查德·罗蒂，则希望将(有意义的)自然削减至文化。在杜威看来，自然的探究并不是以团结为导向的一种文学形式。正如他在许多方面的探究中所展示的那样，对于过时的二元论的解决方案并不是去反转它或是保存它，而是应该通过从一个更广阔的视角对它进行检视而克服它。文化之花由自然之中开出，我们不应该将它连根拔起。

不幸的是，杜威对于自然化的认识理论以及其与现代关系的阐述并不完整。虽然我们不确定杜威接下来要讨论的东西，但依然有一些线索。在手稿中，杜威作了一些承诺式的注解，指出后面将会出现的章节，比如他指出将会讨论经济或者是个人与社会之间的关系。在最后的提纲中，他草拟了一些经验之于哲学的意义——经验能够纠正哲学上的二元论以及在此背后的文化冲突。杜威问："站在前面的章节角度，关于经验的哲学理论的一般价值在何处？……孤立与夸大。发生—功能性观点提供了批判和纠错的经过试验的方法——因为用哲学来表述，它们表现了真实社会生活经验的形式，它们间接地指出了行为以及社会和道德政策的方向。"(特殊收藏文件夹 61/21)杜威不仅希望能够展示哲学的文化起源，还希望进入当下的文化中，表达其切实的需要、张力以及对立面。哲学最终必须永远关涉到人性的问题。

现代性以及对文化批判理论的需要

因为手稿的不完整，我们自然会揣测接下来可能的内容。在检视了杜威对非现代哲学与现代哲学的历史考察之后，接下来我要考察与手稿同时期的一些文本，以期发现一些线索，在这些文本中，我们发现了杜威对拉特纳所说的“宏大
xxvii 的构思”的一些提示。[①] 杜威明确地指出现代哲学中的二元分裂表现了深层次上的文化张力，这一论断不仅在古代、中世纪和现代正确，对当今的哲学家来说亦是如此。杜威指出，现代性中的文化矛盾由来已久，但我们至今仍没有把握它们。即使在手稿消失之后，这一任务仍然清晰地保留在杜威的心中，在《哲学的改造》1948 年再版前言中，杜威写道：“‘现代’这一概念依然是未成形的和不成熟的。围绕它的令人困惑的辩论以及不稳定的不确定性都反映了一个不协调的新旧混合体。真正意义上的现代概念依然有待实现。”(MW 12：273)在这个意义上，我将考察杜威所理解的破损的现代，以及他对一种批判性和重建性的文化理论的召唤。

约翰·帕特里克·狄金斯(John Patrick Diggins)指责杜威忽视了现代性所带来的挑战。狄金斯提出了一系列的批判，这些批判包括对科学进步的盲目信仰、对过去的忽视、对人类经验中悲剧性的非理性成分缺少认识，以及对现代性下知识的界限无法理解。但真正让他哀怨的是杜威的如下信念，即实用主义者在新时代中无须受苦。狄金斯认同杜威的观点，即在现代的语境中，哲学想获得关于绝对的确定的知识的梦想已经变得不再可能，然而他不认同杜威作为一个前后现代乐观主义者对存在性矛盾的自然化重建。(Diggins 1994)[②]

---

① 一些相关的著作是《〈哲学的改造〉1948 年再版前言》(LW 12：256—277)、《现代哲学的客体主义与主体主义》(LW 4：189—200)、《心灵是如何被认识的?》(LW 15：27—33)、《在两个世界之间》(LW 17：451—465)、《哲学的未来》(LW 17：466—470)、在杜威的通信中(1947. 01. 17,13529)所提到的《现代哲学》(LW 16：407—419)、《解放社会科学家》(特殊收藏文件夹 55/4)、《哲学与信念的冲突》(文件夹 61/23)。

② 关于狄金斯对杜威的批判的系统化回应，可参见 Eldridge 1998,185—194。与狄金斯相反，西尔马·列文(Thelma Lavine)认为：“经典美国哲学中(罗伊斯、皮尔士、詹姆士、杜威和米德)，只有杜威抓住了在现代语境中出现的互相冲突的哲学框架的轴心性意义。杜威穷其一生的事业都在探究社会实践的多方面诱因及后果，以及努力为现代性下的哲学竞争寻找中介与调和。”(Lavine 1998,217)

同样,杜威的文化理论也被诟病为不够深入,其中最激烈的批判也许来自法兰克福学派,后者认为在结构上实用主义并不能够支撑对基本社会结构的丰富批判。实用主义将真理削减至效率,因而它的任何批判都只能陷入后期资本主义的意识形态领域。(Lukacs 1971,188,195; Adorno 1973,373; Horkheimer 1972)波特兰·罗素(Bertrand Russell)与刘易斯·穆弗德(Lewis Mumford)预见了这一批判,他们指出实用主义是美国经济的镀金时代(Gilded Age)以及傲慢 *xxviii*
与物质主义的哲学表达。(Russell 1922, Mumford 1926)C·赖特·米尔斯(C. Wright Mills)将韦伯式的社会学与对实用主义思维的深刻了解结合起来,指出杜威缺少政治行动观,而政治行动可以保护权力结构及其背后有价值的决定。(Mills 1964)

即便是同情实用主义的思想家,如罗伯特·韦斯特布鲁克(Robert Westbrook),也在他的《约翰·杜威与美国式民主》中强调了杜威作为公共知识分子的角色,认为他缺少完整的社会理论。谈到杜威的《逻辑》时,维斯特布鲁克写道:"虽然我不想这么说,但我认为这一探究的社会语境的缺乏大致指出了杜威哲学的一个奇怪的特点,即虽然杜威强调了社会的首要地位,但涉及严格意义上的社会理论时,他其实并没有多少可说的。"(Westbrook 2005,185;还可参见 Wolfe 1998, 204)又如,虽然查尔斯·法兰克(Charles Frankel)指出了杜威长久以来对社会问题的关心,甚至认为杜威的哲学"如果在整体意义上不是社会哲学,就什么都不是",但法兰克又说杜威思想的一个巨大失败是它实际上并不具有一个传统意义上的社会理论。(Frankel 1977,6)①

如果杜威的思想是其他哲学传统的一部分,那么批判社会理论的缺席就不是一个严重的问题。如果他是一个将目光由此岸转向对神体的沉思的神秘主义者,或是一个用不受社会影响的原子式事实建立体系的实证主义者,那么他就不会被强迫去建立一个广泛的理论。但正如康奈尔·韦斯特(Cornel West)所正确指出的那样,杜威作出了一个基本的声明,即"社会实践——偶然的、装载着权力的、结构化的社会实践——处于知识的最中心位置"。如果实用主义不能探讨

---

① 我并没有忽视那些对实用主义社会理论的有价值的贡献,比如 Campbell 1992, Campbell 1995, Lewis and Smith 1980, Rucker 1969, Kloppenberg 1986, Purcell 1973, Joas 1993, Joas 1996, Habermas 1985。

基本结构与文化冲突，那么它就会面临韦斯特所说的“对实用主义的政治批判”，即“实用主义对权力复杂运作的把握不够全面，但在原则上又不想勉强自己严肃对待历史社会学和社会理论的传统”。(West 1999,278;1993,135)如果实用主义让我们转向文化，却又对此没有什么引人入胜的学说，这将会是一个悲剧性的讽刺。

然而杜威对批判理论的需要确信无疑，而且他还给出了明确的方向——这一理论应该把握现代性的意义和条件。在一个写于手稿丢失后不久的未发表的
xxix 断章中，杜威探讨了现代性的兴起所带来的问题：“无疑地，现在以及在将来很长一段时间内所要唤起的‘道德’具有以下的意味，即道德理论的首要任务是促进社会习俗与社会机构的系统形式，由此，这些习俗与机构能够充分地互相制衡，从而为原始的共同生活提供支撑并指出方向。好像是命运的安排，这些原始的共同生活不期而至地突然到来，取代了过去小范围的、孤立的、紧密的小团体。”(Dewey 1948)正如杜威在“徘徊于两个世界间”中所指出的，现代性有其本身的特性。现代性不是简单地标示当下的时代，而是在经验中建构一种新的意义。从广义上来看，现代性的经验是人与人之间，以及人与自然之间的一种新的关系。马基雅维利在政治学上的、伽利略与哥白尼在物理学上的，以及路德在宗教上的改革都体现了这种向现代的转型。现代性的明确特性是通过与传统上的稳定性以及献身于某个机构的想法的决裂，从而转向未知的未来。

科学—技术—工业的改革引发了现代性，科学技术改造了文化的所有方面。杜威指出：“我们可以自信地确定，由于工业技术革命的兴起与发展，人类生活的每一个方面、内容、结构和片段都被直接或间接地、或好或坏地彻底改变了。比如：家庭结构、妇女地位、两性关系、亲子关系都发生了改变；教育的每一个层面也在质和量上发生了改变；大量的人口城市化了，从而产生了新的工作和新的生活方式；交通与交流方式上的改革产生了无以计数的后果；国内和国际间的敌友、合作与竞争的关系在量上与程度上都发生了改变；阶级与种族问题在世界范围内产生并加剧。”(LW 1：358)如果我们还怀疑杜威对现代性导致的瓦解与灾难的程度持有天真态度，下面这句杜威的言论或许会有所帮助：“让前面这些均为之失色的是，工业技术革命要为在一代人之内发生的两次世界大战和威胁人类的另一种最终毁灭负有大部分(即便不是全部)的责任。”(LW 1：358)

这本著作细致地讨论了被一系列概念上的二分(心灵与身体、实践与理论、

物质与观点等)所撕裂的现代哲学。如果哲学抽象地处理这些对立，它就会忘记使我们如此理解世界的根基上的冲突。杜威指出：“作为现代哲学代表的二元 *xxx*
论首先是西方文化生活中冲突与分歧的反映和镜像。并且……这些分裂与分割体现了新运动的影响，这些新运动不仅发生在科学、工业、艺术(大体上)中，还发生在宗教和政治机构中，影响着那些根深蒂固的机构。这一新运动对已经存在的机构产生了巨大的震荡，但并没有推翻它们。”(LW 16：407)以私人空间这一概念为例，杜威在手稿中说他将对此进行进一步的讨论。在杜威看来，仅仅简单地提及15世纪到18世纪之间个体良心的兴起及权利是不够的：“一个不产生外在后果的纯私人的意识领域的观念产生于政治与教会中的机构变革。”并且“直到社会流动性与异质性在技术与工业中引发了革新，直到世俗的追求成为了教会与国家的强大竞争对手”(LW 2：267)，这些变革才有可能出现。私人领域是一个社会关系的系统，但它的社会特点已经在个人与社会之间的抽象辩论中被抹杀了。

正如整部《非现代哲学与现代哲学》所证明的那样，物质条件的改变并不一定会体现在信念、观念、传统与机构的改变中。当资源匮乏是首要考虑因素、自然是畏惧产生的恒常原因、经济生产主要依靠个人的时候，我们的信念与机构随之发展了。工业革命则改变了所有这些。杜威指出，虽然现代哲学看起来代表了关于真理、美以及公正的传统标准的断裂，但其背后的信念以及合法性依据却植根于前现代之中。而现代的技术科学却不寻求与固定的现实的同一，它将经验的元素互相关联，以便增进未来的行动，它是后达尔文式的，拒斥目的和本质，并转向语境、关系和实验。然而，哲学家仍然在使用寻求不变时所用的范畴，即便是那些相信自己是真正科学的的实证主义与实在论的哲学家。

从短期来看，信念对新环境的适应性是一个很有价值的功能。我们广泛接受的非反思性的行为规范为我们提供了指导和稳定性，它们防止了可能会伴随传统的瓦解而出现的混乱。这种“文化时差”让我们能在不完全迷惑和混乱的状态下处理新的情况。然而从长远来看，传统的合法性与现代的物质条件之间的 *xxxi*
冲突最终还是会制造混乱。当文化处于混乱时，问题就会出现，行为的条件是全新的，关于行为的传统理解不再有效。

杜威在“当下的知识问题”中区分了传统的与反思的群体，相应地，在1932年的《伦理学》中，他区分了俗常的与反思的道德(customary and reflective morality)。俗常的道德存在于稳定的单一化文化中，在这种道德之下，对机构的批判是不需要的，因为后者已经足够满足这种需要。“当社会生活稳定且在习俗控制之下，道德的问题在于个人对于其所处的机构所作出的调整，而不在于机构的性质本身。”在这种情况下，我们的习俗和机构很难成为反思的对象。而作为反思性文化产物的道德理论是在情况不再符合我们的预期或不被我们所控制时出现的。“当社会生活处于流动的状态中，道德问题不再只关涉到个人的得失。这些道德问题将社会安排、法律以及转化为机构的传统价值，连同所期望的变革一起置于中心位置。机构丧失了它们的类神圣性，而成为了道德质问的对象。我们现在就生活在这样一个时期。”(LW 7：314—315，318)注意力已经从我们如何扮演自己的社会角色、如何完成社会义务转向了决定这些角色与义务的真正含义。就像希腊人、中世纪人与现代人一样，我们被迫在所承袭的习惯与习俗的背景之下，面对崭新的经验。

杜威认为即便是在20世纪，我们仍有可能说世界是我们的家园。罗伊斯把哲学的角色定义为我们对法则与安慰的基本感受的表达，作为对此的回应，杜威指出，即便我们曾经可以设想这种感受，现在也已经不可能了，哲学的任务不再是简单地思考世界的外在理性，而是要将世界拼合在一起。哲学必须寻找“让世界变得更有价值、更为重要以及更像家园的道路”。(LW 15：169)

我们所需要的理论要从现代生活的混乱出发，“我们并不预先将我们的习俗与机构哲学化，也就是说，我们不预先构建理论。只有当我们的群体性行为中产生了困难或障碍时，我们才着手于理论。社会机构永远先在于理论，而不是理论先行于社会机构”。(Dewey 1919—1920，45)实证主义社会科学认为它的范畴来自特殊的环境与历史先在物，这是错误的，相反，规范与机构必须由当下的实践
xxxii 发展而来，因为它们很有可能并不完整。

在现代性的碎片化状况下，工业技术革命带来的新的物质条件与传统规范的结构发生冲突，哲学面临着变成意识形态的危险。“直到人类能够发展出一套同一的和协调的机构化习俗之前，道德理论都一定会是争议性的、半心半意的，或者会急于回到某些被叫作‘科学’的教条，以支撑某些特殊的机构，用来控制道德信念和人类实践的声明。”(Dewey 1948，n. p.)

“现代”哲学也许会自称是科学的或普遍的，但实际上则代表了特殊机构的多样化兴趣，这样，探究就会被其运作机构所限制。杜威指出：“科学方法只有

通过机构的介质才能对生活的条件产生影响，而科学探究本身并不应用于机构。我们可以设想如果科学被应用于后者，可能会产生什么后果，这样的探究也许可以在共同体态度的改变上扮演一些角色，但这样的共同体必须是自由的、久经考验且以事实为依据的。”(LW 15：158)在本著作的第二部分中所讨论的观念与物质、价值与事实、方法与目的，以及效益与使用之间的二分并不体现于科学实践自身之中，它们反映的是机构化的社会分裂。为了不让其变成意识形态，我们必须从文化的范畴来考量科学探究。

因此，缓解文化冲突的一个条件是把社会探究本身从它的古代—中世纪遗产中解放出来，让它变成一种自然主义化的、反思的和批判的文化理论。一个贯彻杜威著作始终的主题是，社会探究需要一种方法上的革命，这种革命类似于过去几个世纪在物理科学上所发生的革命。科学也许在自然世界中获得了成功，但对人的研究仍旧是严重地缺失。社会探究的一个不成熟的标志是，它的主题如此地分裂，政治、艺术、经济和法学从属于不同的学科，各自有着不同的方法和前提。如果探究者意识不到生活中的各种事实是联系在一起的，那么他们就会缺乏缓解冲突的手段。社会理论必须意识到：“今天的一个首要问题是将人类材料的整个素材都视为哲学的主题。”(LW 16：417—418)在此之前，社会理论都只能在机构化的分裂中工作，其所用的概念工具能够反映却不能批判社会冲突，而这些社会冲突本该是它的主要考量。

社会理论本身是社会实践的产物，它与社会结构、习俗和缺陷紧密地联系在
一起。对于社会冲突的一部分批判因而必须是对探究本身的批判，因为对文化 *xxxiii*
的批判本身亦因文化而产生了扭曲。“重要的工作是认清社会条件(经济的、政治的、道德的和宗教的)，这些条件制约了科学的探究。”(LW 15：167)对文化的探究必须分析既有的兴趣，这些既有的兴趣遮蔽了真正的科学探究所要考察的人性观点、经济体制以及俗常的价值。

一旦置于探究之上的非科学限制被移除，就会体现在价值上。在“解放社会科学家”这一章中，杜威检查了晚近的关于社会学本身的社会学著作，其中包括丹尼尔·贝尔(Daniel Bell)、内森·格雷泽(Nathan Glazer)以及卡尔·波兰尼(Karl Polanyi)的著作。这些研究者意识到以前的社会探究只是简单地接受基本的社会范畴，并进一步描述其“所是”，而并没有将这些范畴与广泛的社会考量结合起来。在杜威看来，广泛的社会“必然且无疑地是探究主题的一个组成部

分”。(LW 15：226)[①]它将是从应该中分离出来，使价值问题倒退至现在的状态。研究方法或权力并不是社会科学的全部。将注意力投向何处是科学家自己的选择，尽管这种选择的背后常常是权力机构的兴趣。

正因为探究必须考量价值，它就必须分析和促进机构的发展。杜威在前面所引的关于道德理论的讨论之后继续说：“首先需要做的工作是要探究那些导致了作为人类社会标志的习俗解体的条件……这种统一的机构化生活方式的发展正是当下人类基本的与全部的问题和任务。”(Dewey 1948，n. p.)现代性的重建同时依赖于对探究的应用和这种探究背后的条件。批判理论不只是杜威思想的一部分，而且是内在的和必要的一部分。

在现代社会中运用科学发展新的规范和机构一定会遇到许多阻力，特别是当科学探究在打破传统权威中扮演重要角色时，但杜威相信科学探究是我们唯一的选择。“如果一个文化允许科学去摧毁传统价值，却不相信科学能够创造新的价值，这文化就是在毁灭自己。”(LW 13：172)我们很难再说科学没有决定现代世界中的物质关系，我们不再依赖于直觉或神圣的权威去决定事物的价值，去
xxxiv 治愈疾病，或者去探究自然世界。唯一的问题是我们是否能够找到民主地生活于科学技术探究之中的方法，或者顽固地坚守那些必然要消亡的传统价值。

通过学习物理科学的实验态度，社会探究可以重建其已经过时的机构。杜威希望社会探究采用实验的方法，这一方法考虑具体情境下的反应，在实践中测量它们，然后在新的重建后的情境下评估观念及其后果。从广义上来看，杜威式的文化理论能够发展一个文化的内在价值，考虑到可能的后果，并采用一种有机的模式。现在让我们逐个地考察它们。

首先，观念由共同生活的材料发展而来。杜威拒斥实证主义者与绝对主义者的信念，即价值是外在于探究的。价值贯彻了科学的始终，问题是它们是内在于探究，还是由外界置于探究之中。批判理论必须在一个文化的内在评价中展开工作，“因此，批判等同于在事实上或可能性上从另一个社会群体的立场出发，采用另一种褒奖和责备的习惯，以及另一种权力和义务的系统”。(MW 15：

---

① 在给悉尼·胡克(Sidney Hook)的一封信中，杜威提到他想重写“解放社会科学家”这一章，因为原来的手稿太受关于现代哲学的一些论著的影响了。(1947.04.01，13160)我们在杜威文献的文件夹 55/4 中找到了这一早先手稿的片段。

238)理论家从社会内在需求与其他文化兴趣的互动中评价这些需求。特别重要的是，虽然批判理论家的工作是从当下群体的价值材料出发，但他们并不受制于任何具体信仰体系。如果当下文化没有遇到共同生活的内在原则，从未来可能实现的视角出发，这些原则仍然可能被用作批判的工具。杜威指出："一个社会标准必须(1)表达实际存在的人类协作体内在的明确原则，(2)但其观念或原则可以与现存的具体形式相抵触。为了成为一个社会群体，一些条件必须被满足，正是这些抽象的特征定义了社会。当这一定义被拿来与一些实际的现象进行比较，来看后者是否完全地实现或表达了它的时候，它就成为了一个标准。从经验上来看，一个观念代表了指向其界限的实际倾向，因而一个社会的理想代表了指向其界限的实际的社会倾向。"(LW 15：238—239，也可参见 LW 12：493)指导社会理论的规范必须产生于文化实践的内部，它们的理想化形式为批判提供了优越之处。

其次，理论必须考虑后果。在这一意义上，杜威相信意义与价值只能通过观念在世界中产生的可把握的后果来测试。任何社会程式的最终衡量标准在于这 xxxv
程式如何允许一个社会去表达它的问题以及重建更好的环境。探究改造着世界，我们对探究的评价也必须建立在这些生存性改变的基础上。杜威相信，如果我们把价值定义为最终的和内在的，我们就不再能够审视这些价值，如果价值不是公共的，那么就没有办法衡量另一个个体关于真理的论断。当主体性的喜好变成绝对之时，意识形态的大门就敞开了。

我们可以把这一观点应用于特殊的社会探究。只有把概念置于社会实践之中，我们才能够在探究中接近这些概念。内在的价值不能被裁定，但"如果我们意识到这些冲突的价值表达了冲突的习俗与期望，那么就只能回到这些社会力量，仔细地检视它们，并考量它们的后果。在社会实践的可观察的结果中我们可以找到一个共同的标准，通过这一标准我们可以作出选择，并且至少在有陈见的非理性的冲突中加入一些理性的元素"。(Dewey 1927, n. p.)关于最终价值的永恒论断反映了先在的社会条件，因此，如果我们希望解决看起来难解的道德冲突，就必须改造抽象的价值冲突背后的具体条件。社会探究的判断是实践的论断，它内在地指向对问题性境况的改造。

最后，社会探究必须是整体性的。正如我们在前一部分所讨论的那样，文化是同等重要的文化事实的复合体，将其中任何一项当作本质都犯了致命的错误，无论是等待必然到来的革命的经济决定论者，还是呼吁灵魂转变以重振国家的道德主义者。杜威指出："将任何一个因素孤立出来，无论其在当下是多么地强烈，对于我们的理解与智性行为都是致命的。"(LW 14：79)

杜威常常被批判为不想提供一个特别的解决方案。这反映了他对偶然性与民主式方法的信念。除了将一个观念置于其对其他观念的具体后果中，他从来不绝对拒斥或肯定某个特殊观念。杜威从来不给出固定的价值，相反，他将重点放在我们根据其他价值判断某个特殊价值的方法上，这一观点取消了我们可以建立一个不变的价值等级的可能性。也正是出于这个原因，杜威提出交流与生长的基本观念，这一观念指明了一个在个体自由与他们的社会角色之间的有机共同体。在这样一个共同体中，个体互相分享生活却并不异化，而探究也不会被
xxxvi 外在的力量，比如盈利的欲望，所扭曲。唯一永恒的价值是对进一步探究的信念，这一信念是一种被规范化证明的方法，而不是任何特殊的目的，也不是任何探究的结果。

对社会结构的批判和重建与个体的自我实现密切相关。杜威并没有提供给我们任何最终的实体化目的，但强调了某些特性。一个社会最好的希望是制造出拒绝阻碍探究之路的个体。社会理论的反思性与整体性特点必须被整合进个体的生活，而引导个体生活的经济进程与政治结构必须把每个个体的发展作为它们的目标。"民主有很多含义，但如果它具有道德含义，那么这一含义在于如下的决心，即所有政治机构与工业组织的最高判断标准都必须是它们将对每一个社会成员的发展所作出的贡献。"(MW 12：187)我们的整个生活都处于协同体中，我们是教会、社会群体、国家、家庭等的一员。因此，问题则是这些协同体能否让我们发展成为感觉灵敏的、自主的和有创造力的人。杜威声名远扬的教育理论也许能让我们相信他将全部的重点放在了作为道德发展的媒介的学校身上。事实上，他甚至说教育的这一功能，如果从广义上来理解，是任何社会机构真正的衡量标准。(LW 5：102)①

因为我们的民主机构建立在一个过时的"现代"自由主义之上，它们并没有准备好接受这些基本性理论的瓦解和物质生活的巨变。杜威归之于文化的复杂

---

① 还可参见 MW 9：7，9。另外，还可参考杜威如下的论断，即需要通过社会组织(比如市场)转化为有效的需求。(Hook 1926，19)

关系体已经被打散，并失去了原来的性质。现在的任务是，决定如何才能在文化之中重建与机构化民主观念，我们必须在作为偶性与传统的结果的社会环境与由智性指导的社会环境之间作出选择。正如杜威所指出的："当关于价值的理论无法接受智性的辅助，但这些智性的辅助又能够形成关于价值的观念和信念，且足够指导行动的时候，就要用其他的手段来填补这里的断层。如果缺失智性的方法，而偏见、环境的直接压力、自我和阶级的兴趣、传统的习俗、历史性的非主要机构依然存在，那么后面这些将会取代智性的位置。"(LW 4：211—212)这段话出自《自由与文化》，于杜威开始写作《非现代哲学与现代哲学》不久前出版。《自由与文化》的主要目的是拒斥如下的观点，即对政治自由的向往是内在于人类本性之中的，且是人类历史的明确目的。极权主义的兴起揭示了政治自由并 *xxxvii*
不是被给予的，而是植根于一个更大的整体中，即民主文化中。对平等与自由的向往和统治的意志一样，都是人性永恒的可能性，因此那些追求民主目标的人必须懂得如何在人性之中培养民主的可能性，他们不但要关心政治，也要关心经济、自然科学、艺术以及道德。每一个方面都是首要的，每一个方面都必须被视为一个互相影响、互相依赖的力量的复杂体的一部分。"这一人类赖以协同与共同生活的条件的复杂体可以用一个词总结，那就是文化。"(LW 14：67)在杜威看来，极权主义是从现代性的撤退，它试图通过制造一个包罗万象的蓝图来解决所有的文化问题，相反，民主文化则直面和吸收了现代科学与文化的教训。(LW 17：469)

这种对现代性与对文化批判理论的需要的对立讨论似乎远离了这本著作的内容，其实不然。杜威写作了这本关于哲学的文化史观的著作，但他的兴趣很明显不仅仅是历史性的，历史著作是探究当下问题的一种策略性干预。像他的学生约翰·赫曼·蓝代尔(John Herman Randall)一样，杜威将历史理解为人类试图解决深层次的文化冲突的一个漫长过程，这种解决既建立在习惯、习俗与机构的积沉物上，又着眼于不停进化的文化观念。作为学科的历史与哲学肇始于文化的冲突和改变，它们的功能在于维持一种连续性，并尽可能地将新的元素综合进长久以来存在的传统中。当这种综合不可能时(就像西方传统必须逃离希腊—中世纪的遗产之时)，思想就必须提出新的观念，为旧的观念找到新的家园，并发展出更为智性的实践。在杜威和蓝代尔看来，在我们的时代，思想的主要任务是吸收那些由科学技术革命带来的变革，特别是要理解知识并不是直接给予的，而是间接的和功能性的，并一直处于发展的历史进程之中。

杜威和蓝代尔还持有相同的批判的历史编撰观。所有的历史都是选择性的，事实只与当下的探究相关。这并不是说我们可以任意杜撰历史，而是说历史学家永远处于进化的传统之中，他们会在当下的指引下改变先在的重要的历史事实。在一种健康的实用主义方式之下，永远处于发展之中的结果会改变原始事件的意义，同样，我们的过去依赖于我们的当下和未来。正如蓝代尔所指出的："历史学家对选择原则的选择必然包含某些'忠诚'的选择，以及选择某种未来而非另一种'信念'的行为。"(1958,44)

xxxviii 杜威的西方哲学史在这个意义上明显是选择性的，我们应该问在这一历史背后的信念是什么。杜威的信念永远是希望一个更为人性、更为反思和更为民主的共同体。杜威提醒我们注意启蒙运动理念的瓦解，这一论断的严重性与革命性并不亚于本部分开头所提到的杜威的批评者所指出的现代性的问题。[①] 比如，像法兰克福学派一样，杜威看到了现代性的黑暗一面与极权主义之间的联系。人们经常觉得他们不是一个有意义的整体的一部分，在缺乏真正联系的情况下，人们会找到一条自我归属的道路。比如当社会理论是从个人与社会的二分出发时，它所使用的概念工具便会阻碍对真理的寻求，并限制我们对共同体的崩坏的批判能力。如果我们将个体性置于一个与极权主义对立的抽象或概念性的位置，那么我们就忽视了重要的一点，即极权主义本身也是一种原子化的个人主义的表达。"如果穿过这一突然爆发的极权式集体主义的表面，我们就会发现其背后明显先在的个人主义。"(LW 15：215，还可参见 MW 8：421—426；Dewey 1946)当现代的社会条件制造了这种异化，并同时扭曲了诊断这种异化的分析工具时，制造一个更好的、更像家园的世界就变得非常困难了。

文化的批判理论的目的在于建立适合于现代条件的新的习俗，并把失去的个体整合进民主的共同体中。正如杜威所相信的，科学与技术的革命已经为最终建立民主文化开启了可能，现在它们必须在机构以及人们的个性与习俗中实现这种可能。适合我们当下需要的历史能够在我们无法将开放式的探究方法运

---

① 我同意特里·霍伊(Terry Hoy)的论断，即杜威对现代性矛盾的理解类似于法兰克福学派。他们共同的观点是："主体间分享人类共同体的真正可能性已经被支配着社会的政治、社会及行政结构的技术工具理性所背叛。"(Hoy 1998,21)

用到伦理、社会与政治时解释失败的原因。在重构杜威丢失的文本时，我们发现其最终的意图应该是试图解释负担着过时的遗产的当下的历史，并提供一种能够引领我们前行的文化自然主义。

引用文献

Adorno, Theodor. 1973. *Negative Dialectics* trans. E. B. Ashton. New York: Continuum Press.

Campbell, James. 1992. *The Community Reconstructs: The Meaning of Pragmatic Social Thought*. Champaign-Urbana: University of Illinois Press.

——. 1995. *Understanding Dewey*. Chicago: Open Court Press. xxxix

Dewey, John. 1919 – 1920. *Lectures in China, 1919 – 1920*. Robert W. Clopton and Tsuin-Chen Ou, eds. Honolulu: University of Hawaii Press.

——. 1927. "Social Philosophy." Folder 65/7, John Dewey Papers, Special Collections, Southern Illinois University Carbondale.

——. 1946. "Miami Lecture." Folder 54/8, John Dewey Papers, Special Collections, Southern Illinois University Carbondale.

——. 1948. "Morals and Custom: A Study of the Relation of Natural Science and Morals." Folder 55/12, John Dewey Papers, Special Collections, Southern Illinois University Carbondale.

——. 1969 – 1991. *The Collected Works of John Dewey, 1882 – 1953*, Carbondale: Southern Illinois University Press.

——. 1999 – 2004. *The Correspondence of John Dewey*. Carbondale: Southern Illinois University Press.

Dickstein, Morris, ed. 1998. *The Revival of Pragmatism: New Essays on Social Thought, Law and Culture*. Durham, NC: Duke University Press.

Diggins., John Patrick. 1994. *The Promise of Pragmatism: Modernism and the Crisis of Knowledge and Authority*. Chicago: University of Chicago Press.

Eldridge, Michael. 1998. *Transforming Experience: John Dewey's Cultural Instrumentalism*. Nashville: Vanderbilt University Press.

Fine, Benjamin. 1949. "John Dewey at 90 Gets $90,000 Gift." *New York Times*, October 19.

Frankel, Charles. 1977. "John Dewey's Social Philosophy." In *New Studies in the Philosophy of John Dewey*, ed. Steven Cahn. Hanover, N. H.: University Press of New England.

Habermas, Jürgen. 1985. *The Theory of Communicative Action*. 2 vols. Boston: Beacon Press.

Hook, Sidney. 1926. "Notes on Dewey's Political Theory." Folder 65, John Dewey Papers, Special Collections, Southern Illinois University Carbondale.

Horkheimer, Max. 1972. *Critical Theory*. Trans. Matthew J. O'Connell. New York: Continuum Press.

Hoy, Terry. 1998. *The Political Philosophy of John Dewey: Towards a Constructive*

Renewal. New York: Praeger Publishing.

Joas, Hans. 1993. *Pragmatism and Social Theory*. Chicago: University of Chicago Press.

——. 1996. *The Creativity of Action*. Chicago: University of Chicago Press.

Kloppenberg, James T. 1986. *Uncertain Victory: Social Progressivism in European and American Thought, 1870 - 1920*. New York: Oxford University Press.

Lamont, Corliss, ed. 1959. *Dialogue on John Dewey*. New York: Horizon Press.

Lavine, Thelma. 1998. "The Contemporary Significance of the American Philosophical Tradition: Lockean and Redemptive." In *Reading Dewey: Interpretations for a Postmodern Generation*, ed. Larry Hickman, 217 - 230. Bloomington: Indiana University Press.

Lewis, J. David, and Richard Smith. 1980. *American Sociology and Pragmatism: Mead, Chicago Sociology and Symbolic Interactionism*. Chicago: University of Chicago Press.

Lukacs, Georg. 1971. *History and Class Consciousness: Studies in Marxist Dialectics*. Trans. Rodney Livingstone. Cambridge: MIT Press.

xl Mills, C. Wright. 1964. *Sociology and Pragmatism: Higher Learning in America*. New York: Paine Whitman Publishers.

Mumford, Lewis. 1926. *The Golden Day: A Study in American Experience and Culture*. New York: Horace Liveright.

Purcell, Edward. 1973. *The Crisis of Democratic Theory*. Lexington: University Press of Kentucky.

Randall, John Herman. 1958. *Nature and Historical Experience: Essays in Naturalism and the Theory of History*. New York: Columbia University Press.

Rucker, Darnell. 1969. *The Chicago Pragmatists*. Minneapolis: University of Minnesota Press.

Russell, Bertrand. 1922. "As a Radical European Sees It." *Freeman* 4 (March 8, 1922): 608 - 610.

West, Cornel. 1993. "The Limits of Neopragmatism." In *Keeping Faith: Philosophy and Race in America*. 135 - 141. London: Routledge.

——. 1999. "The Political Intellectual" *The Cornel West Reader*. New York: Basic Civitas Books.

Westbrook, Robert. 2005. *Democratic Hope: Pragmatism and the Politics of Truth*. Ithaca, N. Y.: Cornell University Press.

——. 1991. *John Dewey and American Democracy*. Ithaca, N. Y.: Cornell University Press.

Wolfe, Alan. 1998. "The Missing Pragmatic Revival in American Social Science." In Dickstein 1998, pp. 199 - 206.

编者按

作为一个不断发展的构思的一部分，这部由数以百计的片段组成的16万字手稿在三年间几易其稿，在编辑的过程中出现了无数次需要我自行判断的地方。杜威的原意是写作一本关于常识、科学与哲学的著作，但很快这部著作变成了现代哲学的文化史。这里所呈现的文本试图忠实地表现处于两个端点之间的过程，其表现的对象与前述的两个意图不尽相同。在理想化的情况下，我可以呈现一部与杜威的想象完全相同的著作，然而，尽管我已经尽己所能地揣测他的意图，但因其不断重组的构思以及希望容括尽可能多的材料的意愿，这一理想化的情况最终被证明是不可能的。在必要的时候，章节被重组，分离的文献也按照主题被拼合起来。如果换作另一个人来编辑，我相信结果一定会是一本不同的著作(在一定的界限内)。编者按的目的是说明我所作出的判断，这样它们可以被学术探究共同体的成员们检查、测试和更正。 *xli*

误拼和打字错误已经被更正，且不再被明确指出。同样，虚词和某些明显的介词，比如 to 或 the，已经被插入必要之处，为了清晰起见，一些标点也作了更正。除此之外，我并没有根据现在的语法而改变杜威原来的语言。比如，clew(线索)并没有用 clue 代替，所有的斜体强调也都是杜威的。

编者的插入或变更，包括在意图不明显之处补充的词语、用铅笔所作的订正，以及页面之外的词语，都用中括号加以区分，编者的脚注同样也加上了中括号。编者尽可能地提供杜威引用的原文，对于实在不能识别与判断的某些词语，编者用[不明]加以表示。

对于在南伊利诺伊大学的特殊收藏中发现的这部分手稿，我已经作了尽可能多的努力将它们组织起来，而不是对它们进行随意处理。这种方法有其优势和劣势。文献学家所收集的原始文献是根据杜威在手稿的左上角所注的页码整
xlii 理的，标注为“VII”的材料和标注为“vii”的材料是一组，并由此类推。然而，随着写作的展开，杜威认为必须包括在某个特殊章节中的材料发生着变化，举例来说，根据新的提纲，杜威打算将第七章前移变为第四章，他接着会把新的、与原本第七章无关的材料也标注为“vii”。这一问题还与如下的情况混杂起来，即杜威在某个时刻认为，所有关于现代哲学的“非现代性”的材料都必须放在第七章当中，因而第七章就有了三个部分，就好比第十一章也有三个部分一样。[1] 这些情况造成的结果是许多不协调地讨论着相同主题的断裂的文本被合并在一起放入了杜威文献之中。这种结果强制我不顾特殊收藏的文件夹分类而自行判断，将手稿以最清晰的论证或叙述的方式组织起来。但这种方法的危险在于，基于片段的数量与自行组织文本的自由性，所获得的结果会更多地反映我的思想而不是杜威的。清晰性与论证的有力性是以忠实性为代价的。因此，我尽可能地保留了手稿原来的次序，甚至不惜造成某些重复与论证上的不连续性。尽管如此，在某些情况下我还是将一个文件夹中的材料拆分到了不同的章节中，或者用来自不同文件夹的材料组织起一个章节，在编者按的后半部分我会详细说明。

我在同一个文件夹中的新的片段开始之前加入了分节符号“＊＊＊”，这一符号说明有某几页从连续性的手稿中间缺失了，或者表示独立的片段被合并在一起。杜威常常在一个章节中进行好几次的转向，因为这些不同的尝试，我就有了许多有着相同页码的片段。比如，组成“心灵与身体”这一章的五段手稿的页码分别是1—8，14—40，7—20，31—38与22—41，这些手稿都来自同一个文件夹，但它们的文本并不连续。[2] 在来自其他文件夹的材料开始之前，我加入了罗马数字分段符。比如，因为“理性思维的发现”这一章完全是从文件夹53/17而来，我只加入了分节符号，但“当下的知识问题”这一章是由来自四个文件夹的手稿组成并分成了五个部分，所以我加入了罗马数字分段符。最后，在一些情况下，某些来自其他文件夹的特别有趣的段落因为太短而不能独立成段，我把它们以脚注的形式置于合适的位置。除了分节符号与分段符，两倍行距的分隔是杜威自己的。

[1][2] 原文如此。——出版者注

读者必须牢牢地记住，因为这本著作是由片段组成的，且是不完整并处于写作过程之中的，著作内部的指涉并不总是可信的。而且不幸的是，在整个写作的 xliii
过程中，章节的次序与内容发生了巨大的改变，杜威提及的先前的章节或许已经丢失了，而他提及的后来的章节也许还没有被写作。甚至更糟的是，他会把写作过程中提及的某一处同时作为先前和后来的章节，而且他还会重新想象这一处的去向。他经常会提及“刚才最后一点是”、“在前一个章节中”或者“这一任务的引人注意的地方是”，但因为页数的缺失，这些“点”、“章节”或“任务”并不必然就在目前的文本中。这一问题相当普遍，当这些问题出现时，我尝试加入脚注来提醒读者，但我并不认为它们会造成理解上的障碍。

虽然我根据杜威的内部指涉对文本的组织尽了最大的努力，但要为所有的指涉找到它们的指涉对象是不可能的。有些指涉对象丢失了，而有一些则直接互相矛盾。比如，在手稿中，“自然与人性”被编号为 XIII，而“作为生命功能的经验”则被编号为 XI，尽管如此，我还是将它们的次序调转过来，因为杜威在“自然与人性”中指出：“所有心理学现象由生物学现象转变而来，而这种转变则为社会学与文化的条件所影响，这一立场是接下来的讨论主题。”出于这一原因，我将“自然与人性”放在了“作为生命功能的经验”前面。然后，在“实践的与理论的”的一条脚注中，我读到：“社会—文化条件在习惯性回应的形成中所起到的不可或缺的作用将在下一章中得到讨论。”[①]这句话又意味着“作为生命功能的经验”必须紧跟在“实践与理论”之后。这两种情况不可能同时得到满足，除非我将“自然与人性”移到“实践与理论”之前。但这又与另外一条指涉矛盾，根据那条指涉，“实践与理论”必须紧跟着“心灵与身体”，如此等等。类似地，在排列“从宇宙自然到人性”、“徘徊于两个世界间”和“当下的知识问题”这几章时，每一种排列方式都有足够的文本作为依据。

我已经囊括了尽可能多的手稿，有时，这会造成一些重复，因为杜威在不同的手稿中对一些观点进行多次的探讨，这一现象在“当下的知识问题”与“徘徊于两个世界间”这两章中最为明显。关于这两章和整部著作，杜威设计了一系列的提纲。本书最为接近最后的提纲，这一提纲位于文件夹 61/20 中。然而这并不是说本书严格按照了最后的提纲，比如，有些章节，像原来作为第七章的“从宇宙

---

① 原文如此。——出版者注

xliv 自然到人性”并没有出现在最后的提纲里，而我则把它收入了此书。同样地，我还把写于较早时期的“事物与人格”及“心灵与身体”收入了此书，杜威的确指出他想要讨论“个体”和“心理学”，这些章节也反映了这些讨论，然而杜威并没有明确提及这些章节的名称。

下面我将提供每一章的信息。除了第七和第十四章，各章名称都是杜威的。

1.“信念的冲突与哲学”——杜威文献文件夹 53/16。因为这部分手稿的最初七页没有幸存，所以这一章的原始标题也就无从得知。杜威在给约瑟夫·拉特纳的信中提到，第一章的一个早期标题是“哲学的连续性生命”（1941.02.21，07068），但我们有理由相信那一章没有幸存下来。在文件夹 61/12 的一个后期提纲中，杜威将第一章命名为“哲学，过去与??”。这里我所采用的标题来自文件夹 61/23 中的手稿，虽然我已经试图将那一手稿整合进第一章中，但我仍不是很确信它是否是这一著作的一部分，虽然它在主题上接近，并与其他手稿编在一组。

2.“自然的故事”——文件夹 61/12。

3.“理性思维的发现”——文件夹 53/17。这一章的引言部分杜威至少写了三遍，他开始打了四页打字稿，但不满意前两页，他在这四页打字稿的背后又重新手写了四页。但他显然对重写的部分仍不满意，又在新的纸上重写了四页。我已经用最后的手写稿代替了原来的两个版本。

4.“对救赎的寻求”——在所有的章节中，这章是最片段化的，它由“对救赎的寻求”（文件夹 61/15）、“第二(ii)章”（文件夹 61/13）和“理性思维的发现”（文件夹 53/17）中的片段组成。杜威明确在手稿与各个提纲中指出他试图分析古代关于自然哲学的范畴与假设是如何在中世纪以超自然的形式得到保留的，可悲的是，大多数关于此的材料都遗失了。因为残留的片段过于短而零散，我并没有像其他各章那样把每个文件夹中的材料都独立出来，相反，出于清晰与流畅的考虑，我将它们混合了起来。

5.“从宇宙自然到人性”——文件夹 54/1。为了不打破手稿的流畅性，我将其他手稿中的相关材料都置于脚注当中。在后期的提纲中，杜威提到他想写作一个关于“个体”的章节来讨论内在化的转向，但我不清楚这一章是否是杜威想要的那一章。这一章还与“自然与人性”分享了相同的主题，但后者必须作为最后一章，因而不能被整合进第五章中。

6. “徘徊于两个世界间”——三个部分分别来自不同的手稿，第一部分来自文件夹 53/18，第二部分来自文件夹 54/6(标注的日期为 1940 年 4 月至 5 月 7 日)，第三部分来自文件夹 61/13。这一章中存在很多重复，第一与第二部分的论证基本相同但强调之处有所不同。我在编辑的早期试图将这两个部分组织在一起以期获得连续性和精简性，但我最终还是为了忠于原始的手稿而将这两部分分了开来。关于这一章的位置，“从宇宙自然到人性”中的指涉指向的是第二部分中的材料，因而我们可以推断“从宇宙自然到人性”位于“徘徊于两个世界间”之前，然而第一部分中的指涉又指向之后的“从宇宙自然到人性”。这里的明显矛盾可以由两种方法解决：或者将两部分分开，并把第二部分独立成章置于“从宇宙自然到人性”之前；或者在本章中保留这两部分，并在脚注中指出可能的问题。我选择了后一种方法。在第三部分中，杜威提到了题为“运转不灵的哲学”(Philosophy out of Gear)的章节，就我所知，这是他唯一一次使用这一标题。 xlv

7. “当下的知识问题”——这一章的五个部分来自四份不同的手稿：第一部分来自文件夹 61/16，第二部分来自文件夹 54/1，第三部分来自文件夹 53/12(标注的日期为 1941 年 6 月至 12 月)，第四部分来自文件夹 53/15(修改于 1942 年 9 月 28 日至 10 月 7 日)，第五部分来自文件夹 54/1。这一章的标题并不是出自杜威。第一部分题为“作为系统化复制的现代哲学”，我原来很想以此作为本章的标题，但这一标题更适合于前面的章节，而我现在所选的标题更能反映本章的中心思想。

8. “至高的人类技艺”——第一部分来自文件夹 53/15，第二部分来自文件夹 53/12。这一章与之前的一章都使用了文件夹 53/15(“至高的人类技艺”)中的材料。这一章是本书中最为零散的章节之一，仅次于讨论中世纪的第四章。除了不连贯的文本以及讨论科学与讨论语言之间的巨大断裂之外还有一个问题，即杜威明显好几次试图重写这一章，比如，光第六页就写了七页。

9. “事物与人格”——文件夹 54/2(标注的日期为 1942 年 10 月)。在杜威给亚瑟·F·本特利的信中提到了完整的手稿。(1942.03.19，15220)

10. “心灵与身体”——第一部分来自文件夹 54/5(标注的日期为 1942 年 10 月)，第二部分来自文件夹 54/3(“经验的与理性的”)，第三部分来自文件夹 54/5。在杜威给亚瑟·F·本特利的信中还提到了一份名为“心灵与物质”的完整的手稿。(1942.03.19，15220)在这一章中插入第二部分同样是一个困难的决定,这一部分的文本来自一份独立式手稿,这一手稿被称为"第十一章",杜威打算将它置于"心灵与身体"之后。然而,"心灵与身体"和"实践与理论"这两章之
xlvi 间的相互指涉有力地证明这两章是连续的。我也很想将"经验的与理性的"置于"实践与理论"之后独立成章,但它的内容如果放在那里并不十分合适,而且相互的指涉很明显地说明"物质与观念"应该紧跟在"实践与理论"之后。这样,我的选择只能是将第二部分完全剔除,或者将它置于这一章之中,我选择了后者。

11. "实践的与理论的"——第一部分来自文件夹 54/3("实践的与理论的"),第二部分来自文件夹 54/5。

12. "物质与观念"——文件夹 53/13(标注的日期为 1941 年 9 月 26 日)。与其他各章的二分式标题类似,这一章原先的标题是"第十二章——物质与观念",但在后期的提纲中,杜威改变了各章的标题和次序,他指出他想将这一章改名为"物质与经济",并想把它提前置于"语言"与"个体"的章节之间。我选择了保留原来的标题与位置,因为正如这一章与"实践与理论"之间的相互指涉所表明的,杜威并没有实现他的修改。

13. "自然与人性"——文件夹 61/21。

14. "作为生命功能的经验"——第一部分来自文件夹 61/17,第二部分来自文件夹 61/19,第三部分来自文件夹 61/18,第四部分来自文件夹 61/19。这章的标题并不是杜威的,我根据这一章的内容、乔·安·博伊兹顿在编目时对手稿的简要描述,以及杜威在后期提纲中对这一章的概述(文件夹 61/20)选择了这一标题。

第一部分

第一章

信念的冲突与哲学

人是故事的讲述者，是报道的传播者。他通过每一种媒介讲述故事：说话、 3
手势与戏剧，木刻与石刻，仪式与祭祀，或者纪念日与纪念碑的形式等。人的信念是社会的信念，正是因为这一事实，人的信念才具有重要意义。此外，信念以一种连续性的形态被同时代的人所传述和分享。信念由此变成了传统，没有一种形式的人类能够原始到不拥有任何传统迹象。其他动物死后会留下遗骨，而残留在人类这种动物的躯体旁的则是那些作为共同信念的符号化的物件。

当具有不同传统信念的群体进行紧密的交流互动时，由于信念的不同而造成的震惊会把这一信念变成集中观察的对象。在这些时期，哲学常常因此而繁盛：比如智者学派时期、罗马统治时期不同地中海文明的汇流，面对异端的威胁所确立的基督教教条，以及所谓的文艺复兴时期。另外还有一种信念的冲突的形式，这一形式在晚近的几个世纪中显得更为重要。科学给了我们获得关于自然的信念的新途径，这些新途径以及还未与环境相适应的信念，与承袭自罗马—希腊文明和中世纪的旧信念并不和谐一致。特殊传统之间，以及新信念与旧传统之间的冲突的故事构成的是下一系列篇章的主题。本章将要讨论的则是促成哲学诞生的背景性信念。

哲学家处理的是他所处的社会文化中的代表性信念。在其发展的过程中，哲学也建构起了自己特殊的传统。这种情况，对于哲学家来说，特别是对于过去一个半世纪的哲学来说，是容易让人注意力涣散的。一方面哲学家必须着眼于同时代的活的信念，另一方面他还必须注意那些蕴含于先在的伟大体系中的信念。这样得到的哲学不大可能是一个稳固的立体性视角。这种特殊的哲学上的疑惑也增强了思想上的疑惑，而思想上的疑惑则反映了今天实际的社会状态。
4 相比之下，希腊思想就没有这样的困扰，它反映了按照其自身健康发展的本土文化，这一文化如此迅速和自发地生长，以至于当时的人们所考虑的是活生生的当下问题，而不是既有的反思性结果，这些恐怕是希腊思想能够长久地保持其吸引力的主要原因。

希腊思想具有一种我们很难效仿的生机、天真和直接性。在希腊式的信念产生之前，这些信念的躯干就已经存在，而后者正是希腊思想的素材。希腊思想在这些作为躯干的信念之上逐渐产生，如果我们考虑到这一点，关于早期希腊思想的故事就要被重写了。我并不是这一领域的专家，因此不能再耽搁于讨论希腊哲学的特殊背景中了，人类学家、考古学家、历史学家和语言学家已经付出了巨大努力，极富想象力地重建了这一背景。这里，我们所关心的是所有这些前哲学信念的特征，这些特征构成了一个一般的场基，世界上的所有哲学，无论是亚洲哲学还是欧洲哲学，都产生于这一场基。为了讨论这些信念的文化背景，我将在必要的地方重复一些多少是常识性的观点。然而如果哲学要研究社会中基本的和传递性的信念，并且如果这些信念还没有被先在的理性批判与理性组织的结果复杂化和深奥化，那么人类学家的结论会给对于哲学起源和进展的研究提供无价的材料。

人类所有未经试验的信念的一个共同特征是，其中有平常(ordinary)与超常(extraordinary)的区分。人类对发生在意料之中的平凡事件与意料之外的那些奇怪、离奇和神秘之物之间的区别特别敏感，在他们看来，那些超常之物已经摆脱了监管平常事件的工具和程序的控制。这两个领域的区分已经预示了后来在自然与超自然之间作出的区分。但是如果我们带着现在对这两个词的理解来解读原始信念，那么就会对原始意义上的"区分"产生误读。在原始信念看来，平常和超常这两个领域是交叠混合在一起的，它们是难以分割的。天与地之间并没有明确的分界，同样，神秘与寻常之间的区分也并不将这两者归于分裂的源头或置于分裂的领域中。神和世界之间并没有明确的区分，属神的事务并没有被当作超自然的，而属世界的事务也并没有被当作自然的。当时并不像现在一样在物质与精神之间作出区分。作为生命的呼吸，当时的精神恰恰是我们现在定义为自然的东西，精神的很多现象在当时也是寻常至极的，远远不是什么神秘的东西。而另一方面，我们现在称为物理的东西，在当时则被当作各种奇怪而不合规

则的现象，这些现象使艺术成为了可能。这些现象证明了神性，或者至少证明了 5
某些神秘力量的存在。通过不寻常的仪式，人们抚慰和接近了这些力量，这些仪式为加强能和这些力量和谐共处的人的力量提供了有力的助益。在我们当下的种种分类中，依然保留着平常、规范与奇怪、神秘之间的区分。

虽然我不能明确地征引某个人类学家的理论来说明以上讨论的这种区分在其自身之内就包含了两个不同的类别——一方面是幸运的与不幸运的，另一方面则是神圣的与渎神的——迄今为止这样的表述在我看来可算是正确的，但是如果以现在的语境来理解神圣，那么我们将会误解将事物区分为神圣与非神圣的意义。神圣这一概念原本不带有任何道德意味，相反，在它的物理意味以及对力量的指涉中，有着不祥的一面。神圣中充满了危险，其中因果性失去了作用。神圣是一种禁忌，任何带有不同寻常的危险的事物都是神圣的，这些事物从其自身之内发出指令："不许触碰！"(*noli me tangere*)幸运与神圣之间的区分同样也不是绝对的。相反，生活中的好运或者显著的成功都依赖于正确地投神秘力量所好，让它们将自己的超绝力量让渡一部分给我们。而另一方面，在某些不确定的危机中，与那些快乐的情感密切相关的一般事物很容易就被认为是能够带来好运的，因此也和神圣联系在了一起。

尽管有些事物可以同时处于幸运与神圣这两个范畴当中，但幸运引起的是高兴的情感，而神圣引起的则是神秘的感觉，因此这两个范畴之间的区别是功能性的。一个神圣卓越或者幸运的事物也许是崇敬的对象，同时它也是可以被使用的手段，它可以被操纵以带来期望中的好运，它可以具体地形式化为一颗石头、一棵树、医生医药箱中某些东西，或者甚至是一星期中的一天。我们可以通过某些月相，将某一天看作神圣的日子，而这一神圣的日子则进一步世俗化为节日。占卜、魔法、咒语就是操纵的方法，这些方法通常被某个特殊阶级所占有，并且这些特殊阶级还拥有那些具有神秘力量的物件。即便是这样，神秘力量也不一定具有明确的方位。它可能是一个按自己的意志来去的精神体，或者它可能是一些具有生命力的自然力，比如太阳或风。不管怎样，人们对待这些神秘力量
的态度首先是臣服，而不是操纵，必要时还要预先斋戒。这样做的目的是想要获 6
得神灵的喜爱以带来好运，为了达到目的，人们倾向的方式是归顺而不是命令和使用。因此我们在超常事物中区分出来的两个类别，幸运与神圣，以及它们各自的反面与个人的态度息息相关。这些分类没有一个是基于理性的。在这个意义

上，这种分类与现在在自然与超自然之间作出的区分完完全全地（*toto coelo*）不同。前者的区分完全植根于直接的情感经验与想象经验中。在某些情况下，这些经验通过仪式和典礼表达出来，这些仪式和典礼将某些事件神圣化，或者让这些事件带上能够带来好运的意味。在其他情况下，这些经验通过臣服、祈请、安抚、献祭、交通和结盟的形式表达出来。这种区分与我们现在在魔法与宗教之间所作的区分的关系到底怎样，则是个悬而未决的问题。但无论怎样，这种区分与现在明确的划分有着根本性的不同。

获取安全感是人类的首要需求。当然其他的迫切需求也不可忽视，比如对食物和生存的需求、繁殖的需求、养育后代的需求，以及迫切的好战性等。正是这些需求引发了发明、操作、建造、战斗、装饰和展示的兴趣。但对安全感以及对确定出现的好结果的需求伴随着所有这些需求，并浸透于所有的兴趣和工作之中。除非有走向成功的希望，否则所有的需求终是幻影，比虚荣和苦恼更不利于人。安全感依赖于对周围环境的某些控制。在人类的早期生活中，危机四伏，且时常迫近，这些危机的存在让失败和成功变得极不稳定，人们的行动也充满了危险性。生病或受伤、新生或死亡、妇女的月经、与敌对族群的战争、岩石阻挡独木舟时所产生的急流、一次狩猎、获得足够的收成，以及在同胞中赢得荣耀和尊敬，这种种事件中都可能蕴含着危机。并且当时的工具和技术是如此不先进，人们在很大程度上还要依赖那些他们不可控制的棘手的力量的慈悲，他们不得不向“超自然”寻求合作来保证他们的安全。

正如将要溺毙的人会抓住最后一根稻草，任何处于深度危险和普遍的不确定性中的人都会求助于他的想象，抓住任何能允诺其一个安全的未来的东西。因为原始的人类还不具备掌控自然界能量的工具和技术，他们经验到超常和神秘事物的可能性也就无处不在，因而寻求与超自然力量结为同盟的行为也就从来没有停止过。诚然，当时的人类拥有某些有效的工具和一定的技术习惯，他们可以用规律的既成事实的方式来处理一些常规事务。相应地，在这些习惯之上
7 发展出一些作为既成事实的信念。但是这些被理性地规范和确信的区域乃是被限制在一个更为广阔的充满变动与危险的领域之中的，而发自这一领域的力量不断地侵略着平常行为和工作的未受保护的边界。在这种情况下，那些作为既成事实的信念不过只是一个模糊的内核，在这一内核周围存在着大量隐藏着的“超自然”的信念。平常的工作，比如制造或使用武器、器皿或席子，播种和收获，

都与超自然的信念和行为息息相关。

通常说熟悉会滋生轻视，而俗常的控制和使用一定会引发一种平等的情感，这种情感让人们感觉到与周围的环境处于相同的水平。原始的人类也有兴高采烈与优越高傲的时候，他们也会醉饮、狂欢和庆祝胜利。然而即便熟悉感使他们产生了对周围环境中事物的永久性的轻视感，甚至是平等感，他们也从未获得安全感，不确定性永远近在咫尺。对未知事物的顺从、对神的安抚以及从神秘力量处获得帮助，这些充斥着他们的生活。在这样的情况下，人们关于平常事物的信念和作为既成事实的信念，以及那些类似于我们现在的科学信念的信念就被放到了低一级的层面，而处于高一级层面的则是那些宗教性的和象征性的信念。神圣的和庄严的信念也就具有了世俗的和平常的信念所不具有的声望和价值，这一点无须赘言。我们现在很自然地会在高一级的神圣信念与低一级的世俗信念间作出区分。但在以前，疯狂和癫痫被认为是神灵附体，疾病的源头被认为是外在于身体的和神秘的。也就是说，我们现在在这两种信念（很多情况下世俗信念建立在道德基础之上）之间所作的区分在人类的早期并不适用。如果用其他的概念，比如超常与平常、古怪与正常、不确定与有规律等，来替换这种神圣与世俗的区分，我们马上就会发现这种价值的高低之分完全不是内在的。

到这里，我们讨论到了作为对先在信念的组织与批判的哲学。正如我们已经指出的，原始人类在作为既成事实的信念与对神秘力量的信念之间作出了区分，前一种信念低于且依赖于后一种信念，这些都对早期的哲学思考产生了重大的影响。早期的哲学信念被广泛地分享，它们出自传统，又对传统的传播起了特殊的作用。它们处理的事物具有最高的情感价值与实践重要性。我们也因此可以自信地推断，早期哲学应该也最有可能从与这两种信念模式的对比与联系中找到它的最终问题，并从那些高一级的价值中找到它的线索。至于信念的内容 8
则异常多样。细心而博学的人类学家们已经放弃了过时的想法，这一想法妄图找到适用于所有原始人类的单一且一般的宗教信念的内容，并满足于一个情感性想象经验的一般统一体。信念的内容因环境而异，也因其他族群的介入和多少是偶然兴起的传统而异。在这里我们并不考虑这些不同，但对于现在方兴未艾的中国、印度哲学与西方传统的比较研究来说，这种内容上的不同具有极为重要的意义。

这种内容上的多样性与社会的多元性密切相关，这一点在哲学上具有重要的意义。它证明了以理性形式表现出来的超常的宗教经验其实是按照社会兴趣与社会关系来塑造的。对于涂尔干(Émile Durkheim)所说的社会群体是受崇拜之神的原型,是所有宗教仪式和信念中被象征的实在,我不敢苟同。但如下的表述应该是安全的,即所有经过想象性的塑造与报道的奇怪与神秘的经验材料都与社会群体的组织和事务紧密相连。因为在心理学上,无论想象多么离奇,它的材料一定是从某处获得的。除了无处不在的与他人的关系,想象力难道还有其他的资源吗?在与他人的关系中,我们有关注以及感兴趣的最为稳定的对象,有个人喜乐的直接资源,还有能够最大限度地中介于我们与物理环境间互动的媒介。无疑,如果我们进一步推进上述的表述,我们就能推得,我们关于神圣存在与神圣力量的信念内容乃是由群体生活提供的形式。譬如我们从邻居那里的借款意味重大,我们对自然对象和力量的个人观察同样也意味重大。但这里的借款行为和观察结果若要成为传统信念的一部分,它们就必须被整个群体所接受。很多证据都证明它们可以通过被同化到现有的社会兴趣和社会工作中而被部分地接受。没有什么比不同的原始族群之间的和平共存更为不同寻常的了,这些族群对彼此的免疫和抵抗与当下主导的社会形式有着根本的不同。

为了将信念植入并不属于它的传统中,考察赋予信念形式的社会材料有着明显的必要性。然而社会材料对于哲学的重要性还需要被进一步指出。在态度
9 和方法上,哲学家不同于同样作为艺术家的诗人。诗人复述和完善代表着他的族群的故事和传奇,赋予它们新的样貌。哲学家的工作在于反思,他身处其外,他的特点几乎一定是多疑的。人们之所以能够忍受哲学家,乃是因为尽管哲学家赋予新的形式,他的材料一定是与当时的生活精神一致的。哲学家采纳和改造的信念中的社会要素不单单只是这些信念能够被接受的条件,它们更为哲学家的工作提供了坚实的内容,它们防止了私人的思辨与孤僻的理性。用当下的概念来说,它们为哲学家的观念提供了客观性。哲学家的原创性在于他处理材料的方式,而不在于提供材料。离开了社会内容,哲学家不但会失去听众,还会失去其所处理的主题的实在性和生命力。

上面提到"以理性形式表现出来的超常的宗教经验其实是按照社会兴趣与社会关系来塑造的",这一一般的观点在一个相对技术的领域有着特殊的应用,我觉得应该在这里提一下。泰勒(Edward Burnett Tylor)提出了这样一个观点:所有的宗教形式都由这样一个信念产生,这一信念认为灵魂或精神会出现在任

何被崇拜的自然对象或自然力量中，而精神的这种出现反过来提供给自然对象或自然力量特殊的能力，并将之塑造为宗教性注意力的接收者。这一理论被称为万物有灵论（animism），并被广泛接受。根据这一观点，宗教信念的本质不在于崇拜、臣服、典礼、祭祀和神话，而在于将属人的灵魂赋予太阳、月亮、山河、动植物、石头或是其他任何东西，这些东西因此也就拥有了人类的喜欢与讨厌、爱与恨、目的与欲望，然而这些特质又以一种更胜于人类的，更为流动、隐秘和有力的方式展开。正如泰勒所指出的："人类一旦将自己的灵魂把握为一个概念，这一概念就变成了形式或模型。人类不但把这一框架用在他对其他低级灵魂的把握上，还把它用在对一般精神性存在的把握上，从跳跃于长草之中的最小的精灵，到伟大的创造者和世界的统治者——最伟大的精神。"①就如人类的身体是由驻于其中的灵魂发动的一样，自然界的所有部分都是由它们的灵魂运作的。

我在这里不否认这一理论中的某些要素。比如，梦也许就很好地表达了双重人类形式的想法。梦中的人流动而飘渺，能够像人类身体一样发出各种行为，但在量和度上都有所不同。对先祖、太阳、月亮和其他对象的崇拜在许多宗教中都扮演了重要的角色，然而所有这些都不足以体现万物有灵论的全部力量。一个缺少实体感而又无比轻捷的双重身体远不是万物有灵论所需要的灵魂或精
神。万物有灵论要求灵魂能够在自然界中物理化，并作为一个意志、欲望、意图 10
和情感的中心而与一般的物理躯体区分开来，这种灵魂具有特殊的性质，类似于后来心理学所说的"心灵"或"意识"。认为原始人类在"超自然"的宗教信念产生之前就拥有了这种万物有灵的观念是十分可疑的。

我们的怀疑源自人类学家所提供的事实和心理学上的考量。出于本章的目的，我将具体讨论心理学上的考量。早期的原始人类已经有了某些宗教信念，我们需要考虑的是如下的观念是否可能，即在原始人类那里是否存在一个协调的精神体作为思维、情感、欲望和意志的中心，他们可以将这一精神体置于双重的身体之中，并把它投注到其他事物当中。事实上，只有从晚近的内省心理学出发，这一观念才是有可能的。内省心理学认为灵魂或意识能够重构对自身状态和行为的直觉和直接把握。换言之，万物有灵论将一种高度智性的主体理论硬

① 爱德华·本内特·泰勒（Edward Burnett Taylor）：《原始文化》（*Primitive Culture*），1871年，第2卷，第110页。

塞入了原始的信念当中。用这样一个类比可以把这个问题说得更清楚：很明显，只有当人们在他们的社会生活中体验到了某些君主的统治，他们才能将神圣的存在把握为君王；只有当人们在自己的社会组织中形成了一定程度的稳固结构，他们才能理解神的运作是按照一定的法则进行的。同样地，只有当人们切身经验到一种统一性的、具有特殊性质和能力的灵魂中心和灵魂力量，他们才能认为自然对象的运作乃是由一个内在的精神所驱动的。我认为万物有灵的观念并不像某些宗教信念和信条那么原始，相反，即便是在其初级阶段，这一观念也代
11 表了一种明确的文化与社会组织的类别。[①]

个体与事物的行为是人们自然地观察和研究的对象。在自然状态下，人们最感兴趣的是行为所能带来的福利以及各种利害后果，这种兴趣并不一定是从狭隘的自我出发，而是关系到财产、家庭成员，以及部落或者族群。在人类的很早期就已经存在的一个区分是在有益的行为和有害的行为之间作出的区分：有益的行为协助、支持和提高伙伴，有害的行为阻止、反对和摧毁敌人。所谓温柔的风和愤怒的天空，这些说法都是隐喻性的，没有证据能够证明它们对于我们和对于野蛮人的隐喻程度有所区别。这些隐喻里面暗含了一种指向某些后果的倾向性，比如当我们说某个事物甜美的时候，就意味着这个事物能够带给我们怡人的体验。在灵魂中心作为一个明确而统一的概念出现之后，这种对事物的描述方式被“理性化”了，人们开始把温柔或愤怒的行为归于“灵魂”。因此，认为人格和灵魂实体作为一个完整的概念是从一开始就出现的是荒谬的。相比之下，下面的说法可能性更高，即人类一开始是从他们熟悉的个人行为形式中借用语言

---

① [以下来自文件夹 53/16，第 24 页：这种情况在希腊思想中并没有发生。我们可以确信，即便是在人格化以及赋予对象和自然力量灵魂的倾向甚嚣尘上的时候，万物有灵的理论也并没有成形。在希腊思想中，人格与灵魂从来不像在现代思想的某些形式中那样是独立和固定的。它们被置于社会环境和宇宙环境的语境当中，这些社会环境和宇宙环境更为稳固，更为终极。社会和宇宙统治着人格与灵魂，而不是任由个人欲望和目的横行。灵魂和个体作为稳固的统一体是一个完全现代的观念。早期的信念中也出现了灵魂的人格化，但当时在一个个体中仍然可以有许多灵魂，这种信念在后来有了令人震惊的转变。“回到我们的主要问题：原始人类是如何理解自我的？我们也许可以马上回答：他们从来没有这样做过。原始人类从来没有错误地认为自我是一个整体的统一体，或者认为自我是保持不变的。对于原始人类来说，自我永远是一个变动体，它由如此多的部分组成，即便是思想家也不能将它熔为一个单一体。”保罗·拉丁(Paul Radin)：《作为哲学家的原始人》(*Primitive Man as Philosopher*)，1957 年，第 259 页。谈到毛利人时，拉丁又指出：“个体之间的冲突，以及个体与外在世界之间的冲突与任何欧洲人可能想象到的完全不同。这种冲突所允许的排列和组合让人极为目瞪口呆。”同上，第 64 页。]

来解读与他们的祸福息息相关的自然现象的。人类并不在一开始就明确地区分出灵魂的状态和行为，且在赋予其形体之后将其投注到自然当中。

原始人类很有可能认为呼吸、水汽和影子具有生命，且能够生动而精妙地运动。这种观念无疑是灵魂或精神概念的基础。但这两者之间存在着遥远的距离，后者乃是将明确的情感、理智以及意志特性组织进一个持存而统一的灵魂中心，这一灵魂中心后来演化为灵魂或精神。认为野蛮人拥有前一种观念因而他们必然拥有后一种观念是不妥当的，因为这种想法将原始的观念与来自后来自我意识的反思性发展的观念混淆了起来。在原始时期，某些力量被赋予某种形式的人格，其原因不在于人们认为这些对象或力量是灵魂性的并寻求它们的欢心和帮助。更为可能的原因是，人们习惯于向包围着他们的神秘力量祈求帮助。只有当人们自身经验到一种确定的人格观念，他们才有可能进行人格化的行为。 12
要考察人格观念的起源与发展并不是一件容易的工作，或许根本是不可能的。但这里我们可以确定两点：首先，人格的观念来自可被外在地观察到的行为模式，这些行为之所以引起兴趣和关注是因为它们关系到人们的福利。其次，只有当一个社会群体的生活达到了一定的水平，其中的人格特点因其道德特质而可以被明确地区分和辨识，人格的观念才有可能出现。个人的道德身份在被给予平常大众之前就已经被给予了一些杰出的个人，而一般的个体被认为在身体之外还具有某种飘渺的第二实体，并不具有任何其他意义上的“灵魂”。甚至有可能的是，直到基督教在欧洲出现，灵魂才作为一个一般的概念出现。比如我们知道，在基督教中曾经对女人是否拥有灵魂存在着激烈的争议。

以上这些讨论会给人这样一个印象，似乎我们特别关注的是宗教信念的起源与本质。然而这并不是原本的意图。关于世界与人的信念是哲学出现以来的主要议题，而特殊的宗教信念只是伴随性的。现在让我们带着以上讨论的成果回到哲学的主题。

人们有时会说，哲学的效用是让人更道德与更理智地生活在世界之中，并揭示出宇宙与人类最高和最真的愿望之间的一致性。作为哲学背景的那些信念为人类不断适应环境中最活跃的因素提供了方法。这些信念产生于最极端的情感危机。它们在人的行动计划与起决定性作用的神秘力量间的断裂之上建立起桥梁。它们表达了不和谐与冲突所带有的危险感，以及对恢复和谐的渴求。通过一定程度的臣服和顺从，以及神的欢心所起的作用，人们获得了和谐。这部分是因为人们懂得让步与和解，部分是因为人们运用了训练所得到的超常的力量，这些训练包括通过自谦、臣服与献祭来控制事件的走向。与神秘力量的和谐共处能够对它们的同盟与合作产生影响。一方面，这种影响指的是一种高级的和谐与平和感，其强烈程度让“平和”不再是安静地睡眠；另一方面，这种影响指的是掌控极难控制的事件的力量。因此，哲学同时是关于慰藉与关于控制的理论。
13 当自然和社会环境处在与我们对立的状态的时候，慰藉的因素就占了主导，而在另外的时候力量和控制则占了主要位置。从来没有一种哲学不具备这两方面的因素，这两方面是同一个经验的被动与主动的两面。当对外在环境的控制变得无望的时候，寻求平和与避难之所的哲学至少是一种控制自身欲望的方法。要不是人们如此需要从尚未获得的和谐中寻找慰藉，用以控制自然和超自然的哲学也不会发展得如此充分。

未经反思的信念与哲学信念都反映了人类的根本困境。世界的一部分是友好而良性的，如果不是这样人类就不可能继续存在。但是宇宙的另一部分则与人类发生着碰撞并造成了人类的挫败与毁灭。即便是在最安全的时候危险也依然潜伏着，骄傲后跟随着失败，繁荣则是一种警告。[①] 自然世界与超自然世界时而为我们提供增援，时而又撤回它们的支持，让我们面临危险，这其中的张力是人类的普遍状态。当人类依其自己的知识与洞见行动的时候，他们同时也在无知与危险中行动。这种张力自发地表现在感伤、幽默和悲剧中，它激发了关于感觉之外的事物的信念，而哲学则是它的反思性表达，这种表达是通过处理那些未经反思的信念所提供的材料而得到的。如果人类活在一个完全依其心愿的世界中，这一世界能够永远满足他们的欲望，永远按照他们的目的与志向运行，无论是宗教还是哲学都没有任何可能出现。

所有最基本的信念都必然反映了人类与世界的这种双重暧昧关系。人类生活在世界中，世界既让他们产生了支持、交流与同盟的感觉，又让他们产生了侵略、臣服与挫败的感觉。由于世界的友好面和对立面有时会在不同的时候占据主导位置，因此反映这种张力的信念的材料也大相径庭。造成这种不同的原因还有人类在不同时代、地点所采用的不同的抵御和控制世界的方式。我们现在有了大量技术与理性的手段来转移和减轻世界加诸我们的兴趣和命运之上的各

① ［此处为了意义连贯，翻译时将原文的两段合并为一段。——译者］

方面效应，我们只有完全抛开这些，才能理解原始信念的内容。我们现在往往把世界的对立面的存在归因于我们自己的无知或不专业，并努力通过采纳更好的思想、提高我们的理解和管理能力，来克服这些对立面。而在原始信念那里，这些对立面则直接被归因于不能由正常手段控制的神秘力量。的确如此，我们现在归功于知识和技术的结果在当时则被归功于伟力的慈悲。当对艺术和社会的 14
组织达到了一种足够稳定的秩序时，哲学作为对信念的组织就出现了。在这一组织过程中，那些传统的要素被把握并用以构建真正正常或自然的信念，这些传统的要素清楚地表达了人类与宇宙之间的协同与支援。问题在于如何把握那些不适宜的和反对的要素。因此就出现了一些关于统一的全面而基本的原则的哲学假设，哲学的根本问题就变成了描述这一原则，并涵盖可能出现的偏差和挫败。除非当人类的经验和社会制度中的秩序与和谐达到一定的优势，否则我们不可能想象哲学能够穿破信念的外壳，并重组这些信念的内在意义。

印度哲学的某些方面也许看起来不符合以上的陈述。印度哲学看起来反映的是在实际事务中占主导地位的不安全、邪恶以及不确定的感觉。但即便是这里，哲学的职责还是在于提供一个统一的原则作为基础的观念，这一原则表达的是人类与宇宙实在之间的和谐，以及一种持久的统一感是如何被实现的。我在作出这一陈述时，脑子里首要想到的还是哲学在希腊的起源。当哲学在那里产生时，社会的状态是异常稳定和自由的。虽然短暂，希腊人在他们的习俗目的与自然世界之间达到了一种极为重要的平衡。在整体上他们既不认为自己处于自然之下、被自然压倒，也不认为自己优越于自然。他们与自然以及与他们自身形成了一个整体。他们自己的生活有着充分的秩序和组织，因而组织他们的信念就不再是一个毫无希望的任务。人类心灵兼容不一致的信念的能力是无限的，希腊思想家需要处理的传统包含了许多不同的要素。因此，即便在同一个群体中，不同的思想家也有着丰富的素材，他们以不同的要素为线索，希望得到一个统一的原则。多样性很快带来了分裂与对立。竞争以及互相之间的攻讦与辩护成了推动哲学理论发展的动力，这在印度和中国也同样显著。理智上的反对与冲突是我们哲学传统的一个有机的组成部分，除非人类习俗与传统变成了一个无趣的单一体，这种反对与冲突会一直存在下去。

现在我们要来整理我们的结论，并总结它们与哲学的关系。从反面表述会让结果更为清楚。认为哲学产生于对于存在和真理的纯粹个人的发明，并认为

15 这些存在和真理能够直接出现在思想家面前，是一个荒谬的传说。理论的反思只能产生于社会的媒介。社会群体传统间的，以及旧传统与新信念之间的冲突与差异，是哲学化行为的产生之处。哲学家的内容来自这些语境，不管这些语境距离他们有多远，他们的思辨最终通过语言和技术化词汇被记录下来。哲学家思考和处理的材料乃是社会媒介中的信念，这些信念松散地构成了哲学家的心灵。哲学家将自己的想象投注到传统的材料和他们所处时代的特殊语境之上。

这些对于社会信念的思考在科学与哲学这两大智性事业之间划上了不可撤销的区分。我并不是说科学抛开了或者说可以抛开传统和其他社会资源，没有人可以，也不再能够这样认为。但是科学将来自社会的材料作为一种资源、工具性(instrumentality)和资本，并以此对处于社会态度之外的领域进行探究。过去的历史已经为我们揭示了大量幻想，这些幻想认为先验的科学所处理的材料是纯粹的，不掺杂任何社会的要素。对这些幻想的揭示并没有影响科学固有的观念，随着科学的进步，它发展出了一套技术和符号化体系，这一体系旨在将社会要素削减至最低的限度。相反，哲学主要处理的就是这些社会要素，其本职工作就在于批判、评估、厘清以及系统化地组织这些社会信念。

从外部来看，以上这一事实为哲学的反对者提供了责难与毁谤的场地。许多，甚至可能是大部分的哲学家都愤慨地否认这一事实，他们认为这一事实会将哲学从高位上拉下来，这样做是对哲学的神圣职责的不忠诚。像其他任何事实一样，这一事实不是由争论获得的，相反，它是由观察得到的。毋庸置疑，哲学史看起来就像是由事实组成的。否则我们为什么要在哲学中区分西方哲学与东方哲学？我们为什么要把欧洲思想分为古代、中世纪和现代？为什么要在古代哲学中区分爱奥尼亚学派与意大利殖民地学派，并区分出雅典哲学和希腊化的融合哲学？如果最终的真理不受困惑、需求和愿望这些社会条件的中介，那么我们区分出教父哲学、经院哲学与文艺复兴思想的意义又何在？有人预言我们可以最终逃离社会的困境，并走向冰冷的非个体化和"科学化"，这一预言正确与否要
16 由未来来证明。在当下的哲学中，我们虽然也能够找到这样的观念，不过我们会发现，这一观念的基础则是那些过去的社会介质。

哲学研究必须和科学统一起来，这一点毋庸置疑。但和科学联系起来并不等同于与科学合二为一。哲学必须把科学的结论纳入考量，它不能违背那些真正的科学结论，它必须积极地运用科学结论。这一观念与我们以上的讨论完全

一致。从大体趋势和运用上来看，科学结论是社会信念的一个重要组成部分，而社会信念又是哲学的考量对象。然而哲学并不孤立地考量科学结论，也不认为它们是完整的和最终的，相反，哲学将这些结论放到道德、政治、宗教、经济和美学等其他信念中进行考量。的确，某些科学结论与某些更被珍视的非科学信念之间的冲突是当下哲学所要处理的最紧要的问题。认为这一冲突可以单方面地在科学内部或在传统的宗教信念内部解决都是片面的。因为无论是科学还是宗教都远没有穷尽经验的领域。

更为确切地说，相比于与科学的结论联系起来，哲学更应该采纳科学中的智性态度和步骤。只有在哲学中，人们才能获得新的精神能力；也只有在哲学中，人们才能掌握一些在其他形式的探究中用不到的特殊能力。人类都拥有观察、想象、猜测、计算、验证等一般能力，科学则能够以一种最为有效的模式和相应的方法运用这些能力。哲学与科学的不同之处在于它们所处理的主题，而不在于它们进行理智活动的器官。尽管哲学与科学的方法在起源上是相似的，但不同的主题导致了在方法运用上的重大不同。哲学考虑的是将方法用于人性的维度，而不是把它直接用于自然科学的进一步探究。方法会对集体精神产生什么影响？它们会以什么样的方式重构宗教、道德和政治事务中的习惯性信念？这些是哲学考虑的问题。虽然哲学家把科学的态度作为他的方法，但这些问题依然是他所要处理的问题。

詹姆士（William James）有这样的表述[此处无引文]。我将他的意思转述如下：一个研究哲学的学生所采取的最笨的方法是寻找一种最终的、非个体的关于真理的启示。当然这不是否认我们需要热爱真理胜过谬误，我们这样做的目的在于防止偏见与先入之见，在于永远向真理敞开，不管真理来自何处。哲学研究者必须有这样的态度，否则他永远成为不了哲学家。然而这些特征决定的是 17
哲学家的道德态度，而非他所处理的主题。人们互相的交往行为中保留了困境、麻烦、邪恶、善良、愿望、失败和成功，这些都反映在人们的信念当中，这些信念表达了人们确信的东西，也表达了人们的欲望、目的与政策。只要一个学生对以上这些怀着敏感的态度来处理他的主题，对这些人类的要素持续地感同身受，并持续地渴望表达他的感受，他会发现他的哲学研究将会成果颇丰，即便他的研究领域看起来是纯技术且乏味的，且与欲望和想象之源有着相当大的距离。如果这个学生想要寻找一个权威性的最终答案，这个答案能为所有问题提供绝对的真理，那么恐怕最终他会成为一个幻灭的怀疑主义者，或者成为某些片面的教条的奴隶。如果他能够对以各种哲学词汇所表达出来的人类兴趣怀有忠诚的情感，他会发现，当他进展到独立的反思时，他的思维、想象和心中是如此充盈，足以让他对与其生活息息相关的传统信念给出批判性的评价，足以让他将他的思想以某些可以与其同时代的人交流的形式表达出来。[①]

① [手稿在这里断掉了。这里编者插入一段来自其他片段的文字，这段文字表达了杜威在本书中所体现的历史性兴趣："历史的目的在于讲述故事，这一故事将分离且孤立的时间性事件重组为一段连续体。历史只要还是历史，就不可避免地需要对事件的错与对、好或坏作出评价，但历史还是应该实在地记录在时间中发生的不同历史运动的命运，考虑这些历史运动的意图和倾向，记录它们的成功或失败。因此我在这些章节中首先所做的并不是对不同的历史运动作出批判性的评价，如果读者对我对它们的价值评价感兴趣，可以在我的其他著作中寻找。即使在最后一章中，我虽然是从前面的章节所呈现出来的问题出发，指出了哲学的发展方向，但这种解读的意义依然是历史性的。"]

第二章

自然的故事

虽然现在已经很难断言欧洲哲学思辨的历史为什么起源于公元前6世纪希 18
腊的爱奥尼亚殖民地，但我们依然可以推测。在当时的小亚细亚地区，理性呈现
出了普遍的丰饶景象。一个惊人的巧合是(也许并不是巧合)，印度和中国在同
一时代产生了新的思维方式。爱奥尼亚殖民地完整地保留了希腊的传统，但殖
民地与大陆之间松弛的联系让爱奥尼亚思想家能够更为超脱地观察他们的传
统。与埃及及小亚细亚的其他地区之间的互动拓展了他们的视野，使他们对自
然与世界的起源有了不同的叙述。希腊是一个海洋的民族，海洋将各种不同的
自然现象带到他们异常敏锐的观察力之前。尽管艺术没有像在雅典一样在爱奥
尼亚繁荣起来，但希腊式的心灵具有很强的可塑性，他们天生就能够以一种和谐
和有度的方式构造他们经验中的场景和材料。这些早期哲学家所遗留下来的残
篇有力地证明了他们对天文、地理和气象现象的兴趣。他们对这些现象的处理
通常被认为属于哲学范畴，而不是神话的范畴，这证明了这些思想家对观察内容
的阐释具有自由的想象力，同时又是有序和节制的。

我们可以确定的一点是，相比于他们的邻居和许多后继者，希腊生活从来都
不受僧侣阶级的控制。他们的传说和宗教信念，他们的宇宙论和诸神体系早已
摆脱了教士、医生和僧侣的控制。希腊的独特之处在于，它把对这些故事的守卫
和描绘都转化到对文学艺术的保留上。荷马史诗成为了希腊人的经文，而不是
任何被教会控制的文件。如何强调这种解放的重要性都不为过，对于哲学的产
生来说，这一条件并不是数学家所说的充分条件，而是必要条件。在诗歌的语言 19
和艺术的想象中把握神和神圣的事物，这已经是自由思维的第一步了。这一步

一旦出现，余下的事情就简单了。由于文学记录的性质，接下来的步骤几乎明摆在眼前。在文学中，奥林匹克的诸神被赋予了人性，人类的生活和命运与神圣的事物诗性地而不是教条性地联系在一起。旧的超常与平常之间的区分并没有消失，但这种区分被自由化和人性化了。神就像人类，只不过比人更能享受，更具有形成和执行目的的力量，而这些特质正是希腊人最为崇尚的。因为神的目的和人类似，也因为在希腊共同体中人的目的是被理性地安排好的，并摆脱了古怪的幻想和不正常的欲望，所以在文学中也就难以找到不好的迷信和不合适的想象。在民间传说和流行的典礼与仪式中无疑依然能找到这种迷信和想象，但文学传统的材料却能激发思想家富有想象力地讲述自然的故事，这些故事与人类的理性要求保持一致。

在希腊思想的背景中当然存在物活论的资源，但这种理论与泰勒所指出的万物有灵论并不一样。诗人描绘出来的神和神圣的事物并不像幽灵和鬼怪那样能够做一些超常而不可想象的事情，诗人的神和人类一样，受目的与激情的驱使，做着和人类同样的事情，崇尚人类所崇尚的高尚之物，只不过这些神的形式比人类更为高级与理想化。在神的类人性之中，他们依然与自然的力量接近，并与后者保持着最紧密的联系。只不过当时对自然的观察以及艺术形式已经高度发展，不可言说的偶然性与神秘性已经不再是自然力量的主要特征，自然力量的主要特征变成了规律与秩序。太阳、昼夜与四季的交替、动物与植物的生长，这些当中都具有神圣的灵魂，但这些灵魂的表现形式是尺度的把握与减损，充满激情与欲望的神被迫去观察控制万物的秩序。尽管后来这些神的爱欲、欺骗与暴力受到了道德上的指责，但在希腊人看来，在危险的时候，即便是神也可以逾越这些道德上的限制。

哲学家的职责在于用一种自然主义的语言来讲述自然的故事，他们的故事需要将水、火、气等元素进行有序的转化，其中要包括所有引起他们特殊观察兴趣的现象。但这里涉及的自然力量并不是现代意义上的唯物主义式的。当时对自然的观察依然处于古老的传统中，用技术化的语言来说，当时的哲学家依然是
20 物活论者。水、火、气等元素都是活的，能自行移动的，自然中的各种现象都是能自我发生、自我控制的各种形式的转化。在有灵的自然中，物质与心灵、灵魂与身体混杂在一起，因此哲学家的故事是自然主义式的，由于这些故事又是活的，所以它们同时也是史诗性的和戏剧性的。

早期希腊思想的一个巨大的吸引人之处在于它将自由而大胆的想象与对自然进程的细致观察结合了起来。当时的思想家切断了与和他们的工作毫不相干的旧传统之间的联系，就好像他们从来没有听说过那些旧的传说一样。但这种切断的方式又是和善的，在离开传统的同时，他们也保留了传统。他们将散乱的部件组织成一个活生生的整体。他们几乎自发地就实现了后来的哲学家付出巨大努力所想要达到的目的。作为对既存信念的反思，所有哲学都是解构性的，同时又是建构性的。为了组织信念，哲学必须反思和选择。在重造一个结晶体之前，哲学必须先拆分与溶解。有时候一个要素占主要地位，有时候则是另一个要素；有时候批判是主要任务，有时候则是组织。具有自我意识的哲学会为它的成果而感到难堪，无论它的成果是构建式的还是崩解性的。早期的希腊思想家质朴地同时进行了这两项工作。在阅读他们的残篇时，我们不会被告知哪里是在进行建构，哪里是在进行拆解。在自然现象的包围中，想象力自由地翱翔。①

亚里士多德在《形而上学》中写道："我们远古的列祖把他们代代相承的认识以神话的形式传给后裔，说这些实体（星辰）是诸神，神将全自然的秘密封存在列宿之中。以后因维护理法、劝诫民众，以及其他实际的作用，神话形式的传说被逐渐扩充。"②这里亚里士多德犯了一个历史性的错误，他认为传统的一部分起源是出自迷信的添加，但他的陈述有力地证明了早期爱奥尼亚哲学所接受的那些信念。令人惊讶地，这些早期思想家很轻易地就抛弃了大量不相干的传说与故事，这些传说与故事往往和净化、缓和与生育的典礼和仪式联系在一起。我们知道，这种典礼和仪式往往流行于衰败时代的大众之中，甚至还出现在后来的
哲学家那里。更为重要的是，早期希腊思想家抓住了传统的本质，即统治自然的 21
力量是神圣的，它们包围了人类，包围了他们的工作与环境。水、气、火、数字、尺度不过是这一包围并存于所有事物中的神圣原则的不同名称，事物特殊的存在与事件特殊的发生都由这一原则而生，并存在于这一原则当中。我们也许可以，或者毋宁说是应该，将这些思想家看作探究自然秘密的使者。他们以一种理性的态度处理作为既成事实的信念，这些信念既来自巴比伦和埃及，也来自他们自己对大海和陆地的观察。但他们又是哲学家，也就是说，他们要从大量细节化的

① ［杜威指出也许他要删掉这一段落。］

② ［这里采用吴寿彭先生的译文。见亚里士多德：《形而上学》，商务印书馆，1995年，第253页。］

传说、神话和传统故事中提炼出一个珍贵的本质——单一的、包容一切并控制一切的神圣原则。这是一种理性的提炼，尽管这种提炼的结果还带有其源头的痕迹，这些痕迹被莫里(Gilbert Murray)定义为未经勘探的、超常的和神秘的。①

这些成就并不是在一天之内完成的。在哲学的写作与传授之前，诗人早已开始了归纳与合并的工作。诗人们讲述着起源的故事，讲述着神和人的发展与兴衰，这些讲述就是一种归纳与合并。诗人的作品中大量的是宇宙论和神谱。一个老的说法是苏格拉底将哲学从天上拉到了人间，然而早期哲学家的成就更为伟大。他们将作为宇宙论材料的种种信念从遥远、奇怪、陌生的时空中拉到了包围人类的天空、海洋与大地之中。同时，他们也保留了包围一切、超出一切的神圣的观念，这一观念也是宇宙统一和宇宙运行的原则。

关于早期希腊思想中自然的意义有一个争论。一方面认为自然意味着事物的出生与生长，意味着由多样的变化转变为单一的连贯叙事的过程；另一方面认为自然是作为基底的实体，它永久持存并脱离一切变化。希腊语中的 phusis，像我们的“自然”一样，与出生和分娩联系在一起，它意味着出生，以及一种让事物成其所是的内在而不变的框架。幸运的是，我们这里的目的不需要在这两层意
22 思之间作出选择。自然，或者说 phusis，是哲学家热爱的对象，它很快就同时包含了这两层意思，无论哪一层最先出现。然而我们要避免将现在蕴含在“实体”一词中的意味带入作为早期哲学研究对象的“自然”中。原则，或者说 archê(起源、第一因)是更为恰当的词，而不是实体。并且，我们在运用原则这一词时，必须避免现在这个词的意思。我们必须同时考虑到作为第一的原则和作为规则的原则，也就是说，我们必须想到原则(principle)与国君(Prince)之间的关系，也必须想到原则与乘法表规则之间的关系。我们必须将这一概念视为动态的，它既是造成事物变化与转变的力量，也是理性地解释这些变化的理论。这些含义和我们现在通常所说的“实体”大相径庭。第一因(archê)也许带有一种永久不变的含义，但它是指在运行上的永久性和坚持不懈感，而不是指某些永久停止的东西。就好像一个自身运动的圆环在整体上可以说是静止的，我们也许可以认为这一圆环是不变的，不过这指的是这一圆环在所有变化的形式中的体现。

---

① [这里杜威也许指的是吉尔伯特·莫里(Gilbert Murray)《希腊宗教的五个阶段》(*The Five Stages of Greek Religion*, 1925)中的一章“高贵的统治(Saturnia Regna)”。]

自然作为变化的场景，即便是在其最野蛮的时候也体现了秩序和规则，这是希腊思想的主题。对变化异常敏感，这是希腊人对人类生活与自然进行观察时的特征。希腊思想与整个现代传统是分离的，因为它没有造物主与造物的观念。在希腊思想中，造物指的是诗人创作、艺术家和手艺人制造，以及动植物繁殖，制造是现成在手的材料。诸神尽管较人类来说是不朽的，命运对他们的存在也作了限制。他们来自被哲学家称为自然的整体，当大限来临之时，他们也将归于自然。水、火、气这些流动性和生成性的元素创生了许多形式，它们是最终原则或第一因的符号。希腊人不需要别人来告诉他们高山是事物之流的一部分，但他们也从来不会把坚固的岩石作为他们描述宇宙时的原则。

希腊人对于人类生活的阐释并没有缓解他们对永不停止的流变的敏感度。就像欧里庇得斯(Euripides)在《希波吕托斯》(*Hyppolitus*)中所说的："变化接着变化，人的生命调头转向，永不停歇。"在希罗多德(Herodotus)的故事中，梭伦(Solon)对克罗伊斯(Croesus)讲的话是典型的希腊思想。梭伦的话被总结为如下的谚语："死亡来临之前无人可称幸福，自然终结之前无故事可谈。"他对克罗
伊斯说："我们必须要看每件事情的结论，以及它们是如何终结的。"[①]希腊诗人 23
塞蒙尼德斯(Semonides)说："我们不知道上天带给每件事的结果。"[②]诗人塞奥格尼斯(Theognis)说："没有人知道他的劳作有好的还是坏的结局。"[③]与这种对不确定性的激烈感受相应的是认为世间的所有事物都有一个结局这一坚定的感觉，最终的界限被认为是不能避免且不可逾越的。我们不需要提醒就知道，越过既定的界限，也就是自傲(hybris)，是一种不可饶恕的罪。"人要是自己想走向毁灭，天也会助他一臂之力。"在希腊人那里普遍存在的对命运以及尺度的感受也具有同样的效果。希腊人认为每一种存在在一定的时间和空间中都有被规定的事业，这样才能保证无所不在的比例与尺度。尺度和适当的比例是希腊艺术的标准，在希腊思想结束之前，我们到处可以找到这种标准的存在。

第一因，作为包容一切、统治一切的原则，为万物设定了边界与界限，因此整体的尺度才得以保持。在希腊哲学之后，这种运作的原则被把握为理智、理性，

---

① [希罗多德：《历史》，1.32。]

② [出处不详。]

③ [塞奥格尼斯：《挽歌》，1.135。]

或者努斯(*Nous*)。但我们必须将犹太教和基督教意义上的造物与希腊思想区分开来。我们必须避免用现在的概念来把握希腊的理性,认为这种理性能够在无中创生出秩序与和谐。事物的秩序就是理性本身。我们常常提到,在希腊思想中没有一个词可以与我们的"人格"对应,也没有一个词可以表达我们所谓的"意识",希腊人极少将理性与自己、自我或者意识的观念联系起来。事件在它们的流变中有一个界限,它们在界限到来之时趋于完成,这一特点就是理性。即便是在后来的柏拉图那里,以有意识的目的和欲望为特点的"心灵"也处于比尺度低一级的位置。而亚里士多德所说的神的"意识"指的是对存在的理性的享受,而不是存在本身,这种享受只属于完美的存在。

如果我们把这些大致的考量放到哲学中,那么我们就能找到哲学中一直存在的问题的关键。现代思想被主客体关系以及思维与行动的关系长期占据,一旦发现这些问题在希腊思想中并不存在,我们一方面会松一口气,一方面又会感到很困惑。希腊思想的问题是将原则与具体的实际转变结合起来,不过这一问题在早期的观察者那里并不明显,他们忙于为流变提供一个单一而持存的原则,
24 至于其他问题则不在他们的考虑之内。这一天真的状态很快转变为对手头材料的整体组织。从这时候起,特别是在爱利亚学派和赫拉克利特学派之间的冲突出现之后,所有的哲学体系都试图在同一与相异、一与多、存在与非存在、生长与毁灭(自身不生不灭的原则创生了生长与毁灭)之间建立起和谐的关系。在哲学家的解决方案中,我们可以找到如下的技术化符号:机械性的单子和虚空、种子以及种子之间的混合、唯名论和现象性的存在、现实和潜能、本质与物质,等等。

我们这里的考察并不涉及细节,我想在这里指出的是当时社会的两大潮流,这两大潮流都与哲学家讲述的关于自然流变的故事息息相关。这里我们又要回到我们的主题:社会介质对哲学的影响。这两股不同的潮流,一股产生于土地,另一股则产生于商店。旧的传统与农业相连,人们或者耕作,或者出海,这两种工作是人们接触自然伟力的最直接和最稳定的方式。现在,从一种新的社会现象中产生了一种新的自然观,这种新的社会现象就是手工艺的发展,它使人们能够用自然的能量精巧而技术化地重塑自然的材料。

我首先想指出一些通常关于这两种不同的认识自然的方式的观点。我们已经说过,希腊思想讲述的是关于自然的故事,即自然是一个包容一切的整体,其不同的变化运作都是根据某个原则的,这一故事是根据新的观察在旧的传统上

改造而来的。是什么让人们停止探索自然，而开始探索自然的本质(nature of Nature)了呢？对此我们只能猜测。但可以断定的是，这种对自然本质的探索并不是无条件的一时兴起，它的根源一定存在于当时希腊的社会环境中。我们如果对这种原因作一些大致的推测，也许能够得到一些很有启发性的东西。即便是在它的殖民地，希腊生活也比其他地方富足、自由和多样化，同时，希腊生活也是极度不稳定的。[①] 当时，艺术、机械工艺以及社会手段都得到了高度的发展。然而除了这些成就，希腊的政治和谐性，以及政治策略与政治机构的持久性和稳定性都是臭名昭著的。于是人们开始思考政治的秩序：如何在城邦之内维持一个稳定的统一体以作为秩序的一种形式。城邦之内是规则与法律，城邦之外是无规则、无法律的蛮荒之地，在蛮荒之地任何事情都有可能发生。家庭的维系和 25
对未知的恐惧将城邦变成了一个秩序、礼节和安全的模型，但随着政治生活变成派系斗争，城邦之内也充斥了革命和不安全感。随着自然现象中存在着一种规律的轮回这种感觉的出现，上面这种情况发生了改变，人们开始在宇宙的结构和行为中寻求规则的形式。

在社会习俗和传统发生动荡的时候，人们往往会将某些客观的秩序作为规范。在过去的两千五百年中，自然的概念经历了许多不同的形式，但其中一个稳定的要素是，自然中某些稳定和规则的要素可以被看作人类事务规范运作的、标准的模式。因此在罗马帝国中有了自然法与制定法的区分，这一区分控制了法律和道德思想近一千年。也因此，虽然 18 世纪的欧洲发生了巨大的社会变革，但由 17 世纪巨大的科学进步所带来的对自然现象的统一认识依然保留了下来。在关于自然的所有的不同概念中，永远存在着一个核心的部分，即在传统的指导原则崩坏、人们赖以为生的习俗解体的时候，人们依然确信有一种客观的秩序和体系能够成为指导性的规则，并为我们提供坚实的避难所。

这里，爱利亚学派、赫拉克利特学派、恩培多克勒、德谟克利斯和柏拉图对流行意见的轻视是值得一提的。柏拉图很好地总结了这种倾向，他断言，公众本身就是巨大的误人者与腐败者。与这种观点相连的是认为一个包容一切、统治一切的原则或第一因的存在无论是对道德还是对社会都是必须的，因为这一原则中包含了阐明和控制所有人类事务(无论是个人的还是集体的)的洞见。“自然”

---

① [从这里开始，杜威将这一节的后半部分用括号括了起来。]

不过是这种原发性的、持存的规范力量的另一个名字，这一力量创生了所有特殊的变化，并为每一个运动设置了界限。自然不仅是原生的、内在的和持存的，还是常态的，它为尺度提供了规则的形式和基线。自然为人类的生存和发展提供了指导性的规则。由于早期思想家遗留下来的都是残篇，我们会觉得他们对自然现象所作的是纯理论的探索，但我们可以确定，这种理性的观察越来越多地带上了明确的实践意义，它的一种功能就是为社会生活与个体行为提供规则。希腊人绝不会将仅仅知道事实的人称为智者(*sophoi*)。自然就是包容一切、统治
26 一切的原则这一观念有着神圣的必要性，它是生活的准则。尽管未臻完善，爱奥尼亚和意大利殖民地的智者在一两代之内就明确地将自然的概念运用到了决定正确的社会机构和正义的行为的原则中。

莫里曾经指出："宗教研究中的正典是神必须反映过去和现在的社会状态。"①同样，早期哲学研究的正典是归纳和整合必须反映社会的状态。当时希腊社会的状态不但有社会的动荡和党派的争斗，还有技艺的发展。当时的技艺已经有了一种自我意识，也就是说技艺要求还受到了反思性的关注。医药、戏剧、航海、制造、体育、战争、演讲、行政的技艺逐渐从旧的模式化传统中解放了出来。在这些技艺中，由于方式和社会环境的不同，最为对立的是农业和机械制造业。前者的目的是生长和养殖，后者则通过重塑材料来进行制造。这种对立也表现在了哲学中，起初不很明显，后来变得越来越明确。结果出现了两种不同的自然观：一种是有机的、生命性的和精神性的，另一种则是机械的。在哲学传统中，这两种观点以不同的方式一直持存着。

在我看来，对这两种不同技艺的反思是理解早期希腊自然哲学的关键。我将把这一观点作为我的基本假设，并把它作为阐释早期希腊哲学的线索。我们作为出发点的前提是，某些思想家将自然视为统治和包容一切的原则，他们得出这一观点的方式并不异于那些在农业实践中直接观察到自然伟力的人们。从这一结论而来，我们又有了一系列的结论，我们可以将这些结论与早期希腊哲学的特点进行比较。

(1) 首先我们不能忽视的是源自胚芽、种子和根茎的生长。这种生长证明了原始元素的生命力，以及内在的自我运动和发展的力量。并且，生长具有一定

---

① ［吉尔伯特·莫里：《希腊宗教的五个阶段》，第 46 页。］

的规则，种子的生长会经历相继的几个阶段。生长也有其自然界限，以及自然的起点与终点。为了达到最后的成熟或完全的成长，整个生长的过程都符合内在的规则。在达到成熟之后，更多的种子得以产生，生长的过程也就变得连续而没有终点。如果把这些观点一般化为对构成宇宙的整个事件进程的考量，则这样 27
的考量必然会引向对某些原始元素的寻找，这些元素在自身之内包含了生发性的力量，并能促生朝向固定目标的一系列转化，当目标达成时，成熟的事物又产生了胚芽或根茎，从这些胚芽或根茎中又能产生新的生长。简言之，结论就是自然具有生命力，它能自我运动、自主控制，并且其运作是目的论的，也就是说——指引变化，使之朝一个先在的固定目的发展。

(2) 其次，生长包含了对立性质的元素之间的互动。任何生长都处在对立的极端之间：生带来死，死又是新的生；成熟的形式带来未发育的种子，未发育的种子又走向成熟的形式。并且，对立的结合带来了生长的过程。动物的繁殖是主动的雄性与被动的雌性之间的结合，自然中有天的主动校准与地的被动接受之间的互动，四季的更替、日月的运动、昼夜的变化都产生于主动与被动之间的交互运动。左与右、上与下、祸与福、奇与偶、一与多、干与湿、冷与热、轻与重、静与动、专制与民治、城邦的繁荣与贫瘠，所有这些性质对立的元素之间的结合与互动决定了事件的进程。用农业传统中的符号来进行思维的人就一定用性质对立的概念来给自然定性。在某个特定的阶段，对立要素中的一个，比如主动或者被动、产生或者接受，会占据主导的地位。但尺度和界限、开端和结束，以及有序的循环运动控制着变动的事物，并将它们整合为一个整体，以便可以作为故事被讲述。

(3) 动植物规律性的生命循环体现在生命形式不断的复制中。什么样的父母繁衍什么样的后代：玉米粒长成玉米、鸡蛋变成鸡、橡果长成橡树、人类繁衍人类。自然看似多样而不规则的流变中蕴含着不变的形式。水遇热上升变成水汽，遇冷向下凝结成冰。水的双重倾向性还体现在水蒸发后会留下残余的泥土。水汽在空中凝集到一定程度就会以雨的形式落下，以补给水系、灌溉作物。生长是一个聚集、拓展和扩大的过程，而死亡则是一个解体、收缩和分离的过程。动 28
植物无尽的生发、生长、腐朽、解体的过程以一种稳定的形式重复着，这其中包含了永不停歇的起源，以及自然界中所有由特质的结合与分离所引起的变化。生命只会繁衍与之同类的形式，这是所有自然流变中的规律。繁殖元素中持存的特性控制着所有的过程与运作，赋予它们的后代统一的形式，这些形式再现了繁殖元素中的永久的特性。因此，所有的事物都具有生成性的特征以是其所是，这些特征是可以被命名、识别、区分和获知的。转变不仅仅只是流变，因为流变是被形式所控制的，其中的变化都是由固定而重复的形式所决定的。

(4) 因此所有的事物都属于一定的种类。家族性的存在是所有动植物生命的一个显著特征，我们不能忽视。自然关系中的一个首要概念就是血统(kinship)，也就是类(kind)。更小和更为直接的家族属于更大的家族、部落或人种。在家族中，所有的成员都分享着一个独特的性质。个体会消亡，而类和家族却能够持存下来。离开了他的家族，离开了他的类，个体是无力的，他仅仅是一个放逐者，一个偶然。家族属于更大的家族，因此这里有一个类的等级。类的包容性越强，它的稳固性和重要性也就越高。并且，因为自然的繁殖力在特征上是属质的，家族和类别一定是通过固定的性质来互相区分。即便是同属于一个更大的类别中，它们也能通过性质互相独立出来。每一个类都有其固定的位置和规定的特质，其中的法则便是尺度。马不能具有狗的特质，牛也不能具有猪的特质。在自然中，类别以固定而明显的秩序存在，混杂的形式只能产生怪物，并引起短暂的失调与混乱。每一种自然元素，水、火、土、气、轻重、冷暖、干湿、动静，都有自己的位置和运动方式，每一种都有自己的类别，都与其同类永久地处于属于它们的位置上。自然永远处于变动当中，因为像所有的生命体一样，自然是对立面之间的结合。然而变动又体现了秩序，因为变动展现的是每一个事物想要与它的类别在一起的欲望。在这一有序的变化的全景中，存在着由于对立事物都想要生长而产生的冲突和各自的决心，以及对立的或者相对稳定不变的类别之间的结合。

29 在工业技艺的形式之上建立的关于自然本质的概念与以上大不相同。这里我们的前提性假设是，一些也许被剥脱了田地所有权的城市人口对制造和商业的流程都很熟悉，他们试图在他们的经验模式中找出一个符号来解读自然这本大书。他们会如何把握自然？能够提供形式与线索的是制造和建设，而不是生长。制造是用外在的力量作用于材料之上，而不是一种关于变化的内在的指导性原则。

(1) 因此构建自然的元素变成了始基，而不是繁殖性的原则。起初，由于取自不同的材料，始基被认为在性质上是有区分的，尽管这些性质和元素有可能并不是很多。但人们在反思之后发现材料的可塑性并不在于它们是干的还是湿的、冷的还是热的，而是在于它们的质地和构成形态。人们根据黏土、大理石、木头、皮革、羊毛、亚麻和芦苇的致密度、软硬性以及延展性（材料可以被拉伸、锤打、塑型和扭曲的程度）来对它们进行处理和重塑。工匠在很早以前就知道可以用热量来软化材料，让它们成为液体，或者至少变得更具有延展性。他们也知道湿润可以让材料变得更柔软，而冷冻则能使成品变得更坚硬。在这种情况下，人们不再把性质作为最终的不同，性质让位给了形态。空气与水汽，油、水与酒，石头与木头之间的不同被认为是厚薄性和致密度上的不同，或者说是同样的元素在结合上的疏离度和紧密度的不同，而不是元素本身性质上的不同。质量上的相异性让位给了构成元素的同一性。当自然被这种符号所描述的时候，一种单子理论自然而然地就产生了：元素是互相类似的微小实体，它们通过所处的位置、大小、形状和致密度的不同，或者说空间关系的不同，而相互区分。元素具有的内在运动性通过物体在空间中的下落运动这一类比而被把握。这里考虑的是重量和形状，而不是性质。元素被类似的元素推挤和拉动，这些元素有时还会聚合在一起，而且并不存在一个内在的运动将它们引向一个前定的目的。

（2）因此变化的过程完全是空间中的聚合与分离。没有生发、生长、腐朽和死亡，只有形状和质地上的变化。最终元素是不可穿透和不可解体的实体，它们是无限分割的最后单位，也是构成事物的最初材料。事物的转变是外在的形式的变化，而形式仅仅意味着形状和空间位置。出生、生长和死亡不过是稀薄化和
稠密化的过程，也即那些肉眼难以识别的最终的微小粒子不断接近和远离的过 30
程，就好像在阳光中起舞的尘埃。给这样的过程规定一个终点或结束的时刻是荒谬的。这一过程之中的完成点不过是粒子在相互作用中达到的一个暂时的平衡点。这一完成点不过是暂停、休止，而不是最终的目标。事物的重塑是一个从无到有的过程，因此认为自然元素具有朝向某些特殊结果的倾向是荒谬的。复合的事物与它们偶然获得的形式完全没有关系，这些形式只不过出自外在的聚合与分离。被称为灵魂的不过是更好的、更难以割裂和划分的元素。灵魂与那些极为完善并极具流动性的单子并无二致。

（3）当时的科学并不致力于根据事物的不同特性将它们分成不同的类别，也不致力于根据其所包含的和不包含的事物对每种类别进行定义。当时的知识毋宁说是关于混合与分离的方式的洞见。当时的知识就像是配方或食谱，旨在

告诉医生或厨师，或者精神工作者，从每种材料中选取多少的量，以便与其他的材料合适地复合起来。对于工匠来说，知识在于知道如何做，知道从哪种材料开始，用多少量，以何种秩序将材料复合起来。“目的”并不内在于整个变化的过程当中，我们也不能通过知道目的而得知开端以及整个过程。变化只是简单的复合，我们通过知道复合的材料与复合的方式来得知变化的过程，而复合的方式永远是空间上的连结。原始的单子不能被割裂，也不能被划分，所有的事物都是这些单子在空间上聚合与分离而形成的。关于知识过程的理论和这一关于对象的理论是一致的。工匠依赖的是对材料的知觉和对空间变化的感受。作为所有知识的准则，知觉本身是一个接收事物的流动“影像”的机械过程，同时也是这些“影像”在心灵之中以合适的方式混合的过程。知觉能够给予真知识，因为它能够识别形象、形状和运动方式，而颜色、声音、气味等只有在常规的复合中才能被知觉到。

（4）因此对于工匠来说，目的是外在的，其产生也是被外在地激发的。工匠总是希望塑造出一定的形态，比如武器、罐子、建筑、雕像、垫子、篮子等，这时候计划和设计是重要的，但这些计划和设计都是工匠外在地加诸材料之上的。而
31 对于农人来说，收获和果实却是一个内在的生长过程的自然完成点。自然、阳光、雨水、土壤以一定的尺度和比例增加或削减它们的工作。农人的任务只是辅助性的，他们首要的任务是观察自然的运作并与其保持一致。万物自有其最终的结局。对于工匠来说，最重要的则是最开始的元素，因为正是这些元素决定了最后的结果。而农人则要考虑所有存在于自然当中的力量，考虑这些力量带来的是丰收还是歉收。真正的开端是那些完满而成熟的形态，因为从这种形态中产生了带来生长的种子。工匠们很自然会以为自然的元素是无动于衷的，甚至是难以驯服的，在人类力量的介入和扭转之后我们才能使用和享受这些元素。而农人们则认为自然过程本身就能带来果实，这些果实正是这种自然过程的意义和价值，并且自然的果实最后大都可以为我们所使用和享受，虽然也有因为不好的自然运作而产生悲剧和灾难的时候。

为了完成以上这些勾勒，我们还要加上两点。首先，农业传统相对古老，思想家在精炼和归纳这些信念的材料时与人类的希望、畏惧、行动和精神面貌发生着最紧密的联系。制造和重塑事物相对来说则是属于比较革新的部分。这一部分并不深深地扎根在过去之中，也并不和人类希望与自然和谐一体的欲望紧密

相连。农业是一项自然的技艺，它与大量的自然现象保持着紧密的一致；工匠的技艺则是一种人造的(artificial)技艺，其目的在于改造自然，并给自然戴上人为的笼头。在这种情况下，以下的事实就不足为怪了，即古典的哲学传统由对自然的精神性的与目的论的信念发展而来，而唯物主义和机械论则总像一个不讨人喜欢的异端。

其次，农业传统与社会地位和社会声望维系在一起。农民是工作者，他们耕作土地并被赋予重担，社会地位非常低下。而因地而肥的土地所有者则是古代世界的贵族。和平的时候他们是自然的君主，战争的时候他们是自然的首领。他们由早已被遗忘的古老家族组成，并承袭自英雄和半神。而工匠在社会上是被忽视的，即便不是完全被剥夺社会权利。工匠是无产阶级，在某些情况下，他们不但不属于公民，甚至不属于居民。他们是被征服群体的残留，或者因工作和薪水的前景而留了下来。有趣的是，当社会哲学发展起来的时候，关于这种对立的分析也被保留了下来。当时的主流哲学，或者说古典哲学，认为政治秩序和机 32
构是自然的杰作，而自然是神圣的，且包含了所有世俗的善。另外的哲学流派则认为政治机构是人为建立的，就像制造一个器皿或建造一栋房子。这种建造的目的是为了人类进步与公共效用，建造的方式则是通过将外在的力量作用于最小的不可分割的单位之上，并通过聚合和整合将这些单位组织起来。对第一种流派来说，正义是出自自然的，而对于第二种流派来说，正义则是约定俗成的东西。

以上这些并不能算是严格意义上的证明。但如果研读今天保留下来的前苏格拉底的哲学残篇，我们多少能够得到以上这些结论。这种研读对任何哲学研究者都是一种挑战。如果我们能从两种不同流派的哲学家那里选择一些材料，并加以组织和阐明，我们的假设一定能够得到很好的测试。但时间不允许我进行这种细节化的阐释了。这里，我将通过提示一些既有的、与我们以上的论述并无二致的哲学思考来总结本章。

首先我要指出，一些作为阐释方法的假设是必须被采用的。我们并不要在以下这两种哲学研究方法中作出选择：一种是进步的研究方法，另一种则是考古式的研究方法。后一种方法致力于研究泰勒士(Thales)、阿那克西曼德(Anaximander)、阿那克西米尼(Anaximenes)、毕达哥拉斯(Pythagoras)、赫拉克利特(Heracleitus)、巴门尼得(Parmenides)、恩陪多克勒(Empedocles)以及其他哲学家究竟说了什么。这种研究方法是必要的，但它最终带给我们的是仍需要被理解的材料，而不是理解本身。因此，这种方法的合理性在以下两种研究者看来是不同的，一种研究者将它看作早期哲学式的解释性理论，另一种研究者则不认为它是理论，因为它依赖于信息性的材料并将其作为最后的结果。而那些相对主义的声音则认为解释的方法间并不存在竞争，每种方法都要善意地倾听与之不同的方法。

有一些条件是任何解释原则都需要满足的。那些接受黑格尔理论的人认为哲学史是最终真理的内在的辩证式的展开过程，这一过程不需要考虑哲学思想与环境的关系，而正是这些环境让哲学思想以多样的形式展开。另外一些研究哲学的变异与事业的人则认为哲学是对其赖以产生的社会介质的理性的回应。熟悉过去哲学家所说的，即便是以最精准和最小心的方式，也是远远不够的。对于哲学研究来说，这种熟悉只是初步的。我们并不能真正把握作为回应的任何
33 思维方式，除非我们知道这些思维方式回应的是什么。手势的意义只有在语境中才能获得，除非我们知道手势之外的情景和意图，否则它们就只是空气中无意义的运动。

我时常有这样一个感觉，那就是哲学史的作者们预设了一个心灵和精神活动的概念，而在仔细考量之后，这一概念可以被断然而干脆地否定掉。在这些作者笔下，哲学家的心灵好像与传统无关，也并不受环境中的种种人类兴趣所刺激；好像这些心灵可以直接和宇宙接触，不受任何时空的制约；好像作为一般的心灵和作为一般的宇宙进行互动之后就能够产生一个哲学体系。以上任何情况都不能被理解。哲学家自始至终都是一个人，有自己的理性和感性的习惯，这些习惯产生于具体的环境中，并带有传统的色彩。每个哲学家都有自己的消遣方式和主导欲望，都有自己内在的问题和偏好的解决问题的方式。哲学家的理性的回应是自身和环境之间的功能性运作。在研究一个当代哲学家时，我们会发现许多相互干涉的力量在阻止我们清晰地把握这个哲学家。在他的脑中存在着大量已有的区分、已成形的问题和已有的解决方案。如果他愿意，他完全可以用已有的范畴和体系来思考。作为思考者的他和作为思考材料的文化都已经在他之前被技术化了。心灵脱离了具有生命力的传统，也脱离了时空的运动；被思考的材料不再是实存的现实，而变成了从先前的现实中提取出来的观念与教条。这种情况在早期思想家那里并不存在，比如爱奥尼亚、意大利殖民地和雅典的思

想家。那时的思想家关涉的是个人的观点与兴趣，以及直接的生活现实。

因此，一个理性的哲学研究者应该懂得传统信念对形成哲学家的心灵有着积极的作用，他应该充分地重建当时的环境，以获知什么问题对哲学家的思考起了作用，这些问题又以何种方式唤起了哲学家的想象力。相比于我之前讨论的特殊的例子，我的这一假设具有更深入的意义。这一假设，即便非常简洁，也足够让研究者的阐释趋近真相。重要的并不是这一假设是否能够带来真理，而是在于这一假设能否让我们辨认出产生哲学思想的条件。如果这些条件能够被辨认出来，那么这个假设也许又能被订正、证实，或者被一个更好的假设所取代。 *34*

简言之，这一假设对于哲学研究的意义在于阐明了哲学应该被看作哲学家对生活其中的社会环境的回应。如果这个目的能够被达到，我很乐意看到这一假设被更好、更深刻的理论所取代。如果研究者能够致力于填补以上这一大纲中存在的空白，那么这样的工作将会成为人文研究中最迷人的工作，即通过努力，人们用理性的概念把握了自己身处其中的世界。

第三章

理性思维的发现

35 早期的哲学是关于自然的故事。就像荷马讲述特洛伊战争与奥德赛返乡的故事一样，泰勒斯和其他思想家讲述了自然的丰功伟绩，他们讲述了自然中元素的运动、纷争和回归，这些元素都是关于自然的故事中的角色(*dramatis personae*)。这些哲学家天真而大胆地讲述着故事，不希望用一个单一而一致的故事来规定自然的行为。不同的故事相互对立、相互竞争，希望能够让自己赢得更多的听众与信任度。这种冲突的情况逐渐引起了注意力的转移，故事的讲述者不再只关心外在的现象，相反，他们开始询问这些被见证的现象的价值。我们更应该相信眼睛还是耳朵？或者眼睛和耳朵的陈述都是错误的，只有思维才是唯一可靠的见证者？

然而，直到思想的中心从殖民地转向希腊本土，这种由故事对象向故事本身的注意力的转向才在哲学的主题上引发明确的转变。古典哲学的伟大运动产生于这一转变之中。人们总是通过语言来表达思想、讲述事件和描述事物，很少意识到这些过程中包含着某些超凡的东西。人们认为语言就是应该符合事物的，就好像手套必须适合手一样。人们不假思索地就认为语言是事物和思维最自然、最合适的外衣。人们的声音被认为就是事物的声音，事物借这种声音来彰显它们的意义和秩序。但是随着不同的关于自然的故事的出现，这一论断变成了问题，其本身也成了需要被检查和解释的对象。语言如何能够表达真理和事物的实在？语言又如何能够完全地反映真实的存在和宇宙本身？由于以前语言只
36 是被用于零星的讲述，这些问题还没有在人们的心灵当中。但当语言想要讲述作为整体的自然的故事时，这些问题毋庸置疑早晚会被提出来。描述自然的同

时也在解释它的现象。逻各斯或语言要想讲述宇宙的体系,其自身之内就需要逻各斯,或者说理性的存在。因此雅典哲学的中心问题是:理性思维是如何可能的?为了讲述自然的故事,也就是说,为了忠实地描述与解释自然,关于自然的思维结构是如何可能的?对于理性思维的存在及其重要性的发现是理性的一次革命,它使思维从物理的自然转向其内在的逻辑,其结果是对于理性方法的发现。这里,"逻辑"这个词很重要,它意味着语言与思想都是理性的过程,它们都是真正的思想,而不只是矛盾的幻想。"辩证法"一词也同样重要,它与"对话"紧密相连,也就是说,它是一种理性的互动,这种互动通过规范思想的变化与发展在心灵中达到理解和认识的统一。逻辑和辩证法都指向一种理性的思维。当人们再次从逻辑转向物理的时候,出现的结果是物理变成了形而上学。自然不再只是物理的了,它蕴含了逻辑的形式与结构,关于这些形式与结构的知识比单单熟悉物质性的元素和过程更为重要。后者只有在符合自然的逻辑或理性框架的前提下才能变成科学。

在雅典出现这种革命的时候,哲学上出现了一个过渡时期,叫智者时期。吉尔德斯利夫(Basil Gildersleeve)①曾经说英语中与希腊的智者(*sophoi*)最接近的词是"教授"(professor),不过教授中含有"职业化"(professing)这层不好的意思。佩特兰马哈非(John PentlandMahffy)②将智者称作逍遥的记者,冈佩兹(Theodor Gomperz)③则称他们为半教授半记者式的公共评论家。对未成年人的训导依然保留在希腊的传统中,革新的部分则在于对成年人的教育,特别是对那些刚刚成为公民的年轻人的教育。智者的工作是教授"美德"(virtue)。这个词在英语翻译中是最为通用的,然而它是具有误导性的,除非我们将道德意味从中剔除。"卓越的品性"(excellence)在意思上更为接近,因为它强调的是一种超越、越过的意思。最为确切的含义应该是:通过技巧上的训练以达到力量上的完满,并以此得到社会的认可和尊重。冈佩兹的一段话值得在这里全部引用:"这时未经训练的经验主义越来越让位给了对技艺的规范。生活的方方面面都受到了这

① [巴塞尔·吉尔德斯利夫(Basil Gildersleeve, 1831—1924)是美国著名的古典学家,也是《美国语言学学刊》(*American Journal of Philology*)的创立者。——译者]

② [约翰·佩特兰马哈非(John PentlandMahaffy, 1839—1919)是爱尔兰古典学家和博物学家。——译者]

③ [西奥多·冈佩兹(Theodor Gomperz, 1832—1912)是奥地利哲学家和古典学家。——译者]

一趋势的影响。另外，没有被组织起来的理论也都被编撰成文。以上这两个过
37 程几乎是同时发生的。教科书极大地丰富起来。人类所有的事务，从煮一顿晚餐到画一幅画，从散一次步到发动一场战争，都是有规则的，即便没有，人们也会尽可能找出规则。”①

智者是这种将所有生活技艺还原为法则和原则的过程的领导者，同时也是这一过程的结果的承接者和传播者，这种看法大致正确。这一过程发生在生活的所有方面，比如医药、饮食、军事、驯马、音乐、绘画、建筑、声学（看字读音教学法）、语言、文学论述与批评、舞台设计、农业，等等。通过语言来说服别人是公共生活的核心，无论是在政治生活还是在法律事务中。演讲和修辞的技艺也因而兴起，而教授这些技艺的人则宣称熟练掌握这些技艺能够带来成功而出众的公共生活。对于熟悉各类指导手册和百科全书的我们来说，这一运动看起来也许不那么重要，但在当时它可以称得上是一场革命。学徒在实践中学习这些技艺，在做中学习。在所有的公民技艺中，这样的教育最能够体现共同体的传统与习惯。当时的人们认为，这些事情都可以被理论地掌握，也就是说，可以学习和掌握那些从繁重的实践训练中抽象出来的原则和法则。人们认为，即便是在法律和政治中，这些原则也能够提供一般性的理性形式，这些形式可以脱离特殊共同体的传统。无怪乎当时的保守派会认为教授这种技艺是一种危险与不忠，而其他人则欢迎这种职业，认为它能将技艺从俗常的经验中解放出来，并用理性将生活规范起来。

希腊文化最有价值的东西在雅典开花结果了。不断旅行的智者被吸引到雅典，并经由他们的教授留给雅典永久的影响。传统上对希腊哲学的划分有其道理，即希腊哲学被分为前苏格拉底时期和后苏格拉底时期，而智者时期则是两者之间的过渡时期。智者逐渐将注意力和兴趣从爱奥尼亚与意大利殖民地的自然哲学转向了后来在雅典繁盛起来的人文哲学。但是，这种转变是零碎地发生的，当时的智者并没有清楚地意识到这些变化对于人类关于自身及相互间关系的观念的作用。在雅典，旧的自然哲学对于人类行为与社会机构的巨大影响被逐渐意识到。智者教授关于零星事务的智慧，将技巧或美德传授给处理不同事务的

① [西奥多·冈佩兹：《希腊思想家：古代哲学史》(*Greek Thinkers: A History of Ancient Philosophy*)，1906年，第1卷，第386页。]

各种工作的人,这一任务相对简单,而苏格拉底开始询问的则是最巨大且最困难 38
的问题:什么是智慧?什么是教与学?什么是美德?美德可知吗,可被教授吗?很有可能柏拉图夸大了苏格拉底与智者之间的敌对,我们也能够确定柏拉图为了自己的目的夸大了智者分裂性与腐败性的影响,但他之所以指责智者,很有可能是因为他们为使人们变得更好、更智慧而接受酬劳。而苏格拉底则把教授智慧和训练品性当作严肃的人生追求。他认为对于人生的行动来说,这种教授和训练具有最为重要的意义,它绝不是技术化和职业化的事情,它对于城邦与个人的目标和事业具有革命性的意义。传授智慧与美德的工作越持续、越喧嚣,对这种传授的本质的追问也就越紧迫。

戏剧性的,也极有可能是历史性的是,苏格拉底的工作对象是无知,而不是知识;是对智慧的喜爱或者哲学,而不是对智慧的占有。在和其他人的对话中,他认为那些幻想自己拥有了必然知识的人也是无知的,而苏格拉底本身从来没有这样的幻想。这种一般性的无知,以及对无知状态的无知规定了苏格拉底的任务,作为一个热心而不懈的传道者,他要让公民们都意识到他们在重大问题上所缺少的智慧,即便他们认为自己已经拥有了所谓的智慧。很有可能是这样的行动导致了苏格拉底的死亡。为了意识到自己无知而作出的努力(就像基督教福音里所说的对原罪的确信),以及对寻找智慧的不懈的需求(拥有智慧是转向新生活的条件)是对传统作出的攻击,这种攻击比智者所做的更为根本。苏格拉底的教授是对既有习俗、体制和信念的完全的挑战,自然地,这些既有的传统要向苏格拉底进行报复。

苏格拉底通过对话来完成他的任务。每个人都知道他没有留下任何文字,并且,如果我们相信柏拉图胜过相信色诺芬(Xenophon),他也从来不进行讲座或讲道。他的长处是对话而不是独白,在对话的最后,对话的双方相互承认自己无知,智慧也可能通过双方的合作而被找到。这一事实具有重大的意义,它为如下的断言提供了有力的证据,即雅典在哲学上的伟大革命在于从讨论自然、描述自然转向了对检查自然的过程的讨论与讲述。思维原本是讲述一个已经存在的
智慧的方法,现在转变为了影响这些智慧的可能的方法。 39

* * *

以下是从柏拉图告诉我们的苏格拉底的方法或逻辑中所作出的一些大胆的

推测。人类的信念、意见之间的冲突反映了社会机构本身的分裂与不统一。除非所有的成员心灵契合，否则一个统一而稳定的城邦就不可能实现。那些以智慧与美德为业的人们自身所处的无知状态就是社会生活与行为根基不确定的象征，而冲突与对立的信念本身则证明在其背后一定能够找到统一体。不同意见一旦出现，就说明人们讨论的不再是不同的东西，只有在针对同一件事情时人们才有可能出现意见上的不同。这一发现让人们以一种不同的眼光来重新审视司空见惯的信念与行为上的冲突和分歧。人们发现，分歧来自缺少理解，而理解就是赞同与和谐，因为它指向的是源自共同意图的知识。归纳的过程就是得出共同意图的对象的过程，而一个对象总是以某种形式（无论怎样模糊）存在于所有的心灵中，否则它就不可能出现在所有人的意图或表达的意思中。定义是关于共同或普遍对象的本质的陈述，对象通过定义被把握并明确地保留下来。对于思考的共同体来说，对象并不只是一个处于所有不同信念产生之前的共同对象，相反，共同对象与所有的思维行为紧紧联系在一起，共同对象作为一个共同的名称被适当地应用于这些思维行为当中。当他们在讨论正义的时候，苏格拉底和他的对话者意指的是同一个东西，否则他们的谈话就不具有任何意义，并且所有适合被称为正义的行为都包含在他们称为"正义"的这一概念当中。

柏拉图由苏格拉底的立场发展得出的结论形成了欧洲哲学古典传统的根基。在我们讨论柏拉图的阐释之前（他的阐释也许在某些地方有悖于我们刚刚所讨论的苏格拉底），必须注意到我们阐释柏拉图思想的惯有方法的极度肤浅性。以下的说法已经是陈词滥调，即柏拉图的基本错误在于将词语当作事物，或者至少将心理学上的一般观念误认为真正独立的对象和最高的实在。的确，苏格拉底的哲学是从对理性思维的检查出发的，因此他主要处理的也是语言。然而苏格拉底之所以赞赏语言是因为它能够意味超出其自身的东西，语言是知识（或者至少是我们所认为的知识）的载体。对苏格拉底来说，语言所体现的客观
40 意图出自由不同心灵组成的指涉的共同体，这一共同体是理性思维以及人类分享自然状态下的事物和行为的前提条件。要么所有正义的行为都分享和例证了同样的本质，要么这些行为通过偶然而非理性的方式被叫作正义的，就好像同样的发音可以用来称呼不同的东西，比如 rain、rein 和 reign 这三个不同意思的词具有同样的发音。苏格拉底的逻辑方法并不在于将词语实体化，而是在于确信只有当思维具有客观性时，它才是理性的。这种客观性是理解与认同的基础，也

是我们观念中所有区分、分类和归纳的客观基础。苏格拉底和他之后的柏拉图也许错误地把握了这种事物与心灵之间的客观联系的内在特性，但这并不抵消以下这一事实，即苏格拉底的工作正是现代的批评者们所故意避开的，也就是对思维有效性的可能性、本质和条件进行检查，并以一种智性而一致的方式处理包含在所有信念中的实在。用现代哲学的术语来讲，所有的思维都包含了象征与符号的使用，以及最广义上的语言的使用，而苏格拉底也许是第一个提出以下问题的人：达到或试图达到其目标——关于事物的真理——的思维的本质是什么？并不夸张地说，欧洲文明有别于其他文化的地方在于它认为自己掌握了陈述和达到关于事物真理的有序而理性的方法。这一信念应该归功于苏格拉底学派的工作。

由于时间的关系，我只能考察一个由苏格拉底的学生建立的哲学学派——柏拉图哲学。作为苏格拉底的学生，柏拉图的作品充分地反映了苏格拉底的思想，而他的影响力也超越了苏格拉底所有其他的学生。在柏拉图那里，思维和意图的一般对象以及与其相关的事物整体变成了最终的实在，也就是“理念”。理念是无限多的变化的存在背后持存的形式或结构，这些存在分散在时间和空间之中。理念是所有探究的对象、所有学习的目标、所有最终权威的位置、个人和集体行为中所有认同与和谐的基础，因此也是所有个人和社会智性行为的模型与范式。柏拉图的工作不只是阐发苏格拉底的逻辑。就我们所知，苏格拉底不关心，甚至于反对物理探究。在苏格拉底看来，人首先是理性的，自然不过是人类行为的舞台，是为人类所使用和享受的，必要的时候，人类也要忍受和经历自然带给我们的痛苦。然而在柏拉图那里，自然不再是一个具有审美与实践意义的外在的剧场，自然内在于人类的生命中，或者说人类的生命和命运与自然的本质紧紧地联系在一起。但作为一种历史性的发展，柏拉图哲学将早期的自然哲 41
学与承袭自苏格拉底的逻辑以及伦理政治观念综合了起来。柏拉图以包罗万象且戏剧性的方式将逻辑上升为形而上学，并和宇宙论结合起来。而形而上学及宇宙论又与人类学、伦理学和政治学一起规定了自柏拉图以来欧洲哲学的职责，并创造了令后世的哲学家们既爱又恨的哲学模式。

柏拉图所建立的超越于自然之为自然的实在世界并没有给他带来很好的名声。他因此被看作亚历山大的新柏拉图主义者的神秘主义始祖，也是在他之后所有超验哲学的源头。苏格拉底将他的一般或普遍的对象限制为伦理学上的问题，比如正义、勇气，以及对其他人类优秀品性的考量，现在他的主题被柏拉图拓展为包含了最终而稳定的实在和所有知识的目标。实在是稳定而永恒的，其本身就可以被称为最完整意义上的存在，因为变化意味着变为自身之外的东西，而变成存在之外的东西就表示参与到了有缺陷的非存在之中。自然现象的世界包含了所有的物理存在，这些物理存在不断地进入和出离存在，而不是存在本身。相反的是，在人类中则存在着超自然和超灵魂（supra-psychical）的理性，理性是对永恒的原型的直接反思。通过数学与辩证法这两种主要的理性模式对理性的引导和解放，理性能够直接把握理念，并通过这些把握让所有本身不稳定、不规范和不和谐的人类本质和谐起来。然而这种个人的和谐只是城邦的和谐的一个副本，城邦的统治者要具备洞见原型并与之交流的能力，律法与行政必须与原型相一致。拥有智慧的人认为国家的管理必须与来自原型的法则相一致，其中包括依照自然进行教育、对经济关系和性关系的管理、对文学和艺术的审查，以及通过体育锻炼来保障一个和谐灵魂中的自然部分。

柏拉图的"超验主义"与所谓的先验（*a priori*）思想大不相同。无论柏拉图多么欣赏对最终原型的审美式直觉，他的政治兴趣从来没有消失。对于柏拉图来说，由苏格拉底之口所讲出来的对审判者的申辩具有最为重大的意义。苏格拉
42 底被德尔菲神谕告知他是雅典最有智慧的，同时他知道自己的无知，因此他开始了与同伴共同探索的事业。他所找到的拥有智慧的人分为三类：诗人知道许多高贵美好的事物，特别是行为上的，但他们不知道自己是如何知道这些的，也不知道这些事物为何是这样的，因此他们不具有智慧；手艺人熟识那些与他们的工作相关的事物，但他们不能评判他们所做的东西的目的和善，而且也不能评判那些处于他们特殊专长以外的事物；政治家既不知道目的，也不知道方法，他们拥有的不过是知识的假象。在这种情况下，一个必然推论是，需要这样一种技艺，它能将对目的或善的洞见（对此诗人只能通过一种直觉式的和灵感性的方式获得）和实现它们的技术（手艺人只能将这种技术运用在次要的事情上）结合起来，并用于城邦的治理和组织。这些高级的、立法性的技艺在运作的层面上体现了关于真正存在的知识，这种存在（Being）与作为哲学的目标的生成（Becoming）联系在一起，而辩证法则是这一知识中最为重要的部分。柏拉图确信知识与行动是同一的，他在任何时候都保持着这一洞见。感觉促进行动，基于理性的信念带来习惯性的行为，同样，真正的智慧出于一个和谐整体的兴趣控制和规范行为。

当低级的智慧走出充满假象的洞穴之后就能获得对于原型的狂喜的洞见，在这之后，得到洞见的哲学家再次回到现象的世界，并依照原型来组织和规范世界。简言之，柏拉图深刻地意识到了雅典党派纷争与生活分裂的威胁，他认为关于原型的智慧是稳固而统一的治理的唯一可能的基础。

然而这一愿望注定要破灭，也有证据表明柏拉图本身对此也并不过于乐观，但他从来都确信他的原型是达到国家稳固组织的唯一途径。然而雅典很快丧失了独立，并在政治上解体了，在这个意义上，柏拉图的体系无疑是乌托邦式的。但他所见的情况恰好定义了其哲学体系的“超验”特性：社会中存在的混乱与不稳定不能从内部被重构，来自外部的形式和能量是必需的。政治整合的形式、基础及力量必须来自外部，来自高于和超出自然的地方。目明者可以引导盲者，疾病与丑陋会生出健康与美，变化带来持久，不稳定和分裂则引出秩序与和谐。 *43*

柏拉图的信念也许并不正确，但至少欧洲在其设定的道路上行走了一千多年。腐败和堕落的世界只能由来自超自然的存在领域的原则来组织和管理。在任何情况下，传统的基督教神学并没有限制柏拉图的形而上学，虽然柏拉图的经过训练的理性被特殊的启示所取代，但在两个体系中，自然与超验之间的关系概念是相同的。将对本质的直觉与存在区分开来的现代柏拉图主义者也许会拒斥基督教的方案，同时也拒斥将哲学作为至高的政治艺术的柏拉图式的观点。但这样做的同时，实际上是在重复他所接受的以自我为中心的个人主义这一现代的传统，以及将知识与行动区分开来的现代思想，而在柏拉图看来，这两者是一个不能区分的整体。

智者学派提出了两个出色而相互联系的问题。他们中的一些教导我们手工艺应该臣服于自然，另一些则宣称手工艺优越于自然。无疑，这种区分的线索来自早期的自然哲学家，在这些自然哲学家中，有些从农业中汲取阐释的形式，即自然的运作与循环；有些则折服于统治技艺的力量，这种力量根据人类的需求与目的使用和控制自然材料和自然过程。智者学派留给雅典思想的另一个问题是自然与社会秩序（*nomos*）之间的关系。语言、社会组织和法律以及道德究竟是属于自然的，还是属于社会秩序的？如果是后者，那么由社会习俗设定的社会传统本身是否变成了第二自然？

我们需要进一步考察柏拉图对待这些问题的态度来支撑以上这些粗略的勾勒。柏拉图对第一个问题的回答便是他的宇宙论：自然本身就是神圣的工艺品，人类的手工艺不过是对神圣艺术的一种模仿。在最终原型或理念的领域与现象世界之间站着一个作为创造者的神圣艺术家，他根据几何和算术的形式将消极惰性的物质塑造成形，让物质能够最大限度地模仿或复制超自然的理念。同时，在一般的物活论传统之下，现象在拥有形态的同时也具有了活的世界灵魂，并因此可以活动起来。这样，通过将自然看作神圣的工艺品，柏拉图将上述两种传统调和了起来。

柏拉图还用类似的方式调和了自然与社会秩序之间的对立。他认为自己对
手工艺的分析是成功的，因为首先，为了赋予材料形式，工匠必须知道各种材料
44 自身蕴含的不同形式。其次，工匠拥有技艺(*technê*)，或者毋宁说工匠就是技艺，
技艺指的是一系列的过程，或是某种技术，通过这一过程或技术，原始材料被逐
步转变为完全成熟的形式，而这些形式正是工艺所追求的理想目标。再次，工艺
品的优秀程度由它们所蕴含的数量与尺度的程度决定，如果它们的设计未能契
合算术和几何上的要求，它们就降格为准工艺品。

政治的技艺是行政的技艺，也就是控制和管理社会和个人生活的技艺。它处理的是整体的问题，它的模式和标准只能在事物的本质中找到。因此政治的技艺便和低级的技艺对立起来，因为低级技艺要求的知识不过是与相关的物质、目的和过程相契合。然而我们已经看到，政治家和将来要成为治理者的人是最自负而无知的人了，因此作为当下习俗与机构的主体的现存的社会秩序，不过是一个混乱的集合体，盲目的习俗与模糊的立法在其中交缠在一起。一个真正的社会秩序，作为公正的政治体系和政治体制，需要一种与已有智慧相应的至高的统治技艺。理想社会秩序的存在必须根据自然，依靠自然，它应该包括关于原始材料的知识(这里的原始材料是人类的本性及其内在潜力)，关于如何将这些材料依其自然能力逐步引向丰硕成果的技艺的知识(这种技艺也就是教育的技艺)，以及，最为重要的，关于最终的至高目的和至善的知识。从最后这一方面来看，社会秩序，或者说社会机构，是根据自然且高于自然的。以此为起点，柏拉图在一个更大的体系中调和了两种相互冲突的社会和道德传统(即以自然为基础的和以社会秩序为基础的)。

在 13 世纪盛行的基督教式的综合的批判性体系化的形式是由亚里士多德首先赋予的。亚里士多德是柏拉图的学生，却和他的老师有着根本性的不同。在亚里士多德时代，希腊式社会生活早已解体，冀望于革命性改革的柏拉图式的

英雄行为已经淡出了人们的视野。即便情况并不如此，亚里士多德的气质与兴趣也会将他引向另一个方向。在研究柏拉图时，我们一定不能忘记他对认识与行动之统一的强烈信念，而这一信念在亚里士多德那里并不存在。理性和知识对于道德与政治行为来说的确至关重要，但理性和知识的这种运用只是偶然的。理性的根本功能是求知，是在真理下求知并把握真理本身。认识与行动之间的统一依然存在，但与思维对应的行为不过是纯粹的理论化行为，它是自足且自恰 45
的。认为这种行为还需转为实践行为的观点不过是在说它并不是自足的和最终的，因而还需要某些外在于它的东西，或者说它在本质上是有缺陷而不完美的。亚里士多德之后的哲学承袭了这种将认识与实践分裂开来的传统，并认为自我包含与自我演进的理性沉思优越于任何形式的（道德的、政治的以及物理的）对事物的实际处理。

亚里士多德还在另一个重要的方面远离了他的老师。柏拉图有着很强的数学化倾向，而亚里士多德则是一个自然主义者，他可以说是提升了上面所提到的农业传统。较之于像一个物理学家（physicist），亚里士多德更像是一个医师（physician），他最热爱那些现在被我们称为生物学的研究，他像研究动物的结构和功能一样研究政治结构。政治结构需要被分类和定义，因为人是自然的政治动物，因而国家也是"自然的"。柏拉图主要关注对工艺的查考，但实际存在的工艺品却是由理念中最高形式的作品所规定的，可这些作品只存在于柏拉图假想的设计中。而亚里士多德的线索则全部来自生活世界的生活历史，并通过以此获得的符号来解读自然，他在我们现在所说的农耕传统之上推进和组织哲学，由此我们不难由之前的讨论推得他所获得的一些成果。

我们必须在以上两个不同之处的基础上来把握亚里士多德的清醒的经验论倾向与柏拉图的超验论倾向之间的对立。道德与政治上的革命并不是亚里士多德所考虑的问题，因此他不需要借助于超验的存在形式。在亚里士多德看来，认识的目的乃是认识本身，因此将自然的存在作为具体的存在形式来研究就已经足够了。也正是在这个意义上，他不断在形而上学、宇宙论、逻辑、伦理学和政治学上反驳柏拉图，认为后者将形式与实际的自然存在分裂了开来。亚里士多德的"实在论"也因此与柏拉图的观念论区分开来，而后者的观念论则很难与乌托邦主义区分开来。如果形式已经包含在事物当中，并给予它们结构，控制它们的能力，那么在事物之中抽取和定义这些形式就已经足够了。亚里士多德将自然看作一个整体，其中每一个事物和行为都是由内在的自我运动引发的。自然的运作就像制作的过程。但是在人类的制作过程中，塑造事物的行动及其依据的目的都外在地来自人类的行动和设计，就像雕塑家雕刻大理石，木匠建造房屋一
46 样；而在自然中，运动所指向的目的、设计或形式则是内在于自然当中的。但不管怎样，如果我们依据制作的模式来把握自然的结构与运作，就不再需要一个柏拉图式的神圣艺术家或建造者。亚里士多德有名的“四因说”就是根据制作的形式来表现自然的：等待塑形的材料；作用于材料的外在的特殊能量，但这种能量依然内在于自然；让事物彼此区分并是其所是的形式，或者说特殊的设计和安排；完成后的结果，每一个事物的本质存在都由这些最终的完成形式构成。

亚里士多德将承袭自柏拉图传统的自然存在置于自然之中，从而吸收了许多来自早期自然哲学家的质性的和生命的要素。物质由冷热、轻重、干湿这些原初的性质组成，这些性质又通过不同的组合与排列形成了水、火、土、气四种元素。在亚里士多德看来，早期自然哲学家的错误在于将这些元素看作自然的整体，实际上它们不过是“物质性”的基础，并且它们不仅仅是单纯的物质，感觉和知识通过质性的本质赋予它们形式与内容。就像鞋匠的皮革、木匠的木材与它们的最终成品联系起来一样，物质也以同样的方式与整个自然联系在一起。对于完成的自然或实在来说，物质就是潜能。但不像工匠的材料，物质自身会在运动中根据最终的形式或目的改变方向，而这些形式或目的正是物质存在的理由。因此物质只有在它们的完成形式中才能被真正获知和理性把握。这些完成的形式才是真正的实在，自然哲学家们的“自然”不过只是潜能。自然永远都是目的论的，就像经院哲学家所说的，自然从来不做无谓之事。自然中的所有事物都朝着内在的形式发展，而这一过程的完成形式正是自然之中的理性，这些形式构成了真正完美的自然。绝大多数现代人认为设计与目的是对改变加以控制的规范性结构，但在亚里士多德看来，物质元素是自然设计与安排的对象，这些设计与安排并不是来自一个外在的心灵，自然的运作是让原始的潜在的物质元素实现其自身完全存在的运动。

因此亚里士多德的哲学将散见在早期思想体系中的要素组织起来，并使之
47 达到一种完成的形态，用亚里士多德自己的话来说，这是由潜能到实现的过程。但亚里士多德在他的体系中排除了机械原子论哲学，因为后者显然会摧毁其体系的对称性。亚里士多德以生命的出生和生长这样的类比来把握自然，早期思

想家由生命经验得出的建议在亚里士多德那里得到了完善。苏格拉底式的对至高目的的道德信念和对行为的控制失去了其伦理学上的意义，目的在对象中自然化了，所有物质要素的变化都指向最终实现的形式。在作为所有现象的最终实在和所有真知的最终目标的柏拉图式的理念中，亚里士多德加入了来自自然哲学的物质元素以说明事物的内在构成。持存与流变之间的永恒问题通过一种节奏性的运动变化观得到了解决：实在将潜能引向其自身的实现或完善，就像橡树结出了橡果，并赋予后者潜能，一旦条件适合，就能长出更多的橡树。空气、水和土中的所有事物都处在一个全面的宇宙方案当中。

从以上所讨论的内容中我们可以明确地得到以下两点。

（1）真正的个体是种或类。自然由许多种类的事物构成，每一个种类都有其自身的本质和不可改变的形式。就像橡树在时间和空间的分布上有不同的分支，但这些分支都属于橡树这一大类。事物所属的种类控制着物质元素的变化，让运动朝着其自身的成熟形式进行，因此从真知或理性的角度来看，所有处于出生、成长和死去这一过程中的事物都不是完整的个体，而是真正整体或完整个体的一部分。事物的种类是真正的基质，如果不是作为其种类中的一部分，事物并不比缺乏具体体现的形式或本质实在多少。完整的个体或整体在现实中只能表现为部分，也就是特殊体。特殊体包含在永恒而不变的种类中，这些种类赋予事物实在，并成为知识的对象。这一原则对人和其他事物都适用。无论以何种形式存在的经过组织的社会整体都包含着特殊的人类个体，也就是说，社会是人类存在的基质。不需要指出后世的教会与帝国是如何借用这一概念的，也不需要指出它是如何影响后来整体大于部分的集合这一理性主义模式的。但值得一提的是，在天文学和物理学脱离亚里士多德传统很久之后，不变和至高的种类以及
它们的典型形式却一直保留在动物学和植物学当中。直到达尔文的《物种起源》 48
出现之后，这一亚里士多德传统才在整体上受到挑战。

（2）种或类是最终的基质，作为这一基质的部分表现，特殊的事物形成了一个渐进的等级。处于最低位置的是那些最为物质性的事物，先在的变化以及两极之间的运动显示了在这些事物中潜在性比现实性更为显著。上帝处于最高的位置，他是纯粹的理性，也是纯粹的现实。处于上帝之下的是天空，天空由最高和最轻的质料组成，并通过永恒的循环运动无限地接近纯粹的现实。为了说明整个模型，我们不得不复述亚里士多德的天文学、宇宙论和物理学，但是这里我

们只需指出这一模式是如何让亚里士多德将人与自然联系起来的。作为有生命的存在，人是植物生命和动物生命中潜能的实现，他能自由运动，拥有感觉和潜在的理性，当这种潜在的理性通过与对象形式的接触实现之后，就产生了理性的洞见与理解。获得真正或纯粹的理论知识的人可以被看作神圣的纯粹行动。因此人可以说是存在于两个领域之中，他的灵魂是身体的完满实现，但灵魂又处于物理存在的兴衰变迁之中。当理性在恰当的知识中实现的时候，人就像上帝一样处在物质和变化的偶性之上。因此亚里士多德能够对包含了平常的理性运作的灵魂给出自然主义的解释，同时又认为这种解释不过是获得纯粹知识的踏脚石，自我封闭的完满的理性行为才是最终的目标，其中自然获得了最终的实现。纯粹的理性行为所蕴含的幸福在质上远远不同于人类在物理和社会条件下所能拥有的幸福。如果亚里士多德能够预见未来，他就会惊奇地发现这一观点成为了基督教神学中一个重要区分的理性基础，即由救赎带来的幸福与世间幸福之间的区分。同时，亚里士多德对理性生活的赞颂也成了后世认为冥想神圣的修道生活高于追求一般教会职务的基础。

但丁称亚里士多德为“哲学家之大师”[①]，这已经为大家所知了。对这一称号，亚里士多德是当之无愧的，因为他能将当时的科学信念、多样的政治形式及
49 其自身敏锐而不知疲倦的研究都组织进一个缜密的体系当中，并与同源的形而上学与逻辑结合起来，同时又对希腊宗教中最为理性的部分加以提炼，并为它们保留了空间。亚里士多德的逻辑完美地反映了他所把握的自然的构成，作为真知模式的三段论结构对应于一般形式具体为特殊个体的过程。通过有机的身体，感性知识是对象的可感形式的实现；而通过知性的中介，理性知识则是最终的理性形式的实现。知识在形式上是完全实在论的，但在内容上却是完全观念论的，因为其内容是“构成理性或努斯的存在的秩序与和谐”。[②] 与有机体相连的经验是过程和行为的主体，通过经验这一阶梯，蕴藏在物质中的形式被逐渐导出，进而被定义与分类。经验有其自己的位置，但最后却将人类带向了一个超越经验的领域。在批判性地筛选和组织希腊文明中最重要的观念时，可以说亚里士多德对每一样事物都是公正的，因为每一样事物都被放置在了一个完整体系

---

① ［但丁：《地狱》，第 5 歌。］

② ［出处不详。］

中的合适的位置上。

考虑到亚里士多德必然受到其所处的希腊生活的限制，他的这些成就是耐人寻味的。在阐释这一段希腊思想的古典时期时，我的假设是这段时期的根本运动是理性思维及其意义的发现和成形。在这种理性思维之下，希腊人对于世界和自身的认识，无论是通过文字、机构还是艺术所表达出来的，都变得理性而一致。但他们思考的主题仍然是思维的材料。我们刚刚提到逻辑精确地对应于自然的本体论结构和宇宙论结构，这种逻辑是三段论式的分类和定义的逻辑，因为自然本身就是一系列按等级排列的固定种类，这些种类又分有了原型。然而如果所有这些都建立在思维之上，如果所有这些不过是对思维中既有材料的体系化，那么自然而然地，自然就被放入了思维的框架之中。逻辑与自然的和谐意味着自然中渗透着逻辑，而这与希腊思维的形式和材料都是对应的，任何体系都不能逃脱这一限定。世界和生活在发展过程中所获得的意义都带上了希腊文化的典型特点，而这些特点都通过希腊式句法灵活而又精确的方式表现了出来。
探索希腊文化的内容并将其置于一个理性的整体内进行反思是非常有趣的。我 50
毫不怀疑从某种意义上来说文化是自然的真正前景(foreground)，然而将文化的维度拓展到等同于宇宙就是另外一回事了。丰富而多样的希腊思想同样因为这种盲目的拓展而缺陷良多。当时的发明和技术状态让任何对自然的适当的实验性分析都变得不可能，在这种情况下，所能做的最好的事情就是对已有信念进行重新组织和批判性定义，在这种缺少系统性发现技术的情况下，对现存信念的发展也就只能是零星和偶然的了。亚里士多德本人是一个有能力的观察者，大致上希腊人观察力之敏锐度都是胜人一筹的，但是因为他们身处习惯与习俗的媒介当中，他们不得不模糊地来把握事物。亚里士多德在作出发现的时候，并不拥有发现的逻辑，他所拥有的不过是对既有材料的分类和定义。亚里士多德的理想不是权威，而是自由的理性探究，这种理想也反映了希腊的精神。然而作为一种方法，与权威的逻辑相对的分类和定义的逻辑却能符合任何精神性权威的需要，事实上亚里士多德的逻辑在后来也被应用于这一目的当中了。当然这种运用对于亚里士多德的逻辑本身来说是奇怪而异化的，但这种逻辑当中并没有什么要素可以禁止这种运用。

从另一个角度来看，任何基于和坚持古典传统精神的哲学都会在一定程度上忽视经验。毋庸置疑，希腊思想本身就是出自一系列先验观念的一个先验的体系，但即便是在其最为思辨的时候，它也吸收着来自实际观察到的物理和社会的材料。我们甚至可以说希腊科学的一个最大缺陷就在于其深陷于如下的观念当中，即观念总是呈现在感觉和习俗当中。因为缺少适当的技术手段和技术过程，探究就不能穿透这些表面的感觉和习俗，短暂而微妙的自然能量的运作也就完全没有引起人们的注意。一个最具反思性的观察者所能做的就是用直接而偶然的材料形成一幅图景，这一图景能够讲述一个有序的故事，其中的情节与英雄模式完全依据平常的感觉观察，以此来得到审美愉悦。从真正意义来看，希腊人并没有太过关注感觉和知觉，相反，他们太不关注感觉和知觉了。柏拉图为引入数学计算所作出的努力在之后的两千年内几乎没有结出果实，只有在 16 世纪的时候，科学的探究者才开始成功地挑战感觉所构建起来的世界。

在希腊时代，对经验的轻视并不代表不尊重作为观念基础和理性资源的感觉和知觉。莱布尼兹(Gottfried Wilhelm Leibniz)说，在理性中没有任何东西不
51 是首先经过感觉的，这一说法完全适用于希腊的自然哲学。希腊的疾病存在于更为深刻的地方。在现代科学中，在知觉经验中得到的观念不过是观点和假设，它们能够促生新的计算，决定新的实验性观察，并带来对既有解释的修改。这些观点和假设是逃离压迫性的直接的时空环境的暂时通道，而离开直接的环境是为了更好地回来，从而拥有能够发现之前隐藏之物的力量。而对希腊人和亚里士多德来说，直接的环境所提供的观念已经是理性和最终的了，它们自身已经是完成体了，剩下的事情不过是组织、精炼和定义它们。这些观念并不被用来创造关于同一事物的新的、更好的经验，它们并不是方法论上的和技术性的工具，也就是说，它们并不被用来控制经验的进程或丰富经验的内容。它们不是被使用的，而是被沉思的。

如下这一发现的价值是不能被低估的，即观念本身是令人愉悦的，但它们也许可以被用来获得新的观念，并且，通过统一与分裂，这种观念的生长可以通过有序的方法加以控制，而这种运作则是新的愉悦的资源。这一过程是对思维的解放，并创造了一个新的任务，也就是认识。然而价值的最终衡量尺度到这里还没有被揭示和运用，即对处于这一运作中的观念进行客观的测试与修改的可能性。当我们说古典思想将观念和理性实体化的时候，我们的确切意思是，在这种古典模式中，没有通过对观念的测试与再造来获得新的发现，并控制自然的进程。

因而理性世界与经验世界之间永远存在着高低优劣之分，前者永远处于高
处，后者永远处于低处。当然处于低处的可以向高处攀升，但原先处于高处的理
性也随着这种攀升处于更高的位置。经验与理性是一致而同源的，只是实践的
需要被迫让理性回到低级的、充满偏倚与变动的经验世界中，一旦实践的需要得
到满足，精神又再次上升回到自然而无拘无束的领域当中。这一模式的本质在
于，心灵和精神虽与经验一致，但它们不能将这种一致性作为手段引导变动的进
程，也不能改善硬性的物质对于生活的影响。每一个事物都以其决定性的特征
而被永远固定。这种沉思式的认识理论以及将理论与实践完全分裂开来的做法
往往会产生物活论的思想，这些物活论思想往往体现了对生命活动过程本身的
无动于衷，而只让事物为活动而活动。这里我并不是要贬低沉思，赞颂生命活 52
动，我所反对的是将实际经验与理性思维完全分裂开来的做法。希腊人认为思
维的结论并不负有引导与丰富经验的责任，不管经验是否关涉到这些结论的最
终有效性，正是这种观念让他们认为经验应该保持其自然的状态：粗糙、盲目、
充满偶然和随机的因素，只有在灾难和革命中才会发生改变，或者只有在那些并
不粗鄙的人物（政治家、工业家和金融家）的努力下才会发生改变，但这些人物的
主要兴趣却在于改变经验的构成和过程以获得经济上的利益。活动并不被看作
目的本身，而只被看作将心灵和精神的结果整合进人类平常的经验之流的手段。
发现作为意义之领域的思维是希腊哲学家的贡献，然而在历史的运动当中，这一
发现不过是另一个观念的前驱，即可以重新组织经验以获得一个更好、更完善的
表达和交流意义的介质。

只有当我们拥有能够揭示耳目所不能及的事物的分析对象的工具和技术，只有工业技艺不再成为被鄙视的对象，实验性的方法才能够产生。但亚里士多德的分类与定义的逻辑将人类带离经验进入自闭与自足的理性的领域，这种逻辑在其赖以产生的经验之上形成了一种永久和神圣的形态。直到 16 和 17 世纪人类才得以冲破这一观念，开出一条新路。

第四章

对救赎的寻求

53 亚里士多德哲学的命运戏剧性地反映了希腊文明的命运。亚里士多德哲学是希腊文明辉煌的顶峰，在此之后，希腊文明就开始走向解体和衰落，直到 12 和 13 世纪，亚里士多德哲学才在基督教神学中找到新的生命，这种新生是一种真正的复兴。亚里士多德主义并没有马上消亡，相反，它在学院的教授和学习中保留了下来。虽然这种保留几乎完全是学院式的，但在此之前，亚里士多德主义并没有成为一股活生生的、积极的理性存在，当时引导着人们的思维与愿望的是新柏拉图主义、斯多亚主义，甚至是伊壁鸠鲁主义。虽然希腊罗马化时期的人们致力于寻找救赎，但显然并没有一个伟大的人物使亚里士多德主义成为动乱时期的救赎福音。这一事实对于理解动乱时期的亚里士多德哲学至关重要。亚里士多德代表的是希腊文明中最好的部分，这些部分对希腊、东方和罗马元素纷繁汇流的罗马化时期来说并没有吸引力。亚里士多德过于清醒而有节制，过于将自然当作理性研究的对象。

＊ ＊ ＊

莫里用“精神的挫败”(Failure of Nerve)深刻地指出了继古典时代之后的几个世纪内，也就是基督教时代的人们的精神体系。教父哲学和新柏拉图主义哲学都要放在这一体系中考察。寻找世界之外的救赎是当时探究的主流。不同学派之间存在的区分尽管巨大，但较之于它们的共同立场而言就显得微不足道了，这一共同立场是：人应该从此世逃离。罗马与亚历山大代表着这一世界的两个
54 极端，柏拉图式的政治和道德上的统一和整合不再是一个学院式的问题。实际

的社会生活与政治组织状况让人们难以在此世沉溺于社会的乌托邦形式，而教父哲学则可以保证人们能够在彼世获得一个天上的位置。这种情况的结果是以罗马为中心形成了一个新的哲学体系。当时占主导的是伦理学体系，但这种伦理学的基础完全不同于柏拉图式的对社会生活的有序组织。

罗马化时期的哲学思想以三个学派为代表，即怀疑主义、斯多亚主义和伊壁鸠鲁主义。这三个学派形成的基础都是独立个体之间自愿的和非政治的认同和联合。在这个意义上，这些学派便不仅仅是理性的学院式学派，它们培养相似的心灵，并将这种培养作为共同生活的唯一可靠的基础。直到康斯坦丁时代，基督教共同体的做法与这些学派的做法并无二致，当然情况在康斯坦丁大帝结束了这种分裂流离的局面之后发生了巨大的改变。

很难说是否是这些罗马化时期的学派将个人主义或“主观的”元素引入了当时信念的主流，但如果说这一时期的环境促成了后来明确成形的主观主义，也并不为过。公民生活与政治组织不再紧密地结合在一起，帝国对于公民来说完全是法律上的和外在的，虽然“国家”（state）依然存在，但它不再是一个共同体，甚至也不是现代意义上的“国家”（nation）。这种情况对理性态度所造成的冲击不仅在于使后者在道德与政治法律之间作出区分，还在于使后者在外在与内在之间划出了明确的界限，而这一界限则是后来“主观”与“客观”之区分的前身。

以上这种以罗马为中心的社会境况是造成以下这两种要素互相融合的决定性因素：一方面是外在化的拉丁政治和法律体系；另一方面则是亚历山大体系，在这一体系中，哲学的最高任务是引导人们从困扰不安的感觉和欲望的世界走向确定的福祉，这种福祉是最高的理性，同时也是超感官的，它将人带入狂喜的神秘境界。罗马天主教会的官方神学就是由这些对立要素的结合发展而来的，柏拉图主义与新柏拉图主义混合在一起，形成了“精神性的”超道德体系，同时也巩固了教会作为神圣机构的合法性。 55

斯多亚主义的影响是深远的，其传播的广度和多向性常常被低估而不是被夸大。

* * *

在斯多亚主义的宇宙中，道德就是自然，自然也是道德。即便是在最糟糕的时候它也能为向善的人们提供支撑与方向：宇宙自有其秩序，在这一必然的秩序整体中自然有恶的位置。这种对恶的解决方案是英雄主义式的，其对人的要求是严苛的，只有最强健和高尚的精神才能与恶抗争。

罗马思想极度地远离了希腊的道德思想。希腊的道德信念完全基于目的的至高地位，用现在道德理论的概念来说，道德是基于至善的原则，而不是基于法则，因为法则至多是实现至善目的的手段。在拉丁思想中，法则的观念是至高的。自然法则代表了永恒的秩序，并决定出现在暂时的世界秩序中的事物。并且，作为整个义务与权利体系的统称，"Jus"与"Jubere"（命令）的紧密联系不仅仅是词源上的。人要忠诚地服从于其存在的法则，这一法则不是他自己的法则，而是事物的法则。道德法则是"自然的"，是事物的法则，因而是理性的而不是任意的。对希腊式的看事物和理解事物的方式的改变也带来了看待理性的观念的改变：理性不再是可以通过理解和启蒙所能够达到的理论性洞见。然而理性依然保留了比例（即均衡与和谐）的要素，这一理性的传统要素在斯多亚派那里变成了人与自然秩序的和谐，而不是希腊宇宙论中的事物之间的和谐。

这种自然法则的观念对之后人类历史进程的影响是如何强调都不为过的。

* * *

人类所服从的命令或"秩序"便是自然法则的概念，这一概念表达了构成人类生活于其中的事物体系的平常和"自然"的东西。基督教神学根据自己的目的很容易就适应并改编了起源于拉丁思想，并形成于斯多亚派的原则。上帝的法则与自然的法则是同一的。这两者在本质上都是理性且朝向至善的，这其中包含了希腊思想和罗马思想的资源：在希腊思想中，所有事物都指向其目的；而在
56 罗马思想中，所有的事物都服从权威的命令。

* * *

哲学理论对公众的影响通常不在哲学的考虑范围之内。如果我们仅从技术化和学院化的角度来考量哲学的影响，哲学体系之于公众的重要性也许并不十分大。然而如果我们以此来把握哲学之于人类事务的整体作用，这一结论则是完全错误的。斯多亚主义就是这样一个例子，斯多亚主义对于其之后的历史的

影响是巨大的，但这种影响是间接地渗透于法学、政治学、宗教和神学当中的，没有人可以说律师、政治家和神职人员的影响是微小的。推而广之，以上这一关于斯多亚主义的论断在希腊思想大师柏拉图和亚里士多德那里同样适用。如果我们检视他们的作品以获得关于他们的印象，那么我们会看到一些在特定环境和特定时期之下所产生的体系，我想我们不得不说这些特定体系的影响力并没有在他们身后持续多久，但如果我们将他们的哲学视作人类基本问题的表达形式，并且这些形式间接地反映在人类后来的一系列运动当中，那么他们的影响力可谓是巨大的。

在基督教这一媒介中，两位希腊思想家的影响力持续至今，并在大量的普通人中间保持着生命力，而这些普通人并不拥有任何关于这两位思想家的技术性知识。我们不需要对宗教信仰的情感性与想象性特质进行详细的解说，我们也不需要详细讨论人们是如何通过集体的媒介，而不是通过理性来形成他们的信仰的。然而我们需要指出的是，社会机构作为情感与想象力诉求的资源、承担者、护理者和管理者，其存在具有长久的效力。离开了社会机构，情感就会变得变化无常，而想象力即便没有落入幻想，也会经常出现错误。更为特殊的是，柏拉图与亚里士多德的思想正是通过罗马天主教会才有效地进入了西方文化，并一直存活至当下人们对自身行动和信仰的阐释和理解当中。

以宗教信仰的形式植根于社会机构媒介中的特殊的哲学体系与人们的日常信念紧密而生动地联系着。需要注意的是，这里的“信念”包括了强烈的情感和意志上的回应，事实上这些情感和意志上的回应远远胜于信念中冷淡的、相对中立而“理性”的那些方面。如果不是这样，哲学体系的诉求对象只会是一小部分 57
精英分子，对于他们来说，哲学的作用只能体现在特殊的训练之后。现在，哲学变成了大多数人们的习惯性态度和兴趣的一个有机的组成部分，而这些大多数人永远不会接触到作为纯粹哲学的哲学。亚里士多德主义是在宗教思考的外衣之下复兴的，这种宗教思考涵盖了此世的所有兴趣，也包括了彼世所有的悲伤与永恒的福祉。

柏拉图、亚里士多德和斯多亚派哲学以它们各自不同的方式让自然世界带上了人性和道德的特征。就像已经指出的那样，这也让自然世界变成了一个初始意义上的宇宙。我们有时会说哲学的主要目的乃是在于建构一个宇宙，在此之中，人们的生活方式能与人类最深和最高的愿望保持一致。不管这些古老的欧洲哲学家们是否意识到并试着完成这一任务，他们所创造的哲学展现了这样的一幅图景，其中物理的事件与结构被放在了审美价值与超越的道德价值的框架当中。更为重要的是(因此这些特征与哲学的地位息息相关)，这种自然与道德的融合是基于理性的基础之上，并被认为是科学的最高形式。

* * *

原本只会引起一小部分职业哲学家兴趣的理论现在被赋予了血肉。[①] 作为权威的社会机构，教会影响了抽象宇宙论和本体论思辨与具体的历史细节之间的完全融合。也正是由于教会的地位，这种自然科学、形而上学与历史的混合物与人们对于人类起源、本性和命运的信念完全交织在了一起，而正是这些信念规范着人们日常生活的方方面面。如果希伯来世界的历史没有和来自希腊哲学家的思考如此紧密而内在地交织在一起，并形成一种单一的生活肌理，柏拉图和亚里士多德哲学的地位就不会像今天这样了，他们的理论也不会在现在的大学课
58 堂上作为哲学思辨史中有趣的一章被进行讲授了。

事实上，古典传统正是由于对日常道德训诫的解除而变得富有血肉的，它提倡通过艺术表现出来的有启发性的而令人激动的想象力，以及希望获得永恒的福祉，平息永恒的痛苦的强烈的情感诉求。

* * *

尽管被笼统地称为“新柏拉图主义”，亚历山大地区的形而上学有着可以被称为实践的和道德的的目的，即便以其自身的立场来看，道德在存在的序列中处于较低的位置。这种目的的产生是对柏拉图哲学的东方式的发展，在柏拉图那里，科学和哲学是帮助人们上升至对绝对存在的直觉的适当手段，这种直觉超越于知识，因为它直接参与到神圣的本质当中，并将净化后的灵魂带离地上的尘埃，带向极乐而不能言说(对此需要有更高层次的言词来理解和把握)的福祉。对于当时在罗马的影响下发展起来的哲学学派来说，这种哲学思路是与它们背道而驰的。然而，起源于东方的基督教共同体和圣会以东方的方式发展它们的

① 无疑，我在这里的考量是历史性的。基于亚里士多德哲学之上的托马斯主义在经过了漫长的时间之后终于战胜了其他的经验哲学家理论，成为了教会的官方教义。

信仰，并在早期罗马帝国的阴影之下形成了自己的机构。亚历山大的教父神学自由地使用希腊和罗马的资源，而较之于罗马，作为立法和管理的机构的教会则像水泥一样将各种本质上相异的元素整合在一起。

教会将原本分道扬镳的“理论的”与“世间的”态度及运动结合了起来，这一事实对之后的哲学史有着极为重要的意义。教会哲学家们将亚里士多德视为“哲学家的大师”，并将基督教神学建立在亚里士多德体系所提的模型上。当然，造成这种情况的也有外在和偶然的因素，但较之于内在的原因，这些外在的因素并不十分重要，它们是诱因而不是成因。关于这里的内在原因，我想提两个。第一，教会借用了亚里士多德知识理论中的“实在论”要素，以宣称自己在所有的道德宗教信念以及后果上具有最终和完全的权威。柏拉图将理性等同于终极存在，这一观念很容易被用来，事实上也已经被用来证明人类理性的自由性，而这对于教会的教条来说是危险的：自由会产生异端和教派的分 59
裂。相反，亚里士多德的哲学则将理性置于存在之下。在欧洲的环境下，比如12世纪，僧侣是唯一受过理性训练的阶层，这一阶层控制了所有的教育政策和教育实践。教会是所有艺术的家园和所有古代知识的守卫，它是终极存在的明显象征。作为终极存在的权威倡导者，亚里士多德保守的实在论为教义的形成提供了手段，这种教义通过展示“权威”的内在理性而将“权威”之于“理性”的优越性合法化。

第二个原因的运作更为直接。在教会处于其顶峰的时候，也就是从11世纪到13世纪，它完全有理由将自己称为“包罗万象的”(catholic)，也就是普遍的，如果我们只考虑欧洲而不考虑世界的其他部分的话。亚里士多德的天赋也是普遍的：他涉及了知识和人类行为的每一个片段或分支，并把它们整合进一个体系当中。人们需要一个包容知识与生活的方方面面的体系，而与神学结合的本体论和亚里士多德概览式的哲学则深刻地回应了这种需求，这种需求和需求的解决之间似乎存在着一种有着神圣源头的前定和谐。

在这种情况下，在哲学中出现了理论和实践层面的完美平衡。如果我们考虑到历史环境，这一结果并不令人惊讶和疑惑，因为事实上，这一结果完全是基于“理论”绝对至高的地位之上的。在亚里士多德是自己的时代中，他是完全置身于城邦被帝国取代这一社会潮流之外的，他并没有被卷入事件的潮流当中，他是一个旁观者，他观察的是具体的存在是如何由终极存在所决定的。然而在中世纪文化中，哲学表达的是在信仰和其他所有行为方式上都具有主要归训力量(这一力量很容易就会和权威混淆起来)的机构的宗旨和教条。

很多哲学史家都指出，中世纪神学家的地位实际上实现了柏拉图的哲学家王的梦想。如果考虑到哲学中理论的一面和实践的一面，我们或许可以说在中世纪，神圣标准和绝对真理的地上的代表掌管了最为重要的社会事务。在柏拉
60 图的体系中，只有处于共同体顶端的一小部分人才能直接拥有真理，而处于下层的人们只能通过上层权威的教导获得正确的意见或信念，也就是说，处于共同体下层的大众是真理传达的媒介，遵守和服从是他们的美德。中世纪的信仰回应了这种描述。谦卑地接受理论性的或教条化的真理的体系是首要的，然而人们在接受的同时也得到了如何生活和死亡的道德标准。代表教会秩序的是精神上的精英，神学—哲学家和经院学者本身就是僧侣。地方教会的神父地位较低，他们主要代表了哲学实践的一面。通过引用亚里士多德，托马斯·阿奎那(St. Thomas Aquinas)形成了如下的教条，并将其合法化：理论生活在本质上要高于实践生活。

属于少数人的"理论"高于属于多数人的"实践"，这种构成很好地体现在了下面这一特殊的事实当中：希腊的道德理论是建立在对于目的的理性洞见之上的，而目的则是事物赖以存在的至善；而罗马的道德理论则始终把"jus"与"jubeo"(命令)联系在一起。如果我们用所谓的(但其实并不存在的)人类功能(faculties)的概念来说，在希腊思想中由理性占据的位置在拉丁模式中则换成了意志，而教会则为大众选择了后一罗马式的观念。道德戒律的实际运作，特别是将忏悔作为接受圣礼的条件，是基于对《旧约》中十诫的系统化阐释之上的。命令与服从是管理的理念，但对于接触过哲学的人来说，这一官方观念依然保留了希腊式的观点：道德律法在本质上是理性的，它们作为最高存在来命令我们，而在最高存在中，理性与意志是同一的。

这里的讨论并没有涉及那些在中世纪晚期破坏了，甚至是极大程度上摧毁了"理论"与"实践"之间的平衡的特殊原因。

* * *

然而基督教神学有一个核心的教义，这一教义并不是来自亚里士多德，事实上还与后者的教导相反。"动力因"(efficient causation)，或者说创造，是直接来

自上帝的，在这个意义上，“一般”（*universali*）是超越并外在于时空之中的所有造物的，而在亚里士多德那里，一般则是现在内在于特殊事物之中的。在柏拉图看来，“独立于特殊的一般”（*universalia ante res*）①是作为最终的存在存在于上帝的永恒而纯粹的理性之中，上帝的“精神性”本质让柏拉图强调了本质与形式的非物质性和理念性，这些本质与形式让事物是其所是，尽管上帝的行动才是事物存在的最终原因。基督教神学自由地运用了柏拉图的宇宙论，因为后者能够 61
为它提供一个超自然的背景。亚里士多德则在当时被认为是中世纪教会的“自然”哲学家，他坚持存在高于理性，这一坚持一直是反对异端的中坚观念，而柏拉图的理性至上论则会轻易地产生异端。

现实的范畴和观念的范畴可以被思维操纵，这一点有力地体现在了古典神学处理恶的问题的方式上。中世纪哲学在如下意义上是极端柏拉图式的，即断言恶与腐败的事物的根本状态就是恶与腐败。不过柏拉图是直接感受到这一论断的，因为他希望得到权力和权威却没有得到，而作为教会的一部分，中世纪的神学家则拥有着权力和道德上的权威。另外，虽然中世纪的很多情况在我们现在看来可以说是恐怖的，但那时的工匠和手艺人似乎比现在的工人更能在工作中得到乐趣。在逻辑上，以上这两个事实与我们的主题并不相关，但它们很好地象征了新教兴起之前的神学教义，这种教义一方面认为世界是彻底腐败的，另一方面则希望建立起一种能够让世间的生活变得更为舒适的秩序。

在柏拉图看来，人和世界并不是从一开始就内在地有缺陷的。他们在受造之初是纯洁而完美的，这种纯洁和完美可以达到任何有限的事物可以达到的极致。然而在基督教神学中，人类却因亚当和夏娃的原罪永远堕落了。在柏拉图的体系中，恶只有作为超越而外在的最高存在所创造的存在时才能够被克服。然而，这一体系有其内在的矛盾：如果要达到一个统一而整体的社会秩序，就需要对恶的介入，而这种偶然的介入并不存在于柏拉图的体系中。即便我们能够获得关于完美社会秩序的知识，即便对智慧的爱能够成功达到它的目标，如何将智慧运用于实际依然是一个问题，柏拉图只能建议一个哲学家也许能够成

① ［这里涉及柏拉图与亚里士多德之间的一个根本区别。柏拉图认为，作为实体的一般是独立于特殊的，即“*universalia ante res*”；而亚里士多德则认为，一般虽然实存，但必须体现在特殊之中，即“*universalia in rebus*”。——译者］

为治理者和统治者。因此，我们对如下的情况并不感到惊讶，即受柏拉图影响的哲学，或者说新柏拉图主义完全只从柏拉图哲学的某一部分汲取它们的资源，它们只关注对最高存在的直接把握，并取消了任何地上存在和低级存在的考虑。

然而根据中世纪神学，上帝作为完满而全能的存在会行使圣恩将世界从原
62 罪和堕落中拯救出来，并重建起一个完美的、上帝得胜的王国。

* * *

中世纪哲学形式中一些突出的特征延续到了后来的哲学中，后来的哲学家尽管以这样那样的原因拒斥中世纪的哲学框架，但中世纪的元素依然保留在这些哲学家的理论中。如果要讨论其中的具体历史细节，就不能不提到斯多亚派宇宙论的复兴，或者说斯多亚派宇宙论对后世的持续影响以及后世对它的新的应用。这一宇宙论的流行完全是因为它混合了(也可以说是混淆了)物理、理性和道德诸范畴，这种混合并不有很高的抽象要求，它体现了人类对于事物之间存在或应该存在的一致的愿望。斯多亚派宇宙论对于教父哲学的影响更为巨大，教父们坚持事物中体现了“自然的法则”，这种坚持远远超出了神学(甚至教父们自己)所能接受的底线。因为17世纪天文学和物理学的发展，斯多亚派宇宙论获得了新的意义：自然法则变成了上帝律法与人类法则之间的中介。自然法则自身便具有“一般性”，而这种一般性又是古典传统以来理性的标志；自然法则直接向人类的理性敞开；并且，自然法则乃是来自上帝——它们体现了上帝的理性，而不是上帝的意志。由此，在科学探究当中注入了斯多亚派宇宙论的古老意义。尽管自然法则将自然置于超自然的对立面，但自然并没有丢失其原先具有的高超而尊贵的意味。自然中事物的总体被等同于“实在”(reality)这一观念，尽管法则指的不过是事实的发生，但在缺乏事实的情况下，大众依然对自然法则怀有某种模糊的崇敬心态。

自罗马和中世纪以来的自然法(natural law)和制定法(positive law)的区分一直延续到17世纪。自然法是固定而永恒的，是公正的权威和标准。自然法发展到后来出现了新的面貌和功能，这种变化的出现是出于全面批判旧的习俗与机构，以及根据新的情况建立新的标准与规则这两方面的需要。格劳修斯

(Hugo Grotius)的《论战争法与和平法》(1625)[①]主要讨论的便是在制定法缺失时(这种情况在现今依然占主流),如何在国家之间建立基于自然法的行动法则,这一观点对道德哲学和政治哲学(特别是在德国)产生了巨大的影响。社会作为维系和平、促成联合的纽带,表达的是自然中的普遍性与理性,在德国,这一观念经过一系列思想家——比如莱布尼兹等的传承(在这些思想家中占主流的是斯多亚派的观点),终于在康德那里达到了完整的成熟形态。尽管带有“批判”性的 63
怀疑,这一观念与牛顿的自然哲学一起构成了康德思想的核心。同时,休谟和卢梭也以不同方式促进和改变了这一观念的形式和色彩。

作为最终实在的理念世界与我们直接生活的现象世界之间的柏拉图式的区分以一种新的形式出现在这里。对于牛顿来说,物理法则与我们现在所称的物理并不一样,并且,他也没有理由去质疑那些作为事物的直接存在原则的数学原则。

* * *

中世纪教会将希腊的宇宙论和形而上学作为理性的工具和武器,以此来实现一种包罗万象的综合(synthesis),希腊哲学由此成为了柏拉图主义和亚里士多德主义的混合物,前者提供整体的场基,后者则提供形式与技术。这样,希腊哲学就成了中世纪文化的密切的、活生生的组成部分,中世纪对希腊哲学的兴趣绝不是考古式的。

从技术化的哲学观点来看,中世纪的综合的突出特征(这一特征堪称神奇)在于它吸收了亚里士多德宇宙论中作为本质的自然主义,并将其融入一个超自然的体系当中,在这一体系中,自然主义尽管处于从属地位,却依然占据着不可取代的位置。在表述上,官方的、高度整合的中世纪的综合这样教导我们:最终的根本原则是超越于人类理性的,人类只能通过超自然的启示拥有它们,并且只有通过由超自然力建立与指引的机构的干预,这些原则才能维持它们的纯洁性。不过,启示一旦出现,这些原则与理性之间的一致便是可能且可求的。

---

① [雨果·格劳修斯(Hugo Grotius):《论战争法与和平法》(*On the Laws of War and Peace*),1625年。译者按:格劳修斯(1583—1645)是荷兰共和国的法官,也是哲学家、神学家、剧作家和诗人。他与维托利亚(Francisco de Vitoria)、詹提利(Alberico Gentili)一起建立了基于自然法之上的国际法。]

要不是希腊的自然主义与犹太—基督教的超自然主义之间发生了结合，并在神学和教会实践中持续了几个世纪，这种结合会被认为在内在构成上是不可能发生的。

＊＊＊

基督教的图景[即上帝将他唯一的儿子作为神圣的献祭，并建立由神圣指引
64 的教会来作为人与上帝之间的持续中介][1]对于在基督教影响中成长起来的人来说并不陌生。虽然西方文化依然将自己视作是基督教的，但在现在自称为基督徒的人当中，甚至在自称为“基要主义”(fundamentalist)的人当中，基督教的一些根本的特性已经不再具有很强的生命力。造成这种情况的原因一方面在于中世纪文化向现代文化的转变，另一方面则在于现代哲学直接或间接地被许多新出现的困惑和冲突占据了。这种教会之内与教会之外的转变有一个一般而模糊的名字——“自由主义”。自由主义的直接促因是 16 世纪以来持续不断的自然科学革命，同时，社会变革也在很大程度上使原来那些基要的道德原则转移和撤退到背景之中，而这些道德原则作为新教的神学教条，原本是基督教的基本构成。

晚近以来，现代文化与中世纪文化最为醒目的冲突在于“科学与宗教的冲突”，或者说，“科学与神学之争”。在中世纪，天文学、物理学、生物学、史学与道德宗教观完全地交织在一起，教会甚至认为如果有人攻击前者，那么他就是在攻击教会的道德宗教观。科学只有在与教会和国家机构的强大力量的斗争中才能发出自己的声音。

＊＊＊

有人说，由希腊—中世纪自然科学的方法和主题向现代科学的方法和结论的发展是一个抛弃谬误、接受真理的过程，这样的说法太过武断和粗糙。我们可以说，较之于希腊—中世纪自然科学，现代科学的兴起与发展带有较多的哲学成分。有另外一种理性的选择可以让我们摆脱以上说法中的武断和粗糙，但这一选择至今都没有得到关注和发展，即科学的变化乃是一般性文化环境变化的一

① [这句句子是由编者从之前不完整的句子中移用过来的。]

部分。关于新科学对于工业、政治、艺术，以及人类互动与交往的整个领域的影
响，我们或多或少已经说了一些，可我们不得不承认，关于这些文化条件是如何 65
作为现代科学的生成性资源的，我们所说及所著还甚少。

以上是从消极的角度来看。从积极的角度来看，哲学家们自己设定了一套谈论新科学运动的方式，在这种谈论方式之下，科学的主要问题好像变成了如何将心灵或理性从使之扭曲和麻木的现有条件的影响下解放出来，而这些现有条件的总和就是我们现在称为文化的东西。在这些哲学家看来，科学一旦获得解放，其内在的理性就会将它从晦暗引向光明，他们完全没有意识到这里的问题其实不是科学的改造，而是文化（科学是其中的一部分）的一般性改造，而科学革命只有通过文化的改造才能够实现。

一般的观点是：因为中世纪文化是由宗教—神学的视角和兴趣主导的，且代表这种主导立场的习俗与官方权威是大力反对新科学运动的，所以，不言自明地，只有摆脱了所有这些外在的影响，心灵的解放才能实现。这一态度与如下的观点是同一的，即心灵，或者理性（无论用什么词来表达认识的行为者）是一种独立的存在秩序。拥护新运动的哲学家们认为新科学的成因出自一种解放理性的必要性，理性的运作必须与其作为独立存在的状态一致，任何对这一状态的阻碍和转移都是需要被克服的。另一方面，教会权威对新科学的立场、方法与结论的攻击更加证实了这一观念。事实上，这两方面不过是同一文化的一体两面：它们都认为"理性"是独立的存在。只不过对教会来说，理性还是一种力量，如果将这种力量由其原本从属于外在权威的状态中解放出来，那么最高意义上的道德威胁将不可避免。在后来人们赋予"自由思想"（free-thinking）的贬义含义中，我们可以看到这种中世纪观念的持存。

如果我们将它看作发生于文化危机中的一个文化事件，那么这种对心灵的独立性和自足性的宣告就获得了明确的含义。我们由此意识到"心灵"、"理智"或"理性"不过是对整个文化环境的简略表达，正是这一文化环境的整体，出于新的文化兴趣和考量，在实践上和思维上促成了新的理解自然与处理自然的方式的产生。

第五章

从宇宙自然到人性

66 现代哲学如今完全呈现出单边倒的主体性特征。这一批判是至关重要的，因为它直接攻击的是现代哲学家们的一种态度，基于这种态度之上的是一个已经被权威化的论断，即现代哲学已经发现了一种原则，这一原则不但可以将现代与古代及中世纪显著地区分开来，还让现代成为一个充满了无限的机遇、不断拓展的允诺，以及无尽的进步的时代。需要指出的重要的一点是，这里所攻击的现代哲学是由新旧两种不同的成分构成的，且这两种成分之间并没有必然的关联。我们将会看到，我们所提出的现代哲学的主体性特征有力地证明了前面的论点，即新信念不可能是自创的，它们总是在与旧信念的斗争中成形。

现代哲学的积极要素在于其表现了人类的能量和勇气，以及开创、发明、发现的力量。这种要素是崭新的，同时又具有革命性的效应，它表现在巨大的人力资源当中，通过这些资源，人类对自然力量与自然事件的控制得以不断进展。这种控制并不仅仅是一种观念——这种观念表达了人类出于自身的福祉而控制自然的可能性。因此这一观念的动力和促因来自这样一种认识，即自然力量与自然事件是自然的和不可避免的，就好像地震是自然的和不可避免的一样。在现代哲学中，人性的伟力取代了与之相对的宇宙自然的伟力。宇宙自然是在习俗与机构的反思之上成形的，这些习俗与机构决定了实际发生的关系与转变，并且将它们对实际现状的“解释”合法化。而现代哲学中的人性则是通过与习惯和传统的漫长和彻底的斗争得来的，通过人性，哲学家得以与作为权威的自然，或者说自然中的上帝(Nature’s God)，直接对话。

换言之，这种新旧信念之间的冲突并不仅仅是理论上的争论。控制自然事

件的人性力量这一新的观念为了得到发展，必须与老迈的体制，以及人们在经年 67
累月中与这些体制之间产生的情感上的维系与敬畏发生冲突。现有的习俗和机构被认为是宇宙自然的必然体现，而新的力量则把它们视为无知、迷信与惰怠的产物，而这些品性是人性最低下、最不值得要的特性。在冀望解放人类力量的同时，新的力量也力图不造成任何对人性具有压迫性的和邪恶的条件。新运动的行动者们是如此希望从对宇宙自然的服从中解放出来，以至于他们将人性与自然中的其他事物完全对立起来，并将其视为一个独立的权威。这一观念通过"个体主权"(sovereignty of the individual)的教条被简单地表达了出来。

旧信念在实践中将人性同化于宇宙自然之中，这种同化麻痹了创造，抑制了发现。在对这种旧信念的反动中，新信念采用了一种同样是单边倒的形式，即将人性完全置于宇宙自然的对立面，并将前者的运作视为至高和独立的。人性的伟力继而被赋予了荣耀的形式，这种形式被称作"个体"或"自我"。另一方面，任何属于心灵和精神的东西都被表达为个体的力量，当时的问题是，人们还没有直接的社会实践背景、资源和权威来大力跟进这种新发现的人类潜能。较之于绝对主义式的，且缺乏社会责任感的宇宙自然，在新的观念中，存在着一种改进人性构成的直接的实践动力，这一动力来自如下的事实，即习俗与机构统治之下的坚固信念(包括"科学"上的和其他事务上的)必须受到来自这一个体和那一个体的挑战，在挑战的过程中，这些个体必须身处社会的公共习俗之外，甚至必须反对这些习俗。[1] 68

然而如果我们要考察对这一新运动的哲学表达，事情就远远要比以上所说的更为复杂。与宇宙自然区分开来的人性的力量与能力并不像哲学上所说的那样，指涉的仅仅是可以与公共区分开来，并可以从社会中脱离的私人的"个体"。

---

① [以下来自文件夹 53/15："如下的信念是旧信念的一个构成部分，这一观念规定了哲学在 17 世纪以及之后的发展方向，即认为有理智、心灵、理性，以及精神性功能或力量的存在，并且这种存在是完全脱离特定社会和特定时空中的习俗、工作、传统与考量的，这些具体的考量甚至被认识为腐蚀和杀死理性的力量，从而被消去和剔除。初看起来，以下的说法也许是矛盾的，即对既有的、占统治地位的传统的反动却促成新科学特别强调和明确了旧传统的一个基本组成部分，但这些持新信念的人们需要有一个立足点来获得攻击旧信念和促成新信念的砝码。因此，如下的情况会发生也就不足为奇了：新信念并不是将一个特殊的传统和一组特殊的机构和社会要求视为敌人，相反，他们的敌人是作为本质的(*per se*)社会传统。因此，新信念将心灵、知者、意识视为能够达到真理的直接而自足的器官，并将它们与代表黑暗、无知、谬误的传统习俗对立起来，这些传统习俗不能适应和采用科学的方法，因而也就不能获得科学能够保证为我们带来的丰富的成果。"]

对这种意义上的“个体”以及由此得到的一般性的人类概念的阐释与描述借用的是古代心灵、精神和灵魂理论中的概念，这些概念被基督教神学采用，并通过教会深入西方世界的大众文化当中。正是在这一影响之下，那些挑战旧习俗与旧传统的先驱者们的实践行为（这些行为在本质上是道德的和社会的）被转化成了一种关于人的内在构成的形而上学理论，而这些实践行为作为一种社会性的表达本应该是现代个人主义的合法核心。

我们将在下一章讨论这种对在实践上和社会上具有重要意义的要素的扭曲，正是这种扭曲构成了“主体主义”（subjectivism）真正可憎的特征。之所以称这一过程是扭曲的，是因为它源自那些迥然相异的元素的灌输（这些元素只不过因为历史环境而变得有力），而不是源自任何的实践上的运动过程。即便仅仅是为了讨论之便，要把新运动中真正有活力的要素与因为偶然的文化环境而促成的哲学上的表达区分开来也并不是一件易事。当我们考虑到这些理性的表达是如何被用来证明与宣传新运动，并用来反击新运动的强大敌手时，这种困难性就更加增大了。在这一过程中，哲学上的表达被整合进社会的过程中，并成为其一个有机的组成部分。比如在法庭上，这一“个人主义式的”理论表达的某些方面就被用于支持和推进某些具有重大社会意义的工业与商业政策。毫无疑问，关于这些理论，法庭上的法官认为他们所阐发和陈述的不过是内在地植根于社会中的一些事实。自 18 和 19 世纪以来，理论上的阐释极大程度上影响着人们在日常生活中对某些词的用法，比如自我、个人、个体（与社会相对），因此，较之于将这些理论上的阐释视为仅仅是对既有之物的说明，这些法官更容易认为这些
69 理论的重要性是伴随着社会事件的发生而明晰起来的，并且又以一定的社会方向塑造和改变着社会事件。

我将用亚当·斯密（Adam Smith）《道德情感理论》中的两句话来考察如下的讨论。斯密的话尽管有着特殊的理论倾向，但在它们自身的语境中可以说是中立且非技术性的。斯密写道：“就其本性来说，每一个人都是首要地关心其自身的。……因此，较之于关涉到他人的东西，每一个人都对关涉到其自身的东西更为感兴趣。”[①]这一论断的正确性不但对于我们极为亲近的某些“特殊”的他人

① [亚当·斯密（Adam Smith）：《道德情感理论》（*The Theory of the Moral Sentiments*），1759 年，第 6 部分，第 2 节，第 1 章。]

来说是如此，对于一般化的他人，或者一个不确定的他人的集合来说更是如此。并且，如果我们将这一论断用于作者的语境之外，其正确性依然不减。在传统的语境中，这一论断表达的是自然人(natural man)与道德人(moral man)之间的区分与对立。在这一语境下，它表达的是通常被认识为在道德上可鄙的人类本性中自私的一面。然而在斯密的体系中，这一论断的功能恰恰相反，也正因为如此，它便成了新运动的指示标志。在斯密看来，每一个人在日常生活中都“在一只无形之手的引导下无意识地促进一个目的”，即公共的善。事实上，以这种方式，他能比在有意识的情况下更为有效地促进公共的善。内在于每个人的改善生活条件的欲望正是作为整体的人类社会获得进步的方法。因此，如果我们能理性地追求传统意义上被认为是非道德的原则(理性应当是每一个人的兴趣)，人性中为自己的一面就能成为社会和谐与社会进步的资源。

接下来我要提出斯密的同时代人休谟的一个更为一般的论断。休谟写道：“显然，一切科学和人性总是或多或少地有些关系，似乎它们不论与人性离得多远，总是会通过这样或那样的途径回到人性。……因此，在我们的哲学研究中，可以希望借以获得成功的唯一途径，即是抛开我们一向所采用的那种令人讨厌的迂回曲折的老方法，不再在边界上一会儿攻取一个城堡，一会儿占领一个村落，而是直捣这些科学的首都或心脏——人性本身；一旦掌握了人性以后，我们在其他各方面就有希望轻而易举地取得胜利。从这个岗位，我们可以扩展到征服那些和人生有较密切关系的一切科学，然后就可以悠闲地、更为充分地发现那些纯粹是好奇的对象。任何重要问题的解决关键，无不包括在关于人的科学中间；在我没有熟悉这门科学之前，任何问题都不能得到确实的解决。因此，在试图说明人性的原理的时候，我们实际上就是在提出一个建立在几乎是全新的基础上的完整的科学体系，这个基础也正是一切科学唯一稳固的基础。”① 70

较之于斯密，休谟的彻底性是显而易见的。尽管休谟是现代哲学中怀疑主义的代表人物，以上这一段落中所设立的目标与培根(Francis Bacon)或笛卡尔(René Descartes)的体系一样宏大全面且野心勃勃。至于将休谟带离他在这里

---

① [大卫·休谟(David Hume)：《人性论》(*A Treatise of Human Nature*)，1739年，导论，第xix页。译者按：这里采用关文运先生的译文，参见休谟《人性论》，关文运译，商务印书馆，1996年，第6—8页。]

提出的建设性的任务而走向怀疑主义的原因并不在我们这里的讨论范围之内，我们只需知道，在休谟关于人性的理论中有一些指示性的特征有效地防止了这一理论成为一切科学之完整体系的基础。然而，人性是“科学的首都或心脏”这种说法有力地表达了我所说的从宇宙自然到人性的转变。不过，这种对人性的发现深刻地受到了希腊—中世纪的古典传统的影响，该影响是如此巨大，较之于说这是一种对人性本身的发现，不如说这是一种对旧有的关于心灵与自我的观点的重新发现。如果我们考虑到古典传统是如何深深地植根于欧洲文化体制之下的教育之中的，以上的说法就不足为奇了。

我们在这里暂时不再考虑以上讨论过的哲学对于新运动的扭曲。无论积极而实践的新运动趋势如何背离关于它的理论表达，它所朝向的总是一种新的自由，这种自由来自控制生命环境的能力。在形而上学和神学上，力量和权威从宇宙自然转移到了人性当中，这种转变与如下的宣告是相对应的，即能够发起和控制事件变化的不再是人类原先从属和臣服的自然，而是能够自行进行立法和管理的人性本身。同时，对应于这一人性的解放过程出现的还有如下的信念，即社会中的邪恶、不公正、压迫、强制服从于不可控的事件，以及由此带来的社会停滞，所有这些的主要根源在于一个古老的错误，即不能够理解和把握构成人性的那些力量。这一错误同用无知和迷信来控制人民的做法是一样的，而新时代，即
71 启蒙、自由与进步的时代，开启的则是与之完全相反的新的态度。[①]

这种转变，特别是在将腐败和不道德视为人性的“自然”状态上，可以说是革命性的。今天，我们经常从出版物和讲道坛得知，在基督教的信仰之下产生了人性的无限价值。然而这一说法省略了一个根本的要点，所以具有误导性，即归于人类的“无限价值”在基督教的历史上是在一个完全超自然的语境中产生的，因此它只能被视为一个超自然的观念。事实上，在基督教中，没有再比人更为堕落和无力的东西了。而基督教中这种对人性的价值和力量的信念事实上来自基督教与某些世俗因素的合流，即使在现在，这种信念也只出现在那些比较“自由”的

---

① [以下来自文件夹 54/1：“17 世纪是属于宇宙自然的世纪，其中出现了许多大全式的体系，比如笛卡尔、莱布尼兹、斯宾诺莎、霍布斯和牛顿，而 18 世纪则是属于人性的世纪，启蒙的各种方面是其最显著的特征。但无论是 17 世纪还是 18 世纪都预示着对人的发现。”这里，杜威又加入了一条脚注：“洛克在 17 世纪后半叶的著作预示了 18 世纪的主流观念。蒲柏(Alexander Pope)的名言‘人是人类最适当的研究对象’也许应该被置于 18 世纪哲学史每一个章节的开头。”]

教会以及它们的教条中。因此，从根本上来说，将人性的无限归于基督教信仰的关于原罪与拯救的模式是不公正的。为了把握教会(无论是天主教还是新教)对于人性的态度，我们不需要提及教父们对女性处境的说法，也不需要提及新教所热烈拥护的婴儿是堕落的、该受诅咒的说法。人的原罪就已经决定了在本质上人是堕落的，且除了恶之外成就不了任何事业，人的这种处境只有通过外在的超自然的介入才能得到拯救。除了这种特殊的信仰，基督教的教条中并无其他特别的东西。只有意识到对于人性力量的信念是如此崭新，我们才能理解现代思维与现代行为中“主体主义”(和“个体主义”)的意义，为此我们完全有必要把握这一观念在历史上的对立面。

为了这一目的，我将引用罗马教会的官方哲学家托马斯·阿奎那对诫命“爱你的邻居如同爱你自己”的解释。[①] 这一神学讨论背后的原则一直保留在传统 72
教会中，并且依然被直接用来处理现在的社会与政治问题。比如切斯特顿(G. K. Chesterton)在谈论美国的民主时这样写道：“只要民主变成或者还是天主教的和基督教的，民主就依然会维持民主的形式。……人们会越来越感到如果宇宙中没有一个意义的核心和产生人类权力的权威，任何事情都会变得没有意义；如果任何事情都变得没有意义，民主也就没有任何意义。”[②]

上述引文的意义是明显的：人类之间的关系以及人类与其生存的世界之间的关系并不能为人类的权力提供一个基础。人性需要与超自然联系在一起，并且需要有特殊的历史性机构的教化和干预来宣扬这种超自然的起源和权威，使之合理化，并获得应有的尊敬与对待。

哲学在理性上对于这种新态度的表达实际上是对大范围的社会趋势的反

---

① [这里杜威留下了一处空白，我们推断，他意图在这里插入一个恰当的引用。杜威想引用的可能是阿奎那《论精神生活之完善》(*On the Perfection of the Spiritual Life*)第二章中的一段：“首要地，我们应该爱让我们感到快乐的最高的善，也就是上帝；其次我们应该爱我们的邻居，这样，在共同的幸福之中，社会的纽带就被建立起来了。基于此，我们应该为了相互获得至福而爱我们的邻居。上帝在《马太福音》第22章第37至39中显示了这一爱的诫命：‘你要尽心、尽性、尽意爱主——你的神。这是诫命中的第一，且是最大的。其次也相仿，就是要爱人如己。’因此为了完善精神生活，首要的便是爱上帝，因此上帝这样对亚伯拉罕说：‘我是全能的上帝，你当在我面前作完全人。’”译者按：《圣经》引文出自和合本。]

② 引自切斯特顿《我所见之美国》(*What I Saw in America*)，着重是我自己所加。与上一句联系起来看，我们应该注意到，这里所讨论的“基督教”只是“天主教教会”以及它们对人类权力和人性力量的解释。

思，但是由于这些观念作为观念的崭新程度令人陶醉，人们也就忽视了它们其实是一个更大的社会变革过程中的一些间接的插曲罢了。人们认为这些观念以及它们所引发的实际运动战胜了人性的力量，这些力量是如此本能和内在，以至于它们必须被孤立出来，并被置于所有自然力量和事件的对立面。解体旧形式的要求是如此的紧迫，人们甚至忘记了社会条件自身已经达到了消弭旧的形式、重建新的生活方式的状态。对于旧形式的慎重而又系统化的攻击遮蔽了新力量本身也是社会环境之体现这一事实。[1] 这种遗忘和遮蔽的后果是哲学理论、伦理
73 学、政治学和经济哲学完全变成了主体主义和个人主义。

* * *

“心灵”的人格化。我们能够在自然当中找到心灵的证据，是因为上帝作为人格化的心灵，将这些证据放在了那里。在科学中，古代对自然的虔敬(piety)以一种新的形式保留了下来。通过发现自然法则，人的心灵得以思考上帝的思想。最能体现这一点的，便是心灵被等同于自我(self, Ego, I)。笛卡尔和贝克莱都使用了“心灵或者自我”这样的表达，并且，对于这种等同，没有人试图去给出一个合法性的证明，它被认为是理所当然和不证自明的。然而，在古代，比如对于一个雅典哲学家来说，任何对于这种等同的证明都是荒谬的。这种等同即便是在破旧立新的智者学派看来也太过极端，因为它宣扬的是理性上的无政府主义，甚至否认了知识的表象。

然而提倡新科学的哲学家正是接受了这种等同。不过心灵之所以可以和自我等同起来也说明了流行的态度已经发生了巨大的改变，或者说，科学中发生的改变也发生在当时人们的其他兴趣当中，这些改变促使人们的态度发生了改变，即便他们对自然科学的革命缺乏特殊的关注。新教在其早期宣扬个体所拥有的独立判断的权利以及上帝直接给予人类的启示，但这些宣言往往被夸大了，然而为了反抗统治了人类的信仰与行为好几个世纪的教会机构，将权威的中心转移

① [新科学、新的关于知识与社会关系的哲学的产生与新的技术形式的产生，从封建状态向早期资本主义工业的转型，新的地理学上的探索、发现和殖民，以及由此产生的新的机遇和资源是密切相关的，这一事实才刚刚开始受到重视。如果我们要合理地讲述这一过程，原本意义上的“个体”就必须作为社会文化环境变化的体现而带上新的特征。如果这一事实得到了理解，那么哲学理论也将发生伟大的转变，因为与自然相对的个体、自我、主体、心灵和意识的基础已经被摧毁了。]

到人类内在的能力是必须的。对于教会的反抗也发生在政治与工业中，政治与工业的变革首先削弱了传统习俗的力量，接着又质疑它们的合法性。传统习俗的削弱伴随着人性中本质特性的加强，这些特性包括开创与发明的能力、活力和进取心。当人们开始商议物品的价格、劳动的报酬、利息以及地租时，他们就不再与一小块封闭的地域打交道了，这其中的变化远远不是“封建制度的衰落与资本主义的兴起”这样的说法所能涵盖的。在这一过程中，习俗的统治变成了对内在于人类欲望、意图、判断和选择中的力量的认识，同时，这些力量一旦足够强大，就需要争取自己的权利。为了使新的经济行为和经济能力合法化，最直接的方法是将它们视作内在于人性的构成当中，这样，如果我们否定这些行为和能力，就是在否定人性的价值与尊严。[1] 而在政治方面，我们不需要等到关于大众 74
政府与民主政治的理论明确成形之后再来发现这一变化。[2]

* * *

人性的发现将人类的进程从宇宙自然的形式中解放出来，正如我们之前所讨论的，要将这一发现中真正新的、富有成果的要素与促成这一发现的旧传统中的观念区分开来是不可能的。上面的一些引用很好地说明了这一点。为了更清楚地说明人性究竟获得了何种新的价值，以及这些价值如何成为 16 世纪以来现代哲学的显著特征，我现在要强调在上面的引用中并没有体现出来的一点。新

---

① 这一变化同样发生在社会科学中，其标志是自然法则与自然权利的位置由宇宙自然革命性地转向了人性，我们将会在后面的章节中对此进行讨论。[这一章节并没有出现。]

② [以下来自文件夹 53/15：“除了刚刚所讨论的，还有另外一个因素造成了现代哲学中关于认识的问题，这一因素便是个人主义在政治、工业和新教中的兴起。心灵的私人化(这一私人化的心灵是认识与之对立的物理世界的唯一手段)可以被视作之前指出的认识论问题的一个成因。不过若不是由于个人主义的兴起，这一私人化倾向能够这样严重是值得怀疑的。值得一提的是，笛卡尔和贝克莱都提到了心灵或自我，更值得一提的是，他们是在偶然的情况下作出这种等同的，就好像这一等同是理所当然和不证自明的。可以肯定，无论是对于希腊人还是中世纪人来说，这一观念都是不可理解且不能被接受的。

“独立于个人主义在其他领域的兴起，新科学的产生促进了个人主义在知识分子阶层的兴起。旧信念是如此的根深蒂固，新观念实际上要反对的是既有的理性和道德权威。现在，个体调查者们有大量的既成事实和既有原则作支撑，同时他们还拥有被证实有效的方法和从实践应用中得到的有效程式。在新科学的先行者们那里，处境则完全相反——站在正统教会的立场，他们是异端。因此，自然地，他们只好诉求于个体心灵的力量，并认为个体心灵必须从令人麻木的、宣称自己是信仰权威的传统、习俗和机构中解放出来。”]

时代关于人性的新观念有以下几个基本特征。(1)旧时代认为对于自然来说,人在形而上学上和宇宙论上不过是偶然的造物,人以宿命论的方式依赖于自然,而新时代则确信人的力量可以控制其自身的进程与命运。(2)将这种可能性变成现实的是一种新的认识方法,这种方法与产生传统意义上的科学的方法有着巨
75 大的不同,它是一个彻底而崭新的开端。只有当我们认识到知识的开端和知识的建构只能存在于人性之中,或者用当时的话来说,只有当我们认识到"心灵"、"理智"、"理性"在人性中的位置和方向,这种开端才能产生。对三段论方法的攻击(这是笛卡尔"理性主义"的特征,也是洛克"经验主义"的特征),科学仍希望从神学框架和信条中解放出来的挣扎,试图让"理性化"(reasonableness)成为宗教、道德、法律和经济的最终标准(尽管这些领域对"理性"的定义大相径庭),这些都是人性中新价值的体现。(3)这种认识上的革命性变革的结果和目的便是培根所说的人类的进步。关于这种变化将会引发何种形式与何种程度的社会秩序变革,英国和大陆思想之间存在着巨大的分歧(正如我们通常所说的)。前者认为社会秩序的变革是必然的,后者则认为社会秩序的变革不过是偶然的,甚至可以说是一种副产品。我们不需要对思想史作太多的考察就可以知道,当时的思想家都认为培根式的结论是不证自明的,尽管人类的进步是在不知不觉中完成的,而不是可以通过审慎的努力马上达到的。

关于人性为何如此清一色地被表达为"个体性"的概念,我们需要讨论一下其中实践层面上的原因(这里实践层面上的原因应该与旧传统中所谓的原因区分开来)。个中关键可以在洛克关于无知与谬误的主要成因的讨论中找到(即便不是明确的)。如果无知与谬误是出自对习俗之"权威"的信念和赞同,那么与既有的习俗决裂显然是克服无知与谬误的出路。人们只有将自己置于其起控制作用的习惯性信念的对立面,才能起来反抗,才能开辟一条新道路。习俗与根深蒂固的机构被认为是"自然的",长久以来,它们已经获得了权威性的力量,因而可以提供决定什么是自然的标准,任何与之相悖的观念都被认为是违背了自然或上帝的意志。只要这种情况存在,人类就只能臣服于束缚他们的东西。当对封建政治制度、教会和传统的反抗日渐兴盛的时候,这些旧事物就开始变得具有压迫性了,它们压迫的是那些带有决裂的动力和勇气的人。这种决裂包括了实际的斗争,这些斗争通常被解释为"个体性"的人性与"社会性"的事物之间的冲突,
76 而这些"社会性"的事物实际上是以严格的形式机构化了的人性。然而,当时在

与旧科学进行斗争的知识分子并没有意识到自己的斗争是在这个层面上展开的，他们宣扬的是心灵的个体性及其天然的、纯洁的特征，这些特征经过后天的教育和与他人的互动而变得不自然，并丧失了其原本所拥有的理性的力量。洛克的话很好地概括了所有这些与既有传统决裂的人的特征，他说，暗藏在教育过程当中的习俗被当作"原则"、至高而神圣的权威，以及"伟大而永真的对与错的决断者"。[①] 现在的科学工作者在完成一项创新时并没有特别地意识到其工作的"个性"。当下的科学传统是由科学方法与科学结论本身构成的，个别人物在某些方向作出的决裂(即便是从牛顿物理学到相对论这样重大的决裂)都是由科学传统在其背后起支撑作用的。现在科学工作者的诉求是方法上的，任何科学工作者都能够用这些方法去观察带来新发现的事实，从而检验新结论的价值。三个世纪之前，新科学的先行者们并没有这样的支持，当时一旦使用了作为权威的方法，就等于从一开始就已经失败了。

然而如果我们说17世纪以及18、19世纪的大部分完全是"个人主义"或"主体主义"的，这种对理性史的阐释方式也是错误的。当时的人们不但防止这一态度的过分发展，也防止将自我等同于以其自身为出发点的心灵，这些都很好地体现在了洛克身上。洛克坚信外在的自然力量与人性内在的力量在神意之下的自然中是预适的，它们被包含在一个共同的预先设计中，物质性身体作用于心灵之上的力量"制造了那些已经预先被制定了的、适合于它们的知觉"。[②]

相信预先的设计图式的自然神论是洛克显在和隐含的理论背景。洛克并没有在如下的观点中看到多少困难，即如果知识的唯一对象是观念与观念之间的
关系，那么我们就没有办法知道这些对象是否"符合"外在的事物，甚至我们没有 77
办法知道外在事物是否存在。我认为，毫无疑问，这其中的原因是：洛克的基本前提是已经有一个理性的最高存在预先规定了自然中力量的和谐及相互符合。莱布尼兹提出了"前定和谐"的原则，但对这种和谐的信念是"自然宗教"和自然神论的核心，同时也体现了设计的用处——设计是科学由超自然转向自然的桥梁。只有在莱布尼兹对此加以阐述和运用之后，"前定和谐"的原则才被置于各

① [约翰·洛克(John Locke)：《人类理解论》(*Essay Concerning Human Understanding*)，1690年，第4部，第20章，第9节。]

② [同上书，第4部，第4章，第4节。]

种批判性的和敌对意见的检查之下，不然，作为一个沉默的控制原则，它是不会引起这种注意的。

洛克说："我们关于实体的复杂观念是根据外在于我们的事物建立的，并且是为了能够表现那些实体的真正样子。这些复杂观念，作为简单观念的集合，真正表现了外在于我们的事物中的统一与互存。"①

* * *

洛克的意图在下面这段话中表达得非常清楚，他说："如果我们将目光放在这些我们所不知的地方，我们所不知的无限地大于我们所知的"，那么这种做法"或许可以帮助我们平息争论，并更好地推进有用的知识。……我们要将思想限制于对知识可触及对象的沉思中，而不要伸向那黑暗的深渊"。②

如果将洛克的这一说法与下面来自笛卡尔的说法比较起来看，那么我相信，我们将会看到前面所指出的洛克哲学的"实践性"基调与笛卡尔哲学的"理论性"意图。笛卡尔说："所有科学的全部不过是人的理智，无论其应用的对象多么纷繁复杂，人的理智总是唯一不变的。对象性质的改变其实就像是照射在它们之上的阳光本身性质的改变，我们不需要为人的心灵设置任何界限。"③除了实践与理论上的区分之外，这一区别还有更深远、更为有趣的含义：洛克的主要意图在于如何更为有效而彻底地进行科学改革，而柏拉图的主要意图则是如何将人类的福祉同正当的知识联系起来。

78 以上指出的这一点区分所表现的是一个一般性的问题，即"知识的问题"，这一问题依其所产生和形成的文化环境表现出不同的内容与方向。正如我们在前一章所指出的④，笛卡尔和洛克两人拥有一些共同的重要信念，因为他们同处在一个道德化和宗教化的传统中。就特殊的哲学形态而言，大陆和英国的知识领袖在中世纪和后中世纪时期都受教于大学中，这些大学说同样的语言，并参与到

① [约翰·洛克：《人类理解论》，第 2 部，第 30 章，第 5 节。]

② [同上书，第 4 部，第 3 章，第 22 节。]

③ [笛卡尔(René Descartes)：《指导心灵的法则》(*Rules for the Direction of the Mind*)，1628 年，见《笛卡尔哲学著作集》(*The Philosophical Writings of Descartes*)，剑桥大学出版社，1985 年，第 1 卷。]

④ [这里所指的前一章可能是本书第六章的第二个部分。参见本书的前言。]

同样的思想潮流中。但是英国接下来出现了新教改革，并出现了以代议政府为方向的政治革命，工商业阶级的过早兴起削弱了封建体制，这些都标志着新科学文化的产生，这种文化造成了知识问题的道德化或“实践化”转型。牛顿的自然哲学在英国相对轻松而快捷地取得成功的事实也证明新的天文学和物理学并没有在英国引发危机，也并没有遇到那些它们在大陆将会遇到的敌手。同样，在英国，人们较少考虑知识问题的技术化层面或“理论化”层面，他们更多考虑的是知识对于人性及其他事务的作用。伏尔泰(Voltaire)将一本流行的袖珍本从英国带回了法国，这本书结合了牛顿式的自然哲学与洛克式的道德哲学，法国的情况至此发生了改变，并在1789年的革命中达到了顶峰，这种英国式的结合实际上是将官方的笛卡尔主义清除了。

每一种对现代哲学的阐释都应该将以上叙述当作一个很好的例子。在很长一段时间中，哲学史研究有这样一个习惯(这一习惯至今仍未完全消失)，即通过建立一段连续不断的哲学谱系来简化哲学史。比如，在英国，在洛克未解决的问题与未经检验的原则之中产生了贝克莱的哲学，而从贝克莱的哲学则产生了休谟的哲学。在大陆，斯宾诺莎和莱布尼兹(作为两派中最为突出的代表)继承和发展了笛卡尔哲学中的不同要素。康德则继承了这些人的工作，并且，在他熟悉了休谟、沙夫茨伯里(Shaftesbury)以及其他英国哲学家的思想之后，试图在大陆的理性派和英国的经验派之间建立一种统一，这一尝试(至少在德国哲学史家看 79
来)，奠定了之后哲学发展的整个进程。在哲学被从一般的人类进程中分离出来之后，它便成为了这种模式化的哲学史。每一个哲学家对于其之后的哲学家的影响的是毋庸置疑的，但我们不能忽视的是，这种影响的辩证性或逻辑性往往只是表面的。实际上，决定一个哲学家的因素还有他的主要工作(比如贝克莱的主要工作是主教)，以及变化的社会环境。也就是说，尽管其他同时代的哲学思想对哲学家的影响是巨大的，但活生生的社会环境对每一种一流的哲学的影响同样是决定性的。

前面所说的可以总结如下：对“知识的问题”的哲学思考首先攻击了亚里士多德式的与经院主义式的方法与结论(结论上的缺陷被认为是由于官方所采用的方法)，并提出了一种崭新的方法，哲学家们试图对这一方法的基础和主要特征给出细节化的说明。与此同时，新的天文学和物理学也开始取代旧的宇宙论和自然哲学。新科学主要研究的是与人类事务距离最远的天文现象，这一事实有着双重的重要意义。一方面，它动摇了传统的以地球为固定中心的世界观的基础，这种传统世界观认为宇宙中的一切都是依地球而动的。通过动摇这一传统世界观的基础，新科学直接反对中世纪基督教神学对承袭自亚里士多德的自然哲学(和宇宙论框架)的改造。在人类历史中，没有什么比将亚里士多德的"理论性的"、道德上中立的宇宙论改造成一出完全道德化的戏剧更为非凡了，在这一改造中，甚至亚里士多德的自然主义也被整合进一个超自然的框架中，这一框架以超自然的行动为其基底，以由受难得到的至福为其最高峰。因此，正如我之前所指出的，哥白尼体系对亚里士多德—托勒密体系的取代引发的不只是科学上的革命，更是道德上的革命。

另一方面，在新科学的早期阶段，这种时空上距离遥远的研究对象有力地造
80 成了这样一种感觉，即新科学关心的是"*外在的*"世界，与之相对地，人类的道德事务则是一个"*内在的*"领域和存在秩序。的确，新科学运动在效应上是革命性的，然而那些追求新科学的人，那些为之辩护并试图建立其基础和原则的人并不是革命性的，因为他们试图建立的是人类道德的基础。随着关注人的价值与命运的道德的旧宇宙论基础被逐渐取代，这一基础也越来越被认为是内在于人性当中的，而后一观念则被不断地明确和体系化。在哲学上，这一运动所造成的技术性结果是：精神、心灵和灵魂这些旧的术语被保留了下来，同时被保留下来的还有它们所具有的感知、想象、知性和理性的力量，但是支撑它们的古典宇宙论体系并没有被保留下来，在这一体系中，宇宙的进程便是潜在于自然的宇宙图式中的一切事物逐步完成其实现的有机过程。现在，心灵通过自己的官能将这一过程揽到了名下。这种改变的长久影响在于从对知识*方法*的问题的研究(这一问题的本质是科学性的)转向了对知识是如何可能的的研究，前一个方法上的问题在不经意间变成了技术性的*认识论*问题。这一认识论的基本假设是内在与外在的区分与联系，即精神与物质、主体与客体、认识者与被认识的世界之间存在着某种独特的关系，由此出发便形成了19世纪那些特点鲜明的哲学体系：观念论(其中又分为理性的或经验的、客观的或主观的、绝对的或相对的)，实在论[其中又分为天真的、表象的(presentational)、表征的(representational)、二元的、一元的，间或又有多元的、现象主义的、实证主义的和不可知论的]。

虽然将哲学上对知识问题的处理作出了早期与晚期的区分，但我无意否认或忽视如下的事实，即认识论问题的种子已经蕴含在(并且在某些情况下已经开始发芽)早期对知识方法的讨论当中了。然而在早期，这些种子被播种在这样一种土壤和气候中：当时的哲学家的预设是知识是*存在的*，他们不会超出这个自然的界限，去问知识如何可能的问题。康德的几个“批判”所引发的历史性“革命”在于它们将对方法的询问变成了对*可能性*的彻底询问。

为了在知识问题的早期形式中找出其晚期形式的资源，我又要回到笛卡尔与洛克。我们已经讨论过，笛卡尔的基本理论是：“清楚明白”的确定性知识(其他所有形式的知识都依赖于这一知识)只有在“精神性的”，即非物质性的心灵内 81
部形成。心灵作为一种实体，其本质在于*思维*。这里，旧形而上学传统中的两个基本原则(精神性与非精神性)得到了保留和发展，但思维变成了一种*直接的*、自我显现的行为，这一行为进而被称为意识，这完全是处于旧传统之外的。非物质性的心灵位于身体*内部*，这里的“位于”替代了旧的认为心灵(以其最高形式)是一个有机身体的功能的观念，然而笛卡尔的观念又可以被看作来自中世纪对精神不朽的坚持，这一点在逻辑上也是可以推得的。非物质的心灵是*简单的*，因为它是非物质的、没有外延的。身体则完全是物质的，而物质同样也是一种实体，但它的本质在于*外延*，因而它可以被无限地分割与混合。[①]

现在让我们放下对实体与本质的讨论，来考察笛卡尔的“外在”世界的观点，笛卡尔的这一观念是非常清晰的。这一观念直接来自伽利略(Galileo Galilei)所提出的新的物理科学。用笛卡尔自己的话来说：“物质或身体的本质不在于它的硬度、重量、颜色，或是任何其他我们的感官所能感受到的特性，它的本质只在于它是一种可以在长度、宽度和深度上延展的实体……物质或身体的所有明确性质都可以被还原到这一本质，即它可以被分割，它的各个部分可以运动。”[②]在这一点上，笛卡尔比伽利略走得更远。原因很简单：笛卡尔很早就确信数学乃

① 笛卡尔明确地否认动物能够思维。在笛卡尔看来，动物的生命运作是机械的，就像人的所有生理运作也都是机械的一样。

② 这里的“性质”(properties)和“实体”都具有传统的形而上学意味。正如笛卡尔在另一处写到的：“任何其他性质都可以被归结为具有外延的身体……缺少了外延，形象和运动都是不可理解的。”形象和运动都是“性质”。[笛卡尔：《哲学原理》(*Principles of Philosophy*)，1644 年，见《笛卡尔哲学著作集》，第 1 卷。]

是高于任何其他自然科学的，数学是我们得出所有关于自然现象的必然且确定的结论的资源和基础。除了心灵自身，数学不依赖于任何偶然的帮助或支撑，并且，除非我们将数学直接应用到“外在”世界当中，否则任何关于后者的科学都是不可能的。在笛卡尔的时代，几何学是唯一得到发展并确定下来的数学形式，笛卡尔将几何学视为关于外延的科学。笛卡尔认为只有在几何学当中，他才可以说“我发现了！”(Eureka)或“证明完毕！”(Q. E. D.)。他将代数学融合进几何学当中，发明了分析几何。正如他所说的，之前代数学在科学中并没有用处，因为
82 它被认为是“一门处理符号的模糊而令人困惑的艺术”。现在，新的分析几何形式可以让几何学更好地服务于科学对自然现象的研究，同时，这种运用更明确地证实了如下的观念，即外延是自然现象的本质。①

如果我们考察笛卡尔的心理学或“内在”实体的观念，我们会发现他完整地保留了古典传统中心灵官能(faculty)的观念，当然侧重点有所转移：古典传统强调的是由潜在到现实的转变过程，这一过程是通过心灵与既有的感性和理性形式之间的互动完成的，而笛卡尔强调的则是心灵自身能够积极运作的“力量”。

笛卡尔是在教会学校受的正统教育，考虑到这一点，其著作中所体现出来的大众对经院哲学日渐式微的欢迎程度便具有了更深的意义。比如，他拒斥了潜能这一旧的观念，他认为潜能的生成过程对于任何受过科学训练的人来说都是不可理解的。理性，作为最高和最纯的思维形式，是唯一的力量，“关于任何其他事物的知识都依赖于理性，而不是相反……然而在理性的认识过程中常常受到感觉和想象的帮助或阻碍”，这些感觉和想象“对于纯粹思维的训练是重要的，但对于获得真理毫无帮助”。② “唯有理性才能把握真理。”③感觉，作为身体的器官，只接收事物的物理印象，这种接收的形式不是隐喻性的对痛感的表达，而是图章敲在蜡块上的如实的表达，也就是说，作为外在形式的身体被对象所改变，就像蜡块的表面被图章所改变一样。笛卡尔认为，身体在感受到坚硬时是如此，在感受到冷热声色时同样也是如此。因为外延的变化只存在于“外在的”世界，

---

① 由莱布尼兹和牛顿发明的微积分并没有改变数学的基本形式，但是它以“动态的”(dynamic)性质取代了原本属于外延的那些“固定的”(static)性质。能量和动力的范畴开始出现。[笛卡尔：《谈谈方法》(*Discourse on the Method*)，1637年，见《笛卡尔哲学著作集》，第1卷。]

② [出处不详。可能来自笛卡尔《哲学原理》法国版的前言。]

③ [笛卡尔：《指导心灵的法则》，1628年，见《笛卡尔哲学著作集》，第1卷。]

所以这种变化只能通过线条与图形表达出来——也就是几何学。几何的形式(这些形式有一个完整的体系)持续地作用于我们的想象,而想象的本质同样也是身体性的。当纯粹理性作用于外在事物在感觉器官和想象中留下的印象时,即试图组合或控制这些持留在身体中的印象时,它便作为一种纯粹的能量而被称为感觉。

18 世纪和 19 世纪的哲学思考习惯性地不时回到笛卡尔和洛克,在将感觉和印象当作精神性的或灵魂性的同时又强调了它们的物理特性,因为它们是由 83
物质性的身体直接制造的,只有精神性的东西才是由最高的理性的纯粹行为产生的。谬误之所以产生,是因为我们等不及从理性那里得到清楚明确的观念,任由自己受冲动和欲望的驱使,赋予模糊而混乱的观念所不具备的实在性和正确性。颜色、声音、味道、痛感、饿感、渴感,这些都不是身体的性质,因为在科学看来,身体只具有几何的性质,上面的这些感觉属于"模糊而混乱"的观念,但它们又都是活生生的。这些感觉说明自我与身体是紧密地结合在一起的,自我并不只是一个坐在船舱中的驾驶员。并且,如果我们只将这些感觉性质的作用视作为了维持身体的存在与健康,也就是说,将颜色、声音等看作它们确实所是的东西,比如渴感,那么我们在任何情况下都不会被它们所欺骗。

笛卡尔还有一个更大的困难需要克服。数学之所以确定完全是因为它是位于理性之中的,并体现了理性的能量,然而笛卡尔关于物理知识,关于物质的和外在的身体的整个理论是建立在这些知识与数学原则一一对应的基础上的。人们常常说,笛卡尔分出注意力去证明上帝的存在,仅仅是由于他的出生和成长环境是天主教的,而不是因为他想通过审思保留一些正统教义之内的东西。然而这一证明无疑在他的整个体系中占有重要地位,正是通过这一证明,笛卡尔以自己的方式回到了刚刚提出的困难。直到康德,笛卡尔之后的理性主义者都不能为数学如何能够应用于物理现象之上提出合理的证明,他们的证明都是"实践证明是可以的"(*solvitur ambulando*)这种类型的。物理学和天文学依赖于数学的事实和数学本身的成功让人们决定无需考虑以上这种证明。虽然笛卡尔写道,对数学的成功应用还有待于未来的研究,但他自己在这一方向上所取得的成果并不是特别突出。

上帝的存在在极大程度上帮助了笛卡尔。从表面上看,笛卡尔的这一解决方案留给了他和他的后继者三个难题,这三个难题都出自在认识者与被认识的

84 世界之间作出的截然二分。即便我们将这两个具有相对“本质”的“实体”弱化为(这种弱化多是出自事件本身的打磨,而非出自体系化的意图)两种不同种类的事件,一种是物理的、外在的,另一种是精神的、内在的,两者之间的分裂也依然存在。关于世界的知识要求精神性的事件必须符合物理性的事件。这两种存在的秩序具有如此明确而截然不同的特性,它们之间的符合到底具有什么样的意义?当这种符合实现的时候,我们又是如何得知的?精神性的事件序列如何得知它已经把握了处于其自身之外的,在性质上与之完全不同的东西?或者,更一般地,不管成功与否,精神如何能够这样做?这就是所谓的知识的“超验指涉”(transcendent reference)的问题。所谓的“实在论”理论不承认这种超验指涉是不可能的,尽管实在论者对于这种指涉可能的原因众说纷纭;而所谓的“观念论”理论则会说:“我们很高兴这种超验指涉是不可能的,因为较之于生活在一个由坚硬的、与我们毫不相关的物质性生活组成的世界中,生活在一个由像我们一般的精神构成的世界中更为幸福。”

第二个问题更直接地被笛卡尔的追随者遭遇到。身体属于“物质的”世界,而关于特殊对象的知识(即便这种知识只是无限外延的一个特殊部分或特殊图形)要求由感觉器官制造的和由想象收集的印象触及和影响心灵,或者至少能够制造出一个“契机”,让心灵知道它们的存在。意志的存在,对此笛卡尔毫不怀疑,证明了心灵可以指导身体,而“身心关系”的问题在于持存的物质是如何被心灵所认识的。这一问题连同它所有的困难与一个更为一般的问题联系在一起:非物质性的认识主体与物质性的外在世界的关系,这一关系是一个难解的死结。

第三个一般性问题可以用笛卡尔自己的话来表述:“比如对于太阳,我觉得我心里有两种截然不同的观念。一种是来源于感官的,应该放在我前面所说的来自外面的那一类里,根据这个观念,我觉得它非常小。另外一个是从天文学的道理中,也就是说,从与我俱生的某些概念里得出来的,或者是由我自己无论用什么方法制造出来的,根据这个观念,我觉得太阳比整个地球大很多倍。我对太阳所领会的这两个观念当然不能都和同一的太阳一样。”①在两个太阳之间,笛

① [笛卡尔:《第一哲学沉思集》(*Meditations on First Philosophy*),1641 年,见《笛卡尔哲学著作集》,第 1 卷。译者按:这里采用庞景仁先生的译文,参见笛卡尔《第一哲学沉思集》,庞景仁译,商务印书馆,1986 年,第 39 页。]

卡尔选择的是科学上的太阳，因为那个来自表象的太阳是最不接近于真正的太阳本身的。在笛卡尔的时代，这一多重太阳的问题是一个现实存在的问题，而现 85
在的哲学文本则很少将其作为一个哲学问题来讨论了，除非是在如下的认识论的讨论中，即一个是我们所见的、可供我们吃饭放书的坚固的桌子，另一个是作为微小的原子集合的，并与其他集合在空间上处于不同位置的桌子，哪一个桌子才是“真的”。如果不用“实在”的等级来解释，哲学就必须找到某些方式来调和这两种实在，或者看起来实在的东西。笛卡尔用上帝解决了这三个问题，上帝成了维系这些对立面的“神秘的第三元素”(*tertium quid*)。

洛克所提出的知识如何从“无”中产生的问题与笛卡尔的问题实际上是同一个问题，只不过是从相反的方向提出来的。笛卡尔的困难也是洛克的困难，只不过他们的思想资源是完全相反的，因此他们的问题形式也就不尽相同。洛克的知识观开始于一个由微小粒子组成的世界中，这些粒子具有性质或者“凝性”(solidity)[1]，也即外延、形象和可动性。简言之，洛克的世界是牛顿自然哲学之下的“物理”世界，而不是由数学“概念”组成的系统。这些运动的粒子影响着人体的运动，它们通过神经传达到大脑，从而作用于心灵，并产生“简单观念”，从这些简单观念我们获得了所有关于外在事物的知识。“这样，”洛克说，“我们就从外界实际获得了观念，正是这些观念让我们获知了其他事物的存在。”这里的“其他事物”指的是我们直觉到的自身存在和由理性证明的上帝之外的事物。[2] 洛克以他惯有的坦率评论道：“显然，心灵认识事物并不是直接的，而是通过它已有的关于事物的观念。因此，只有当我们的观念与实际的事物一致时，我们的知识才是真的。然而这种一致的标准何在？只能知觉自身观念的心灵如何得知这些观念是符合外在事物的？”[3]就我所知，这一段是对后来被称为认识论问题的最早的清晰表述，这样的讨论虽然产生于对获得知识的正确方法（与之前所用的错误方法相对）的讨论，却逐渐将方法的问题削弱到了次要的位置。洛克坦诚地陈 86

---

① 在他对笛卡尔为数不多的批评中（当牛津大学还在教授亚里士多德哲学的经院主义版本时，洛克说，他从阅读笛卡尔的著作中第一次获得了哲学的乐趣），洛克攻击了笛卡尔将物质等同于外延，而忽视了“凝性”的观念。外延尽管是空间性的，但空间是连续而不动的，因此外延作为一个“观念”与空间这一观念是不一样的，正如前者与鲜红色的观念是不一样的，即便空间的观念与鲜红色的观念都不能离开外延而存在。

② [约翰·洛克：《人类理解论》，第 4 部，第 11 章，第 2 节。]

③ [同上书，第 4 部，第 4 章，第 4 节。]

述了这一问题，但并不认为这一问题是由他的哲学前提所引发的令人讨厌的哲学后果，也没有证据表明他严肃地对待了这一问题。这一问题尽管在洛克的后期著作中占据了中心的位置，但他对此的讨论是有节制的，他说，这一问题“看起来困难重重”。不过他留给这一问题的讨论空间并不像他留给下面这两个问题的空间那么多，即我们关于自身存在的知识和关于上帝存在的知识。虽然洛克的回答的历史重要性比不上后来的哲学在结合了洛克和笛卡尔的哲学之后所给出的回答，但值得一提的是，在洛克看来，我们能够拥有产生外在事物存在的知识，因为“心灵不能自己造出”简单观念来，这些简单观念“一定有某些东西以自然的方式作用于心灵的产物”。[①] 这一事实证明了外在的、能够作用于我们的事物的存在，而洛克在其体系中所完成的“实践化”转向(正如我们在之前的章节中所讨论的)同他关于上帝存在的理性证明一起，对我们的观念可以与外在的事物相一致给出了合理性的证明(区别于必然性的证明)。造物主规定和安排了我们的内在知觉以适应我们有规律的需求，而我们之所以拥有知性，并不是“单纯为了思辨，更是为了指导生活”。[②] 没有一个理性的生物会抱怨他拥有能够认识外在世界中事物的能力，如果这些事物所制造的观念能够指导他识别有用的事物并使用它们的话。因此，对于如下的事实，洛克并不是特别地烦恼，即“人类将有用的和实验性的哲学运用于物理事物当中，但是无论将这种运动推进至何种程度，我们始终不能获得科学的知识。因为，为了获得科学的知识，我们首先要拥有关于自身身体的完美而恰当的观念，因为我们的身体是离我们最近、最服从于我们的指挥的”。[③]

---

① [约翰·洛克：《人类理解论》，第4部，第4章，第4节。]

② [同上书，第4部，第14章，第1节。]

③ [同上书，第4部，第3章，第26节。]如果有的读者认为以上的问题及其解决方案在20世纪已经过时，那么他们不妨去读一读“现代”哲学家桑塔亚那(George Santayana)的哲学。桑塔亚那认为洛克的哲学问题依然是迫切的，他甚至将[译者注：此处从缺]当作基本的公理。并且，除了洛克认为我们的需求是由一个有力的并倾向于善的造物主保证的这一点，桑塔亚那诉诸“动物性信仰“(animal faith)的解决方案其实是来自洛克的。思维的形式一旦在习俗中扎根下来，它的力量便是异常巨大的，比如洛克就从来不问他的这一结论是如何从他的前提(牛顿物理学)得出的，他也不问如果抛弃了与结论相悖的前提，我们是否还能得到这样的结论。今天关于知识的讨论依然是以关于物理事物的知识为基础的。知识的产生是由一个具有神经系统的有机体作用于心灵或意识之上，从而产生了某些心理状态，这些心理状态完全不同于造成它们的事物本身，因此事物本身的存在和性质便成了哲学讨论的难题。有的读者会认为这是一种哲学上的狂热，为什么不在这两个互相矛盾的立场之间选择一种，抛弃另一种呢？如果我们不把这两种立场结合在一起看，我们当然可以简单地认同或反对这两个立场。

这里,“科学的”知识是指传统意义上必然且可证的知识。 87

如果我们没有意识到知识问题的某些表现并不能逃离历史上持存的旧信念,那么我们对产生于笛卡尔和洛克的知识问题的讨论便毫无用处。这些历史上的旧信念相信作为认识者的心灵是非物质的,而作为认识对象的世界同时也是新的自然哲学的研究对象,并且,知识(真知识)与“实在”或存在在严格意义上是一一对应的。一方面,我们将“物理性”对象视作实体的集合,除去单质的时间性与空间性,以及相互之间、与人之间产生的完全无目的、无意图的运动,这些实体不具备任何其他性质。另一方面,我们保留了无外延的心灵作为非物质的认识者(无论这一认识者被表述为实体、过程,还是其他什么),处在这两个观念中的人一定会提出物理对象与认识者这两者是如何发生关系的问题。提出这种问题的人并不比其他人愚蠢,相反,他们更为敏锐,拥有比其他人更为敏感的理性意识。然而,我们要再一次重复,这一问题的产生和成形是基于更为早期的环境,在早期,寻找知识的新方法的偶然努力已经存在,同时存在的还有以新的形式展开科学探究的努力,以及对“自然”事件日益浓厚的和对超自然日益减弱的兴趣。刚才我们提到物理对象是完全无目的、无意图的,然而这里存在一个特例。的确,仅仅是为了描述或“解释”特殊的现象,目的并不被认为是必需的。笛卡尔也认为生物的进程与构造是完全“机械的”,除了在身体与作为思维实体的心灵的精神性活动神秘地结合的情况下,人的身体也是如此。然而,就像洛克提出了根据我们的需求作出相适安排的上帝一样,关于目的的旧观念虽然不再被用于特殊的现象,却依然以一种高度的一般形式存在。在这个意义上,洛克经常 88
用到的其他表达比他特别提到的相适(adaptation)更具有启发意义。比如,他提到我们的观念之间存在着一种“自然的一致和联系”,并且,“理性的职责和优越之处在于能够在这种内在于观念的统一和一致当中追踪这些观念,并将其整合在一起”。或者,以一种相对不那么彻底的形式来表达:“某些由感觉传达的简单观念经常是在一起的。”①同时,洛克还提到:“自然使许多特殊的事物在感觉性质中互相一致,极有可能的是,这些事物的内在框架与构造也是一致的。”②有的时候,洛克好像忘记了他的哲学立场,开始谈论观念之间的某种关系,在这种

---

① [约翰·洛克:《人类理解论》,第2部,第23章,第5节和第1节。]

② [同上书,第3部,第6章,第36节。]

关系下，知识被建构为一个“共存的或必然的联系体”。在一个表达得更为强烈的段落中，洛克称这种统一是“自然的”，这种自然的统一与另外一种形式的联系相对，后一种联系完全出自“偶然或者习俗”。在这种形式下，“本身并不亲近的观念”被放在一起，由此，“原本互相疏离和独立的观念”之间建立起了“错误的”联系[①]，然而由于习俗，这种错误的联系看起来又像是“真”的。

我认为，洛克对自然的尊崇体现了他的一个深层次的信念，他提出的根据我们的需求让事物变得相适于我们的上帝正是这一信念的结果，而非这一信念的原因。如果要对前面提到的问题给出一个猜想，即为什么洛克可以欣然接受存在如此大的困难的知识论问题，答案也许是他极度相信自然是一个有序的整体，较之于这一信念，对于“观念”的理论证明就显得简单而不足道了。这种理论证明认为尽管心灵可以将观念联系起来，但产生观念的外在事物之间并没有必然的联系，并且，观念的目的也不是为了符合外在事物——比如道德观念和数学观念。我认为，自然在 17 世纪的后半叶和整个 18 世纪所具有的力量是怎么强调都不为过的。自然理性、自然之光（*il lume naturale*）、自然法则和自然宗教在本
89 质上都是一致的。牛顿所呈现的太阳系是最令人瞩目和最为尊贵的体系，这一体系对于公众想象的影响是巨大的。在牛顿的世界中同样存在着来自另外世界的性质，只不过这些性质原本模糊的特征被消除了。早期现代的特征并不是道德或“精神上的”失落，因为新科学并没有从自然当中驱除目的与性质。相反，因为力量的解放，当时的整个环境是愉悦而充满希望的，这种感觉在 18 世纪的启蒙运动中达到了高潮。“自然”同“自然中的上帝”交织在一起。莱布尼兹提出了“前定和谐”的观点，这一观念的提出是为了解决一些技术上的困难，比如身心关系的问题，但这一观念获得流行并不是在这些技术问题上。不过，这一观念的提出只是一种名义上的进步，和谐的观念必须预先存在并深深扎根，才能在新的看自然的方式的影响下获得新的形式。

我并不是在写一部现代哲学史，我对笛卡尔和洛克之后两个多世纪的哲学发展的考察是概要性的和透视性的。一般的观念常常在洛克身上加上本不属于他的“主观的”观念，其实洛克的“观念”并不是心理状态或心理过程，它们是，正

① ［约翰·洛克：《人类理解论》，第 2 部，第 23 章，第 9 节。］

如洛克一遍又一遍指出的那样，心灵在知觉时的“直接对象”。[①] 由于“观念”的这种模糊的立场，当后来的哲学家将注意力放到新科学的后果，而不是放到新科学的方法上时，他们几乎是无意识地把观念当成了精神性的存在。笛卡尔已经为这样的结果铺好了道路。

在洛克的哲学理论中，最接近于笛卡尔的是其关于对自我存在的直觉性知识的理论，这一点也成了洛克的后继者们的主要考量。自我的同一性，至少在洛克看来，并不等同于实体的一致性。“是意识让每一个人都能称其自身为自我”， 90
并且，“意识伴随着思维”，“任何人都不可能在知觉的同时不知觉到正在知觉的自我”。[②] 所谓“人格同一性”，指的是在不同的时间地点拥有相同的“意识”，也就是说，根据这一定义，我们能够感知到自己拥有相同的意识。简单观念只是物质性的知识，而不是知识，因为知识必须是我们知觉到的观念之间的关系。然而在不同时间地点的意识的同一性问题上，认识者是等同于认识对象的。“当我们看、听、闻、尝、沉思或意愿的时候，我们知道自己正在做这些事情。”[③]正如笛卡尔的“我怀疑”一样，其中的确定性是绝对的。但是在这一过程中，我们不说认识者等同于认识对象，而是说认识者与认识对象之间的所有关系都被消除了，在“意识”中这个认识者与那个认识者是完全相同的。洛克的这种思考只是意图说明我们具有对自我的直接的、直觉性的知识。然而，考虑到当时新的观念认为知识是内在与外在之间的关系，并考虑到一些旧的观念仍然被保留了下来，即知识必须是确实无疑的，真知识必须是与“实在”内在地一致的，我们可以说，洛克为笛卡尔提供了一个彻底的“主观主义”的立场，站在这一立场上，不存在任何“外在”。不过，很值得一提的是，即便是在这种情况下，“内在”所具有的性质也不过是在它与“外在”相对时所获得的那些性质的加强。笛卡尔认为新科学之下的世

---

① 用洛克自己的话来说，“观念是人们思维时所把握的对象”，这里的思维也即有意识，并且，观念被用来“表达幻相(phantasm)、概念(notion)、种属(species)所代表的任何含义”。上面这些是经验哲学对知识的直接对象的称呼。种属是拉丁文对形式(form)或亚里士多德的“形式”(*eidos*)的翻译，把形式作为思维的对象并不是一个新的观念，但将身体视为形式的“动力因”在古代只有唯物主义的原子论者才会这样说。观念在洛克那里既不是精神的也不是物质的，同样，形式，或者种属亦然。并且，“感觉”在洛克那里也不是精神的，它们是生理性的，它们受知觉的作用才变成观念。

② [约翰·洛克：《人类理解论》，第 2 部，第 27 章，第 10 节和第 9 节。]

③ [同上书，第 2 部，第 27 章，第 11 节。]

界完全是数学性的，而那些对此没有思考的人完全会认为在讨论知识的问题时，洛克的这一"主观主义"的立场是必然的。①

如果我们仅仅想就知识问题给出一个抽象的表述，那么以下一般约定俗成的说法可以说并没有错，即通过消除任何外在的物质基础，贝克莱得以从洛克的
91 理论中去除一些逻辑上的矛盾。不单单是在自我认识中，在任何情况下，存在就是*被感知*。休谟继续了这种逻辑上的清理工作，他把印象与观念（这些印象与观念并不来自任何其他实体）背后的精神实体也去除了，这样休谟就将"自我"削减为洛克式的"观念"序列，或者说处于连续流变当中的精神和意识"状态"或"过程"。出于本书特殊的目的，我将忽略这三位哲学家思想中重要的不同之处，而只考虑知识问题的形式。无论我们首选何种解决方案，知识问题本身则是由几个不同的材料组成的，尽管在构成元素和构成方式上互相对立，但这几个材料仍以一种奇怪的方式互相复制。这些材料包括：被认识的外在的物理世界以及在心灵或意识中的镜像反映，主体与客体，物质与非物质，心灵与身体，自我与世界。经过康德的发展，甚至还出现两个不同的自我：经验的、现象的自我和理性的、本体的自我。对于内在的这种二分又对心理学产生了影响，心理学从而要在这两层自我的外在表现之间建立起某种前定的和谐。② 心理学有其自己的法则或形式，并且这些法则或形式是通过反思或直接的检查得到的，因此它可以非常方便地避免涉及"认识论"问题。站在他们自己的立场，心理学家往往将认识论问题视作"形而上学的"，但除此之外，他们又不能为心理学找到其他的基础。心理学本来就产生于哲学的认识论问题，并且，在它变成一门"科学"之后，又时常回到哲学，也就是说，各种哲学家时常借用来自心理学的科学材料来解决自己特有的问题。

---

① 如果，再一次，有人认为这种对知识问题以及其他与之相关的哲学问题的讨论是过时的，我想提醒他们注意的不再是这个或那个当代哲学家，而是现在盛行的所谓现象学学派。根据这一学派，为了使哲学成为一种完全的"科学"，我们必须忘记所有与科学相关的东西，包括科学的探究方法，相反，我们要采用一种"主观主义式的"或笛卡尔式的方法，从"个体认识者的纯粹意识"出发。然而，如同自我讽刺似的，他们又说只有这一方法是脱离一切预设的——（对自我的）过度熟悉会引起拥有力量的错觉，这便是一个例子。

② ［杜威在这里注道："引用詹姆士。"］

第六章

徘徊于两个世界间

I

我认为马修·阿诺德(Matthew Arnold)最为人所知的句子是他将现代人描 92
述为“徘徊于两个世界间,这两个世界一个是死者的世界,另一个则是无力出生者的世界”。[①] 在另一处,阿诺德剔除了诗歌的夸张,对此这样说道:“现代中充满了大量的机构、既成的事实、公认的教条、习俗常规,这些东西都来自现代之前。人们的生命被这些东西组成的体系推动着,但他们感觉到这一体系并不是他们自己创造的,并且与他们实际的生活需求毫不相关,对于他们来说,这一体系只是习俗的,而不是理性的。*这种感觉的觉醒便是现代精神的觉醒*。”[②]对于最后一句话的着重[③]强调是我自己加上的,因为我认为这句话不仅指出了——也许阿诺德并没有清楚地意识到——现代的现代性是非常初级的,并且,在“现代精神的觉醒”中存在着一种分歧与冲突感,即现代的趋势需求与既有的机构、习俗、传统和教条之间的分歧与冲突。这种感觉表现的是一种张力与困惑,而不是一种在大势所趋之下的方向明确的运动。如果说那些做梦的人完全生活在对过去的尊崇中,那些幻想的人则生活在当下已经完全实现的感觉中。

---

① [《写于雄伟的卡尔特寺院的诗章》(“Stanzas from the Grande Chartreuse”),见《马修·阿诺德散文全集》(*Complete Prose Works of Matthew Arnold*),罗伯特·休珀(Robert Super)编,1960 年,第 3 卷,第 109 页。]

② [《海因里希·海涅》(“Heinrich Heine”),同上,第 3 卷,第 112 页。]

③ 杜威在原版书中用斜体表示强调,中文版改用楷体。——译者

* * *

在这一一般条件之下,我们完全有理由期望由这种条件促生的哲学能够反
93 映出现代的这种初级、困惑和非确定性的状态。现代哲学产生并存在于这种状态之下。即便是对这种哲学观不以为然的人也一定会很快承认,现代哲学作为体系的集合——其中并不存在对某个体系的偏爱——更适合于陈述问题,而不是找出某些可作为广泛接受的解决方案的结论。如果我们将晚近三个世纪之内出现的哲学体系看作对于"终极实在"的科学研究,那么这些研究的数量、多样性和争议性都是无法计算的。如果哲学仅仅是解开、把握和确定这些现存哲学中的某些方面,也就是说,从某些特别的角度来对新文化中真正现代的东西作出一个自恰的解释,那么哲学的任务就会轻松许多。

为了理解现代哲学,我们必须考虑希腊与中世纪的哲学。这样做是有充分的理由的:除非我们理解了运行在现代哲学中,却形成于现代哲学之前的那些"原则",我们就不能理解现代哲学。因为,这些原则,作为规则,表达了既有的关注和兴趣方向,以及习惯性的观察和描述事物的方式;正因为这些方式自身不需要得到观察,它们才能规定我们的观察方式。

我们在之前的讨论中已经指出,如果我们将中世纪的神学理论视作完全理论的或"理性的",并将现代科学的结论也同样视作理论的或技术的,那么科学与神学之间的冲突便可被看作一个小小的插曲。科学与神学的冲突之所以发展成为一个危机是因为作为教会机构(这一机构为艺术、教育、经济、政治和道德提供标准)出现的神学将自然科学整合进了自己的体系当中,神学希望形成一个大而全的系统,在此之中所有的理论和不同的行为都被置于一个秩序当中,任何事物的意义都得到了合法化,并由此固定了下来。虽然后来科学的对象超出了这个神学框架,但人文与道德对象依然原封不动地保留在这个框架之内,并且,这一框架的长久持存也直接影响到了科学。然而处于外部的科学或多或少成了一种分离而又特殊化的东西,同时,科学也对现代文化的其他方面产生了重大的影响。但科学所带来的变化绝大部分是通过其引发的工业革命表现出来的,也就是说,是通过对于科学的"应用"表现出来的。得出科学结论的*方法*只被狭窄地
94 应用于所谓的"外在"或物理事件,除了被偶然地触及,人文的领域还是处于旧的框架体系之内,其所用的方法还是那些来自旧理论的方法。在现代哲学体系中

占支配地位的二元分裂其实在根本上表现的是文化中“科学”与“道德”的分裂。对此,没有什么能够比如下的事实更能说明问题了,即官方的经济学家和大众都认为之前提到的受到新科学巨大影响的工业是“物质的”,并且他们的“物质”观来自旧科学,也就是说,他们是贬低物质的,在这样的观念之下,物质被置于一个与道德和价值(至少是那些被尊崇为“内在”的,与“外在”的价值区分开来的价值)不同的“领域”当中。

我们在前一章中举出了一些例子,这些例子体现了“现代”的态度与信念中是如何混杂了新的观念与旧的观念的,这种混杂是由于人们想要将旧的科学形式塞入新的科学视域当中。[①] 虽然在这种塞入过程中,旧的科学形式在其原本语境中的那些特征消失了,但它们依然影响和扭曲了新科学的运作。在这一章中,我将会给出一些更为系统化的、不那么随意的例子。

首先要指出的是,古典模式的既定前提是,知识(真知识)与“实在”之间是确切地一一对应的,并且,在必然而普遍的理性知识之外还存在着不同层次的感觉知识和来自习俗意见的知识,这些不同层次的知识反映了不同程度的“存在”(Being)或“是”(Is-ness)的匮乏。鲜少有现代体系没有保留这种知识与实在之间的对应。在攻击旧的形而上学和本体论时,现代体系无一例外地认为旧的错误在于认为知识对于我们“有限的心灵”来说是可以获得的,相反,现代观念认为我们的知识是有限度的,并且要将“现象”同“物自体”区分开来。

那些反对旧的宇宙论科学的人并没有反对旧传统(而宇宙论科学正是这一旧传统的一部分)的一个主要前提是,他们认为哲学作为关于最终实在的知识是最高的科学。古典传统,至少在亚里士多德那里,将知识的建构置于自然世界当 95
中,自然的运作是在认识的过程中展开的。实现和支撑这一观念的方法也许并不怎么高超,因为这种方法认为理性的形式和本质已经内在于认识对象中,知识的获得过程不过是人类作为活的造物实现这些蕴藏着的潜能罢了。但无论如何,潜能及其实现的过程都是自然的。如果没有超自然主义的介入,新的自然知识所得到的结论也许能够在亚里士多德的心理学之上发展出一种真正自然主义的知识观。然而由于超自然主义的介入和遗留下来的认为心灵是处于自然世界

① [正如“编者按”所指出的,这里的指设是混乱的。杜威在这里说的“前一章”并不指向本书中的前一章。]

之外的观念，现代哲学不得不挣扎于如下折磨人的问题中，即既然非物质的认识“主体”与“对象”世界，或者说认识者与认识对象，拥有迥然相异的性质，那么前者对后者的认识究竟是如何可能的。

知识与实在之间是确切对应的这一观念的影响还体现在另一个更为技术化的例子中。这一观念对于现代哲学的深远影响不仅体现在刚才提到的现象学的流行和颇具影响力的实证主义理论中，更是体现在如下这一事实中，即现代哲学的一个重大问题在于判定日常知觉或物理科学是否与实在相一致，如果不一致，那么能将知识理论引向实在的更好的线索又在哪里？这种提问方式最终陷入了僵局，后来，尽管问题的形式有所改变，但问题的实质并没有改变。为了调和感知结果与物质世界，哲学家们已经作出了许多精巧的努力。分析哲学是晚近在英国最具有影响力的哲学学派，它的主要工作是精确地，即所谓“分析地”去显示所谓的物理“对象”是如何从“感觉材料”中得到的，或是如何与“感觉材料”相一致的。

自康德以来，自称为“批判”的哲学形式为自己设定了一个主要问题，即决定知识得以可能的条件。现代的知识理论如果不是已经可悲地与前科学的理论混杂在一起，这一问题中唯一智性的部分便能够体现出来，即考察既有知识的构成部件，看一看这些知识是如何获得的，对于这些知识的批判性检查又能够如何引
96 向新的知识。然而，哲学家们在讨论“知识是如何可能的?”这一问题之前已经确信知识一定是符合某些先天前提的，而这些先天前提则完全处于我们的认识之外——这种观念完全是从中世纪继承过来的。

下面这种努力在哲学史上已经是屡见不鲜了，即先预设一些关于心灵、意识等的本质，在此基础上，去找出与之完全不同的知识是如何可能的。这种努力在哲学史上是如此寻常，以至于大家都认为这一问题是“自然”而必然的。然而，如果这些人被邀请去考察科学家的研究行为，比如，研究癌症的产生或电磁现象，他们就会看到科学家是如何小心地考察他们的观察结果，从而解决了科学知识是如何可能的的问题，他们也许会对此感到吃惊或者沮丧。很明显，科学家的这种方法是能够决定“心灵”、“感觉”、“知觉”等概念的唯一方法，但是在当下，我们对这些概念并不加以讨论，而是将它们作为了讨论的前提，并且，这些概念没有一个是通过科学的讨论得到的结果。不过，它们既然不来自科学，就一定来自其他地方。我们的观点是，它们来自中世纪世界观的某些元素，这些元素与道德宗教信念紧紧相连，并且，即便它们失去了来自科学的支持，至今依然牢牢掌控着

我们。

到现在为止我们讨论的都是作为未经考察的前提的“认识主体”，这一认识主体被用来解决知识是如何可能的的问题。这一问题是武断的，因为它陈述的方式在我们具体所知之外设定了某些先在而独立的概念。如果我们从认识主体所涉及的作为“对象”的“实在”这一面来考虑，这种武断性依然同样地明显。如果这一问题及其答案的真正主体来自实际的探究行为，那么很明显，关于“实在”的唯一智性的解释只能是：实在是完全探究之后得到的结果，并且任何这个意义上的实在都是特殊的，不能用一个整体的关于实在的理论去框定。这里，特殊的意思跟一个专家在验证某张特殊的纸币的真假时是一样的。实在，作为一个一般性的概念，在基于实际操作的方法与结论之上的知识理论中是毫无地位的。即便是作为一个特殊的概念，它也只在如下的情况下拥有地位，即它代表真的东西，而非冒充真货的假货；它代表确定的事实，而非杜撰；它是从一个实验性的观 97
点合理地得出的，这一观点作为工作性的假设代替了已经决定了的事实。

从文化史和“文化时差”的角度来看，哲学的这种先在地规定知识问题的方式并不像从实际的探究角度看来那么武断。因为在希腊—中世纪的科学理论中，知识是内在地与“实在”直接而精确地对应的，这一观念直接来自亚里士多德哲学所包含的那种“自然主义”。在这种自然主义的观念中，人类知识是“自然地”或生物地寄存在人类有机体当中的潜能的实现，而这种实现是通过有机体与具有内在形式的事件之间的自然互动产生的，因此，必然地，不同层次的知识与构成自然的不同层次的存在之间一定是精确对应的。并且，因为最完善的存在是不变的，最高的知识也就是必然而普遍的知识，只有这种知识才是可能的。变动的事物体现在感知、经验知识和意见中，这些东西对应于处于变动的现象中的存在，就像科学对应于不变的存在一样。

这里，我们可以大致地回顾一下上一章中所提到的早期心理学知识中的“自然主义”的特征，特别是早期心理学提出的，与现代理论中的“心灵的官能”相对的“潜力”。正如我们已经指出的，中世纪哲学家在原则上坚持如下的原则（两个原则换一个），即人本能地属于自然，并作为自然的头脑与自然中的其他元素和谐共存。作为“现代”知识问题基础的主客之间的对立在中世纪的观念中是不存在的，虽然中世纪的观念认为人是完全而彻底地异化于自然的，但是这种分裂本质上并不是形而上学上的或宇宙论上的，而是道德上的。不过，这种分裂是如此地显著而深入，以至于中世纪的人们需要一个由超自然事件组成的宏大体系去克服它。

毫无疑问，这种关于人的道德异化的理论是中世纪生活中一个起控制作用的要素，不过这种控制体现在教会神学对大众的影响上，因此其中的亚里士多德主义倾向便完全被遮蔽了。这一理论为下面这种被普遍接受的观念铺平了道
98 路，即作为知识"对象"的自然世界与具有认识功能、作为认识者的人之间是分裂的，这一观念进一步发展为现代哲学中的二元论。[①]

"物理"一词的含义的变化是早期观念中"自然主义"(当然，这里的自然主义指的是将人类生活中最宝贵的性质赋予自然的观念)的另一个证据。在亚里士多德的体系中，"物理"代表自然构成中所有易受影响或易变动的东西。以变动为特点的物理现象以及被直接知觉到的事件，都落在"物理"这一广泛的范畴之内。不过物理的事物之间也有区分：生命的现象，特别是动物的，展现了一定程度上的自我运动，而这一特性是非生命的变化所不具备的。不过这种高低等级式的区分逐渐让位给了明确的两分，这种转变的一个后果是，"精神"或一般的心理秩序被完全同物理秩序区分了开来，它们从属于不同的范畴，而要认识它们则需要通过不同的方法。

新科学否认知识的对象具有内在的性质，承认空间的单一性与时间、运动的可分性，并用变化之间的联系替代了认识对象的固定形式和本质，在这些观念之下，关于存在(实在)和知识的等级的观念被取消了。知识与实在之间的必然对应因此也只剩下一个最为一般和空洞的形式，然而令人惊讶的是，仅仅作为一个宇宙论的或科学的理论，这一观念依然对现代哲学产生了如此重大的影响。在中世纪，通过整合进道德和宗教，这一观念与大量的人类事务和信念交织在一起，也许只有这一事实才能解释为什么在建立于实际知识之上的新的知识理论的影响之下，旧的知识观没有默默地消失。

最高形式的知识，即"科学"，是对固定不变的存在的把握，因此是必然且普遍的，并作用于将来的哲学理论。这种作用是"徘徊于两个世界间"的又一个例

① 偶然地，现代自然科学的兴起加强并锐化了自然与超自然之间的对立。而奇迹作为中世纪文化中习常的一部分，在一定程度上模糊了自然与超自然的区分。

子，或者至少我们可以说这种作用中混杂了两种不同的文化和信念。比如，一个持存的观念是，对于任何完整形态的知识来说，确定性是必需的，尽管在实际的 99
实践过程中，关于自然世界的最可信的知识也带有或然性的系数。

笛卡尔通常被认为是大陆哲学，也就是“理性主义”的奠基者，而洛克则被认为是英国“经验论”的奠基者。这两派之间的纷争占据了现代哲学史相当大的比重，在这种情况下，研究和写作哲学史的人很少注意到这两个哲学家在一个更为基本的问题上的共同之处，即他们共同构造了现代哲学的知识理论。他们的哲学体系之间的分歧和冲突是内在的，而不是外在的，并且，洛克自己也说，他从阅读笛卡尔的著作中第一次获得了哲学的乐趣。[1] 他们共同持有的首要基本前提是，知识的问题在根本上是决定获得确定性之条件的问题，并且，这种确定性是排除了任何可能的怀疑的绝对的确定性。

这一点在笛卡尔那里是明确的，因为他从普遍的怀疑一切出发，来寻找某些确实无疑的东西。在笛卡尔的陈述中，我们还可以找出另外一些最为明显的表述。就像阿基米德（Archimedes）只需要一个固定不动的支点就能撬动整个地球，对笛卡尔来说，只需找到“唯一一个确实无疑的东西”便足够了。那些反对他的人认为他采用了不必要的迂回的方式来确立自己的存在，笛卡尔则回应说，在形而上学的确定性上，“思维”是他唯一能够完全确定的行为。要是有人想引用一些特殊的章节来说明他是如何将知识完全等同于确定性的，这完全是多此一举。数学对笛卡尔及其之后的“理性主义”大陆学派的影响是巨大的。笛卡尔说，“在我们的思维中，真正的对象必须指向确实无疑的知识，只有确实无疑的知识在心灵看来才是恰当的”，并且，“科学就其整体来说就是正确明白的思维”。接着他提出了一条基本的法则：“我们的探究必须被引向我们能够清楚明白地把握（直觉）和确定地推得的东西。”直觉，笛卡尔继续说，是“由不受蒙蔽而专心致志的心灵简单明白地给予我们的不带怀疑的概念，在直觉中，我们完全不怀疑
我们所理解的东西”，因为“直觉只来自理性之光”。在这些来自直觉的简单真理 100
之上，科学或确定性知识通过演绎建立起来，而演绎则是“在已经确定的事实之

① 根据安斯查姆夫人（Lady Ascham）的叙述，记载于克勒克（Jean Le Clerc）的《悼文》（*Eloge*）中。同笛卡尔一样，洛克将知识等同于确定性，并把获得知识的正确或恰当的方法作为哲学的整个问题。

上的必然的推演”。①

洛克对观察的强调与笛卡尔对“概念”或理性原则的强调有所不同，笛卡尔的“概念”或理性原则从一开始就是“内在”于心灵当中的（也就是说，它们构成了心灵或就是心灵）。牛顿科学如果不是这一观念的诱因，也无疑加强了这一观念，在牛顿科学看来，所有的科学原则都必须经过测试，并由可被感知的事件所证实。同时，数学从另一方面支撑了笛卡尔的观点。笛卡尔能够真正地评价数学的作用，然而同时他又认为科学形式的知识与必然性是等同的，并且，与旧的观念一样，他认为只有“理性”才能把握必然性。他的理论就是把必然性转化为绝对的确定性，这一理论是新和旧的混合体，用数学代替三段论是其中新的元素，而对“理性”和必然性的保留则是其中旧的元素。

同样地，洛克关于观察重要性的观念也是新科学的反映。知识与确定性之间的等同让洛克将观察与他称为“经验”的东西等同起来。经验由“简单观念”组成，这些简单观念是由外在事物不由分辩地强加于心灵之上的，从而也就成了知识的必然的“材料”。简单观念是必然的，因为心灵在获得它们时并没有选择，它们是知识唯一合法的要素，与它们相对的是那些“内在”地形成的意见，这些意见缺少来自外部世界中那些“真实”事物的验证。同时有内在的某些事物和外在的某些事物的存在是笛卡尔和洛克不加反思的前提，他们的不同之处在于，笛卡尔是从内部而洛克是从外部获得确定性的资源和保障的。

尽管传统的解释者将笛卡尔和洛克极端地对立了起来，这两者的理论都是由承袭自古代理论的官能心理学或精神力心理学控制的，这种控制是如此完全，以至于两者都没能够构建起一种直截了当的知识理论。不同的是，笛卡尔赋予
101 这些精神力自身内容，而洛克则认为这些力量自身是空的，必须从“外部”获得材料，②因此他攻击了内在观念，并提出了简单观念的理论。

洛克对于理性完全赞颂的态度是他受古典理论影响的另一个显著的证据。

---

① ［笛卡尔：《指导心灵的法则》，见《笛卡尔哲学著作集》，第1卷。］

② 洛克对于力（内在的和外在的）的重要性的阐发（这一点往往被现在的大多数解释者所忽视）为当时处于变动时期的科学提供了具有启发性的证据。比如，他称作“第二性的质”的东西便是由“第一性的质”的力量得来的，只有“第一性的质”才能转化为“精神”现象。洛克的实际立场是：牛顿式原子的性质，即大小、形状、硬度和运动，可以“一般地被叫作力”，同样地，颜色、声音、冷热也是存在于事物当中的力，“为了服从一般式叫法，我把这些性质也叫作质，但为了区别，叫作第二性的质”。［约翰·洛克：《人类理解论》，第2部，第8章，第10节。］

笛卡尔说，"良知"(good sense)(被笛卡尔等同于存在于理想当中的自然之光)是所有事物中最为广泛地存在的，所有的平常人都拥有同样的良知。在正确方法的指引下，所有人都能够借此明确无误地区分出正确的与错误的。洛克则写道："每个人都带有一块试金石，如果能有效运用，就能分辨出真金与假货，真理与表象。这一试金石来自自然的理性。"[①]他还写道："理性是自然的启示，借此，永恒的光之父、所有知识的源泉能够将人的自然官能能够达及的那部分真理告诉人类。"[②]事实上，如果按照通俗的对"理性主义者"这个词的理解，那么洛克比笛卡尔更像是一个理性主义者，因为笛卡尔求助于"天启"的真理，而洛克则认为即便是从超越人类之处获得的知识也必须接受理性的检验。并且，洛克认为虽然自然知识不能够达到确定性，道德和数学却能够达到必然无误的真理，因为道德和数学乃是"理解之技艺"的产物。关于"外在"事物的观念只是"副本"，因为这些观念必须对应于"外在"的模型；道德和数学的观念则是"原型"："数学陈述只涉及心灵中的原型，而不考虑或意指观念之外的实在事物。"[③]在接下来的一段，洛克继续谈道，同数学知识一样，道德知识具有同样的确定性，因为道德的观念也是原型的。[④] *102*

将知识等同于确定性贯穿了洛克的《人类理解论》的始终。这里我只引用一个典型的章节："有时，不需要其他观念的介入，心灵便能直接知觉出两个观念间的一致或分歧……在这种情况下，心灵不需要进行繁琐的证明或检查，而是直接知觉到真理，就好像眼睛被直接引向光一样……对于虚弱的人类来说，这类知识是最为清楚而确定的。如同耀眼的阳光一样，这部分知识是不可抗拒的，只要心灵转向这部分知识所在的方向，就能够立刻被迫知觉到它们，且没有任何的迟疑、怀疑，也无需任何检查……我们拥有的所有知识的确定性和根据都来自这种

---

① [约翰·洛克：《论理解行为》(*Of the Conduct of Understanding*)，1706年，第3节。]

② [约翰·洛克：《人类理解论》，第4部，第19章，第4节。]

③ [同上书，第4部，第4章，第6节。]

④ 笛卡尔和洛克都是16、17世纪的思想家，但是如果我们据此推断将知识等同于确定性的观念对于现在的认识理论已经毫无影响了，那就大错特错了。在当代的哲学争论中，我们很容易就能找出并引用一些论断，这些论断认为数学是唯一称得上是科学的学科，因为数学处理的是那些只与其自身本质相关的"对象"。在那些自称为实证主义者，并反对形而上学的人中间，一个最受欢迎的议题便是对"归纳"的合法性证明。他们的假设是：归纳必须是演绎的一个变种，因为只有后者才能得出必然性的结论！

直觉……在直接观念的所有联系中，这种直觉是必然的，缺少了这种直觉，我们不可能获得知识和确定性。”[①]笛卡尔坚持认为我们唯一可以直接获得的确定性(因此我们关于“外在”世界的所有知识都依赖于这种确定性)是我们的思维，因为思维可以由其自身产生，而不需要外在的帮助。有趣的是，仅就一般知识而言，洛克也同意笛卡尔的这一观点，用洛克自己的话来说：“所有的一般知识只存在于我们的思维当中，且只由我们对存在于我们自身之内的抽象观念的沉思构成。”[②]

笛卡尔强调知识必须开始于“简单的”观念，因为简单观念是清楚明晰的，我们对此不需要有所怀疑。洛克亦持有相同的观点，他说：“对于一个人来说，没有什么是比他所拥有的简单观念更为清楚明晰的了。作为一个复合体，这些简单观念在心灵中以统一的表象或概念出现，不同的观念间亦可以作出区分。”[③]在整个现代哲学史当中，洛克与笛卡尔之间的这种一致比他们之间的不同更为重要——只有简单的观念才能构成知识的确实基础。

知识理论必须建立在由第一真理作为前提的基础上，这一假设与后来认为
知识是不可怀疑的的观念是紧密相连的，事实上，前一观念正是后一观念的一部
103 分或一个方面。

* * *

机构(无论是政治的、教会的还是工业的)的管理者都致力于宣传和教导这样一种观念和态度，这种观念和态度植根于人类对于安全感、对于某种不可动摇的根基的渴望。这些机构的“权威”很大一部分便是来自大众对这一观念的广泛接受，被我们当作根基的东西反过来支撑了权威。伊甸园的神话、黄金时代，以及“过去的好时光”这一般神话的观念都证明了人类有这样一种倾向，即先来的都是优越的。大多数“革新”运动都致力于消除之后累积起来的、腐蚀原始的纯洁状态的事物，以回复到先前更为纯洁的状态。哲学上的关于内在先天性的理

① [约翰·洛克：《人类理解论》，第4部，第2章，第1节。]
② [同上书，第4部，第6章，第13节。]
③ [同上书，第2部，第2章，第1节。]

论以及对某些"最先"的事物的认定都是来自一种深层次的人类需求，并且这种需求被统治力量进一步开发和现实化：人们对于合法权威的信念赋予这些权威更多的力量。"自然的"这个词的一个含义是熟悉的、习常的，另一个含义则是本能的、内在的。从后一种含义出发，"自然的"发展成为"正常的"(normal)，而"正常的"又发展成为"标准"(norm)，"标准"又发展成为"规范的"(normative)，这一发展过程的实现并不困难。持自由市场经济观的人诉诸自然法则，比如"供需法则"，然而这些人只不过是在重复去除了超自然色彩的神学家和哲学家已有的理论罢了。

事实上，对于至高的第一原则的信念在当下是如此盛行，许多人会觉得我上面的赘述是多此一举。然而我如此赘述是有原因的，因为这一情况有力地说明了来自当下的科学的指导是如何被前科学的信念所统治，甚至被取消的。因为如果知识理论是从实际认识过程中观察到的事实得出的(只有实际的才是可被观察的)，这种知识理论一定不会认为知识与确定性是等同的，也不会认为第一原则是至高的。

数学家们已经不再认为公理和定义是"自明的真理"，让他们得出这一结论的是数学本身的发展，而不是任何外在的教条。作为一种科学，数学用假设替代了旧的公理。假设的意义和有效性是由*随之而来*的东西决定的，换言之，是由处 104
于它们*之后*的东西决定的。如果在数学中是这样，那么我们关于物理对象的知识同样也是如此。洛克在无意中说出了重要的一点，即"检验的痛苦"(pains of examining)成为了统治性的法则。探究最后得到的知识要优于探究开始时已有的知识，尽管探究开始时已有的知识拥有某些优先权，但这种优先权不仅仅是时序上的，而且还与连续性的探究联系在一起，即新的探究的起点是之前科学探究的终点。并且，尽管探究的起点规范着整个探究的过程，但是在这一过程中，起点是在不断确认和订正的。随着科学的发展，"*假设*"这个词的意义已经发生了改变。在笛卡尔、斯宾诺莎和莱布尼兹那里，这个词保留了柏拉图式的意味：假设，作为真理，乃是处于其他真理之下并支撑它们的。这些其他真理对于作为真理的假设来说是次要的，因为它们都是推得的；而假设则是首要的，因为它是通过理性的直觉直接获知的。在实际的认识过程中，假设同样不可或缺，但是其意义与旧理论完全不同。假设是一个*工作中的*原则，用来指导观察和实验，并且，根据探究中得到的结论，假设不断地被测试、确定、抛弃和修改。寻求探究之初的那些被给予的“材料”同样也是一个痛苦的过程，一开始的那些“被给予”的材料往往是粗糙的，包含了许多不合适的事实，我们需要实验性地分析这些材料，或多或少地加以改造和测量，然后才让它们进入科学的探究当中。

纵观科学史，下面这一事实是确凿无疑的，即事实证明，“第一原则是固定的真理，所有由此推得的观念都必须与之相符”这一观念阻碍了科学的发展，依然有许多哲学家和神学家认为某些高级形式的知识是必要的，因为科学知识中缺少那种确实无疑的知识，不过这些人自己也很难在下面这一点上达成确定的共识，即那些基于第一和终极原则的高级知识是由何种真理构成的。在科学领域中，人们已经渐进式地达成了一些共识和结论（尽管这些结论并不是绝对确定的），这些已有的共识足以成为我们在未来能够达成更为共识的东西的基础，而在“高级”知识的领域中却长期持续着不确定与纷争，两相对比之下，那些对于自然科学的攻击——说它缺乏对于最终确定性的意识——便显得非常讽刺了。比起拥有某些“绝对”真理，拥有一个可以在运用中自我调整的方法似乎要更有利
105 一些，那些绝对真理不光阻碍了富有成果的探究，而且认同绝对真理的各个学派也以同样的教条主义式的狂热相互攻击其他学派的“绝对真理”。一个基于实际的认识实践或行为的知识理论认为，在认识的过程中，结论比前提更为重要（因为结论决定了之后探究的前提），并且最后得到的探究结果比之前的结果更为重要。在这个意义上，考虑到现在的哲学理论，我们连徘徊于两个世界间都称不上：除了极个别的特例，我们依然正活在旧世界中。特别是在道德上，盛行的观念依然是：解决无政府主义与混乱的唯一出路在于接受某些一开始便给定的标准和法则。

虽然密尔（John Stuart Mill）坚持认为所有的道德观念和道德判断都必须经过结果的检验，但在他的一般知识理论中，密尔依然保留了旧的观念，这有力地证明了旧理论的控制力，并且，如果我们考虑到密尔是如何真诚地相信自己是彻底经验的，这种证明就更为有力了。一百年前，密尔在《逻辑体系》中这样写道：“真理通过两种方式让我们获得，一种是通过其自身直接让我们获得，另一种则是通过其他真理的中介让我们获得。前一种真理是直觉或意识的对象，后一种真理则是推论的对象。由直觉获得的真理是最初的前提，所有其他真理都由此推得。我们认同的结论是基于作为前提的真理之上的，如果不是有某些东西先

于一切理性被获知，我们就永远不能通过理性获得任何知识。”①关于这段话最有意思的一点在于，密尔并不试图去证明这一点，这一观点被所有的学派所接受，因为被认为是理所当然的。这些不同的学派之间当然存在着重大的分歧，密尔自己便是属于“经验论”一派的，但这些分歧与那些“通过其自身直接让我们获得”的必然真理并无关系，分歧的地方在于这些真理究竟是来自理性还是来自感性知觉。密尔在《逻辑体系》中为自己设定的任务同样也是要将知识与确定性等同起来。他将“归纳逻辑”(inductive logic)作为应用于科学当中的方法论，对此他写道：“归纳逻辑的任务在于为这样一种推理过程提供法则与模式(就像三段论及其法则是用于推论一样)：如果归纳性的论证得到证实，那么这些论证便是结论性的，不可能出现另外的情况。”接着，他又谈到归纳的法则或准则考虑的是 106
证据：“同对于推论的三段论测试类似，归纳也需要测试。”②

我已经指出过，《逻辑体系》写于一百年前，我们也许会想，密尔的理论也许早已经隐没到背景当中了。然而，尽管陈述的角度有所不同，密尔的基本观点仍然以不同的形式盛行着。比如，“现代”哲学家罗素(Bertrand Russell)说，除非先天原则是“直接而自在的”，否则[此处内容空缺]便是不可能的。对于罗素来说，如下的观念似乎与真理毫不相关，即对探究与推论具有一定的规范作用的原则能够在既有探究的基础上引出结论，并且，这些原则能够通过进一步的探究结果得到测验，并得以改进。③

我们还可以在科学中“法则”(law)的含义里找到新旧之间的紧密结合。这里所说的法则并不指统治现象的那种法则，尽管这一粗糙的观念依然存在着大量的追随者。的确，这一观念无疑在一定历史阶段起到了过渡的作用。在神秘

① 最后一句话正是我们所说的“同义反复”。但是密尔这里所说的“理性”(reasoning)指的是“推论”(ratiocination)，也就是说，这里的“理性”是与推论(inference)和他所谓的“归纳”同义的。[约翰·斯图尔特·密尔(John Stuart Mill)：《一种推论与归纳的逻辑体系》(*A System of Logic, Ratiocinative and Inductive*)，1843 年，第 1 卷，第 4 节，导言。]

② [同上书，第 1 卷，第 9 章，脚注第 5 和第 6 节。]

③ 偶然地，我们注意到，罗素所谓的直觉性的必然真理建立在这样一种特别的经验观之上，这种经验观是在现代科学形成之初由外部植入的。诚然，经验是一个意义模糊的词，但罗素却认为经验只有通过一种方式才能得到定义，即 17 世纪定义经验的那种方式。这种定义方式的错误不仅在于它是来自 17 世纪的旧的定义，更是因为它奇怪地结合了牛顿物理学与承袭自中世纪神学的、将“心灵”作为认识的器官的观念，而这种结合是需要受到批判的。

的形式与本质被排除之后，法则就取代了它们的位置。斯多亚式的自然法则与基督教的观念（造物主以普遍的理性原则掌管着自然）以某种方式结合了起来，这种结合防止了新科学的代表人物产生对自然法则的不虔敬感。“自然”及其法则成了神圣存在的副官，因为神圣存在自己不再直接而超凡地作用于已被规定了的自然事件。

然而，在法则的观念中存在着旧的观念，即任何可以被称作科学的东西都应该是普遍而必然的。而在实际的、观察性的科学操作中，法则表达的是一般事实。这里的一般有两层含义：首先，它表达的是事实的范围，即事实是由各种时空关系组成的一个广大的体系；其次，它表达的是在可被精确区分的条件下重复
107 出现的规律性。现在，科学家在进行某个特殊领域的探究时，下面这一观念对他们已经不再有多大的影响，即有些研究主题是必然的，有些则是偶然的，只有那些必然的才适合于科学知识。现在的科学家中间存在这样一种共识：所有的事件都可以用科学的概念加以表达，尽管在许多情况下，实现这种表达面临着许多实践上的障碍。一个与之前作为法则的规律相左的事实不再被认为是处于科学知识之外的东西，相反，科学家将此作为进一步探究的契机，并以此来拓展和修订之前得到的科学理论。

言语行为与其他行为之间存在着区分，这已经是老生常谈了。科学家和哲学家常常以一种延续古代传统的方式将法则置于比事实更高的地位。如果我们大致地检阅一下一般的自然科学研究报告，我们就会发现如下的陈述确实不假：“科学的理性主义者……坚信自己是反形而上学的，他开始于‘事实’，而不是原则。然而历史性的事实是，只有在所有的形而上学原则在与事实保持同一的同时又优越于后者的情况下，这些原则才能实现它们的作用。”[①]并且，我们能够轻易看到，那些非形而上学的作者也接受了这一反常的立场。法则“控制”事实的观念也许被摒弃了，但在如下的信念中我们依然可以看到这一观念的影子，即法则是高于事实的，至少要比事实来得高贵。旧的观念是，实体就其本质来说是必然而普遍的，经过削弱之后，这一观念现在变成了认为我们实际得到的结论是先

① 乔治奥·德·桑蒂拉纳（Georgio de Santillana）：《理性主义和经验主义的发展》（“The Development of Rationalism and Empiricism”），见《综合科学国际百科全书》（*International Encyclopedia of Unified Science*），第 2 卷，第 8 注，第 43 页。斜体是我（杜威）加上的。

在的统一体(unity),但是事实上,至少就科学而言,结论的得出实际上是一个实现了的统一过程(unification)。并且,科学中实现的这种统一与文艺作品中实现的统一并无二致,尽管它们的意图和主题迥然相异。

我们已经在另一个语境中提到了新旧混合的另一个显著例子:在科学中,变化的联系替代了不变,事件(event)替代了基质(substance)。然而不足为奇的是,长久以来这种替代都是半心半意的。牛顿的最小粒子尽管处于不断的运动中,但是它们仍然具有传统上归于基质的那些性质:它们是终极的、不可分的,且在结构上同亚里士多德的基质一样稳固。牛顿的观点完全控制了我们的想象 108
力,现在,即便所有的数学理论都接受了与此相对的观点,这些观点也很难自然化为我们平常看待事物的方式。

在关于"进化"和发展的理论中,我们还可以找到一个持续存在的例子。表面上看,进化论是关于变化和连续变化的理论,然而通常的观点是,一种关于生长的理论要想成为科学,就必须展现出构成它的一系列变化是服从于某些固定的法则的(好的法则都必须是固定的)。从一开始,"现代"哲学中的进化观念就是以形而上学的形式出现的,并且为的也是解决形而上学的问题。在莱布尼兹看来,进化是既有之物的展开过程,并且这些既有之物原先处于缠绕或"复杂难解"的状态。因此,进化不是在外界的影响下所产生的变化,后者缺乏生命形式变化过程中所特有的那种连续性。莱布尼兹的很多理论都早已淡出人们的观念,但是流行的意见依然认为"进化"是从一个固定点到另一个固定点的过程。在某一阶段,人们用"进化"来解释变化,想以此来保证变化的正面价值(人们用"进步"来称呼这种价值),因为在早前的理论中,变化被认为是难以维持之前的固定状态,因为是一种退化。马克思(Karl Marx)、孔德(Auguste Comte)、斯宾塞(Herbert Spencer),还有人类学家摩根(Lewis Henry Morgan)①的理论虽然大相径庭,但是他们都认同旧理论的一个基本方面,他们都认为我们称之为"发展"或"进化"的一些变化都不能被认为是科学的,除非存在一系列固定而统一的变

① [摩根(1818—1881)是美国人类学的先驱和社会理论家。他的本职是律师。他以对家族关系和社会结构的研究出名,同时他的社会进化理论和对易洛魁族人(Iroquois)的民族志研究亦具有深远影响。——译者]

化阶段，或者有某些一般性的“法则”规范着变化出现的秩序。

认为先在的便是优越的这一观念甚至入侵到了历史的研究中，这种阐释历史的方法被称作“生成性的方法”(generic method)。这种方法认为，对于现存的习俗和机构的研究应该向前追溯到某些原始的状态。有些人用固定的目的来衡量对实际知识的寻求，这种方法则相反：先在的东西变成了衡量的标准。这两种理论都忽略了下面这一事实：首先、最后、直接、原始、最终这些词只有涉及延伸的、处于时空中的事件时才有意义，而这些事件则是由特殊的探究选择和区分的。如果我们将“源头”当作绝对或分离的状态，无论我们拥有何种科学技术，我
109 们一定会将旧的那种神秘而令人困惑的观念带入现代意义上的科学当中。

以上提到的这些例子基本上都是哲学技术性的，然而它们的重要性不只体现在哲学内部，更重要的是，它们还是一般状况的症候。接下来我们要谈的是人类文化中非技术性的那一面，这里的文化是由“大量的机构、公认的教条、习俗与法则”构成，并不等同于人们实际生活的环境。不过在此之前，我还要提一个擦边的例子。“因果性”(causation)是哲学长期以来的主题，同时它也存在于大众对各种行为的流行判断中，比如法律行为、道德行为、政治行为和经济行为，当然它也存在于宗教信仰当中，比如“第一因”(The First Cause)。尽管哲学批判了将因果性等同于某种特殊“力”的行为这种观念，并试图将因果性把握为相继事件之间的联系，如下的观念依然盛行，即首要的便是优越的，并且“原因”乃是与“效应”相对的。比如，达尔文一部著作的标题——《人类起源》——便体现了这种观念。达尔文的这本书遭到了激烈的反对，因为他根据时间序列将优先地位给了一些“低级”形式的生命，在许多人看来，这等于是否定了那些人之为人的特性，并将人类降格到了比如说类人猿的层次，并且，按照同样的逻辑，又从类人猿的层次降格到了我们在远古化石中找到的那些生命形式的层次。反映在更为一般的形式中，人们的这种态度便体现为对任何形式的哲学自然主义的强烈敌意，这种敌意即便是在那些表面上不接受超自然主义的人那里也存在。这种敌意乃是基于这样的观念，即自然主义自动地，或者说，根据事实本身地(*ipso facto*)，将属人的本质削减至那些反对者认为的自然世界中“最低”的、最可鄙的生命形式。这种观念不但毫无事实的依托，而且无视事实，并且在本质上仍然处于前科学观念的掌控之中，在许多情况下，这种掌控并没有因为哲学研究的展开而松弛下来。在一番考察之后，我们会发现，有一整帮职业的道德主义者在习惯性地否

定那些平常价值的有效性，他们认为，这些价值必须指向某些“更高”的、处于这些价值事件本身之外的权威。

最后一句话可以被用来引出下面的讨论：在对社会道德事件的探究中，起掌控作用的态度和方法究竟是什么？我已经提到，流行的做法是习惯性地依赖于某些内在的本质或固有的本性，来描述、分析或“解释”那些被认为是“道德的”
的事件。如果我们通过科学的方法来进行一番理性的分析，几乎所有人都会意 110
识到这种做法其实是将同样的事情讲了两次，第一次是以特殊的具体形式，第二次则是以模糊的一般形式，然后，又将一般形式作为实际事实的基础。但是在实际的道德判断和道德理论中，事实并不是如此。① 比如，那些为所欲为的人是“坏的”，而其他人的行为则必须基于他们内在的善的本性。在这种情况下，原来那些特殊的实体化名词，比如“原罪”和“人的罪恶本性”，就不再具有应有的“解释效能”。人的内在的堕落这一旧的观念在当代得到了更新，换上了一身更为精练的装束，被用来解释世界的动荡状态，并且，人们希望在这一观念的反面找到解决社会疾病的可能出路。在那些悲剧性的时期，这一旧的观念用它的回应获得了新的生命力。这一事实也证明，虽然现在人们大都将中世纪的特征归结为田园牧歌式的，但其实在中世纪，“原罪”的观念才是拥有普遍的控制力的。

也许有人会反对说，我举的例子太粗糙了且不够典型，不足以说明当下人们处理社会道德事务时所采取的普遍态度。我的回应是，这种粗糙性显著地说明了人们是如何用复制出来的事件的模糊影子或幻影来“解释”实际发生的事件的。对此我还可以举一个更为精细的例子，这个例子应该会更让人信服。有人说，我们应该用类似于物理领域所用的方法来处理道德领域的事件（当然，为了适用于特殊的对象，细节性的微调是允许的），也就是说，探究条件与结果，或者更为确切地说，研究在作为短期要素的行为或性格的影响下，时空中的事件是如何被决定的。物理领域中的探究是由一系列的操作构成的，这些操作让我们认识到这样一点：能够直接被我们获得的一定是片段性的东西，为了得到一个能够用于之后的探究的事件，耐心的寻求（为此，在视觉、触觉和听觉的基础上我们

① ［为了行文的流畅，此处合并了前后两个自然段。——译者］

111 还需要工具的帮助)是必需的。[1] 不管怎样,如果我们试图将这种方法用到道德探究上来,就一定会受到非难,人们会说我们否认了道德特征和道德的重要性,并试图用一种全然不同的东西来取代它们。如果我们在数学物理学中的光的理论与我们平常用来描述光的那些词之间作一个比较,就能意识到我们在处理道德现象(同样,还有心理现象)时是处在怎样的一种境况之下——我们理解道德现象的方式依然完全地(或几乎是完全地)处于前科学习惯的控制之下。因此,这里的问题甚至还不是能否直接开始使用广义上的科学方法。在物理领域,我们花了好几个世纪才适应新方法到现在这种程度,要在道德范畴中达到这种适应,一定要花上更多的时间。我在这里所提出的是一个更为低调的目标:在朝向既定方向的运动中,我们是否有可能没有偏倚地听取各种可能性和各种愿望?

如果我们离开社会理论,进入实际的社会实践,我们便可以找到更广泛、更有说服力的证据来佐证我们的观点。事实上,这些证据是如此丰富,要一一列举它们并不是一两个段落,甚至一个章节所能完成的。这里我只能举一个例子:我们习以为常的,并且已经颇为完善的惩罚机制,以及更一般的,我们对于犯罪的惯常态度。这种态度是一种混合体,它混合了我们希望尽可能地清除并遗忘"坏"人的欲望,以及装扮成"惩罚正义"(retributive justice)的复仇心态,同时还会零星出现一些对于惩罚方式的条件及后果的真正研究,以长远和宽广的眼光看,这些研究才称得上是"科学"。

事实上,人类并不是徘徊于两个世界之间,而是更多地徘徊于两个世界之中,一会受这个世界的模式的指引,一会又受另一个世界的模式的指引。哲学反映了,而不是促成了这种情况。较之于诊断或预测,现代哲学家的重要性更在于暴露了病症。不管怎样,由新旧观念混杂而成的现代体系在一定程度上促成了旧观念的消亡,同时,即便是从时序上而言,如果现代没有激发并强化了我们对于新观念的回应,现代也就不能成其为现代。我们在本章开头提到了阿诺德所
112 说的"现代精神的觉醒",然而现代精神只是觉醒了,它并没有完成,也远没有成熟,更没有铺好的道路供它进一步发展。尽管阿诺德所言不假,但期望哲学超越

① 在我看来,曾经有这样一段时期,人们缺乏相应的物质和数学工具来进行这类探究并表达相应的结论。人们在"实在"(real)与"表象"(apparent)之间作出区分便证明了这一点。

产生它的时代是不现实的。自培根与笛卡尔的时代到现在，尽管受到旧秩序的代表者和维护者的指责，哲学已经在唤醒和传播现代精神上做了很多。这些指责认为哲学是在传播一种产生于人类骄傲（这种骄傲是有意的，且是有罪的）的异端思想，这一点并没有说错。然而觉醒一定是为了某个目标，如果在足够时间之后目标并没有实现，那么人们就有理由怀疑它的真实性。

II

在最广和最深的意义上，知识的问题是一个道德的问题，这里的“道德”指的是追问人的价值如何能够通过审慎的人类行为被推进和拓展，或者被推迟和阻碍。[①] 因此，哲学上的知识问题考量的是我们的知识（或者说在一个特定的时期我们所应该获得的知识）在具体的社会秩序中的位置与功能，并且这种考量应该包括知识在运作时所体现出来的功能，以及对知识既有的存在条件的批判性检查，我们应该考虑到社会变化所可能带来的知识的潜在价值。以上这一论断可能太过一般了，在接下来的讨论中，我们会进一步地展开，并辅以相应的例子。但可以肯定的是，与社会相关的知识问题一定是处于与构成社会秩序的其他主要兴趣的互动中的，这些主要的兴趣包括艺术、工艺、法律、行政、工业和经济等社会生活的诸方面，当然还包括当下的宗教信仰。

以上我所提出的这种知识观可以说是稀松平常的，然而这一观点并不缺少事实的佐证。在不同的社会文化环境下，知识的位置与作用也不同。我们要考 113
虑一个共同体是以何种方式尊重和珍惜不同的知识和价值秩序，花了多少力量来保障这些知识，又是用了什么方法来获取和传播这些知识的。比如，在一个特定的社会文化秩序中，人们相信理性作为一种特殊而超越的功能是最高价值的知识的源头。这种社会文化秩序所产生和支持的知识理论一定是与其他社会不同的，比如说，中世纪的欧洲相信最高和最必不可少的知识只有通过超自然的启示才能得到。如果有一个社会将实践中的实验性观察作为获得真知的手段，那么这个社会对于知识问题及其解决方案的观点也一定会大为不同。

以上这一观点对于当下哲学圈内所流行的知识问题的性质同样适用。当下

① ［读者在这一部分将会看到，许多地方是和前一部分重复的。我们并没有将这些着重点不同的片段整合在一起。］

的知识问题反映和表达了当下人们正在实践的“科学”在其形成之初的信念和态度。科学形成之初，它崭新的观念与那些在几个世纪中被作为科学的信念以及代表它们的机构化权威起了持续的冲突。但是由于新方法和新结果的不成熟，在这种斗争中，科学为了存活，不得不加上了一些不相关和夸大的东西。这种情况的直接后果是知识的问题变成了*一般知识*的起源和性质的问题，或者说，变成了*知识是如何可能的*这一所谓的*认识论*问题。这一认识论问题的预设是，在探究者通过实践用特殊的方法处理各种知识之前，必须先找出一般知识是如何可能的这一问题的解决方案。

如果我们将知识问题建立在如下的基础之上，即通过小心检查得出最好的方法，并将这些方法实际运用于数学、天文学、物理学、化学等的研究中，通过专业的研究来得出有效的结论，那么这样的知识问题与当下的认识论问题的形式一定是迥异的。这样的考量直接告诉我们：我们可以将宽泛的社会问题和道德问题与如下这一看似狭窄的、技术性的问题（尽管这一问题必然地包含在社会问题和道德问题之内）区分开来，即什么样的知识可以被称作*知识*，这一问题考察的是在获取结论时实际所用的方法，我们接受某些结论，乃是因为它们是通过有
114 效的方法和实际的测试获得的。因此，我们在下一章的直接任务便是指出那些承袭自前科学时代（与当下的科学实践相对）的，且依然影响着关于知识的严肃讨论的有害遗产。我们要展示以当下的科学为基础，可以形成怎样的一种能够摆脱过时却又影响甚大的旧理论的新的知识理论，接着我们要展示这种转变对于当下哲学中的一些根本主题和问题又有何种影响。

那些持新的知识观的人仍然以传统观念和机构化教条来把握获得知识的方式，即认为知识的最高形式一定是与确定性等同的。这些人不但没有想到去质疑这种等同的必然性，还指责以传统方法获得的确定性是名不符实的，他们宣称自己的方法拥有更为高级的能力，能够引向不容置疑的结论。只有坚持这种立场的人才被认为是在处理知识的问题。笛卡尔与洛克被公认为现代知识理论的两个最具影响力的学派的创始者，我的讨论首先要展示的是这两个哲学家在什么是哲学的基本问题上持有相同的观念，即哲学的基本问题在于如何获得确定性，而他们之间的区别，也就是所谓的“理性”学派与“经验”学派，不过是在如何获得确定性的方法上的区分。

下面这一点很重要：笛卡尔的《指导心灵的法则》与《谈谈方法》都开始于怀疑自己之前所相信的一切和在科学上被普遍接受的真理。

* * *

从最初的简单元素到最为复杂的体系，在每一个步骤中，每一个事物都是清晰可见的，而不仅仅是意见与猜测。因此，“清楚”、“明白”成为笛卡尔最爱的词并不足为怪。

将知识等同于完全的确定性依然是一个主流的观念，在许多人看来，这不过是一个常识，虽然他们有的认为这种等同来自直觉，有的则认为是来自推演。虽
然笛卡尔的出发点是数学，特别是几何学，但他并没有将数学原则作为哲学这一 115
终极科学的基本前提。哲学，作为最根本、最全面和最确定的科学，不能被任何怀疑攻破。即便是在怀疑数学命题时，“我思”依然是心灵的体现，怀疑是思维的一种形式，虽然我可以怀疑任何东西，但我不能怀疑我在怀疑这件事，因此就有了笛卡尔著名的“我思故我在”。这一表达中的“故”(ergo)指的并不是由一物到另一物的推论，而是指思维或心灵与自我之间的直接无疑的等同，因为自我的本质在于思维。笛卡尔说，“我将思维理解为我所意识到的所有我自身之内的运作”，并且思维包括想象、情感和理智，“思维以一种能够被我们直接意识到的方式涵盖了存在于我们自身之内的每一样事物”。①

认为能够被我们直接获知的东西，也就是确定的东西，在本质上是精神的观念是完全与希腊和中世纪的传统决裂的。正是因为引入了这一全新的观念，笛卡尔被称为现代哲学的奠基者。在物理科学上，笛卡尔跟随伽利略认为对象只有通过作为纯粹空间关系和形象的几何形象和运动才能被恰当地定义，而在哲学上，笛卡尔则致力于知识的可能性问题，因此他完全称得上是现代哲学的源头。如果关于存在的精神秩序是被直觉地确知的，那么就出现了下面的问题：存在的物理秩序与存在的精神秩序这两种完全不同的存在之间存在着何种通道？笛卡尔认为他能够通过区分不同种类的思维、不同的心灵行为和心灵状态来解决这一问题，这种区分是由直觉性的意识保证的，因为它是思维内部的

---

① [笛卡尔：“对第 2 条反对的回应”，《第一哲学沉思集》，见《笛卡尔哲学著作集》，第 2 卷，第 113 页。]

区分。

在笛卡尔看来，一些思维是纯粹理性的显现，这是他不加批判所接受的另一个传统哲学信念。说一个思维居于或来自纯粹理性指的是这一思维独立于任何外在和偶然的资源，因此这种思维在本质上是不同于那些依赖于外在于心灵的要素或条件，并受后者影响的思维的。笛卡尔将来自纯粹理性的思维称为“知性
116 直观”(conceptions)，而将想象和感性知觉看作受外在因素影响的思维。因此，“科学不过是同一个永远不变的人类理性，不管它的对象如何变化”，并且“没有什么比下面这种情况更让我们远离真理了，即努力去认识那些特殊的目的，而不是去认识那个单一的普遍目的”。① 这一立场的关键在于将理性自身作为需要被认识的第一事物，因为关于其他事物的知识都依赖于理性，而非相反。笛卡尔写道：“在我看来，把握真理的力量来自我的本性而不是其他的地方。”②

跳出技术性的语境来看，这些句子，尤其是最后一句，可以说是表达了对人类获得真理能力的无比自信。这一立场的反面是相信习俗以及外在的政治、宗教权威，可悲的屈从，阻碍人性力量中各种潜力的积极发展，这样看来，这一立场的重要性就不言而喻了，这些句子表达的是对长久以来统治人类生活各方面的中世纪遗产的反动。但是放到技术性的语境中来看，这些论断再次确认了理性直觉和理性推演在获取真理上的充分性，理性不需要任何来自需要用到感觉或其他身体器官的“经验”或观察的帮助。

所有的科学知识，也就是说所有无关超自然秩序的知识，都是内在于理性当中的，它们是原生的、先天的(innate)。有的批评者反对将“理性”真理称作先天的，笛卡尔的回应是，他的意思是，思维，也就是知性直观，之所以被称作先天的是因为它只来自“内在于我的思维的功能”。在回应另一个反对意见时，笛卡尔甚至走得更远，他说，所有观念，甚至是那些关于物质性事物的感觉，都是先天的，都是由心灵自身的思维创造的，因为物质性事物，包括感觉器官和大脑，“只有在形成观念时才能被传输到心灵”。③

不过，以上所说的并没有全部涵盖笛卡尔对于以下这一问题的解决方案，即

① [笛卡尔：《指导心灵的法则》，见《笛卡尔哲学著作集》，第 1 卷]

② [笛卡尔：《第一哲学沉思集》，见《笛卡尔哲学著作集》，第 2 卷。]

③ 我们知道，在哲学史上，笛卡尔的知识论是如何使“身心关系”的问题成为认识论问题不可分割的一部分的。

知识是如何跨越能够被我们直接获知的精神性存在和与之完全不同的物质性存
在之间的鸿沟的。笛卡尔强调了知性直观与知觉都是心灵的产物或显现，事实 117
上，这种强调不过是从一个侧面表达了这一问题。笛卡尔指出，所有的数学原则（知性直观）都关涉到可测量的、成比例的“秩序”或关系，因此它们的对象只能是形体的特性、大小、外延以及作为三维形式的体积。笛卡尔还是现代物理的先驱者，他用数学关系替代了三段论关系，并将前者作为物理科学中直觉与推演的唯一素材。因此，这个关于物理科学之可能性的哲学问题就变成了如何将作为心灵内在建构之产物的数学真理应用到一个完全“外在的”、非精神性的存在领域。有时候我们会说笛卡尔试图证明上帝存在是为了不与教会结怨，伽利略的例子足以提醒他暂不出版他主要的物理学著作。然而事实上，笛卡尔关于上帝存在的证明在根本上直接来自如何将精神性存在与物质性存在联系起来这一问题。他的证明是，只有一个观念（知性直观）在其内在的本质中便带有超越于这一观念的存在的事实，这一观念便是上帝。这一指向自身之外的上帝观念证明了数学观念也可能以同样的方式指向“外在的”事物。并且，上帝的本质使他不可能在如此重要的事情上欺骗我们，因为我们关于自然世界的知识都是奠基在这一事实之上的。

* * *

洛克认为只有心灵从外界接收到的要素才是完全确定的，因为心灵被迫按其所是地接收它们。洛克与笛卡尔之前的分歧是巨大的，然而这种分歧只是内在的。他们的共同前提是有两种不同的存在秩序，一种是内在的、精神性的，另一种则是外在的、物质性的，而知识则是由这两者之间的交流产生的。他们的区分在于这种交流是以何种方向发生的，是由内到外，还是由外到内。

笛卡尔坚持先天的理论，而洛克则以同样的精力去攻击这一理论。洛克说，心灵一开始是一张没有任何特性的白纸，理性与知识的所有素材都是由外界获
得的。洛克认为不需要由检验和测试来控制心灵以获得信念，他鼓励和支持接 118
受任何由心灵形成的信念这一人性的倾向，无论这些信念是过分还是适当。某些观念是先天的，因此它们不需要任何检验，正如洛克所指出的，先天观念的理论极大程度上地诉求于教会与国家的统治力量，这些统治力量希望用那些作为最终真理、不能被质疑的道德权威来支持它们。

洛克称由外界获得所有知识材料的这一过程为“经验”。“经验”是对由心灵形成的知识和判断(洛克将那些由于缺少确定性而不能成为知识,但又值得接受的信念称为判断)中的材料的确定性的最终测试。洛克因此将知识与幻想、意见、教条等区分开来,他认为在知识中,心灵不添加也不带走任何东西,只是忠实地听从实在世界对它的作用。这一由洛克发起的经验概念在后来的发展过程中时不时地又回到洛克,因此我们有必要在这里补充两点,以防止洛克的经验观遭到误解。第一,虽然洛克认为知识的所有材料都是由外界给予心灵的,但心灵是一个空的房间或一张白纸的这一事实并不意味着心灵缺少实际的力量。相反,无论是对外在事物还是对内在心灵来说,力量在洛克那里都可以说是一个首要的“范畴”。虽然力量是内在的,但是我们并没有关于它们的能力的直接知识。力量的运作必须影响心灵,在其之上留下印象,就如力量通过运作建构起外在对象一样。用洛克自己的话来说:“心灵在我们之内运作就是通过对已有观念的运用来装备我们对另一套观念的理解。”[1]因此洛克认为知识来自“力量”的存在,或者说是内在感觉知觉、记忆、怀疑、意愿、说理的功能,这种内在感觉必须同外在感觉区分开来,因为只有在外在力量给心灵造成印象之后我们才能得知它们。第二,由外在和内在力量造成的印象或感觉本身并不是观念。印象和感觉都是身体性的,只有当力量(洛克称这一力量为知觉)作用于它们之上时,它们才成为观念和知识的材料。洛克写道:“无论身体如何变动,只要它们不触及心灵,就不会有知觉;无论外在的部分获得了何种印象,只要内在的部分没有注意
119 到,也不会有知觉。”[2]在笛卡尔那里也是如此,物理或身体的刺激都是偶然的,对于作为知识材料的观念的存在来说,外在的和内在的力量的运作是必要的因果性条件。然而洛克的观念是心灵的对象,而非心灵的状态。“经验”并不是由观念组成的,也不是由精神性状态组成的,再次重复,经验不过是如下事实的一个代称,即所有知识的材料,即便是心灵关于其自身的知识,都是在外界的强制下获得的。

作为现代哲学最为重要的两大流派的领头人,洛克与笛卡尔最为突出的一点在于他们都将知识建立在这样一个基础之上,即认为知识是建立在某些必然

---

① [约翰·洛克:《人类理解论》,第2部,第1章,第4节。]

② [同上书,第2部,第9章,第3节。]

的前提之上的。他们都相信知识乃是建立在内在与外在(后来进一步被技术化地称为“主体”与“对象”)之间的关系之上,都认为认识过程是由具有特殊能力的心灵、理性、理解完成的。他们同他们的追随者认为自己代表了科学方法与科学结论的新方向,他们认为必须要有一些先在的固定前设来满足知识理论。这也是现代哲学包含了这么多相互冲突的要素的主要原因,它既从古代传统中,又从尚处初级阶段的新科学中汲取不同的资源。

后面我们将会被迫涉及一些不现实的问题,这些问题试图建立一种与实际上逐步获得真正知识的过程不相容的认识理论。但是这里的讨论只限制在这样一个前提下,即知识就是不容置疑的确定性,知识的基本问题便是获得确定性。笛卡尔与洛克都同意知识等同于确定性这样一个前提,然而其中讽刺性的意义在于,笛卡尔认为最为确定的,即那些内在、先天的“知性直观”在洛克看来却是颇为可疑的,因为它们虽然并非完全缺少证据,却是传染性错误的来源。洛克认为感觉提供的材料是不容置疑的,而笛卡尔却认为感觉是误导性的,对于科学方法的发展来说,感觉的功能是最大的历史性障碍。

这种形式上的完全一致和内容上的完全不一致本身就有力地指出了前提中所存在的根本错误,但我在这里先不对此进行讨论。如果我们转向在那些决定 120
了当下科学的方法中所体现出来的实际认识实践,我们就会发现任何结论都不是绝对确定的和不可错的。或然性是每一个科学结论的标志,或然性能够明确地评估通过既有方法得到的结论,并保证我们在这些结论之上所做的工作或者能够证实它们,或者能够探查出其中包含的任何错误,无论哪种情况,我们都能获得更高的或然性系数。我们通常所说的实践确定性或道德确定性,不是传统知识论所宣称的理论确定性,描述了科学实践的实际目标。同时,实际认识中所用的方法也防止了任何过快地得出结论的行为。

没有在暂时的、渐进的实践确定性与绝对的、永远固定的理论确定性之间作出区分是一个常见的错误。旧传统留给我们的负担是,离开了绝对而自明的确定性,便找不到任何坚实的抛锚点,有的只是无尽的、没有目的的漂流。这一观念的影响是如此巨大,许多人即便并不明显地坚持旧的信念,也觉得从确定性知识到或然性知识的转向是错误的,即使这种或然性知识的特征是自我纠正而非自明性。他们很难觉察出旧哲学的教会代言人说以下这席话时蕴含的讽刺意味,后者说,如果我们在道德上只怀有那种与物理和化学中相同的确信,那么我们就处在一个相当糟糕的境地了!

然而,那些不带陈见的人也许会愿意看一下我称之为“广泛而人性的知识问题”的语境。在这一语境中,将真理等同于内在而绝对的确定性很明显在本质上是一种教条主义,这种确定性将真理置于批评甚至检验之外,赋予真理权威性以自欺欺人,每一个阶级、集团或宗派都希望躲在这种真理的要塞中来控制其他人的信念。这一预设常常带着无辜的伪装,比如,它常常伪装成欧氏几何的“定理”,由此拥有了作为科学知识的真正模式的地位。它在作为社会原则和道德原则时,情况并无二致。

我正在写作的当下,也就是 20 世纪 40 年代初,已经明确地出现了这样一种
121 有组织的努力,即试图让人们相信世界正在遭受的种种疾病的根源乃是来自那种让人们远离某些确定的、不容置疑的真理的异端邪说。然而当我们进一步检查这些真理时,我们会发现,这些特殊的真理实际上代表的却是某个特定的历史性机构。因此,这种努力在本质上是政治性的,尽管它所提出的原则看起来好像是形而上学性的或者说“神学性的”,并试图为所有理性和道德的稳定性找到一个根基。

的确有一些特殊的原因导致了人类当下正遭受的疾病。在所有运用科学方法的领域中,人们并不用某个一般性的力量,比如电、热、光,来“解释”一个事件。事件只能在与其他事件的时空联系中被描述和解释,“原则”、法则表达的正是这种联系的形式,通过不断的重复和仔细的研究,这些形式得以确定下来。如果我说当下的社会生活中(无论是国内的还是国际的)所充斥的困扰和冲突乃是由于某些拥有巨大经济和社会力量的群体的规则或原则被不经检查或限定地接受了下来,那么我便退回到了前科学的那种对于一般性力量和高级的统治法则的信念。不过只要指出以下两点,我们就还是处于可观察的事实范围内:首先,不同的群体、阶级、宗派等所坚持的最终原则和教义是完全不同的;其次,声称某个真理是内在而绝对的是与讨论、商谈、折衷格格不入的。在这种情况下,剩下的唯一方法只能是通过斗争决出胜者,于是,所谓真理与所谓谬误和无知之间的冲突也就发展成为物理上的争斗。

简言之,只要我们继续接受并断言第一原则理论,并坚持认为第一原则是永真的,且是衡量其他所有判断是否为真的标准,那么这一立场依然会是当下困惑与冲突的一个特殊而具体的原因。在这一立场下,人们认为应该忠诚于某些既

有的目的与方法，并且，基于这些目的与方法的内在性质，我们不需要对此进行比较、纠正和修改；同时，这一立场也阻止了人们使用科学的方法寻找其他导致了当下社会所经受的疾病的具体原因，从而也阻止了寻找克服这些疾病的具体的、可供检测的方法。如果我们检视那些已被证实获得某些进步的领域，比如工业技术、医药、法律、刑罚学、精神病学等，我们会发现这些进步无一不是通过放
弃批发式的一般化，而改为引进不断更新的方法实现的。在道德和政治这些涉 122
及更为基本的人类关系的领域，将真理等同于绝对确定性并以此作为评判真理的标准的观念阻止了人们使用那些已在其他领域取得进展的方法，这里的关键并不是将这些方法使用到何种程度的问题，而是究竟使不使用这些方法的问题。

以上所说的便是我所谓关于知识的广泛的哲学问题，这一问题涉及认识的对象，以及在广泛的人类兴趣中把握认识的位置与功能的方法。将知识等同于确定性的观念引发了这样一个问题，即知识自身结构的特性究竟是怎么样的。几何学对于古希腊逻辑理论的影响是众所周知的，在物理、化学与生物学尚处萌芽时，几何学就已经实现了科学的形式，自那时以来，出现在教科书里的欧式几何命题几乎没有任何变动，而那时的物理学在现在看来几乎可以说是古怪而可笑的。几何学明确地规定了作为认识理论的逻辑学的模式：从一些简单的定义和自明的真理开始，然后一步步地引向必然的、更为复杂的命题，直到全面地涵盖整个领域。而一般的认识理论所要达到的结果是，在一开始就被完全给定的原则或前提之下，由推论性的或中介性的理性获得那些被接受为真理的结论。"原则"这个词最初是与"第一"联系在一起的，现在，这一内在而必然的联系表现得不如以前那样清晰。在知识中位于第一的便是首要的(primary)，而首要的便是主要的(chief)，原则统治着结论就像国王统治着臣民。原则的第一性并不仅仅是说原则处于知识的开端，而是说从开始到之后的每一步建构中都包含着原则。

* * *

试图把握某些不容置疑的、第一性的(因而也是其他所有知识的保证)东西这一观念彻底影响了整个所谓的"现代"认识论，正如笛卡尔与洛克的共同前提
所体现的那样。由这两位哲学家发端的两个不同学派之间的冲突在于将何者作 123

为第一性的东西，是来自“内部”的知性直观，还是来自“外部”的印象。如果他们都认同任何由探究得来的知识不管确定与否，都是第一性的，都可以被称为知识，那么现代认识论中的冲突也就不会存在了。

某些要素的运作建构起了实际的科学进程，并由此得出了科学上的结论，这些要素分别被笛卡尔学派和洛克学派把握为“知性直观”和“感觉”(印象)。这两个学派都认为，合理的认识论必须开始于对“知性直观”或“感觉”的认识，然而这种认识并非来自对于实际获得知识过程的观察，而被认为是绝对认识过程的前提条件。[①] 然而在认识论历史上，所谓的“理性主义”与“经验主义”之间的冲突往往在于，大家都认为“知性直观”或“感觉”是建立在对知识实际运作的观察之上的，并且由此能够得出经过检验的真结论。现代哲学的这一方面非常值得我们单独辟出一章来进行讨论。这里可以肯定的是，笛卡尔学派从来没有批判性地检查过它所谓的作为第一真理并引出其他所有知识的“知性直观”，而洛克学派则从来没有检查过它所谓的感觉或印象。他们讨论的唯一问题是哪一个是首要的、第一性的，而他们对于彼此观点的描述或定义都是基于他们对于这一问题的回答之上的。如果“感觉”是第一性的，那么知性直观便是复制或复合。[②] 如果“知性直观”是第一性的，那么感觉对于真知识来说便是无足轻重且不相干的，并且在实际运作上感觉还会转移心灵的注意力，从而给获得认识的正确方法制
124 造巨大的障碍。至少在笛卡尔看来，感觉是一种身体性的喜好，除非将它们谨慎地限制起来，否则它们会阻碍理性完成它的工作。亚里士多德式的中世纪观念通过形式的理论和从潜能到现实的理论，认为感觉和知觉内在地包含了理性的形式，因此，理性中的任何东西都是之前存在于感觉中的。现代物理学则认为“形式”过于神秘，并试图用“效能”来替代“形式”作为最终因。这一观念导致了现代的“理想主义者”采取了完全轻视感觉和知觉的立场，他们将感觉和知觉置于“知性直观”的对立面，而在古希腊和中世纪的观念中，只有当感觉和知觉试图占据统治地位时，它们才是理性的敌人。

现代哲学中的冲突，也就是那些认为真理只能在经验中确定与检测的人和

① 事实上，这一观念乃是不经批判地承袭自古希腊和中世纪的形而上学。

② 在洛克那里，这一说法需要一些界定，因为在洛克看来，数学的和道德的“知性直观”作为一种“理性的技艺”在某些情况下是我们判断实际经验的原型(*archetypes*)。

那些相信理性高于其他一切敌对的、低级的力量的人之间的冲突，体现了我们之前说过的由于预设某些确定的固有原则而造成的困惑和损失。那些不容置疑的知识一旦接受检查和批判，其结果也许便会是消除误解、促成合作，而这在以冲突为主流的环境下是行不通的，在这种环境下存在的只能是单纯的对立和不加修饰的战争。由此，我们的讨论再次回到现代哲学对于古代—中世纪将知识等同于确定性的观念不加批判的承袭，与这一观念相反的是以科学的进程来构建认识理论，并以此来增加知识的内容与形式。从由“A”开始的天文学、人类学，到由“Z”开始的动物学，科学的门类非常多。在我看来，无须争辩的是，如果是这些科学的方法与结论，而非古希腊—中世纪的哲学预设，能够被用来作为认识理论的基础，那么后者早就变得坚实而清晰，而不会有现在这种无止境的冲突。

现在，我们要考虑，无论是对于所谓的“知性直观”还是对于所谓的“知觉”来说，什么才是真正首要的、第一性的。当然，一般性原则的位置与功能是无可争辩的，同样无可争辩的是，这些一般性原则对于新的探究来说拥有一定的第一性与权威性。同样明显的是，这些原则之所以拥有一定的权威性，乃是因为它们是之前的长期探究所得出的经过测试的结果。对于之前已经完成的工作来说，它
们占据了最后的位置，对于之后尚未展开的工作来说，它们处于最先的位置。但 125
无论是最后还是最先，都没有表达出准确的意思，应该说，知识是一种*连续的过程*，已经获得的知识应该被当作未来获得新知识的资本。当我们将从之前的认识过程得到的一般性原则冻结起来，并当作最终的理性权威，那么习俗的惰性便开始强烈地影响到探究。进一步探究尽管并没有终止，但它们走上了例行的套路，直到有新的突破出现，并随之产生新的领域。在实际的科学认识过程中，即便是最合理、最确定的“第一原则”也带有某些*假设*的性质，我们并不需要抱怨或惋惜这一事实，因为它恰恰是知识不断更新的实际刺激物。

并且，尽管有的“哲学家”(传统的，而非科学的)求助于数学来支撑他们关于确定不变的第一真理的理论，但数学的发展却是与这种理论背道而驰的，因为这种理论毕竟只反映了科学的早期阶段。数学性学科所提出的定义与公理仅仅是*假设*，而非真理，而数学上的发展正是通过在现有假设的基础上要求最大可能的自由获得的。比如，建立在对欧式几何的“平行公理”的改变之上的几何学不但成为了一门不容置疑的科学，还极大地拓展了数学探究的领域。

另外,每一种科学中都存在着第一性的材料,或者说首要的观察数据,对于科学的现状和进一步的探究来说,这些材料具有一些特权。每一个熟悉天文学、物理学或生物学的人都不会认为所有的事实具有同等的科学价值,即便这些事实具有同等的真实性。有一些材料更为关键,它们的重要性是战略上的,而非战术上的。而有些材料,我们可以说,比其他材料更为坚硬(harder),在探究的某个阶段,在现存的资源下,我们不能够跃出这些材料。然而正如我们对于一般性的原则所讨论的那样,这种首要的事实材料也是暂时性和功能性的,或者甚至可以说更为暂时性和功能性。如果我们检视一门科学的历史,最为突出的困难一定是决定哪些事件是材料,哪些事件不是材料。阻碍科学进步的错误也许还在于将那些对于研究的问题来说不是材料的东西当作材料,尽管这些东西也许是被观察到的一般意义上的“事实”。科学的一项成就便在于将事实材料分类与分
126 级,当科学不再进行这种分类与分级,科学这一名称也就名不符实了。

从建立在科学观察之上的知识理论的角度来看,以上所讨论的这些具有首要的意义。在我看来,如果有人想维护传统的第一真理或终极真理,并想将它们当作其他信念的绝对来源,唯一的办法只能是弃绝那些被他们轻蔑地称为“特殊”科学的学科,包括一整套获得与检验结论的方法。他们认为自己与那些形而上学或神学式的断言是不同的,因为他们依赖的乃是无可置疑的、确定的“第一原则”。然而在这种观念之下,我们便回到了那个充满了无止境的争论与冲突的前科学时期,这些争论与冲突之所以是无止境的,乃是因为人们都认为自己所持的是绝对真理,根本没有可能为这些对立的原则找出一个共同体的基础。①

仍然有一些哲学家,尽管他们意识到了数学当中所发生的剧烈变革,但仍然因为古希腊—中世纪哲学传统的影响,认为数学是唯一一门值得被称作科学的学科。他们对自然科学中的“归纳”式操作感到不快,认为这些归纳式操作都必须被还原为或转化为纯粹数学的“演绎”式操作。然而根据他们的前提,他们又不得不认为数学的对象并不是已经存在的、发生在时空当中的事件。他们自豪

① “假设”这个词所带有的不同含义很好地体现了前科学态度与科学态度之间的鸿沟。柏拉图经常使用这个词,然而他在词源学的原本意义上使用“假设”这个词,也就是说,假设是“站在所有其他结论之下的”、作为知识结构的基础与支撑的东西。

地指出数学对象的“纯粹性”，因为这些对象没有受到任何存在于时空当中的事物的污染。[1] 然而在一番检查之后，我们能清楚地看到，这种试图迂回地逃离我们生活、行动的世界（在这一世界中发生着一切应该发生的事件）的做法是基于这样一种不情愿的想法，即把自己禁锢在理论性的和一般性的教条当中，不愿意接受体现在每一个认识实践中的事实。这一事实是：作为可以被我们接受的真理，探究后果、结果和结论比之前的、处于第一和开端的材料具有不可比拟的、更 127
高的等级和状态。这种认识理论没有意识到，结果之于前提的优越性是能够激发和鼓励持续的探究，而坚持第一原则的优越性只会鼓励懒惰的、教条主义式的默许，因为在这一观念之下，真正重要的东西从一开始就被我们拥有了，进一步探索发现的最好结果也只能是得出一些次要的、技术性的（物质性的）意义。

III

现在让我们回到历史性的检查。一方面，从方法到结果，人们在人类生活的方方面面保留了中世纪的习惯、倾向、宗教和道德，而另一方面，在涉及“自然”世界或物理世界的对象时，人们又完全拒斥了中世纪的方法。这种不一致的结果是，较之于古希腊思想和中世纪思想（不过中世纪民众的实践并不具有二元论的特点[2]），现代思想发展出了一种更为鲜明的二元论，并发展成为后来哲学上的二元论立场。古典哲学中的区分是一种质的等级秩序，也就是存在的等级秩序，这种区分并不是绝对的。获得这种等级式区分的亚里士多德式的技术是在自然科学上的一种革命，这种自然科学是基于潜能与现实的区分之上的。物质是潜能，心灵则是现实；有机的身体是潜能，灵魂（本质上是一种生命的形式，因此可以分为低级的植物性灵魂和高级的动物性灵魂）则是现实。这种看待、理解和描述事物构成的方式与下面这种观念是一致的：鸡先于蛋，现实在事物的秩序和等级上处于优先地位。

---

① 我们在后面的章节将会谈到，古希腊—中世纪传统认为任何“物质的”和物理的事物在道德上都是次等的，这一观念的持留影响了科学上的分类，后者认为在可能的自然知识与确定的形而上学知识之间存在着内在的区分。

② 比如，在中世纪，尽管一小部分僧侣掌控着神学教义，道德还是根据古典希腊思想基于理性之上（启示虽然处于理性之上，但依然具有理性的形式并得到理性的证明）。对于大众信仰者来说，道德表现为警告和禁止的权威命令，并由一系列的奖惩机制组成。如果我们将天堂和地狱的彼世生活考虑进来，那么中世纪神学在实践上就是一种功利主义的伦理学。

以伽利略与牛顿为代表的科学变革实际上并没有公开攻击古希腊科学(无
128 论是古希腊版本还是中世纪版本)的方法和结论中所包含的宇宙论。这种新科学抛弃了潜能与现实这对范畴,而代之以事物在时空当中的联系;并且,它抛弃了固定的形式,而代之以固定的法则,这些表达了时空中统一关系的法则一致被实际运用到20世纪。除了涉及生命的情况,这种新科学拒斥了如下的观念,即科学乃是基于固定种属之上的定义与分类,而达尔文及其后继者的生物学研究则进一步拒斥了这一观念在生命体(包括人类)上的运用。变化进程中的连续性作为科学观念被接受下来,这一观念拒斥了从量的不同引出质的不同这一做法。①

然而,一些早期哲学的特征深刻而广泛地蕴含在了我们日常生活的习惯当中。比如:(1)持留下来的旧范畴和旧方法有力地影响着探究的形式以及道德、政治上的信念,它们的影响体现在所有属人的事务与问题中,无论是个体的还是集体的;(2)存在等级上的区分被转化为人与自然之间彻底而绝对的分离。人的基本兴趣、考量和价值被认为是“外在于”自然的(extra-natural),这种外在甚至还不是“超”自然的(super-natural),因为与人对立的自然已经完全被物质化了。

许多世纪以来,人们认为哲学的基本问题就是寻找解决心灵/物质、灵魂/身体、主体/客体、独立自我/社会个体(寻找这两者之间的联系是道德哲学和政治哲学的基本问题)这一系列二分的方案。以这样或那样的方式,这些二分都来自“自然科学”对深深地埋植于机构与语言中的既有信念的冲击所带来的骚动与震惊。正如我们已经指出的,“科学与宗教之争”不过是下面这一要求的最为明显和外在的信号,即人们需要调整生活的所有不同方面,并进而需要调整关于自身
129 和关于世界的所有信念。②

这些历史性检查的结果已经体现在这一章的标题——“运转不灵的哲学”——当中了。③ 上面提到的所需的调整现在仍然处于初级阶段。在理性的考量之下,现代哲学的主要“问题”应该是没有将现代科学的立场与方法进行全

① 我们将在后面讨论物理变化对于哲学的意义。[这一脚注在手稿中的位置不明。]

②《确定性的寻求》的第二和第三章更为细节化地讨论了旧的自然“科学”和15世纪以来在对自然事件的探究过程中所形成的方法与结论之间的冲突。

③ [这是杜威唯一一次使用这个标题。在其他所有情况下,包括最后的大纲,杜威都使用了现在本章所采用的这个标题。]

面地运用。“社会科学”（或者说，对于那些蕴含在传统与机构中的人类事务的目的与手段的探究）所研究的最为重要的生命事务在科学（物理科学）兴起之前就已经形成了，因此两者可以说是脱节的。这种情况的后果是，自然世界被认为是物理的或物质的，并与那些人性的和道德的事物完全分离开来。这样，由于缺乏整合和组织，无论是从古代的信念还是从现代的态度和倾向中，我们都汲取不了任何益处。

第七章
当下的知识问题

I

130 从表面上来看，现代哲学的统一性仅仅是编年史意义上的。现代哲学的体系是如此多样而相互冲突，在一个普通的观察者看来，它们唯一的相同之处也许只在于都出现在了相同的几个世纪当中。然而，如果我们在它们讨论的问题中，而不是在它们的结论当中寻找相同点，我们的收获也许会更多。并且，在共同的问题背后，我们会发现产生这些问题的共同前提。这些问题是知识的基础、资源与器官，它们决定了知识的程度与界限。上一章我们提到现代哲学徘徊于两个世界之间，这种情况在一定程度上决定了作为现代哲学共同前提的材料。在众多要素的一起运作之下建立起来的共同前提让知识问题形成了现在我们所见到的形式，不过，这些前提是两种基本信念和态度的统一体：一方面是站在新的自然科学的立场上反对古典和中世纪的宇宙论，另一方面则仍然坚持那些在前科学时期形成的习惯，这些习惯与机构结合在一起，带有很高的情感价值。这两个要素的结合决定了知识问题的形式，然而这两个要素事实上并不相关，甚至是相互对立的。在这种情况下，我们并不奇怪知识问题会不断引发困惑与争议，而这些困惑与争议正是晚近几个世纪以来认识论哲学的特征。

16与17世纪的哲学著作的一个最为显著的特征是对下面这一主要问题的讨论，即什么是系统而渐进地获得我们可以依赖的知识的正确方法。从肯定的方面来看，这些新思想反映了人们试图从天文学开始创造一种新的宇宙论科学的努力。从否定的方面来看，这些新思想攻击的是亚里士多德的(特别是后来被

经院哲学腐蚀的）方法，同时它们还彻底改变了关于知识本质以及亚里士多德所 131
给出的实际获得知识的方法的观念。

培根对于新科学的发展所作出的贡献常常被夸大。然而，如果我们把他的著作看作那个时代的标志，特别是作为对传统科学的逐渐不满以及必然出现、彻底的新起点的标志，那么无论我们怎样强调它的重要性都不为过。《新科学》这一标题就体现了对于亚里士多德的知识观与科学方法的反动。尽管他所提出的方法存在着缺陷（很大原因在于他与传统理论的决裂程度并没有他所表达的那样激烈），他所坚持的立场预示了当时正处于萌芽阶段的新科学，他认为传统理论在逻辑的外表下实际上依据的乃是人的意见，或者说基于既存事实而非服从于事实；他还认为这一态度的反面能够让人类学会控制自然，并引导人类进入一个发明与进步的时代。

不久之后，笛卡尔发明了分析几何，为新科学的进步作出了直接的贡献。如果说他的关于方法的哲学著作并没有产生同等程度的影响，但也必然地在文化上加强了对于方法的思考，并刺激了新的科学形式。笛卡尔著作的标题证明了方法的问题在那个时代所占的主要地位。除了《指导心灵的法则》，笛卡尔还写了《谈谈方法》，后者的完整标题是《谈谈正确运用理性在各门科学中寻找真理的方法》。洛克的《人类理解论》主要讨论了知识存在的方式和获得知识的方式，洛克的另一本书题为《论理解的行为》。斯宾诺莎的《伦理学》讨论的是各种不同知识的来源和价值，他还用一篇题为《知性改进论》的文章对《伦理学》进行了补充。

当我们将这些著作的年代与出现在自然科学当中的实际变革进行比较时，很明显，我们得到的不仅仅是时间上的巧合。不过同样明显的是，这些哲学家的关于知识的理论并不是基于对科学家得出结论的方法的分析之上的，前者有着非常不同的思想资源。哲学家以一种完全不同的方式来思考他们的问题，最终
他们这样表述知识的问题：知识究竟是如何可能的？换言之，获得科学知识的 132
方法越进步，这些知识越精细，它们的储备越增加，哲学上的疑惑也就变得越大：这些知识究竟是为何能够这样的？

从众多的哲学著作中，我们可以清楚地看到，关于知识问题的哲学思考以及由此得出的解决方案都是建立在与人们实际获得知识的探究过程完全不相关的基础之上的。说得更为明确一点，这些哲学思想在知识的获得过程之外预设了某些条件作为知识的基础，在我们找出任何可以被叫作知识的东西之前，这些条

件首先必须被满足和实现。在这整段时期当中，没有一条关于知识的哲学讨论提到下面这个事实：这些哲学思想都认为它们已经把握了绝对确定的知识，也就是说，其他具体知识成为为了事实和真理所必须满足的条件。

为了解释这种反常状态，我们需要找出那些深入而坚固地植根于历史中的原因，而不是在新科学的特殊结论和方法中找原因，因为那时新科学依然在为了存活而努力奋斗。牛顿的一部经典著作的标题很好地说明了这一点——《自然科学的数学原理》。当时，“物理”作为关于自然世界的体系化知识的代名词刚刚被普遍接受下来。换言之，当时不但哲学家在思考知识的一般性理论，科学探究者也开始接受(至少在名义上)将哲学分为三个分支的传统观点，即自然、道德和形而上学。

因为宗教上和神学上的影响，古希腊哲学家关于灵魂、心灵、精神、理智、感觉和理性的理论不再仅仅是哲学上的理论。它们变成了流行的大众(包括很大一部分神职人员)信念，并且，它们的性质是情感的、实践的和机构的，而非理智的。正是出于这些历史性的社会文化原因，人们在心灵及其器官之上，而不是在获得知识过程中可被观察的方法之上建构起了知识理论。我认为，在17、18，甚至19世纪的大部分时间，人们会认为下面的说法是非理性的，甚至是可笑的，即
133 对于知识理论的建构应该换一种方式进行，也就是说，关于心灵和认识“器官”的观念应该反过来建立在各个科学分支(包括人类学的和文化的)的实际知识之上。

下面这句话出自洛克，然而其背后的主导观念却是在哲学上被普遍接受的一个观点。洛克写道：“我认为为了满足人类心灵能够胜任的那些探究，第一步工作就是要检查我们的理解能力，通过对自身力量的检查，我们可以知道这些力量究竟适合于何种事物。”[①]并且，上面这句话是和下面这一论断联系在一起的，即“有必要检查我们自身的能力，看看我们的理解力适合或不适合处理哪种对象”[②]。通常认为，现代哲学中争议的两派分别是，被归为“经验论”的英国哲学(它们认为感觉器官内在而“自然地”适合于知识的获得)和相信理性之功能的大

① [约翰·洛克：《人类理解论》，第1部，第1章，第7节。]

② “适合”(fitted, adapted)是洛克著作中的关键词。[约翰·洛克：《致读者》(“Epistle to the Reader”)，见《人类理解论》。]

陆哲学。这种争议的更为重要的意义在于，它让我们看清了那些导致了哲学上关于知识问题的不同版本的外在的历史性和“社会性”原因。之所以称这些原因为“外在的”，乃是因为它们与科学认识的实际过程和结果毫不相干。这些原因是，英国哲学中占据主流的实践特征，以及与之相对的，大陆哲学对于理论与思辨的单一兴趣。

洛克的立场是典型的英国式立场。他之所以要检查我们能够获得知识的能力，是因为他相信有些问题虽然人类的心灵能够涉及，但不适合处理，这些问题将人类引向不宽容、压迫，甚至是战争，因此，认识到这些问题处于我们的能力之外能够给我们带来宽容与亲善。如果能够实现洛克所说的“我们要将自己的思维限制在思考我们的知识能够触及的对象上，避免不要超出那黑暗的深渊”[①]，争议就能够平息，有用的知识就能够得到发展。洛克对于内在观念的攻击有其实践的动机。内在的观念不接受任何检查和批判，因而就变成了虚假权威的堡垒。如果我们能够追溯到意见和信念形成之初的条件，那么我们就获得了估量它们的价值的有力武器。尽管洛克认为，作为知识直接对象的观念中包含了我 134
们对于“外在事物”存在的怀疑，但他又承认，我们对于这些事物的确信“就像我们对于自己的喜乐或悲伤的确信一样，超出这个范围，我们没有任何知识”，因为“这些确信已经足够让我们趋善避恶（恶是由“外在于我们的事物”引起的）了”。[②]

II

文化之于哲学的影响在大的层面上体现在下面这两者之间的一致上：一方面是新科学的首次体系化表达，另一方面则是试图摆脱统治了欧洲两千多年的信念的首次体系化的尝试。在小一点的层面上，这种影响还体现在不同的政治和宗教环境中的人们表达知识问题的不同方式上。欧洲大陆，特别是那些最受罗马影响的拉丁语系国家，比英国更深地浸淫在古希腊和中世纪的传统当中。在这些国家中，教会与政府联合在一起，拥有强大的政治力量。较之于培根，笛卡尔在理性事务与科学理论上反叛得更为彻底，然而他却否认自己的哲学对于

① ［约翰·洛克：《人类理解论》，第 4 部，第 3 章，第 22 节。］
② ［同上书，第 4 部，第 11 章，第 8 节。］

“实际的”事务有任何直接的或间接的影响。笛卡尔所提倡的科学革命的第一临时道德法则是：“科学家要遵守其本国的法律和习俗，并坚守伴随其成长的宗教。”在新的自然科学观念之下，笛卡尔寻找各种技艺上的（特别是医药上的）改进，然而对于道德和政治却毫不涉及。当时，拉丁语系国家的工程技术比英国更为进步，在这些国家中，工程技术长久以来便保留着可贵的数学背景。英国后来所引领的工业技术在本质上是经验性的，也就是说，实验性的。我认为，这些考量与我们所知的大陆哲学的“理性”和理论化色彩是极为相关的。斯宾诺莎的哲学有其特殊的伦理目的，然而他的哲学依然体现了大陆哲学的最高特征，即认为知识的改进是达到理想的道德目标的方式。这一观念虽然是社会发展过程中逐渐形成的副产品，但随着关于自然的知识的革新，这一观念的出现又是必然的。旧观念认为推翻既有的权威是最大的恶，新观念认为只有内在的、能带给我们正
135 确的理解力的理性才是自由，在这两种观念的交替过程中，服从依然是政治事务的行为法则。

在技术上，我们有适当的理由称英国哲学对于知识问题的表述方式和解决方案为“经验的”，但传统上与“理论的”相对的“实践的”这个词相对更好，因为“实践的”这个词更为深刻而有启发性。我已经在前面提到，洛克之于笛卡尔的不同之处在于洛克相信外在的事物，他的经验理论和“经验论”都是由这一确信出发的；洛克不信任内在的东西，认为它们的能力至多不过是处理外在事物所造成的印象。洛克的哲学立场并不基于任何对于“理性”的敌对态度。之前我已经引用过洛克的话：“每个事物的最后裁判与指导必须是理性。”[①]笛卡尔对于作为认识模式和认识方法的三段论的攻击要比洛克来得成功。[②] 虽然洛克对于数学之起源的看法与笛卡尔大不一样，但他和笛卡尔一样，认为确定性是数学的本质，数学是“理解的技艺”，它的材料虽然来自外部（在洛克那里），但它的运作一定是确定的。

---

① ［约翰·洛克：《人类理解论》，第4部，第19章，第14节。］

② 通常意义上，“理性主义”意味着相信人类在获得知识上的判断力，这一立场虽不反对超自然的启示，却不把超自然力量作为揭示真理的权威裁判。在这个意义上，洛克比笛卡尔更为接近“理性主义”。特别是在宗教的问题上，洛克除了说“每个事物的最后裁判与指导必须是理性”之外，还说过“上帝展示的任何东西都是真的”，不过“不管是不是出自神圣的启示，理性都必须作出裁判”。［同上书，第4部，第18章，第10节。］

笛卡尔之前的培根为了避免与神学的冲突，提出了“双重真理”的理论：一重是属于人类事务的真理，另一重则是属于神的真理(一些经院哲学家也持同样的立场)。然而培根的主要目的是科学与人类技艺的联姻(“知识就是力量”)，正是在这种观念之下，人类统治和掌控自然力量的技艺开始得到了长足的发展。霍布斯阐释新科学(他接受的是新科学最为“机械”的形式)的实践意图体现在他的每一页著作中。而对于洛克来说，实践目的并不是他的主要考量；相较于培根与霍布斯自信而几乎没有约束的体系，洛克的理论有着高度限制的特征。我的假设是，这种变化乃是出于 17 世纪英国与欧洲大陆发生的宗教和政治战争。1688 年的光荣革命为这些斗争画上了句点，然而这种结束是基于互相宽容与妥 136
协，而不是基于某个压倒性力量的完全胜利之上的。洛克的著作是这一结果的经典表达。从洛克到斯宾塞，英国一直没有出现像大陆哲学那样建立一个全面体系的尝试。

无论上面的解释正确与否，洛克著作中占主导地位的实践意图是毋庸置疑的。虽然洛克的《人类理解论》处处反映了“无可比拟的牛顿”的影响，但洛克的问题并不直接来自(虽然存在着某些例外)牛顿。洛克的其他著作，比如《论宽容》、《基督教的合理性》和《政府论》，在理论上就处于《人类理解论》的对立面。这一事实很好地体现在洛克对于《人类理解论》缘起的描述上。洛克写道：“五六个朋友聚在我的房间里讨论一个距离我们非常遥远的主题。我们很快遇到了瓶颈，发现无论从哪一面着手都困难重重。在困惑了一段时间之后，我们在解决这些问题上并没有丝毫的进展。我突然想到：也许我们的整个思路就是错的。在对自然进行探究之前，我们有必要先检查自己的能力，看一看我们的理解力适合或不适合处理哪些对象。”①

* * *

我想谈一谈问题的一般特性。如果我们能够对问题产生的条件以及一个问题区别于其他问题的特殊形式有一个清楚的把握，这对于我们处理哲学上的问题是有所助益的。之所以要讨论问题产生的条件，乃是因为每个问题都有其明确的联系，并且只有在这些联系中一个问题才能被理解。这些联系包括问题的

---

① [约翰·洛克：《致读者》。这段引文是编者补全的。]

发生、存在,以及构成问题的特殊概念,并且正是这些联系规定了我们以哪些概念、以何种方式“解决”这些问题。以上这一观点的反面立场是,认为存在着某些“一般性”的问题,或者说,认为存在着某些与外部条件不相关的问题。

平常的观点是,问题是独立存在的和被给予的,这种信念很容易在某些特殊限制的领域找到解释,在这些特殊领域当中,坚持这种观念对于实践来说并没有
137 多少害处。但是如果将这种观念转化为一般性的理论,所造成的谬误便是极度有害的,无论是对于理论自身还是对于与之相关的其他理论来说。因为这种观念或隐或现地指向这样一个前提,即问题只是“心灵”、认识主体、意识(这一特殊的名词在这里没有任何意义)与“对象”之间的事情。

在任何特殊的科学领域中,比如天文学、物理化学、量子力学,研究者在特定的时间处理特定的问题,并提出明确的问题以供未来的研究。在任何迅速而有条不紊地发展着的技术领域,情况同样如此。在科学或技艺的领域,说问题“在那里”或是“被给予”并没有什么害处。从研究的角度来看,这样说是正确的。在这些领域中,既存在着一批已经被接受的命题,也存在着一些与科学的状态不一致的现象,或是一些现有的技术不能满足或不能有效地满足的需求。科学上的问题是由这些被认识到的差异、矛盾与冲突构成的。但这一事实远不能证明问题乃是简单地由一个一般的认知的心灵和被知的对象构成的,相反,它证明的是,问题的产生以及问题的内容乃是和明确、特殊或具体的条件密切相关的。

我们常常对下面这一事实表示惊讶,即一些野蛮人,或者一些我们认为退化或错误的同时代族群,可以怀有一些在任何理智的心灵看来都明显与事实相冲突的信念。这种看法其实就是没有把问题的起源和内容置于适当的语境中进行坚持所造成的幻象。这也很好地说明了我们在上面所提到的把特殊条件下的问题的“所予性”(givenness)转化为一般性的谬误,这里所谓的一般性也就是说缺少了限制的条件。这一谬误是基于这样的一些假设,即认为事实是一种内在的属性,因为是可以被直接知觉到的,或者说,如果知觉的“心灵”是其所是的话,事实在任何情况下都应该被知觉到;并且,特殊的意见、观念或信念与事实之间的不一致应该是直接而明显的。然而这些假设都是与事实相悖的。事件的发生并不是自在自为的,或者说,事件并不是“内在的”(绝对脱离联系的)事实。将事件当作事实就好像是将公共的等级和地位给了一个默默无闻的无名氏,将他当作
138 一个与其他成员有着明确联系的特殊秩序的一员。称一件事情为事实就是给它

一个合法性声明，赋予它在某个领域决定信念和结论的权威。事实就是被认识到的事件，这一事件的陈述或者被接受，或者被认同。这种承认或支持意味着对于后果的承担，因为不计后果地承认是毫无意义的。因为问题总是特殊的或可指名的(namable)，而不是一般的，因此事实只有在可描述的联系中才能存在，事实并不是孤立的。一个事实永远是与其他拥有类似等级的、同处一个特殊系统中的事件联系在一起的，具有特殊的用途、功能或意图的事实。

换言之，一个事件，即便它与某个拥有感觉器官和大脑的有机体有着非常紧密的联系，也不等同于被观察到的事物，也不能保证它一定会被观察到。要成为被观察到的事物，我们需要对事件作出认识上的声明，在这个意义上，被观察到的事物是已经存在的事实和习俗。从实际的角度，而不是抽象的理论角度来看，以下的事实可以说是一个常识，即观察和认识并不发生在那些被叫作心灵、意识或神经系统的真空的地方。一般人看到的动力织布机、某个科学器械或是某个合成体的蓝图同专家看到的是不一样的，悬挂在高速公路旁的电线在野蛮人和熟悉电报和电话的我们看来是完全不一样的。在实际情况中，对于事件的观察和观察的对象乃是依赖于既有的习惯的集合，包括各种以设施和资源的方式运作的信念的态度。

对于事件的观察将事件提升为事实，而这一步是认识到那些构成问题的冲突、不协调或不一致的前提条件。为了理解这一点，我们需要认识到的下一点是，上面所说的这些必要条件都是由社会条件决定的，这其中包括语言，或者说作为交流的手段和材料的流通的意义。我们根据已经所知的(也就是说，已经习得的)去认识(观察)，而习得知识则是我们身为其中一员的社会群体的功能。这一隐含的事实很好地体现在上面我们举的几个观察的例子当中。但这一事实仍需得到进一步阐明。在某些情况下，我们对于这一事实已经太过熟悉，比如，这一事实在教派、党派、宗派、小集团、学派、帮会、经济阶层和“组织”中屡见不鲜。 139
我们知道，这些群体都是由特定的追随者、支持者、信仰者、皈依者和同党者组成的。我们只要稍作思考便可意识到，这些群体之所以能成为一个群体，乃是因为群体成员共同坚持、接受并忠心服从的理论、教条、原则、立场，等等。我之所以提到这些群体，是因为很明显在它们那里表现为群体之构成与行为的信念决定了什么可以被当作事实，同时也决定了(其中包括偏斜和扭曲的情况)观察的方式。

在某些情况下，特别是对于那些我们不认同的群体，这种群体信念之于观察对象的影响力常常表现出令人不快和遭人反对的性质。然而，这些极端的情况代表的却是所有的情况，包括那些令人极度愉快的情况。我们说某些情况是令人不快的，而某些情况是令人愉快的，这并不是说在前面这种情况下，信念的集合体（以及随之而来的事实与问题）是由社会文化条件决定的，而在后面这种情况下，则是由不受社会影响的心灵或理性决定的；而是说，不同群体用的方法有所不同，而这些方法上的不同则通过习惯与态度体现出来。比如，“派系的”（partisan）这个词在日常用法中带有明显的贬义色彩，它指的是一种盲目的、未经反思的、顽固的偏见，或者也许还带有一种对于群体原则的迷狂的拥护。然而从词源学上来看，只要我们还处于某个群体当中，是某个整体的一“部分”（part），我们就都是“派系的”。在这个意义上，“派系的”这个词就和“社会化本性”具有了同样的意思，它表达的是没有一个正常的人能够独立存在。而这个词后来带上了贬义色彩，乃是由于群体试图在它的成员当中快速地建立硬性、严格的统一性的做法。

强调信念、事实与问题的文化相对性并不是说它们具有同样的价值，相反，这一相对性的事实间接指出了不同文化群体在态度与实践上的不同，这些不同体现在它们在获得与修正信念时所采用的方法与标准。比如，通常对我所说的“事实”的一个反对看法是，认为我混淆了*被认为*的事实与*真正*的事实，因为我们所认为的事实也许是欺骗性的、空想的、编造的、错误的和幻觉的。毋庸置疑，没有人能否认许多曾经被认为是事实和真理的事物现在已不再是事实和真理了，
140 但我们从中得出的结论却恰恰是通常结论的反面。

* * *

[我们也许应该区分]下面这两种不同的处理群体信念的习惯：一种是尽量维持习俗和传统的完好无缺，另一种则包含对习俗的打破和重构。①

由此我们可以得到一系列的结论。从科学的角度来看，那些将维持既有理论作为主要考量以维护自身声望的群体所提出的“问题”不过是一些伪问题。不过这些问题在另一个意义上也构成了真正的*社会性*问题，因为它们的永久性存

① [杜威的边注：“理性方法的顽固性、权威性与兼容性。”]

在与以更高级的智性运作为特征的社会是不相容的。某些机构的历史已经向我们证明，将作用于成员的信念和行为的力量永久化和夸大化是可能的。同时，它们还证明了，不管群体领袖所拥有的力量是否在群体信念的产生之初发挥了积极作用，领袖的力量在保持信念的活力和影响力上通常发挥着重要的作用。

* * *

［有些群体］因为自己的现代和进步而引以为傲。这些群体一贯地运用探究与测试的方法，并且镇定地认为工业可能会给既有的信念带来（甚至是巨大的）改变。然而这些群体存在是与其他的群体混杂在一起的，而那些其他的群体的行动则指向系统化地维持它们对于拥护者的影响力，并保护它们的信念免受变化的影响，而这些变化往往并不只是偶然而琐碎的变化。我并不认为任何人会否认下面这一事实，即虽然一些习惯于科学方法的群体在某些领域有着巨大的影响，但较之于那些其他形式的信念起主导影响的领域，这些领域就显得相对有限了。对于大多数人来说，“科学”这个词指向的是技术化的、特别的对象，而不是人类用来获得事实、提出并解决问题的方法。更特别的是，虽然人们承认科学对于材料（比如经济事务）的“实践”运作有着影响，然而流行的社会信念是，对于涉及道德的“实际”事务来说，科学的介入是不合法的。

* * *

在某些领域，尤其是工业、商务和贸易领域，科学有着巨大的影响，并且这种 141
影响的后果也有意无意地波及那些被认为与科学不相关的领域。然而这些影响并没有渗透到人们的态度与习惯，以及作为整体的社会精神与社会兴趣当中。我认为，这些社会精神与社会兴趣构成了下面这一事实的核心，即我们的生活是由一个由既有机构、教条、习俗和规则构成的巨大集合体推动的，而这些构成集合体的部件并不是由我们创造的，且与我们的实际生活需要并不相关。

正是由于如此，我们可以说，现代生活的社会问题正在于打破下面这两方之间的隔阂：一方是那些运用科学的习惯、态度和方法进行探究的群体，另一方则是那些较不专门的，所谓的一般性群体。前者需要将科学的精神、意志或意图渗透到后者当中。

III

即便是在今天，人们还是会说，科学并不能保证或证明自己所提出的那些假设性原则（比如，关于空间、时间、物质和因果性的假设），因此，哲学的任务便在于把这些假设作为智慧来研究。并且，人们往往将以下的观点视作粗糙的、哲学上的庸俗主义，即认为这些原则或范畴只适用于科学探究的方法与结论，因此对于它们的研究便在于研究它们是如何在科学探究的行为中运作的。人们并不认为以观察、实验和测试的形式进行运作的探究能够为其自身提供适当的证明。

在理论上，"认识问题"应该被把握为如下的形式，即考量关于事物的本质、关于物质与心灵的既有假设如何能够经受住新知识的方法与结论的检验。从某种程度上来说，已有的关于"认识问题"的考量也确实呈现出这样的形态。然而总是存在着这样一些原则和真理，它们具有绝对的、根本性的性质，它们是自在自为、永不可错，且无须矫正的，它们不是探究得到的结论，也无须在进一步的探究当中得到测试。直到今天，我们依然会发现某些教授哲学的老师虽然表面上很现代，却依然遵循着亚里士多德式的"自然是理性的"戒律，他们进而把亚里士多德式的理性概念作为一个固定的标准或"规范"(norm)来裁定科学，虽然物理科学、生物科学与社会科学中的实际结果和亚里士多德语境中"理性"形式与本质毫无关系（除了逻辑上的对立关系）。站在认为哲学是真的、更高一级的知识的立场上，下面的观点被再一次认为是粗俗的，即认为"理性的"东西就是那些通
142 过耐心的、持续的探究所找到的东西。在这样的立场之下，人们坚定地认为，我们在特殊的认识过程之前已经"知道"的东西是不容置疑的，它们是判断我们在实际、具体的认识过程中所得到的结果是否是真理的标准或规范。从实际知识的角度来看，这些被当作标准或规范的东西指示了深深植根在机构当中的既有习惯，因为唯一能够被理所当然地接受下来，且不需要经过批判性探究的正是这些习惯。毋庸置疑，许多旧的第一原则和最终原则已经过时，并被人们加以打磨改造，然而因为这些原则实际上是习惯性的态度，而非理性的原则，唯一能够破坏它们的方法便是形成新的习惯，特别是那些将探究的结果整合进自身之内而形成的习惯。

将前面的讨论作一个总结：现代哲学中令人困惑地混杂了持存的旧习惯和

对这些习惯缓慢的打磨。现代哲学呈现了这样一幅社会图景，其中安全地进行着统治的价值既不是那些旧的价值，也不是那些新的价值。在哲学上，最为明显的表现是哲学逐渐与科学分裂开来，这种悲剧性的分裂让哲学家宣称哲学比科学更为高级，因为哲学考虑的是实在本身，而“特殊科学”处理的则是特殊的现象。在古希腊—古罗马—中世纪的图示中，科学与哲学是同一的，并且这种同一既不是技术性的，也不仅仅是形式上的。正是因为这种联合，构成了世界图景的天文、地理、物理、生物、心理和历史信念得以与关涉到人类的起源与命运的道德宗教信念整合在一起。“自然法则”是这种联合的产物，它被认为是所有实践法则和规则（国家的、经济的、政治的）的规范。在哲学与科学分裂之后，自然以及描述自然的“真实”结构的自然科学便不再被用来支持和保证道德事务，与此同时，在特殊的领域当中，新的方法接踵而至，这些方法在工业制造、分配和传播中的运用大大革新了人与人之间的关系。哲学不但与自然科学决裂，还扬言要掌管自然科学，这就给哲学将自然科学的方法与结论运用于人类的道德事务造成了极大的障碍。虽然因为与科学的分裂，哲学正在逐渐丧失它的权威性，但是它所残留的影响力足以阻止科学获得如哲学在其全盛期所拥有的那种统治力。由于哲学在社会影响力上的逐渐无力化，哲学家便开始宣称科学对于人类事务的绝对中立性，并将科学分置于“物质”的领域。在哲学与科学分裂的同时，哲学就 143
与日常知识或常识分裂了开来，而后者的主要考量正是人类事务——做什么和如何做，如何用技术性的发明以及对此的运用来革新工业，而在哲学家看来，这些发明和运用作为副产品与纯科学是毫无联系的。在认识实践第一次脱离安全的轨道时，关于知识可能性的问题却繁荣地发展了起来，如果说这是一组矛盾的话，那么同样矛盾的是，当科学知识正在改变人类的工种与联系方式的时候，作为一系列自足命题（或者说事实、真理，这里怎样表述并不重要，只要知识维持自我隔离的状态）的集合的知识理论也发展了起来。也许未来的历史学家会对这一事实感到困惑。对于将科学与具体的人类事务分裂开来的情况，直到晚近依然存在着一种可以被称为沾沾自喜的自满态度。甚至在今天，即便是那些激烈地坚持科学、反对形而上学的学派也依然坚持在科学命题与实际社会行为的兴趣和考量之间作出明确的区分，而这些实际的兴趣和考量正是需要被包括在科学之内的！

* * *

然而困难并不仅限于职业化的哲学内部。由于古希腊—中世纪的哲学传统与西方的道德宗教教育之间的紧密联系，心灵、主体、自我和对象这些词——事实上所有带有心理学意味和力量的词——都带有一种强烈的暗示，这种暗示是与基于实际认识状态之上的认识理论背道而驰的。我们不难找到一些例证来说明，在很多情况下，那些实际上正在建构着知识结构和知识内容的科学探究者也在传统意义上使用这些词，就像大多数认识论哲学家所做的那样。

在这些条件下，我们最好从那些被科学探究者普遍接受的结论出发，除非我们之前所受的教育或某些不相关的因素阻止我们这样做。在知识的发展过程中，我认为最为重要的是那些将人类无可挽回地置于自然世界中的知识。不过，因为“自然的”、“自然”，尤其是“自然主义”和“自然主义的”这些词对于旧信念的
144 承袭最为深刻，我们有必要在这里将它们特殊化。[①] 我们说人处于自然世界当中，是说所有大大小小可以规定为属人的事件都与其他探究领域所研究的事件联系在一起，并且，所有这些属人的事件都必须在关于其他事件的知识的帮助下得到研究。

根据我们已经指出的原因，我们从否定的一面能够更为清楚而容易地把握上面这一论断的重要性。这一论断要求研究者完全拒绝任何将某些关系或联系特殊化的认识理论，包括所谓的心灵与物质的关系、主客关系、自我与世界的关系、个体与他人的关系、意识与脑以外的事物的关系，等等。这一论断要求我们赋予神经系统一个特别的位置（当然，这一位置并不是一种与众不同的、特殊的功能），就像我们赋予知觉和理性的那样。我们无须再讨论刚才提到的这些词是否在知识的描述中具有一席之地，或者可能占据什么样的位置。这一论断所提出的假设是，对于联系中的事件的观察结果才能决定问题所在，在此之前我们对于这组事件或那组事件并没有特别的偏好，我们根据已有的知识选择事件，但首先我们不会排除任何在已知领域被证明有效的事件。

---

① 比如，人们常常将“自然主义”不假思索地等同于“唯物主义”，而没有对“物质”这个词作些微的批判性检查。

与前面提到的观点和方法相符的认识理论应该具备这样一个基本命题，即知识是一个事件。只有事件才能和事件相联系，并服从于探究的方法(这些方法是从那些就目前来说我们所知更多的事件中得来的)。在那些成功的探究中，对象都被视作和处理为联系中的事件，而不是实体或本质，也不是主体、心灵、自我或意识的“对象”。

“知识”这个词前面不能加冠词“a”，也不能用复数的形式，而我们在使用“事件”这个词的时候则需要加上冠词或使用复数。当“知识”不表示学问或信息的集合的时候，它更接近于一个抽象的名词。“认识”(knowing)这个词同样也很少用到复数形式或冠词“a”，并且，较之于“知识”，“认识”与传统上那些需要接受批判性检查的意义——比如“心灵”、“认识的自我”、“主体”——之间的联系甚至更为紧密。这里，我希望重新唤醒两个已经废止不用的词：“认知”(knowledgings) 145
与“学识”(knowledgments)。与之类似的，还有“确认”(ac-knowledging)与“确知”(ac-knowledgment)。

首先，就像交谈、讲故事、研究、学习手艺都是事件一样，“认知”是与其他事件相联系的事件。它们之所以是一样的，是因为它们中并不存在某些“特殊的”知识使它们与其他事件区分开来，除非是那些已经被观察所证实的东西。

* * *

因此，将相对专门化和技术化的认识问题与广泛的道德问题区分开来是一种错误的简单化的做法，道德问题考虑的是知识在社会事务中的位置与作用，而这些社会事务，目前我们不妨称之为权威和价值。我们的信念深刻地影响着我们对于知识的运用，我们不会将知识用于在我们看来与它的本性不相符的地方。在我们关于知识的信念与态度遭到蒙蔽和扭曲的情况下，我们不可能清楚地认识到，在社会生活中，哪些认识方法和认识对象在发挥着作用，哪些没有在发挥着作用。在实践上，没有人会怀疑在物理和化学的帮助下我们可以在之前被视作奇迹的领域进行探究，但很少有人相信科学方法与科学结论会在那些大多数人称为“物质”的领域之外产生显著而富有成果的影响。我认为，除非我们将那些前科学和前技术文化传统的遗留物(这些遗留物既不是化石，也不是单纯的幸存者)纳入考量，否则这两种态度间的巨大不同就难以得到解释。我将举两三个例子来说明这一点。首先，只要我们仍然将物理科学的对象视作属于“外在”和

“物质”世界的，而不是认为“物理”的真正含义在于它的结论是由探究的行为方式决定的，那么我们如果要将物理科学系统化地运用到人类或道德的事务中，我们只会将一些物质主义的概念套用到这些事务中，从而完全削减了那些道德的或人性的东西。事实上，这正是目前的趋势。其次，只要我们仍然认为心理学的对象是“内在的”和“私人的”，且是建立在某些作为前提的基本“原则”之上的，那么心理学与关于社会人的系统化知识之间的鸿沟便是不可逾越的。用更为具体的形式来陈述这一点：交流（communication）是社会的唯一纽带。然而根据现有
146 的理论，人的本质是私人的和内在的，人不但与世界对立，还与一般的他人对立；作为语词的“意义”和实质的语言被认为是由“思维”构成的，而思维为了进入公共领域则必须带上声音或可见的记号（书面语言）。经济和政治事务中“个人主义”的理论背景正是这种将个体的本质视作内在的心理学。我们不能说这些例子仅仅是理论上的，且没有多大的实际效用，从而否定它们的说服力，因为只有在不承认理论论断能够反映社会态度的前提下这样的说法才能够成立。如果我们承认社会态度的重要性，那么即便是那些多余而不必要的态度也能够让我们注意到语词及其运作背后的习惯。

IV

自然科学中新方法的引入创造了一幅世界与人的新图景，并且，还特别地创造了一些崭新的进程彻底地改变了人与人之间的联系。即便新的自然图景与官方机构所支持和传播的观念之间并没有发生足够大的冲突，从而为哲学探究提供新的原材料，人与人之间的联系所产生的“实践”冲突累积起来也已经给知识问题带来了新的转向。

抽象地来看，我们应该在当下的知识问题中区分出两个不同的层面，其中一个层面应该被从哲学（这里的哲学并不是传统意义上的哲学）的考虑对象中剔除出去。完全地研究整个科学实践领域（从以“A”开头的人类学和天体物理学一直到以“Z”开头的动物学）中所采用的方法，然后将知识的理论建立在所得到的结论之上，这在理论上是可能的。然而就其自身而言，也就是说，不和那些传统的知识理论进行比较，也不考虑为了未来的人类发展方向将使用何种方法来确立问题和制定政策，这一方法论本身并没有什么特殊的哲学内涵。毋宁说，这一方法论应该被归为一门特殊的学科，并且人们还会怀疑，这一方法论对于各个领

域的科学探究者来说究竟有什么价值。从整体上来看，这些科学探究者仍然会继续使用在各自的领域内被证明有效的方法，并为了满足新问题的需求而对这些方法进行修正。塞缪尔·巴特勒(Samuel Butler)的这一段话很好地说明了特 147
殊科学领域的工作者对于一般认识理论的态度：[引文从缺。]

然而，我们也许可以从一个完全不同的角度来提出问题。从一般的社会立场来看，获得知识的方法的问题是紧迫且重要的，然而站在特殊化的科学角度，这一问题相对就不那么重要了。从一般的社会立场来看，知识问题在关于社会行为的理论或哲学中处于中心和关键的位置。我们无须作很多观察便可认识到，社会行为中混杂了在之前不同的条件下形成的习惯，比如，诉求于高级的政治、经济、军事力量，依赖于各种官方的、名不副实的权威，悄悄地进行各种精明的操纵，随心所欲地根据自己的心情制定各种政策。在此之中，科学的方法和结论也或隐或现地扮演着一定的角色。在对于人类来说越是重要的事务中，下面的对立就表现得越是显著：一方面，科学方法和科学发现在很大程度上，且越来越为工业制造提供着标准、规则、指导和提示，另一方面，对于将这些方法运用于工业构架之下的人类事务，人们却显得无动于衷。而恰恰是在这种社会语境之中，认识理论才获得了它的哲学意义。对于这一点的认识现在变得越来越紧迫，因为在当下的主导体系中，那些“认识论”的概念困扰、模糊、转移和扭曲着我们的探究，而不是将后者引向那些富有成果的方向。

* * *

知识问题作为广泛的人的问题，其影响并不体现在某个特殊领域的知识当中，它关涉的是整个人类领域中已知、已做与未知、未做之间的交换和互动。知识所处的位置、它的功能，以及它在习俗、机构与政治中所造成的后果(这些后果严重地影响了社会进程和社会行为)，构成了知识理论的非技术化、非特殊化的框架。更为特殊地，知识理论的自由和人性的一面应该关涉到作为不同的社会事件系统的知识之间的联系或互动，无论这些社会事件的系统是松散的还是“有组织的”。具体来说，这些系统可以被称为工业、商业、政治、艺术、国际关系、公共健康……简言之，用杰佛逊(Thomas Jefferson)的话来说，那些在最广泛而又 148
最狭窄的意义上包括了人类所有的“生命、自由和对幸福的追求”的事务。

正如我们之前所指出的，是否将这种形式的探究命名为“哲学”其实并不十分重要。这一形式考量的是根据知识所能做和应该做的来制定政策,而不是试图划分出知识的领地或增加知识的内容,除非是在某些特定的社会条件下,我们需要决定,哪些特殊的时间和空间之下的条件会指导我们的探究,哪些又会使我们的探究偏移,我们还需要决定,我们对于对象所作的人性的、自由的和道德的探究是否适当。极为重要的是,必须存在某些系统化的批判性探究在专门研究上面这类问题,而我则将这种系统化的批判性探究称为"哲学的认识理论"。

* * *

那些将科学方法与物理、经济、政治力量或操作对立起来的做法其实是在重复哲学上的一个既有立场,即将道德事务放在一边,将逻辑和关于自然的一般图景放在另一边。哲学并不能,也不应该去解决这些问题,要想解决这些问题,我们只能通过持续不断的行动。这意味着,某些系统化的探究也许能够澄清问题,并告诉我们如何在具体的行为中把握和找到那些可以被运用于当下的科学探究当中的假设。

为了强调,我要再次重复"知识问题的意义"中所包含的"当下性"。知识的问题绝对不是一个永恒的哲学问题。无论是在当下的习俗中,还是在过去的习俗中,人们都将想象视为智性的对立面,并且,因为探究所用的检验方法是既有的最好方法,人们又将习俗视作智性的对立面。然而这些对立表现的都是当下习俗中悲哀的一面。这里的关键在于,习俗能够达到多大程度的智性化,并且,那些构成了科学行为的习俗是否能够被整合进其他形式的行为习惯当中。

* * *

我们现在时常听到或读到这样的论断,即"科学"在社会性和道德上是中立
149 的,而这种中立正是科学的本质特征。我们需要对这一论断进行分析。首先,这一论断仍然在使用那些物理学和生物学已经或正在弃置不用的定义与分类。其次,如同所有将内在的形式或本质作为方法来使用的情况一样,这一论断意味着将问题与同它联系的事物人为地割裂开来,"科学"成为了一种自在自为的实体。换言之,当我们把科学对象与它的社会联系割裂开来的时候,科学对象就不再是真正的科学对象了。并且,就像其他的错误论断一样,这一论断并不会改变事实,然而却严重迷惑和阻挠了我们对于这些事实的处理。因为科学材料本身就

是社会事件，因此它一定会引起某些社会后果。下面的例子足以说明这一点：工业制造业、运输业和传播业中的革新刺激了科学上的革新，而科学上的革新又反过来促成了前者的飞速发展。通常认为，下面这一事实证明了科学事务与人类事务是两种不同而又独立的事务，即同一种科学技术既可以被用来摧毁人类也可以被用来保护人类，事实上，这一事实相反地证明了当下的社会条件之构成相当复杂，这种复杂性也造成了人类在行为上的不一致和矛盾。然而，如果我们将科学作为一种人类的形式，而不是将它与人类事务割裂开来，进而置于虚空之中，这种不一致便会消失。

* * *

值得一提的是，在四种高级文理学科[①]中，数学被用来支撑固定的教条和不变的真理，而这些教条和真理又因为与教会神学的联系而具有根本的重要性。数学的公理与定义被认为是最终的、固定的和自明的真理，因此是其他形式知识的不可错的、权威性的基础。其他的高级文理学科——音乐和天文学（其中包括了自然科学的所有形式）也在理论上和实践上为教会服务。

作为现今文理教育之模式的中世纪学院教育有两个显著的特征。第一个特征是，所有教育都不仅建立在严格的文本之上，还坚持要回到源头，现在有些人盲目地遵循后一个主张，要求回到古希腊和中世纪的标准与思维。第二个特征是，不加询问和不加批判地就接受那些根本性的真理，认为这些真理先天地内在于我们心中，且是其他真知识的坚实而不变的基础，还能给我们的生活提供指引。 150
然而教育的问题是一个社会问题，我们只能通过社会行为，而不是通过特殊的哲学思辨来面对和解决它。即便如此，哲学仍然有其明确的意义。哲学至少有责任清除那些从过去积留下来的令人迷惑和引起冲突的元素；并且，如果哲学是着眼于未来，而是不生活在过去，它的职责便在于尽可能地运用反思性的探究去思考当下问题的组成，并提出可能的方案（作为可行的假设）以指导社会制定政策。

上面附带所说的关于过去的知识问题的一些论断并不是说它是一个哲学问题，相反，即便过去的知识问题也是社会问题。知识问题的变迁反映的正是社会

① ［这四种高级文理学科是：语法学、修辞学、逻辑学和数学（包括算数学和几何学）。后文提到的七种文理学科是：语法学、修辞学、逻辑学、算术学、几何学、天文学和音乐。——译者］

问题的变革。几个世纪之前的社会问题是：在强大的机构化习俗之下，新的认识方法如何能够获得在公共场合表达和传授的权利。这里的社会问题不能同政治与道德运动分割开来，后者关涉的是宗教选择上的自由以及探究、言论与出版的自由。在这个意义上，知识问题就成为了一种急迫的表达，这种表达体现在我们的宪法对于“公民权”的规定上。实际的成功比任何事物（比如黑格尔的辩证法）都能指引新的方法，科学在特殊的、技术化的领域的成功彻底地改变了关于知识的社会问题。塞缪尔·巴特勒在下面这一段话中描述了他对于科学的个人态度的转变，他的描述很好地说明了从 17 世纪到 20 世纪知识所发生的一般性转变：[引文从缺。]

如果以发展的眼光来考量科学，我们就不需要去寻找科学的“基础”。科学是向前的，并且在自己的领域中展现了自己的成就。在这种情况下，旧的关于知识可能性的问题，也就是“认识论”问题，就会逐渐烟消云散。然而认识论问题不仅仅是一个技术性的问题，因为“内在”与“外在”、人与自然世界、物质与精神之间的区分深深地植根在我们已经机构化了的习惯当中。对于哲学上的知识问题在外在世界与内在的心灵、认识主体或大脑之间作出的区分，平常人常常会感到
151 困惑。笛卡尔与洛克所建立的认识论对于人与世界之间的分裂至今仍产生着持续的影响，然而这种影响并不是主要的。只有在机构化的信念试图加剧和加深这种分裂的情况下，哲学上的一般化讨论才能发挥作用。那些不能理解哲学上认识论表达的人其实在其本身之内就蕴含着促成这种表达的条件，许多哲学教师可以通过有技巧的询问来证明这一事实。

* * *

“道德”与“伦理”的狭窄意义暴露的正是那些造成了当下哲学问题消极一面的条件，这种暴露远远不是褒义的。从较为学院的角度来看，将伦理理论与政治经济理论区分开来现在已经成了被普遍接受的学院传统，虽然早期在经济理论与政治理论之间的区分已经因为形式所迫而不复存在了。然而学院的这一面背后是更为根本的人性的一面，这一面可以由以下重要而相关的两点来说明。第一，人们一般在明确的道德意义上区分善与恶，而不是在生成性的意义上作出区分。第二，人们相信道德在首要意义上是关乎个体特征和习性的，因此所谓的

“社会道德”(或社会伦理)便成了一种特殊而不同的事物。人们一般认为，道德带有强烈的训诫意味，且是通过规定人们*应该*遵守的法则来规范他人的行为的，因此，在讨论直接或间接地涉及人类价值的一般性事务时，人们多数会犹豫是否要将道德带入讨论当中。然而在以前，“道德的”在任何情况下都是和“人性的”等同的，当时的对立或区分是“人性的”与“*物理的*”之间的对立或区分。政治学和政治经济学对象之所以是道德的对象，不仅是因为传统的分类或学院的分类，更是因为它们的对象本来就是关涉到人的。这一观念在18世纪的英国依然是一个主流观念。亚当·斯密将道德定义为对于人之幸福与人之完善的探究，认为道德哲学的对象不单包括作为个体的人，还包括作为家庭、国家以及社会的成员的人。这一定义出现在他的《国富论》当中。并且，斯密将他在《国富论》中所 152
讨论的材料作为道德哲学的第四个分支，另外三个分支分别是“自然神学”、“伦理学”(斯密的《道德情感论》讨论的正是狭义上的伦理学)以及作为*正义*理论的“法学”(斯密特别地将“自然法则”作为制定法的基础)。

无疑，体现在斯密著作中的特殊化的倾向正是广泛的人类“*道德*”被限制为“伦理”的一个因素，正如斯密的《国富论》极大地促成了*政治*经济学(进而是任何与经济有关的主题)从政治学中独立出来。特殊化的过程就是分裂的过程，而后来兴起的社会学正是希望将分类的主题重新“综合”的一种尝试，这是文化历史饶有趣味的一面，但对此的细节化讨论就不在本书的范围之内了。与我们的主题高度相关的是，将物理知识的对象分裂出来，将之作为一个独立的、所谓“外在”或“客观”领域的做法直接反映在了下面这一观念当中，即物理知识只与人类事务中的胃口、需求、欲望以及生命延续的功能联系在一起，而这些功能都是“物质性的”，因此物理知识能够外在地作用其上，而“道德”的对象则完全是处于自然科学之上的(除了那种完全有害的道德，因为根据定义，有害的道德与道德的本质及其所有特征都是背道而驰的)。我们并不缺少对于道德必然性的道德化表达，也就是职责或责任，通过这些表达，我们用道德法则掌控了经济事务和国家关系。然而事实上，我们只是通过单纯的“应该”(oughtness)完成了这些必须完成的任务。如果我们不将科学方法用于指导社会变革，我们就只能拥有两种互相排斥的方法来将“*应该*”转化为“*是*”。方法之一是转变足够数量的“个体”，这里的“个体”等同于世俗化的灵魂；方法之二是建立一个道德权威，并通过适当的实践力量将权威转化为一个机构。讨论到这里，我们已经认识到道德与社会组织之间的联系，不过还有一个事实有力地说明了我们的观点，即在西方社会，权威以及与之伴随的力量集中到了一个独立的、从超自然那里汲取权力的机
153 构——教会。

我们不需要在这里讨论(即便是提纲挈领式地)道德理论的内容，道德理论的内容由人类的各种价值构成，而这些价值又通过人类各种形式的具体联系(这些具体的联系包括家庭的、工业的、政治的、国际的)，通过友谊、教育、文学和其他形式的艺术得以产生或被摧毁，得到提升或被阻碍。如果我们将自然知识孤立出来，我们就完全阻碍了这类理论的发展。

* * *

将科学从社会事务中孤立出来的做法体现了人们对于经济事务之本质的普遍看法，比如下面这个关于经济科学的定义："经济学处理的是以为个人和社会群体提供物质需求为中心的社会现象。"[1]这一定义之所以成为被人们所接受的观念，是因为它在本质上是与将经济现象从当下社会分离出来的实际做法相一致的。对于这种科学与社会事务之间的分裂，我不认为有比下面这一事实更为明显的证据了，即人们认为由物理科学的运用所带来的社会变革(这一变革是如此巨大，人们恰当地称之为"工业革命")正是体现了"个人和社会群体的物质需求"的不容否定的事实。人们不但没有质疑将物质兴趣与道德兴趣分裂开来的原因，而且在大多数情况下都没有注意到这种分裂，这其中的原因是，所谓"现代"世界不加批判地，并且几乎是无意识地承袭了"理念"与"物质"、目的与材料之间的分裂。直到今天为止，自然科学领域所发生的变革仍然在加固而不是在动摇将"物质性的"需求、交换、结果和目的同属人的道德区分开来的做法。自然科学的领域被限制于物理的对象，这些对象是构成古代哲学称为存在秩序的材料，现代哲学则称之为物质的"领域"，同这种限制对应地，人们在社会生活中将经济现象置于"物质"的名下，而同其他的人类事务区分开来，并且，我们需要再次重复，这种区分还
154 是发生在工业和商业革命给所有具体的人类关系带来巨大变革的情况下。

"物质"的位置与意义已经在古希腊哲学中被规定为与"理性"、"理念"相对，

---

① 《社会科学百科全书》中"经济学"词条的第一个句子。见《社会科学百科全书》(1931年)，第5卷，第344页。

这是一个历史的事实。同样是历史事实的是，中世纪哲学进一步加深和加固了这一传统，将理性和理念转化为作为神圣本质（同样也是人的本质，因为人保留了神的印象）的“精神”。现代科学虽然完全改变了用来描述和定义物理事物的特征，却保留了分配给物质的低级地位。物质除了被认为是基层的与低级的，还被认为具有潜在的危险性。在人类的构成中，与肉体联系在一起的自然欲望代表了物理事物，它们的本性是拒绝理性的权威，并试图取代理性的地位。只要道德理论保留了旧传统的立场，它就和经济理论一样，认为应该将科学从“更高级的”（也就是道德的）社会生活中分离出来。这样的道德理论宣称，道德法则及其所指向的目的应该掌管人的低级本性以及表达这些本性的经济行为和经济关系。然而由于道德理论孤立了自然知识的方法与结论，它所谓的“应该”对于实践的后果来说便成了完全外在的东西。这样的道德理论排除了下面这种可能性，即将自然知识的方法与结论运用到人类在共同生活的过程中所产生的价值，这样，社会化的经济组织便能够解放这些价值，将它们变得更为确实，并得到更为广泛的分享。事实上，虽然现在我们偶尔会发现有些人正在试探性地将自然知识用在社会事务当中，并试图将前者视作内在地从属于人类价值的，但大部分的声音却认为现代社会所遭受的恶正是由于“科学”逐步侵占了那些不属于它的、在形而上学和神学的传统看来更为高级的领域。事实上，恶与麻烦正是由我们将科学人为地限制在技术性的领域，并武断地将它排除在关于人类最高价值的考量之外造成的，然而，现在人们却反过来将这些恶与麻烦用来反对科学，反对发展和运用那些原本可以有效地减轻和去除恶的方法。

当我们将现代哲学与将自然科学孤立起来的做法联系起来看时，我们会发现，其中起决定性作用的还是持留下来的古典哲学前设，即知识与实在之间的独特的特权化关系。在中世纪的神学哲学那里，最高知识或者“科学”知识的对象与我们现在所理解的非常不同，但是这一前设却保持了它的基础性地位，并且毫 155
不削弱地一直传输到新科学运动的哲学家那里。[①] 我们不需要武断地扭曲历史

① 这种知识的最高“对象”（用后中世纪的概念来说）在中世纪是位于自然之上的，在古希腊形而上学中则是自然的自然化顶点（culmination）。不管怎样，亚里士多德认为神学与“第一哲学”是同一的，这一论断让中世纪的思想家认为，尽管他们的思想与古希腊思想相比存在着彻底的变化，但他们依然处于连续的亚里士多德体系当中。

就可以将现代哲学中所有那些异化和扭曲的特征与下面这一失误联系在一起，即我们没有能够认识到哲学前设与建立在新科学的态度与方法之上的假设之间的不一致，并且我们假设认识的实践与理论的思辨是不一样的。这一失误的后果是，我们用两种秩序的"实在"取代了古希腊和中世纪传统中的等级化的质的秩序：因为自然科学的对象是物理的，所以我们用另一种灵魂性的或精神性的实在秩序去包含并处理所有那些非物理的事物。在这种"分叉"（bifurcation）（这种分叉是完全的分裂，而非根茎式的分叉）的帮助下，那些哲学前设必然地将知识问题变成了特别的、技术化的认识论问题。这种认识论问题在现代哲学传统中占据了中心地位，书本和课堂将哲学史从它的文化语境中孤立出来，而学习哲学的学生所熟悉的正是这样的哲学史。

* * *

处于自然哲学与道德哲学之上的是第一哲学（它们又一同处于七个文理学科之上），而第一哲学又被称为"神圣哲学"、神学、形而上学，因为它的对象是最终的实在，或者说存在。存在是自在完满的，它不缺少且不依赖任何东西，它是其他所有存在的无条件的条件。在古希腊和中世纪传统中，所有自然中的事物都是质的，因此所有的知识对象也都是质的；并且，所有的自然变化都体现了朝向目的的运动，在这些目的当中，存在的真正本质得以实现，并体现在理性的、演示性的知识当中。第一哲学便是这样的知识，它是关于自然之真正存在的最高和最完整的科学，同时，它也为与低级的自然存在相对应的低级形式的知识提供
156 理性的观念，以这种方式，知识的体系得以建立起来。

在新科学的对象中，质的特征与神学的特征消失了，取而代之的是以下的立场，即知识的本质而唯一的功能在于揭示实在的构成，从而获得真理。这一立场消解了（远称不上是温和地）哲学与科学之间既有的密切联系。反对哲学的人会认为这种分裂是将科学从桎梏中解放了出来，自然知识不再被专制的力量所奴役。然而这种分裂对于哲学（包括哲学的知识理论）的影响是，哲学停止了使用那些让自然知识得以发展的方法。哲学家不能使用在自然知识中获得成功的实验性观察的方法，因为这种方法只与物理性的"实在"相关。不可否认，科学的解放对于科学技术的进步是极为有利的，但我们为此付出的代价是，科学材料同人性问题和道德问题之间的有机而至关重要的联系被割裂了。人们把"绝对真理"

归为哲学的对象，并将哲学与自然科学的关系设定为哲学是用来“证明”特殊科学(比如关于空间、时间、基质、因果性等的本质)的假设的，并且这种证明是将这些假设置于科学所触及不到的哲学的场地中，然而这种与“终极实在”的联系也许只有在哲学家看来才是重要的。真正重要的是，人类的能力、习惯与观点只有在同低级的“物质性”生活，同自然知识的方法与结论相联系的时候才能够确定下来。科学与哲学之间的分裂在本质上完全是实践的或道德的，也就是说，这种区分是根据它们所处理的“实在”的类别作出的——哲学最多能够达到“相对”和“有限”的真理，而哲学处理的则是人类赖以生存的更高级的真理。与此同时，人们将真正的哲学主题同直接的科学知识区分了开来，而后者要求哲学解决的是如下的技术性问题：科学是如何可能的？如何去“证明”那些科学所提出的，但其自身又不能够证明的假设？这种分裂在很大程度上造成了大众对哲学逐渐产生的漠视——如果还称不上轻视的话——这一点是毋庸置疑的。由于对某种特殊形式的哲学的漠视而导致的对任何形式的哲学探究的漠视是一回事，由于哲学自身的定义而让人们对哲学没有特殊的兴趣则是另一回事，因为这种定义之 157
下的哲学距离直接的人类考量与人类价值是极度遥远的。[①] 现在人们越来越倾向于求助外在权威在严肃问题上为他们提供指导，而这些外在权威不过是逊位之后的哲学的复制品，而哲学的逊位正是由它与自然知识以及获得知识的自然方法决裂造成的。任何一个对当下的趋势进行过观察的人都会发现，现代哲学中令人困惑的混杂和极不彻底的观点恰恰为当下某些甚嚣尘上的观点提供了有力的佐证，这些观点认为，我们唯一的出路在于回到过去那种形而上学的和神学的哲学，这种哲学涉及的是固定而最终的真理，认为这种真理是规范所有人类行为的权威，不需要接受质疑和批判。

如果物理科学的对象是处于一个独立的“实在”领域当中(如果我们接受将知识等同于实在的传统观念，那么我们就必须接受这一立场)，那么将科学从哲学中区分开来就迫使哲学(如果哲学还想成为一种知识的话)坚持自己是最高形式的知识，并且它的对象是终极的实在。同时，哲学还宣称认识方法是它特有的研究对象。只要哲学坚持在物自体与表象、本体与现象之间作出区分，并且不愿意放弃将知识等同于“实在”的传统哲学原则，它就不可能获得真正的对象。并

---

① 哲学试图用高度间接的辩证法去证明一般性价值的存在，并要求人们尊重这些价值。

且，毫无疑问地，只要哲学坚持认为它的对象是完全独立于自然知识的，且是不能被后者所触及的，它就是在宣称，它拥有某些只属于它自身的私人所有物。因此，“直觉”和“先天”在哲学中所扮演的角色绝不是偶然的或次要的。这些词所代表的是一种哲学上的认识方法，这种方法与常识上的观察和自然科学方法是完全不同的。[①] 存在着这样一个奇怪的事实：一旦“理性”宣称把握了任何真理
158 或原则，这些真理或原则就不再受到批判性的检验和建立在证据之上的测试，也就是说，它们被免除了具体的操作和条件，而正是这些操作和条件在日常事务和科学中被定义为理性的。[②]

声称与成果之间的对比，特别是科学上已经获得的成果和哲学中存在的纷争状态之间的对比，造成了之前提到的人们对于哲学的漠视。然而还存在着另外的选择。那种将知识定义为操作中得到的结论的哲学正在逐渐赢得一席之地，这种哲学处理的实际出现的问题（包括对其自身的不断修正）并不包含在所谓的哲学问题（此种哲学认为知识先天与实在联系在一起）的前设中。这种哲学与平常人及科学家站在一起，对于他们来说，“实在”意味着任何在具体的情况中值得与错误和幻相区分开来的事物。比如，较之于不真实的鬼魂，薄暮之中的白布就是“实在的”，因为我们的探究——也就是认识——为后面这种解释提供了充分的证据。特殊知识存在的合法性在于，它们为一般形式的问题提供了解决方案。在当下的信念状态下，哲学的特殊任务（或者说问题）是根据物理科学所提供的物质性手段决定问题的类型，同时哲学还需要指出这些物质性的手段是如何发挥以及为什么能够发挥其功能的。上面我之所以提到“当下的信念状态”，有一个特殊的原因。在哲学完成了上面所说的任务，并得出了被普遍接受的结论之后，就不存在一个将特殊的物质性材料作为其对象的哲学问题了。接下来我们要做的是根据文化资本和手头的材料来处理随时出现的问题。如果人们普遍承认哲学问题是暂时性的和关系性的，而不是永恒的和绝对的，那么

① 这里所作出的论断并没有否认哲学家作出的假设和阐明的原则是清晰而富有成果的。这里的论断指出的是这些哲学家在逻辑上的立场，在实践上，他们也许会离开这种立场，并作出有价值的贡献。

② “理性”的这种特别的用法还有一个副产品，即那些质疑和反对这种用法的哲学家居然被称作反理性主义者和反理智主义者！这种教条化的特殊认识功能和认识模式破坏了哲学家内部应该存在的团结。

哲学问题就永远不可能短缺。只要信念之间还存在着不一致和冲突，而这些不一致和冲突又影响着社会行为的重要目的和政策，从而将人实在地区分开来，我们就需要那些运用到相关的科学方法与科学结论的探究，不过这些探究 159 考虑的是下一步做什么以及为什么要选择这样做，而不是考虑那些已经发生的事件。

将旧的态度和理论带入完全崭新的运动和信念当中所造成的结果远不止是哲学与自然知识的分裂。从理论上来看，它还在日常生活的实践兴趣、工作、规范化态度（当然这其中包括了它们对于未来生活的实际后果）与科学探究之间造成了不可逾越的鸿沟。我们在前一章①提到了笛卡尔的“两个太阳”，其中一个太阳是早上升起提醒我们劳作、晚上落下要求我们休息的实际的太阳，另一个则是天文学中的太阳。笛卡尔特别地指出，相比于我们眼前的风景（或者即便是相比于我们周围的家具），实际的太阳只占据了我们视线中很小的一角，而天文学中的太阳却是无可比拟的大。事实上，两个太阳之间的区别只是下面这种一般性区别的一个例子：一方面是关涉到人类生活的进程与后果的真正对象，另一方面则是完全与人类生活没有关联的对象。至今我们仍被下面的问题困扰着：哪个对象才是真的对象？它们之间完全不同且看似不可调和的特征、它们的不同存在如何能够被调和？现在的哲学很少有不涉及关于两张桌子的讨论的，一张是物理科学中的由分子、原子和电子组成的桌子，另一张则是为我们所用的，能够供我们放书和其他东西、供我们用餐的桌子，后一张桌子不具备科学材料的那些性质，却具有不同于科学材料的目的、效应与后果。

我们不需要太多辩证法的技巧就可以发现，还有比我们通常所说的两张桌子更好的陈述。从物理的角度看，并不存在任何桌子，存在的只不过是无限拓展的带电粒子的旋涡。只有在物理科学中，桌子或者具有桌子特性的对象才会被把握为数学化的等式和其他功能。② 160

从辩证的角度看，我们仍然可以从对桌子的讨论中得出哲学问题，这种讨论

---

① ［见本书的第五章“从宇宙自然到人性”。］

② 我并不是说在物理学家的著作中找不到关于桌子的讨论，有的物理学家还是没有丢弃类似于哲学上两张桌子的讨论。

既与桌子的颜色大小无关，又与桌子的用途无关。有可能像语言一样，物理学所研究的可以是为人所用和所享受的事物（当然还包括给人带来阻碍、害处和悲剧的事物），这些事物是人类生命进程持续而不可逃避的性质和特征。如果真的是这样，那么自然知识的对象就和所有那些被归于价值的事物紧密地联系在了一起。

哲学似乎从来没有像现在这样被调和两种对立需求的工作所占据，一方面是日常生活的事物与事件，另一方面则是那些特殊的物理科学的对象，除了那些恰好喜欢这项工作的学者和教师，这些对象对于一般的人来说没有任何特殊的意义。日常生活中的人们意识不到科学的问题，除非他们需要通过科学来解决那些会影响生活的实际问题（比如，需要热量来温暖我们的身体和房子，需要光来处理事务，需要消除我们所遭受的疾病，等等），或者需要某些科学发明和技术上的进步来改进我们未来的生活经验。并且，这些科学的行为都是实践的，因为其中物理知识的获得可以说是一种社会性的追求或社会性的工作。这里所说的追求指的是对于自然的实际的探究行动，这种探究涉及现有的资源、存在的障碍、工具和技术的制定，以及对于一系列面向未来的工作的制定。无论我们对于“心灵”、“理性”或“意识”持有什么样的观点，人类在研究室、图书馆、观察室、实验室、矿场、田野、森林和其他地方制造出了大量的物理知识，并且通过其他的手段和特殊化的进程创造出了许多比物理和数学公式更为切实的知识（虽然这些知识并不比物理和数学公式更为人所知）。并且，一批工作者在完成一项工作转移到下一项工作的时候，他们的工作方法又要重新受到社会和文化的规定。

然而，检查一下现存的情况，我们会发现，上面所讨论的问题的意义远不仅限于对于物理对象与生活进程、兴趣、物质之间关系的技术性讨论，因为这两者
161 之间的关系和运动远不是技术上的讨论所能够穷尽的。当然，造成这种狭隘现状的并不是哲学家的原因，这是由历史性条件所导致的社会文化事件。

* * *

比如，在经济学中，最为技术化的一端，也就是通常被称作“产品”的一端，受到的限制最少，而接近人的一端，也就是所谓的“消费”的一端，受到的限制最为明显。换言之，在经济学的语境中，将产品从消费和伴随消费行为的人性层面与

人性后果中孤立出来的做法体现了这样一种习惯，即将产品视作完全自在的，而将消费视作偶然的副产品。

我们只需反思下面这一事实，就能证明我所提出的观点：人们认为，完全独立的数学和物理学是“纯粹的”，而服务于人类事务的操作和技术则被称作“应用”科学，只要我们检查当下的科学著作，就会清楚地发现，这里的“应用”指的是某些外在的、额外添加上去的东西。就我所知，没有什么比下面这个既有习惯更能说明这种孤立性了，即将科学当作完全自在的，人类对于科学的任何运用都是外在于科学的。事实上，对于所有实践目的来说，“纯粹”与“应用”是同义的，它们关涉的都是手头的问题。尽管如此，“纯粹”这个词还是会被人们认为表达了某些褒奖的含义。我之所以使用“独立”这个词，是想唤起一些对于当下科学之状态和科学之功能的不安。

物理知识的材料在当下科学中的使用是由起源于前科学时代的机构性因素与条件决定的，并且这些因素与条件并没有因为科学的兴起而发生多少改变，我不认为很多人会否认这一点。无疑，新科学运动促进了封建制的衰落和资本主义的兴起；反过来，推翻了封建体制的生产和分配的技术模式又刺激了新科学的发展，并且，这些技术模式以及它们所带来的成果有可能是新科学在与其劲敌的斗争中唯一获得胜利的领域。然而，将新的技术资源引入资本主义经济框架的过程却是由在新科学和新技术兴起之前早就存在的机构规定和掌控的。比如，我们可以确信的是，资本主义的兴起与新教之间存在着关键性的联系。新教的 162
某些特征，或者至少是新教城镇和国家的某些环境，赋予了经济上的积累宗教上的祝福和批准，而这种经济上的积累便是资本的物质基础，同时也是引入工业制造和交换的新形式的不可或缺的条件。宗教上对于禁欲和奉献的祝福早已有之，然而现在这种祝福的对象由旧的变成了新的、相对比较世俗的对象，这种转变反映了社会的变革。然而，宗教上将禁欲和奉献视作善的、值得追求的，进而视作神的祝福的行为其实是一种将经济上的不平等“理性化”的行为，这种经济上的不平等在天主教和新教的教义产生之前早已存在。另一个再大一点的例子是，在封建体制（及其之前的体制）中，对于他人的工作与服务的特权和命令是建立在机构和体制当中的。旧的习惯控制着表现为资本主义工业的新的社会形式，与此同时，新的物理知识则刺激和指引着新的社会形式。实际的社会事件一直是，且始终是各种习惯作用下的令人困惑的混合体，这些习惯在科学兴起之前起着掌控作用，在科学兴起之后在特定的领域依然起着掌控作用。①

权威，作为权力的归属，掌控着人类的行为与目的，以及新科学通过新技术这一媒介所展现的价值。权威在很大程度上存留在实践的态度和信念中，这些态度和信念远在现代认识模式和结论兴起之前就已经形成了。这一论断包含了下面这个重要的观点，即现代哲学对一般性认识理论和特殊的自然科学理论的
163 表述反映了，并且在一定程度上证实了，物理知识与其他社会知识的完全分离。新科学受到了来自机构和体制的激烈反对（特别是在欧洲大陆），人们为了保护年轻而不成熟的新科学，无意识地将科学与它的社会性后果分离了开来，并为了方便简单起见将科学的对象归为"物质"。这一事实有助于我们理解哲学中认识理论的特殊形式。人们可以借口说，认识理论之所以变成现在这种形式，是为了保护新知识不被它的劲敌扼杀在襁褓中，然而到底接不接受这样的借口，就要看我们仁慈与否了。不过这一事实倒是有力地证实了我们对于哲学主要任务的看法，哲学的主要任务是指出知识作为一种合法的社会力量和社会权威的位置和功能，并以此来决定其他社会事务的进程。换言之，当下的任务不是将知识转化为一种独立的实体，而是将那些构成了实际有效的认识过程（从而也决定了获得的结论）的态度和习惯从有限的技术领域推广开来。从一个侧面来看，这一任务要求我们拆除现代哲学所建立起来的障碍，也就是说，我们要对 17 世纪以来构成知识问题的前提以及对于知识问题的各种解决方案进行批判性的检查。不幸的是，我们只有完成了这一否定性的工作才能展开建设性的工作。

V

在结论中，我要再一次回到本章开头所提到的现在哲学中存在的统一体。我们提到，这种统一体实际上是一个问题，并且，已有的解决方案充满了冲突与

---

① [以下来自文件夹 53/15：换言之，新科学是新技术的源头，或者说作者（author），这些新技术不但改变了工业、贸易和商业，还改变了社会的面貌。冲突的缺席或受压制意味着问题的不存在，而问题的出现一定是与特定社会群体的既有信念相关的，因此，这些群体的结构与性质决定了产生并引起人们注意的问题的类型。在一个社会中，习俗和既有机构的权威越大，问题的解决就越是能够在既定的信念内部实现：在对其结构作最小变动的情况下，问题被整合进已有的信念圈内。这里的"权威"指的是对于一般信念的力量，它不仅仅是一种单纯的力量，因为它还体现了群体成员的积极拥护与忠诚。权威要求的是赞同与忠诚，作为群体力量的代表，它有权力（或者更应该说是责任）去决定什么应该是，什么不应该是，应该如何提出问题，又该如何解决问题。]

矛盾。纵观哲学史，我们可以看到极为多样的体系，然而这种多样性不仅是历史事实上的，也是逻辑上的。对于一个共同体来说，同一个问题可以有多样的结论，这种情况是符合逻辑的，其中并不存在矛盾之处。具体来看，这种情况的出现说明，对问题的起源、语境和条件，以及知识的性质和界限的说明中包含了任意而武断的元素，因此就需要额外添加的因素来决定应该采用何种解决方案。当我们不能决定一个情境的形成因素的时候，差异与冲突就出现了，而这时候我 164
们就只好求助于外在的干涉和不相关的事物来提供一个解决方案。

我们可以在之前的章节找到关于以上这一论断的证据。所有学派在陈述知识问题的时候都是不确定的，且都包含了武断的因素，因为所有这些问题都是先在于且独立于构成实际认识过程和实际知识的方法与结论的。这些认识理论都不是基于观察到的事实之上的，就像日月食的理论是基于观察到的事实之上的那样，相反，这些认识理论是基于“第一原则”之上的。我们之前已经对哲学先定的原则作了讨论。简言之，这些原则将知识等同于自在自明的，并且进一步将这种确定性等同于“必然而普遍”的真理，我们可以“直觉”到这种真理的自明性构成，或者可以通过已有的前提推得。这些原则还认为知识与存在或者实在是内在地一致的。抽象地看，这一设定听起来很了不起，然而在实际的操作中，这一设定却意味着实际探究的结论受到先在于且独立于探究的标准和“规范”(norms)的检测来决定它们是不是知识。这些原则还认为存在着认识自我或认识主体作为知识的座位(seat)和器官，它们装备了多种力量或官能(后来弱化为状态和过程)；如果特殊的探究结论要成为知识，其结构就必须与这种认识自我或认识主体保持一致。

上面所总结的知识理论因为包含了武断的因素，所以不能够控制结论，因此就产生了另外一种完全不同的知识理论的可能性和愿望。这种不同的知识理论是建立在可由实际认识行为落实和确证的事实以及由此得到的结论之上的。这一论断完全有可能引发这样的反驳：“诚然如此，然而我们又如何得知这些操作和结论是真的知识呢?”为了更好地理解我们的立场，我们要借助对于哲学上的知识问题的认识，因为后者展示了那些知识问题赖以产生的前提在现代哲学中(即便是在今天)扎根得多么深。我之所以在这里提到这样的反驳，不仅仅是想阐明我们的立场，更是想借此驳斥这种反对意见背后的基本观念。一方面是数 165
学、天文学、物理学、生理学……整个科学领域(从“A”开头的人类学到从“Z”开头的动物学)通过不断的耐心探究所发展和测试出来的结论,另一方面则是先于任何探究"获知"的、普遍的第一原则或终极真理(科学探究的范式与范围,以及由此产生的结果必须与这些原则或真理相一致),从为知识而知识的角度来考量,这两种立场到底哪一种更好呢?真正为知识而知识的人(我自认为是其中的一员)偏好前一种立场。然而在当下,人们更倾向于问这样得到的知识是否是建立在不可质疑的"真知识"以及其他类似的前提之上的。这样问的人可以将自己归于任何一个自己喜欢的认识论学派:现象主义的、不可知论的、经验主义的、理性主义的、观念论的、实在论的,等等(每一个学派又有不同的分支)。正如之前所指出的,这些不同的学派出现正是由于问题的提出并没有指导和规范认识进程以获得解决方案为目的。

并且,我要在结论中指出,这里之所以采取如此激烈的批判完全是基于对相对晚近的知识和其他文化行为形式状况的考量。随着新知识相对突然的出现,特别是那些试图将这些知识整合进西方文化的习俗、机构与信念的新方法和新观点的出现,旧的宇宙论科学与通过以道德宗教为媒介所表达出来的想象和情感交织在一起,鉴于此,我认为很难再想出一条与我们所提出的立场不同的路径了。我认为,我们手头的方法中也许依然保留着一些旧的信念形式,这些形式还没有脱离传统上的二分的迷宫——内在与外在、自我与世界、心灵与身体、积极力量与消极材料、感觉与理性、物质的与观念的(方法与目的)、事实与价值。同时我也相信,我们现在生活于其中的困惑和冲突的状态(新旧任何一方都不能占据有利的位置)迫切地要求一种新的、系统化的努力,并且,这一努力需要人们在很长一段时间内通过合作来完成。

第二部分

第八章

至高的人类技艺

I

现在，我们要从对于哲学之过去的讨论转向对于当下之可能和需要的讨论， 169
为此，我们也许可以以下面这一点为讨论的出发点，即现代理论是如何在与那些反映了缓慢而滞涩的机构化变迁的旧理论相纠缠的情况下进步和发展的。现代思想家通过指出旧观念中的隐秘部分（至少通过对比）揭示出了现代理论的前进方向。从积极的一面来看，现代思想真诚而积极地尝试将问题公开化，问题被置于光天化日之下，任何装备了恰当工具的人都可以来研究它们。从实际行为的角度，也就是从所谓的实践层面来看，这种态度的转变始于15世纪的探索与发现，这场探索发现一直到我们现在对于极地的考察这里才画下句点。在这一语境中，人类的知识不断拓展，这些知识体现在人类的习俗、机构、实践、观念和语言当中，所有这些构成了人类学和其他社会性研究的对象，可以说，这些研究只不过是这场探索发现的副产品。

从更为技术化的角度来看，任何通过使用人造的工具和设备来打破习俗的桎梏的做法都是我们这里的讨论对象。对于工具和设备的使用不断地让我们注意到大量的极为细微且有着惊人的时空范围的材料。随着观察、实验、数学的工具和技术的不断发明，我们可以接触到的材料越来越多，从这个角度来看，的确可以称得上是“惊人的”。无论对于哪个现代哲学学派来说，它们的一个重要标志都是将发现的热情与证明的狂热区分开来。它们的座右铭是：将每一样事物都公开化，这样每一个人都能够看见并检查它们。 170

II

我们在本书的第一部分中讨论了西方文化结构中的信念通过认识的实践和认识的结论对知识理论的发展起到的坏影响。或者可以反过来说，我们所揭示的是现代自然科学的结论在进入体现在欧洲的机构和体制中的道德宗教的信念体系之后所造成的有害的效应。不过就我们的讨论来说，不管是从旧信念的角度还是新信念的角度来看现代哲学的发展，这其中并没有什么区别。重要的是，鉴于新旧观念之间的矛盾和冲突，并且，又鉴于旧习惯已经深刻地整合进了情感化的想象以及机构与体制当中，现代哲学要走一条与现在的道路完全不同的路子在实践上是不可能的。然而，历史是一个连续的进程，一段无论从历史上来看还是从人性上来看都不可避免的纷杂的时期的存在并不意味着这段时期会永远存在下去。的确，困扰和冲突的状态在当下是显而易见的，但是这种状态同时也邀请我们对此进行组织，这种组织一方面需要通过转变中世纪由神学驱动的信念来寻找出路，一方面又需要从真正现代的科学、政治和技术当中抽出它们的假设并加以表达，并注意不把它们与不相关的元素混杂在一起。许多迹象都表明第一个方面的组织已经在展开了，原本防御性的社会趋势和力量已经转为进攻，国内和国际悲剧性的无组织和不确定状态为这种转变创造了机会。然而在我看来，这种情况会无限地拉长当下的困扰和冲突状态，并延迟现在所急需的澄清与重建。这一反对运动所依据的“自由主义”本身就是一个需要得到澄清的表达。我们需要某些更为彻底的东西。

* * *

现在，我们不再讨论持留下来的旧信念是如何转移和扭曲了现代哲学的进程，我们要转为讨论现代哲学试图前进的方向，并列举它所遗留下来的主要问题，这些问题并不是哲学现在必须处理的对象，而是我们可以从中获得建议和启
171 示的材料。

然而，任何对于现代哲学前进方向的归纳都是极富争议性的。作为一种阐释，它势必受到阐释者的立场与偏好的影响。要在我们之前提到的现代哲学的差异与冲突中寻找这种方向也许是徒劳的(正如我所指出的，现代哲学的统一只能在它的问题中找到)。但是我仍然要试图找一找。我认为就现代哲学自身而

言,其最显著的特征在于将一切公开化的意图。17 世纪所有哲学学派的哲学家对于神秘事物的攻击都是在这一点上展开的,这些攻击很好地证明了他们的愿望和意图,不管他们所认为的神秘事物是否真的神秘。他们对于二手“权威”的攻击同样也证明了这一点。① 笛卡尔提出只有直觉和演绎才能够依赖,并且提醒我们不要让“其他人的思维”占据了我们的心灵。他建议我们一步步地还原模糊的命题,直到得到那些“绝对简单”的观念,然后再将这一过程倒转,一步步得到那些更为复杂的观念。这一简单的说明比长篇累牍的论文更能说明直觉和演绎的含义。将一切事物公开化,同时防止任何不相关的元素悄悄地潜伏进来,并保证步骤与步骤之间过程的简单化。笛卡尔特别地将数学和他的分析几何作为体现这一过程的模型,这也体现了现代哲学的特征。笛卡尔强调,知识作为知识绝对且必然是清楚明确的,这一点也是现代哲学共同分享的特征。

洛克用同样的标准和方法来决定什么是合法可靠的,什么是不合法和可疑的,我想我需要再次强调这一点了。在洛克看来,我们首先要找到那些简单的、清楚明确的事物,在此之上一步步进展下去,而这些步骤同样也必须是简单的,从而能够接受我们的直接检验。洛克的座右铭是“一次一步,并留心每一步”,这样你就能得知最终结论之确定性或或然性的程度。除了“观念的缺乏和观念之间可供探索的联系的缺乏”②,无知的成因还包括“对于我们的观念缺少回溯和检验”,而后一个原因可以由我们的力量去弥补。在洛克对于演示性说理(demonstrative reasoning)的定义中,值得注意的是,在观念之间“联系”的性质上,洛克在传统的“一致的和必然的”上还加上了“可见的”(visible)。与他的同 172
时代人一样,洛克贬低了三段论。他认为,如果不是心灵已经直接地觉察到了理性过程中前后项之间的话,三段论便发挥不了作用;并且,三段论不仅无用,更糟糕的是,它还是混乱的源头,除非我们将每一步证明都发掘出来,并将它们“以清楚而适当的秩序排列起来,从而清楚而容易地把握到其中的联系与力量”③,这种混乱是不会消失的。自文艺复兴以来,对于“有学识者的无知”的抱怨就是一个不断出现的主题,这一主题在洛克这里达到了高潮:“[引文从缺]。”洛克认为

① [杜威的手写插入:“关于培根和霍布斯。”]

② [约翰·洛克:《人类理解论》,第 4 部,第 3 章,第 28 节。]

③ [同上书,第 4 部,第 17 章,第 3 节。]

对此的治疗方案包含在每一个普通人的能力当中。我们应该将每一个观念都公开化，并对此进行一视同仁的检查，测验它是否符合其他与之相关的观念。

典型的18世纪哲学被称为“启蒙运动”(英国：Enlightenment；法国：l'Eclaircissement；德国：Aufklaerung)，这一运动同样非常适合我们的讨论。启蒙运动之前的“黑暗”时代与启蒙之后日渐“光明”的景象之间的对立被不断重复着，即便这种对立不能被实际事件所证明，这种重复至少证明了这一时期人们的愿望与意图。比起将任何事物都置于感觉和理性的不可回避的联系当中的狂热的法国哲学，贝克莱(George Berkeley)的哲学更加精致，因此对于我们的论点来说，贝克莱的哲学是一个更好的例证。在贝克莱那里，我们轻易就可以区分出平常知觉的“对象”与科学和知性的，也就是较高实在的“对象”，这种区分当中根本就不存在任何严肃的问题。贝克莱一直尽最大努力遵循着他在早年的《摘记本》中写下了的警句：“在任何事情上我都站在大众的一边”。[①] 和一般对于贝克莱哲学的流行理解联系起来看，这一口号听起来有些奇怪，因为正如约翰逊博士(Samuel Johnson)所说的那样，贝克莱的哲学可以被踢一块石头这样一个简单的动作反驳掉。然而对贝克莱来说，他的理论的出发点(虽然不是最终落脚点)恰恰在于石头的“实在”和我们通过看、拿、踢所得到的构成石头的性质。贝克莱否认的是“基质”，也就是“物质”，在贝克莱看来，处在我们所知觉到的互相联系的性质背后的是石头，并且只有石头。洛克的“观念的新方法”已经将知觉性质
173 背后起支撑作用的“基质”归为了幻相，而贝克莱则进一步祛除了这一鬼魅。洛克指出，我们关于某个事物的知识是由简单观念(比如大小、重量、硬度或强度、可塑性、可溶性等)和“作为第一和主要的基质的观念”结合在一起组成的。至于这种“基质”究竟是怎么样的[②]，洛克只能说，当我们意识到“某些简单观念总是一起出现”之后[③]，我们便赋予这些组合单一的名字，接下来，“我们不是考虑这

---

① [乔治·贝克莱(George Berkeley)：《乔治·贝克莱的生平和著作》(*Life and Letters of George Berkeley*)，克拉伦登出版社，1871年。根据卢斯(A. A. Luce)的研究，贝克莱在1707—1708年间完成了一系列笔记，记录其哲学的形成和完善过程，这些笔记由英国学者弗雷泽(A. C. Fraser)于1871年发现并首次出版。当时他为笔记所加的书名是《形而上学随想集》(*Commonplace Book of Occasional Metaphysical Thoughts*)，简称《随想集》(*Commonplace Book*)。1944年卢斯重新修正并出版了这部作品，并改名为《哲学评论》(*Philosophical Commentaries*)。——译者]

② [约翰·洛克：《人类理解论》，第2部，第12章，第6节。]

③ [同上书，第2部，第23章，第1节。]

些简单观念自身是如何持存的，相反，我们假设了某种基质（substratum），这种基质是简单观念得以产生和持存的原因”[①]。然而无论是谁，只要他“考察自身关于普遍的纯粹基质的观念，就会发现，其实他对此并无任何观念。他所知道的仅仅是，他对于究竟是什么将知觉性质变成了简单观念一无所知”[②]。简言之，我们唯一拥有的“清楚观念”是关于“人、马、金子、水”这些事物的观念，而这些观念又是由“简单事物并存在一起构成的”。洛克还清楚地提到，另一种被称作精神（spirit）的基质同样也是如此。精神被认为是处于思考、认识、怀疑和意愿的背后，制造它们并支撑它们的基质。虽然洛克依然相信这种基质的存在，但他的著作实际上却是在消解它。贝克莱沿着这一思路继续消解“物质”，而休谟则进一步消解了作为基质的灵魂或精神。[③] 洛克抛弃了实体性的自我，在这一点上，洛克可以说是预见了休谟，洛克认为意识当中过去观念与当下观念之间的连续性就足以保证个体的同一性，并且这一保证也是我们通过知识所能获得的唯一保证。当贝克莱阅读洛克的时候，他发现洛克的背后隐藏着一个需要被祛除的“物质”的鬼魂。当贝克莱摆脱这一鬼魂之后，笛卡尔的两个太阳的问题和洛克关于金子的两个实体问题（一个是由观念组成的，另一个则是依赖于未知基质之上的“永恒而真正的构成”）也就同时消失了。在贝克莱那里，只存在着一种秩序，也就是被我们知觉到的事物的秩序。实际“共存”的质的联系与我们的心灵想象出来的联系之间的分别在于联系的恒定性与常规性，也就是说，我们可以在多大程度上依赖这些联系从前件必然地推得后件。因此，我们可以说，贝克莱是 174
第一个试图全力摆脱所有不能被观察的事物的哲学家，这一点可以从贝克莱试图用观察得到的事件之间的联系来替代未知基质的做法那里得到证明。这一思路继续发展下去，便要求在科学知识和由直接知觉提供的平常知识之间作出区分，因为人们希望发现一种值得信赖的、统一而永久的秩序，从而能够以此区分出事件之间的“真正”联系和幻想性的联系。

我们只需要熟悉极小部分的贝克莱的著作便能够知道上面我对于贝克莱的阐释是相当自由的，不过，这种自由性并不体现在我已经说的这部分内容中，而

① [约翰·洛克：《人类理解论》，第 2 部，第 23 章，第 1 节。]

② [同上书，第 2 节。]

③ 见之前所提到的休谟对于“自我”的讨论。

是体现在我未说的部分。实际上，贝克莱将洛克的观念阐释为精神(mental)以及在精神力量作用之下所产生的知觉。贝克莱认为牛顿式的科学在倾向上是“物质主义的”，在实际效应上(虽然不是在意图上)是助长了无神论。他还认为，因为观念的体系是精神性的，并且其统一而稳定的秩序证明它并不是人类心灵的产物，所以这一体系一定是超自然心灵写成的大书；并且，这一超自然的心灵赋予了其造物必要的功能，使他们能够运用那些洛克称之为“必然物”的秩序，并且更为重要地，能够根据这本神圣之书进行理性思维。简言之，贝克莱保留并强调了部分中世纪的传统，即存在一个作为认识者精神性心灵以及某些根据神学偏好而建立起来的终极的实体因。因此，与其说贝克莱是提出与实际认识过程相一致的认识理论的前行者(正如我们刚才所假设的那样)，不如说他比其他哲学家更加明确地指出了作为“观念论者”与“实在论者”(每一方又有不同的学派)之间的争论的认识论问题。由此，人们逐渐忽视了贝克莱哲学中的积极线索，甚至神学家们也没有留意贝克莱证明神圣的、创造性的心灵存在的新方法。贝克莱在哲学上的整个效应就是将洛克的“观念”进一步阐释为“精神”(洛克自己并没有走到这一步)，由此将“外在世界的存在”问题变成了一个关键的哲学问题。

我已经提到，贝克莱抛弃了精神性的基质，这一做法旨在摆脱一切不能够被观察到的“神秘”的事物。休谟比其他任何哲学家更有力地驳斥了将因果性等同于某些被称作力的实体的运作，同时他还将因果性的定义建立在可供观察的事
175 物之上。休谟试图独立建立起一种建立在公开材料和公开运作之上的哲学，然而不幸的是，在休谟身上，反神学和反教会的兴趣要甚于积极靠拢科学知识的意愿，这也决定了休谟的哲学思考。休谟同时拒绝了物质和精神的基质，从而也就在逻辑上完全消除了任何将观察到的事件视作“精神性”的条件。由于神学上的怀疑主义，休谟完全将自己限制在文学/哲学的传统中，他只坚持那些与前提一致的结论，并宣称观察到的事件与事件之间的联系是完全中立的，它们与任何“物理”和“精神”之间的区分都没有关系，如果我们一定要作这样的区分，那么这种区分也必须是外在于观察到的材料的。然而我们不能就这一观点也非难休谟，因为休谟的后继者们(直到后期的威廉·詹姆士)意识到了结论与前提的一致性究竟意味着什么。作为一个怀疑主义者，休谟从来不会去追问内在于知识的直接材料当中的精神性特征，这也有力地证明了体现为习惯的传统对于思想

家的掌控。因此就实际结果而言，休谟同贝克莱一样强调了知识问题的“认识论”特性，也就是说，将知识看作认识主体（或者说它的状态和进程）以及外在对象（从认识论的历史来看，这一表达是同义反复的，因为“对象的”与“外在的”是同义的）之间的独特关系。

鉴于休谟对于康德的影响以及康德对于之后哲学的影响，我们有必要在这里讨论一下休谟对于因果性的思考。正如我们在之前提到的，休谟怀疑主义式的攻击指向的对象是由外在于行为的“力”（比如，作为实体的热、光、电、生命力等）所制造的“必然性连结”的观念。如果休谟的攻击仅限于此，那么他的影响便可以说是正面的，然而休谟进一步推进了他对于“力”和“*必然性连结*”（*内在的、不可侵犯的*）的合法攻击，极端地否认了事件之间的任何联系（除了一种被称作“观念的联合”的秩序）。洛克坚持认为，称一个观念是简单的就等于称这一观念是*独立的*，休谟从这一结论中逻辑地推得，每一个观念都是一个存在，维系观念与观念的纽带是虚构的和武断的，而不是必然的。休谟对于自然科学的认同和兴趣原本可以促使休谟使用系统观察的方法去决定观察到的事件之间的联系形
式，这些事件处于时间和空间当中，且其本身也是时间性和空间性的。然而休谟 176
依然处在洛克式的、试图将观念与观念分离开来的传统中，因此休谟将时间和空间视作分离的原则，而不是连结的原则。在休谟看来，观念与观念之间的连结是由习惯或习俗设定的，基于其未经批判便接受下来的前提，休谟将这种连结解释为“内在的”（后来又称之为“主观的”）。① 讽刺的是，洛克对于知识的真正对象的考量最终落脚到了对于科学的一般化过程之可能的全盘怀疑。

哲学史上被引用最多的一个表述来自康德，康德说，是休谟对于因果性的怀疑将他从教条主义的迷雾中带了出来。在这一觉醒之前，康德任何将笛卡尔式的理性概念，包括实体、因果性和数学关系，运用于“外在对象”的做法都是理所

---

① 洛克曾讨论了观念之间的“自然对应与连结”，洛克将“建立在观念的特殊存在之上的自然连结”与“完全因为偶然或通过习俗连结起来的观念”对立了起来，并且，他将后一种连结称为“观念的联合”。较之于将观念“因其本性联系在一起”，“习俗将思维的习惯置于理解力当中”，因此“依据惯性，第一步之后照常会出现接下来的步骤”。洛克继续指出，“这种在原本松弛而独立的观念之间建立起来的错误连结”会在很大程度上将我们“带离正路”。［约翰·洛克：《人类理解论》，第 2 部，第 23 章，第 6 节。］休谟可以从中找到现成的线索。只需稍微一点怀疑主义的倾向，他便可以发现，洛克的基本前提是所有观念都是“松弛而独立的”，因此只有处于人类“本性”当中的习惯的“神秘纽带”才能将观察到的事件连结起来。

当然的。休谟在因果性当中找出的困难让他去质疑整个笛卡尔式的模型：我们究竟是基于什么可以将理性概念作这样的运用？与此同时，康德是牛顿式物理学的拥护者，他认为，如果我们不能展示数学以及实体与因果性的概念是如何能够运用到物理对象之上的，整个新科学的基础就会受到动摇。[①] 我不想在这里对康德的体系进行细节化的讨论，对此我们已经有了一图书馆的著作。为了指出康德关于科学知识的理论的主要特征，我们只需考察休谟留给他的问题，以及他对于牛顿科学的信念。休谟向他指明，之前的大陆哲学体系所共同分享的基本前提——理性概念，比如实体性和因果性，因其本质可以被用到外在
177 对象之上——是站不住脚的，并且，对于数学的运用同样有待商榷。牛顿认为，没有一种理论观点，无论其多么自恰或先进，可以为自然科学所接受，除非它们与实存“对象”之间的对应由实际的感觉和知觉获得了证明。康德从来没有以下休谟式的观点，即对象之间统一而必然的联系不过是认识者非理性行为（也就是说，仅仅是随意而偶然的习惯行为）的结果。康德问：对象之间的联系为什么不是存在于认识者中的理性原则的体现？我们为什么不能像传统上那样，将普遍性和必然性作为“理性”存在的标志？康德的这一解决方案在其体系内部克服了休谟的问题。同时，这一方案与 18 世纪思潮的一个倾向是一致的（这一倾向在休谟那里体现得尤为明显）：不惜牺牲那些之前归于宇宙自然的东西去尽可能地荣耀人性。如果性质与目的已经从宇宙自然转移到了人性这里，那么为什么不在心灵当中给理性与理性概念设置一个位置来完成这一任务？理性与理性概念为什么不能在每一个认识过程中发挥作用，将从人类感性那里得来的材料统一而永久地联系起来？我们不需要严肃地对待休谟将人性中建立联系的力量还原为习惯与习俗的做法，因为人类最根本的贡献在于用理性去检验每一样事物（特别是对于 18 世纪的启蒙运动来说）。并且，在康德看来，以下的事实是自明的，即如果我们检视传统的逻辑项，便能发现构成理性的要素，而这里的逻辑并不仅仅是形式逻辑，相反，它能够有效地影响知识的“对象”，将混乱的感觉有序地组织起来。因为感觉材料与理性联系都已经包含在了人当中，因此我们便有可能控制所有构成知识的要素——这也正是康德所要展

① 我们知道，牛顿的主要著作的标题是《自然哲学的数学原理》。康德不可能像休谟那样对于牛顿科学将会受到动摇的可能性漠不关心。休谟可能对神学之外的任何争论都不是非常严肃。

示的。

就感觉材料而言，无论是经验主义传统还是理性主义传统都已经将它从宇宙自然转移到了人性当中，也就是说，从外在的物理秩序转移到了内在的精神秩序。康德从牛顿那里(甚至要多于从休谟那里)学到，有必要用感觉材料去检验用于获得自然知识的理论材料的有效性，仅这一点就足以打破对于理性概念的完全依赖。当然这并不是在否认理性概念的存在以及它们在科学知识中的存在，因为如果我们质疑理性概念，就等于是在质疑牛顿所发现的自然秩序的“法则”。牛顿的“自然哲学”可以被视作将数学原则、实体和因果性等概念，以及感觉材料结合在一起的结果。当然，这并不意味着康德所建构的体系是他有意识地从牛顿那里借用过来的。对于他的追随者来说，牛顿的自然科学为他们提供 178
了一幅关于自然构成的永恒有效的图景，而当康德从他的理性主义迷雾中解放出来，却仍忠诚于物理科学的时候，牛顿的自然哲学正好为他提供了其所需的模式。处于笛卡尔传统与休谟之间，康德的问题恰恰在于要指出感觉与理性、知觉与概念是如何一起合作产生有效的科学知识的。牛顿的科学坚持所有的理论都需要通过观察所得材料获得证明，同时又强调了运用数学原则来进行证明。由此，人类历史上第一次出现了一个既全面又细节化的科学体系，同时也第一次出现了科学知识理论的明确模式。

然而我们不能说，康德的体系代表了这样一种哲学思路的最终完成，这一思路试图将所有问题以及它们的决定性因素都公开化。在洛克的体系中，由“外在”事物加诸心灵之上的简单观念就是外在事物存在与运作的证明，它们是具有明确物理特性的牛顿式粒子。洛克从来没有质疑过这一信念，尽管这一思路产生了如下的问题：简单观念究竟如何能够意识到制造它们的原子集合体？康德的体系将事件、空间和牛顿式的粒子都置于可以被直接观察到的现象的范围内，在那时看来这也许是一个进步。但是这样做的代价是，康德为此需要设立两个终极的“神秘事物”，两个终极的不可知物，其中一个是“物自体”。“物自体”得以让不可定义的感性杂多被知觉的先天形式(时间和空间)和知性的先天范畴所把握，因此，“物自体”有效地替代了作为根本基质和成因的“物质”。科学中能够被称作物质的事物必须在其可被观察到的特性之间存在着明确的数学关系，然而康德用某些比物质更为神秘的东西替代了物质，这种东西甚至被视作成因(cause)，因为根据现在的定义，成因是被观察到的现象之间存在的被观察到的

联系，成因是感觉材料的来源，而感觉材料则进一步被先天的形式和范畴组织或
179 综合进一个“对象”的秩序中。康德的体系拒斥了灵魂、精神，以及任何可以被称作人格(person)的实体或力量，然而康德同样以另一个“神秘事物”取而代之：一种先天综合得以发生的神秘而不可知的中心，通过这一中心，混乱的感觉材料被组织成可知的世界。因为这一中心是不可知的，因而也是不可观察的，它不能被等同于人类个体的心灵，因为后者是可被观察的对象，并且太过脆弱和多变，不能担负起创造可知世界的任务。对于康德来说，这一先天综合的中心并不是贝克莱式的通过人类身体进行运作的神圣心灵，相反，它只是知识系统的逻辑中心，同时又是所有“综合”行为或组织行为发生的地方。

康德的这一不连贯的体系在一个多世纪以来一直是哲学讨论的关注点，这一事实也证明了哲学应该受到它已经受到的最严厉的诟病。这两个终极的不可知的事物无疑是传统知识理论对“外在”对象和“内在”主体进行区分的逻辑幽灵。人们很难不注意到康德体系中存在的明显的不一致，这也刺激了其他哲学去试图消解这两个不可知的事物——外在的物自体与内在的本体(noumenon)——并将它们合并为一个单一的原则。沿着一个方向，这一思路在叔本华(Arthur Schopenhauer)的非理性意志那里达到了高潮；沿着另一个方向，则在黑格尔的理性的绝对精神那里达到了高潮。无论在哪个体系当中，笛卡尔式的先天原则与内在(虽然已经被称作完全内在的，因为内在吞噬和消化了外在)的至高性都达到了顶峰。在这种情况之下，内在与外在、主体与对象、自我与世界之间的区分似乎完全被中立化了，我们只有一个对象，且这个对象是可观察的和可被证实的，由此，摆脱“神秘事物”的努力也宣告完成并拉下帷幕。然而，古希腊和中世纪将“精神”作为每一样有价值的、能够指导生活和社会行为的事物的源头、位置和权威的传统依然产生着巨大的影响，上面提到的“统一”运动无论在意图上还是在实际行为上都在试图通过分析理念—道德—理性知识的存在条件来恢复古典传统归于知识的“实在”性。黑格尔自夸说，他的体系用非超自然的概念表达了传统基督教以超自然的概念，并求助于想象所表达的所有真理。虽然这种说法在历史上并不正确，但它表达了当时这种运动的意图——将所有非此世和超此世的因素世俗化，从而保护或“拯救”传统价值。为了完成这一工作，黑格尔
180 分析了知识的理性条件和“精神”条件，并将这一场大陆哲学运动推至高潮，这一运动试图通过将古希腊哲学与后文艺复兴哲学结合起来，从而来重新阐释神学

哲学。①

康德为他的德国后继者指明了道路：在完全“精神”的基础上将内在与外在和谐地统一起来。康德关于科学知识的理论吸引了极多的注意力，以至于人们认为，他的法律、政治、道德和哲学史著作即便不是事后的想法，也是次要的。

* * *

康德关于人类之无限和绝对价值的理论是他全部哲学的核心原则，作为先天形式的时间和空间在知觉当中的运作，以及知性的先天范畴将事件用“科学的”（也就是必然而普遍的）纽带联系在一起的过程，都体现了这一“精神性”（也就是处于时空条件之外的）自我的运作。康德在科学与道德之间制造了巨大的张力，这促使他的后继者去建构一个统一的、绝对的唯心主义宇宙论体系，并通过分析知识的条件，去包含和支撑那些内在于古希腊和中世纪宇宙论图景中的价值。理性虽然依然具有传统意义上的必然性与普遍性，却不再是首先处于宇宙中，其次才是处于人性当中。理性首要地存在于心灵与精神当中，它绝对地存在于绝对心灵当中，因而也就存在于自我或主体当中。理性并不原初地存在于物理世界中，而是借用的和从属的。我们不需要害怕侵犯了自然科学的高级而理想的状态，因为从哲学上来看，自然科学的成功不过是精神进步的体现，用黑格尔的话来说，自然科学是上帝在世界中的进程的一部分。

上面这种一般形式的唯心主义会产生矛盾的结果。一方面它消解了传统上
在人与世界、“内在”与“外在”、自我与他人之间设立起来的壁障，在这个意义上， 181
它消除了分裂的景象，邀请我们去探究开放世界的各个组成部分，并通过观察去揭示世界。我们可以这样阐释这种唯心主义，即它实际上是将传统上归于分裂的“心灵”的功能归给了社会文化，这种阐释并没有违背它的初衷。然而另一方面，在这种唯心主义中，传统观念用来构建世界的构架依然占据着主导位置，实际上，它是通过所谓的现代方法恢复了传统体系当中的“真理”。从逻辑形式的

① 斯宾诺莎与莱布尼兹之前已经作出了类似的努力。斯宾诺莎的思想资源与其说是古希腊的，不如说是中世纪的，除非我们将亚里士多德哲学在阿拉伯世界的影响与中世纪犹太哲学联系起来看。大致说来，斯宾诺莎的工作是试图将中世纪犹太哲学与笛卡尔所提出的“现代”科学观结合起来。而莱布尼兹则试图通过一种内在力的演化理论来“调和”亚里士多德宇宙论式的神学与科学机械观以及新教的“个人主义”。

角度来看,同样的矛盾也存在于由贝克莱的理论(除去他的神学考量)发展而来的所谓主观唯心主义或经验论的唯心主义中。既然“外在世界”已经被消除了,那么内在世界存在的理由也就消失了。然而关于心灵与认识主体的传统信念是如此强烈,外在世界现在变成了感觉的联合、知觉或意识的投射状态。这一旧习惯的力量最明显地体现在实证主义学派和现象学学派中。这两个学派在名义上避开了形而上学,可是实际上,它们的体系建立在对于物自体的接受上:物自体作用于心灵、有机体或处于身体内部的大脑上,从而产生了知识赖以产生的现象。

至此我们还没有讨论过“实在论的”认识论。不幸的是,实在论更好地履践了认识论的前提,即知识是主体与对象之间的关系,因为在很多情况下,实在论都是简单地否认了观念论的结论——认识对象具有同认识主体一样的“精神”本质。这种实在论前提之于观念论结论的胜利完全体现在“表征的实在论”(representative realism)中。这种实在论继承了洛克关于两种内在秩序的理论,并像洛克那样认为“事物”只有通过观念或某些精神状态的干预才能够存在,其“实在论”立场在于坚持无论如何观念都能够代表或“表征”外在的实际对象。即便是在考虑科学结论的时候,这些实在论者通常只是用大脑代替了心灵,同时,当代的一些知名哲学家已经精巧地指出,大脑事件在某些情况下能够代表“外在”的事件,从而可以为知识提供确实的基础。而那些持心理行为主义的哲学家
182 们所提出的体系则从另一方面体现了旧传统的力量:“行为”被还原为发生在有机体内部的变化。这些行为主义哲学家完全没有意识到,有机体并不存在,其只不过是由事件连结而成的世界中的一个事件。总而言之,我们可以说,虽然当下的哲学倾向在于远离二元论,但二元论的僵死之手依然仅仅掌控着哲学讨论。

晚近,由于直接实在论或“表象的实在论”(presentative realism)的兴起,观念与表征的实在论已经受到了削弱。这一学派的成员(其中又有一些细分)认为知识是心灵与对象之间的直接而独特的关系,心灵直接把握对象,不需要任何精神状态的介入。这一学派的出现是必然的,因为知识已经在实际的过程中取得了巨大的进展,人们感觉再去探究知识何以可能的条件是不现实的。知识就在那里,不断地生长、优化和精确。并且,化学和物理中的认识过程已经达到了这样一种程度,我们极难再去想象存在一个心灵或意识去对“对象”产生一种准物理的作用。这一学派除了要消解认识论问题之外,还考察了谬误、错觉和幻相的

问题，同时还讨论了如何将关于平常对象的知觉知识与关于物理对象的科学知识调和起来的问题。不管怎样，实在论对于认识理论的讨论仍然是从认识论传统直接继承而来的，这也决定了实在论将知识把握为主体与对象之间的直接关系。毫无疑问，称这种关系为直接的而非间接的具有潜在的优势。用认识论的形式去定义知识体现了传统的力量，认识论形式依然是知识的核心特征与决定性要素。我认为，如果完全消除了传统认识论的影响，真正的实在论就不会将认识理论建立在主体与对象（无论对它们如何定义或描述）的关系之上，而是建立在可知事件的联系上。如果传统认识论的痕迹被全盘消除了，还存在什么可能的路径呢？除非我们采取这一路径，认识理论还将会继续体现现代生活的特征，也就是徘徊于两个世界间，从哪一边都难以获益。

我相信，在以上的大致描述中，我们可以看到一种建立在真正现代性之上的、能够回应当下需要的知识理论。摆脱前科学与前技术时期的遗产——无论 183
这一任务是多么重要——不过是负面的工作，接下来等待着我们的是极为艰巨的工作，也就是积极的建构。不过在此之前的负面工作，也就是摆脱那些深深地植入西方文化传统的负担，同样也是一份艰巨的工作。

第九章

事物与人格

184 我们已经看到，传统意义上的人格与自我观念来源于这样一种行为，即将观察到的事实解释为灵魂与精神先定存在的信念。现在也许是我们第一次能够把人格与自我的理论建立在生物科学、人类学和文化历史的结论之上。并且，当下关于自我人格的哲学观念已经体现了来自这几个方面的影响。如果历史的路径足够清晰，智性的能量就可能被用来生产一种理论，这一理论或者能够将观察到的事实整合在一起，而不是让各种观点按照自己的目的对它们各取所需，或者通过选择和重组各种要素，为我们提供一种令人满意的理论。这些思想的第一份遗产，作为最基本的一种，是希腊的非物理智性观和基督教的灵魂不朽观的结合。这一结合的产物是相信人格是超经验或者是形而上学的精神实体。这种观念与通过观察到的自然事实来确立自我人格的路径相反。我们可以观察约翰·史密斯和苏珊·布朗的外在的物理形态，但他们的"真正"本质却如此地非物质，只能够通过精神信仰的行为或是纯粹直觉被把握。这一观念自身包含了很多变种，有的将灵魂不朽的神学教条确认为人格的本质，有的将人格康德化地建构为理性在其自身之内的终极目的，人格因此成为一种(对于他人的)超验的形而上学秩序。

第二份历史遗产是从认识论哲学的兴趣出发重新编辑的心灵和灵魂的老观念。在认识的可能性这一"问题"的主导之下，自我的概念作为这一问题的一个结果被完全限制了。自我被认为是一个简单的认识者、思维的中心和行为者。这一学派的影响十分明显：我们持续地用"主观的"思想来代表对"客观"的认识
185 者，赋予他们如此不同的特性来创造出认识的问题。

第三份历史遗产是 18 世纪后半叶及 19 世纪的前三分之一于英国和法国盛

行的“个人主义”思潮。只要美国还存在独立于神学的哲学思考，这一思潮也存在于美国。这一思潮是把自我作为认识主体的结果。由于早期“自由主义”阶段形成的政治和经济教条，这一思潮极度强调了主体之内分离的社会特性。而在先前的思潮中，这种思想并不显见。在基督教关于灵魂救赎的思想看来，尽管分离的和独立的灵魂从堕落到重生，或者获得最终的蒙恩，或者被最终审判，但这些都不是自然进程的中心事件。早期清教对此作出了反抗，在慎思后坚持了个体灵魂与上帝之间的直接关系，这些都在事后被夸大了。但一些清教派别取消了教会机构中介的必要性，并且由于宗教领袖的意见差别，越来越多的派别开始出现。这些都是在个人主义方向上的发展。教派们尤其密切地支持或反对政治和国家问题，并与新的经济潮流紧密地结合在一起。接下来新天文学和物理科学的崛起明显是因为一些个人突破了亚里士多德和中世纪的传统。在天主教教会的影响下，科学和宗教都是教会化的。而新科学则是人们积极反抗教会权威“科学”的成果，在这个意义上，它体现了“个人”和“社会”之间的内在对立。在英国、美国和法国所发生的对压迫政府的反抗，尽管没有对其他国家产生巨大的影响，仍可被视为个人内在价值的觉醒。并且只要社会被定义为机构，个人与社会的分离将会依然被视为正确并且合适的。早在笛卡尔时代，认识的心灵和自我就被视为同义的，这一观念也存在于与之观点相左的贝克莱那里。这一观念在如此长的一段时间里被人们认为不需要任何解释和合法性证明，以至于当突然的转变发生时，个体性被认为是突然跃出了认识的心灵之外。

休谟对第四份遗产是这样论述的：“[引文从缺]。”这一用极端的方式表达
的观点因为它所引起的破坏性反应而出名。但休谟的观点与如下的观点有着密 186
切的相近性，这一观点认为“意识”不仅是知识确实无疑(因为其自明性)的对象，同时也是使任何关于“永恒”的间接知识在认识论理论上成为可能的工具。这种将“意识”视为唯一的思维机能以及自我显现的工具的观点是如下观念的产物。一方面，洛克的经验论为拒绝任何“神秘”秩序提供了场地，比如精神和自我的“实体”。另一方面，希腊中世纪的教条依然有效。除了自明性的，也即将论证包含在其自身内容之中的真理，没有任何知识是可能的。即便今天的英国分析学派还把这一教条作为它的主要资源。在分析学派看来，当推论来自非推论性的陈述或者仅仅是因为它的内部概念的性质和相互关系而正确时，知识不一定能通过推论得到。寻找自明性推论的“材料”的焦急而又漫长的旅程由此展开。科

学知识是推论性的，并且它的前提本身就是假设性的，要通过试验性的结果来获得证明。但这一观念并没有产生多少实际的影响。再没有其他事实比这一事实更能证明这里所要表达的观点了，即“现代”哲学之所以混沌和封闭，是因为它试图去结合根本不能互洽的旧的和新的信念。另外我们还可以看到这种对“意识”的全盘依赖既是“个人主义”运动的产物，也是它的一个诱因。因为没有任何东西能比所谓的经验主义认识下的“意识”更为私人和排外的了。[①]

当个人自我的观念被置于真正的主题之中，也即对自我的确证来自对实在事件之中的实在联系的观察，显在的出发点是有机体在其环境互动中的行为。即便观察的对象做出的是生命化的(vital)行为(也即那些来自文化的行为)，我们依然可以找到与个体特性紧密联系在一起的种族和性别的特性。羊是羊，狗是狗，任何动物和植物都属于其自身的“那一类”。但牧羊人知道一群羊中的一
187 些个体，并能够把它们逐个区分开来。猫和狗的饲主和爱好者们非常讨厌别人说他们的宠物没有什么特别之处。这一显而易见的常识证明了“个体”，像“极端的”或“普通的”一样，是一个形容词。并且这一形容词特性本身来源于其作为动词的特性和功能。[②] 动物之间的空间距离无疑可以将它们区分开来。但像“豆荚里的豆”一样，彼此相像的事物在空间上是分离的。是个体相互联系之时的不同的行为特性使牧羊人能把羊，农场主能把奶牛，猫狗的主人能把他们的宠物区分开来。我之所以说“相互联系”，是因为其单一的特性是普遍的。所有的狗都会叫，有的可爱，有的丑陋，还有很多有着同样的个头和毛色，等等。但将不同的普通行为方式结合在一起，我们就有了特殊的东西。

观察生命化的行为。特性是能将一个事物与其他事物区分开来的特点。当我们把这一理论置于观察材料之上，我们会注意到行为的暂时连续性或个体性是一个不可或缺的要素。从种系发生和个体发生的角度来看，我们可以在动物的生命中找到这种时间性。对于个体发生学来说，现在几乎所有的研究者都认

① 德国哲学，从康德到黑格尔再到叔本华，将个体自我等同于认识主体。这一部分将在另外的主题下另作讨论。

② 令人惊奇的是，有很大一批哲学错误来自将行动的特性(在语言上表现为动词)转化成了形容词，然后将形容的功能又实体化为名词。这些名词被用来代表纯粹的实体。“个体”的“概念”是这些哲学错误中最为有害的一个。

为同一纲的个体要么是直接来自共同的祖先，要么是共同处于叫作遗传的暂时连续性中。种和属同样被具化为进化过程中所产生的相异性。相异性和遗传性，如果允许我用这两个词的话，是同一种系发生进程中不同的两个方面。对于个体发生学来说，仅仅指出个体特性的可识别性和可描述性只是历史性的或时间性的就已经足够了。任何突然出现的事物最多仅是打断了行为的连续性。它对其所属类别和个体的意义只是作为一个事件，这一事件维系了过往的和将来的事件，这一连续性过程不过是由一系列前后相继的偶发事件所构成的历史。只要我们思考是什么构成一个动物或者一个人的传记的，我们就不难理解这一论断的重要性。事实上，仅仅说一个人的生命历程就已经喻示了一个由事件交织而成的连续体。如果不是作为前后相继的事件中的一环，狼王罗勃(Lobo)、巨象将波(Jumbo)和约翰·多尔(John Doe)甚至不能作为事件与其他事件发生关系。[1] 这里“前后相继”应按其最字面的意思理解为没有任何中断的连续性。 188
当一个事件的意义在其自身之内就已完成，比如说出生，一个生命过程的内容也就由此被“理解”。如果一个关于某事件的事实没有得到详尽的解释，那是因为这些事实已经被当作内在特性密切地包含在了被陈述的事件当中。简言之，被陈述的事件，比如出生的时间和地点，自身包含了一种潜在和先在的力量。生命传记的每一个方面、每一个片段和细节都在其与周边环境的互动中发生。这些周边环境引发并落实行动，而这就是这里所讨论的生命化行为和经验的一个例子。任何把“个体”当作一个自我包含的名词，而不是一个规定复杂事物的形容词的观念都忽视了一个事实。这一事实使任何人，即便是偶然想到，都把人的生命设想为一部传记。事实上这些观念是如此忽视这一事实，以致它们还试图证明其个体观是出自某些教条化的前定概念的辩证发展。

目前所讨论的是可以被用于任何生物的个体特性，但这些并不能包括人格的全部意义。人格同样被哲学理论从一个形容词化的动词变成了一个名词。在历史进程中，一些特性的组合形成了可被观察的异质化的特殊体，但只有在文化和社会的影响之下，这些特殊体才能演化为“人格”。能够被观察到和被其他存在描述的个体性并不等同于拥有一种个体感，这种个体感产生于与其他个体和个体自身的联系之中。人格只有在这个意义上才能被理解。

---

① 后面我们将会谈到时间的连续性是如何作为建于“因果性”之上的同一性原则的先决条件的。

出于特殊的法律目的，合众国的最高法院已经宣布把公司作为一个人格。虽然法院的这一决定代表了以资本主义经济为主导的经济走向，并且它的意图和作用是限制国家机构给公司制造负担，但我们不能忽视的是这一决议在文化
189 上重新定义人格范畴的价值。任何一个特殊的哲学学派提出"国家"人格，它的意图无疑是通过把一些原本属于神圣统治的国王的声望与荣耀转移给国家来增强后者的权威。根据目的论哲学的传统，人格中的"精神性"属性能够产生一种政治上的神秘主义，并极大地增强政治领袖的力量。众所周知，公司没有灵魂，因此以上这一关于人格的精神性概念就不能使用于作为法人的公司。在这种情况下，唯一一个另外合理的可能性就是从辞源学上看人格：在古代舞台上，人格是演员们所戴的面具。在这个意义上，成为一个人格等于在一个确定的组群内扮演一个特定的角色。这个组群在一个包罗万象的社会里作为一个独特的组群存在和行动。它不仅在观众面前行动，还作为一种社会互动对他们行动，并收取他们的服务所应得的回报。

尽管这个辞源学的事实与历史社会事实紧密相连，但我不会把结论建立在此之上。但这个例子可以被用来说明有机行为因为与社会文化环境的互动而具有的代表性的功能和能力。在原则上，以下两种情况没有任何区别。一种是这种代表性的能力所带来的转化，另一种是通过被社会化行为所决定的未来行为，和灵魂由此代表性行为所获得的意义。当声音被转化为语言，声音的原始特性（或是纸上的记号）完全从属于它们所具有的意义。而无论这些共同行为是合作式的还是竞争式的，在交往过程中所产生的意义自身又是从它们在维持和推进共同行为的行动和结果中获得的。①

授权的代理人、神职人员、代管人、法律机构的代表、保卫都直接代表了以上所说的人类组织中的代表性功能。拥有和执行一份职责（office）正是具有了这种代表性。而职责或代表性功能的发展历史正是由生物特性转化为人格特性的过程。从生物意义上来说，父母的功能仅仅是生育后代。甚至在有些动物形式中，雄性会在一定的时间段为母子提供食物，而雌性则成为直接的养育者。这类生物特性正是职责的原型，而这些职责创造了那些构建起人格的特性，直到某些具有责任（responsibility）的功能行为开始出现。这些功能行为体现在父母在保

① 战争与运动和商业上的竞争就是分享和参与性的互动的例子。

护和养育后代上所具有的一种权利(right)意义上的本性。于是生物性的功能变成了职责,而职责则具有了基本的道德特性。在很多情况下,理论的教条会倒置实际的秩序。在理论的教条看来,道德关系的存在是因为人类本质上具有人的特性,而事实上,人类之所以成为人是因为随着职责的出现,基本的道德特性也随之出现。这种从生物到明显的人类道德的转变不仅仅发生在社会环境中,群体和公共生活中的影响、压力和赞同也是其中的一个原因。类似地,一些行为被赞同不是因为它们在本质上是好的,而是因为它们能够习惯性地引发他人的某些回应。就好像一些人被崇拜并不是因为他们是神,相反,这些人是因为指向他们的崇敬和爱慕而变成了神。 190

“责任”的确切涵义可以在相对发展的社会群体中找到,在这些社会群体中,权威的立法机构赋予了责任不同于早期文化的明确定义。我们首先需要意识到这样一个事实,即甚至在大多数的原始社会群体中也对个体具有一定的习惯性行为的需求。在这样的需求下,当一定类型的情况发生,一定的行为应该相应产生。若这些需求得到实现,随之而来的就是赞颂和其他形式的认同(在特殊情况下行为者会被尊崇为英雄);若没有得到实现,随之而来的即便不是惩戒,也会是冷漠、不满和请示。这些习惯性的回应只有成为习俗才能被识别为义务(obligation),对这些义务的实行才能被识别为职责(duty)。随着社会复杂性的增加和智性行为的扩大,民俗不再是道德的全部,对习惯性行为的需求又包括了所谓的“内在习性”(inward disposition)。因为在显见的理性层面上,习惯性的态度是对社会要求的习惯性服从和对利于社会的群体习惯的忠诚的最确实的保障。正是在期望、要求、实现与逃避的交互运动,以及随之而来的赞赏与责怪、奖赏与惩罚、赞同与反对中,行为的模式带有了明显的社会重要性,同时变成了社会价值的代表。这些社会价值是那些被群体认为对其福祉和长久存在极为重要的行为。人类作为这些代表性功能或职责的携带者,逐渐具有了那些用来描述作为人格存在的特性。 191

我们承袭的文化传统制造了这样一个信念,即经验是内在于个体的。更有害的是,在理解个体时,忽视和否认了这样一个事实,即个体的特性在本质上和运作上都是社会化的。这种信念有以下这样的形式:当谈及经验的有所裨益的方面时,总有人会问:“谁的经验?”这一提问中的得胜式的强调认为如下的事实是显而易见且无可争辩的,即经验必须是你的或我的,并且这里的你我是在私人的和排外的意义上。如果这一事实成立，那么经验就不能为任何可以被称为知识的信念提供任何场基。我的经验只能产生我私人的意见。传统上对于经验的信念与它所要得出的目的与结论所指向的理论背道而驰。认为经验是观念的资源和判断标准的理论将永远是自我矛盾的，除非这一理论认为你的、我的或者他的这些概念的意义是在被经验到的主题的基础上，而非在某些关于你、我等的前定观念上被决定的。简言之，“我的”暗指了经验是我的私有财产。也许我们应该说当说“我的经验”时，决定性不是你或我，而是经验本身。以上所说的并不排除在某些情况下用“我的”来规定经验的意义的合法性。同样，当我们说“我的观念是如此这般”时，我们并不意指所有的观念在本质上都是我的个人私有物，而是指作为我的观念，它可以通过他人的观察和观点被更正。在其他情况下，这一规定性的形容词的使用也意味着接受一种责任。比如我们会说：“带来现在这种情况的无疑是我的观点或提议，不是你的。”大致上，“我想”这一表达或者等同于“在我看来是这样的”，这一表达意指了一种不确定性(或者可能是对事物在通常情况下所引发的兴趣的否定)，或者等同于“我会坚持这一观点，并会承担这一观点所造成的后果”。无论何种情况，这里所用的“我”严格地与“你”和“他们”相关。也就是说，除了被放到社会环境里与他人的相互关系中，一个词自身并不具有涵义。当“我”的使用关系到接受一种责任时，最为首要的就是对他人负有责任的社会行为。较之当一些好的情况发生时，其他人更会在一些不好的情况发生时说“这是你干的”，或者“这是你的错”。这些说法有两层涵义——为自己脱
192 罪，以及指出无论何种客观后果产生都是被责难者的责任。我们只要稍微观察儿童的成长过程就会发现“我”和“你”的感觉和意义是同时出现的，并在个体通过他人的改变而被定义的过程中同时增长。我和你的区分都服从于同样的非个体化原则(non-personal matrix)。

心灵是一种规定自然的独立存在，这一老旧观点的力量在如下的教条化探索中尤为明显，即我们是如何确信，或者是如何获得关于自我之外的他人存在的不完美知识的。这种教条的问题在于我们是通过类比来获得信念的。我们“知道”(就如所断定的那样)我们自己的存在是由情感、观点、欲望和意愿组成的。或者可以更好地表达为，这种或那种自知的意识模式构成了我们最内在的真实自我。我们注意到基于意识状态和过程之上的行动所带来的一定结果。当我们看到某些对象且只是这些对象造成了类似的结果，就断定我们所处理的对象与

我们的自我和精神内容具有同样的构成。这一教条是如此迂回，如此与可被观察的人类从幼年到成熟的发展过程不符，如果它不是不加批判地从旧传统承袭而来，很难理解大家会这样坚持它。然而考虑到对这种旧传统的接受和信仰，即相信作为非物质的实体的灵魂或精神，对我们如何认为他人具有与我们同样的本质这一问题的考量便成了唯一的出路。

在划清供我们作出人格与事物的区分的场地之前，我想先讨论一下促成这两者发展的共同性材料。“分析”心理学从旧精神哲学传统那里不加批判地继承下来一个要素，即对行为的感觉特性与情感特性的区分。在我们前面的讨论中也涉及这一区分，即当下被认可的知识对象与情感对象的区分，后者表现为需求、欲望、喜爱、厌恶，等等。这两个区分是联系在一起的，所谓的感觉特性，特别是我们听到的声音和看到的颜色，无一不与经验的思维层面联系在一起。在感觉特性与情感特性之间作出一个完全的区分包含着一个错误，这一错误不只是教条上的错误，更多的是对事实的观察的错误。在其起源和功能上，情感特性不过是在内容上更为有机和重要的感觉特性，它们与味道、气味、热度、冷度、硬度、 193
软度、平滑度、粗糙度，以及我们的所见与所闻并无二致。两者之间的区别仅仅在于身体感觉是一个相对来说没被区分的整体，而情感特性则在身体感觉这一背景之中展现了一种渐进性的生理和功能性的区分和特殊化。这一陈述关涉到一些可被观察的事实，这些事实数量繁多而且互相支撑。我已经提到过一些，比如在种系发生学上，总体的身体感觉最先形成，而在个体发生学上，神经系统的发展过程在很大程度上重现了人类种族的发展过程。进一步，通过观察有机体生命的维持与发展的不可或缺的条件，我们更能看出其中的缘由。任何形式的有机结构，如果它的发展和运作脱离了过程的控制和整个有机体的要求，将会变成有害的反常体，癌就是一个很好的例子。身体感觉的情感特性为我们提供活着的感觉，激发我们的能量，并在某些感觉特性出现反常的情况下作出适当的调整。这些反常情况包括眼睛对一些不规则特性的误识让某些人对其身处的状态有了错误的认识，另外，当这些感觉特性带有了不寻常的情感色彩时，也会使当事人对环境中的某些对象产生误识。安乐感（euphoria）就是前一种感觉错误的极端化例子。一般情况下，我们的健康感、生命感、活力感、愉悦感以及由此得来的自信感都是一般身体感觉或者所谓的“通感”的表现。情感抑郁则是由于作为整体的有机体的低迷的生命力，或是由于一种无力感，在严重的情况下，这种无力感会变成精神病学家所谓的“逃避现实”。但在情感特性与感觉特性的联系中，更为重要的是这样一些情感状态，在这些状态中整个身体都直接处于情绪与心态的背景之中，这些情绪与心态为每一种经验到的情感都染上了色彩。身体感觉不仅仅提供一个背景，与我们遥远的动物祖先不同的是，在此背景之上可以产生更为特别的感觉以及它们的情感特点。身体感觉同时还一次次地渗透到情感之中，即便是在那些“理性”特性相对醒目的情况下。没有任何形式的精神失常可以维持表面上的平静，可以脱离强烈的情绪表达，或者可以脱离妄想，维持不被质疑的理性。这时不顾“客观”证据而达到的理性扭曲了所见和所闻的任何事物，只停留在自己的领域中。一些“特殊感觉”的情感特性是声名狼藉的。尽管味道和气味的情感特性属于一般知识的范畴，但如果它们对构建关于感觉或
194 感觉材料的理论没有作用，我们也就没有必要提及它们。这一事实如果成立，那么感觉材料是自然之中可被思维的独立实体这一观点也就无效了。更加显而易见的是，情感特性是与对身体感觉的区分联系在一起的，同时它们也与寻找食物、侦查隐藏的掠食者和敌人等生命性行为紧紧联系在一起。对于主要工作是写作、阅读和科学研究的人来说，耳朵和眼睛，尤其是后者，是获得和交流知识的方式。因此才有了一种把它们视为“理性”感觉并将其合法化的倾向，也因此有了忽视它们的直接情感力量，或者至少将这种力量当成事后效应的没有根据的倾向。对于不是毫无希望地被教条控制的人来说，绘画和音乐的存在就足以让他信服事实并不是这样。在声音和视觉的原始状态中，它们在首要意义上是情感的，当它们作为符号，身处环境中的各种互动时才获得了明确的理性力量。

我已经陈述了太多的事实，这些事实都很平常，但我希望能从它们之中得出一个一般性推论。我的目的是为以下的观点铺陈一个行为上的场基，即尽管我们将某些对象视为人格或自我，将另一些对象视为事物，这些观察都是来自同一份材料。由这一观点我们还可推得以下观点在根本上是毫无用处的，即我们首先拥有一种关于自我的原始的直觉性知识，然后通过类比性的推论得出关于其他类似性生命体存在的信念。①

① 我们也许可以注意到这一结果是两种缺少经验证据(即没有任何观察到的事实的支撑)的观点的结合。第一种观点是将自我等同于作为认识者的认识者，第二种观点是将认识者等同于“意识”。后一种观点意图在已经改变了的环境中维持希腊和中世纪的教条，即知识意味着确定性，并只能通过作为前提的自明性“真理”得到。

下一步我将把前面所讨论的内容引向一个理论，即事实上平等自我（无论是我的、你的或是他们的）的观点是由直接经验到的行为构建而来，或者说具有行为的情感特性。首先让我们考虑两点。第一点非常平常，即情感与某些行为之间不可分割的联系。我们不需要走得像休谟这样远，休谟说理性是激情的奴隶。确实，休谟这一论断的夸张形式让我们在极大程度上忽视了其中所包含的正确的要素，并在“理智”与“情感”之间作出流行的教条式的划分。奴隶一词意指了 195
一种严格从主人到被奴役的仆人的单方向运动。事实上，当被意识到并归于它们的发起者时（也即被作为智性的行为从属于理性时），情感化行为的后果改变了原始的、直接的、野蛮的“激情”。在这种情况下，理性和激情，如果我们继续沿用对它们人格化的称呼，变成了同一事业中的合作者，而不再是主人与奴隶的关系。在这一事业中，激情为观念和信念的执行提供了力量，否则这些观念和信念不过如画上的船儿那样停滞不前。所谓的观念运动行为（ideo-motor activity）实际上是纯机械的，我们除了可以询问某些观念是否足够情感化以激发起一个习惯性机制的运作之外，并没有当下的观念建构。然而一个情感化的观念却能够决定操作行为的方向，这一事实因为观念和情感的区分而被实体化了，观念（或理性）提出命令并指出行动方向。没有任何方面比如下观点更能体现一般教条中“内”与“外”、“内在的”与“外在的”之间的对立了，即认为情感存在于内在灵魂、心灵、自我、意识等之中。这一观点本质上的错误通过如下的观点表现得更为显著，即把通过社会团体中成员的影响而形成的表达情感特性的行为和态度认为是构成一个自我的本质的部分。为了社会性地控制和引导一个孩子的行为，家长会引导孩子意识到自己的愤怒或害怕，这种引导是通过让孩子意识到家长和其他人在代表性情况下的表现而实现的。没有一个孩子一开始不是把害怕、憎恨、喜爱和愤怒当成某些境况的内在特性的，只有通过他人的指导、教育和谴责，他才学会以其特殊的方式来对待每一种情感特性。幸运的人会不断地发现他所爱的人具有的可爱的特质。当他发现他和他的爱人所处的境况不过是他自身内在情感的表达，并且他还把这种表达强加给了他的对象，他的爱情也就走到了尽头。

我要提醒注意的另一点同样声名狼藉，同时我们也对之极为熟悉，尽管一般的理论认为这一事实不值一提。这一事实是，情感的特性是整体性的（all-over），要么作为整体存在要么不存在（all-or-none）。这种整体存在的特性绝不 196

是指激情的强度,一个微弱的或一个强烈的情感都具有这种特性。只要某一个人处于暴躁的、悲伤的、快乐的、充满希望的或害怕的状态下,他就全然处在这种状态之中直到这种情绪结束。这一事实证明情感特质是直接的整体的有机或生命互动的表现和潜在的标志。较之而言,一个理智的互动模式对这种生命活动则具有间接的、相对来说较为遥远的指涉。就其自身来说,情感特质在出现时伴随着某些特殊结构的特殊行为,比如手、眼睛与耳朵,而且还让大量的构成元素服从了行为的完全直接性。简言之,情感特质是有偏袒性的、有区分性的且是分析的。正是在这种直接性与整体性之中,情感特质成为了人格形成的材料。进一步,从发生学上来说,经验的材料与经验之中事物逐渐形成的材料并无二致,在这两种情况下所经验到的材料都是一种感觉次序。在发生学上相同(generic identity)的两者之间确实存在着巨大的特别的不同,然而就好像同时作为对象的人格与事物之间的区分,这种不同并不是量上的,而是质上的。前者是被有机体整体化中介之后的感觉特性,后者则是在某一时间依赖于某个主导的特殊有机体结构的感觉特性。就我所知,对于怀疑或否认经验材料的感觉特性构成了行为的情感层面的人来说,没有任何论据能将以上的事实证明给他们看。认为骚动与兴奋的情感,以及在一定条件下去做某事的动力在大脑或中枢神经系统中拥有一个主要的位置的观点并不具有科学依据,单就表面来看这一观点就可笑且荒诞。从解剖学和生理学上来看,情感的神经"位置"(seat)就是自主神经系统,这一系统由生命功能连接,这些生命功能包括循环、呼吸、消化、分泌、排出或消除等身体器官和行动,以及稳定的机能。如果说眼、耳和手能够表达感觉,而有机体却不能通过突然打断正常运作来表达任何感觉形式,这种说法就奇怪得令人难以置信。①

197 从人类经验的一开始,一些人肯定已经意识到了某些行为上的不同,这些不同后来被定义为人格与事物。所有可被观察的不同都是性质上的不同,即便这些性质也许可以被观念把握,但因为没有产生直接的性质上的不同而不能被感觉到。正是在行为的性质的基础上,绵羊可以与山羊区分开来,也可以与奶牛等

---

① 我要补充的是虽然詹姆士—朗格理论在我看来非常正确,但我们不需要认可这一理论来接受这里的观点。我们只要认可情感与作为整体的有机体的本质上的联系,以及某些基本态度中的感觉成分就足够了。

区分开来，也正是在同样的基础上，一些事件（event）最终呈现为事物，而另一些则呈现为人格。不仅树与其他植物之间，而且树与树之间，橡树与橡树之间，每一棵树之间都因为观察到的行为性质的不同而不同。如果我们考虑到它们的行为是与人类行为互动的结果，以上的观点就不会像初听起来那么奇怪而勉强了。对于晚近的知觉理论来说，考虑到解剖学和生理学，而不是那些粗糙而直接的观察，得出以下的结论会非常平常，即我们意识到的性质回应着我们不同的行为，而后者又密切适应着通过性质上的不同而被感知的环境中的事件。一块石头的硬度并不直接作用于我们，只有通过其与某个对象的互动中所产生的压力我们才能直接或间接地经验到它的硬度。只有当我们适应了发声装置的运作机制，我们才能听到教堂的钟声或车辆的鸣笛。我们不仅听（listen）还听见（hear）；同样地，我们不仅看（look）还看到（see）。听和看是生命活动的模式，和所有的活动一样，它们需要运动机能的调整。对于有机体的行动来说，互动的性质具有同样的重要性，它能够帮助识别和区分各种事件。性质上的不同被我们标示为各种反应上的不同。这一观点中所包含的原则对于排列和区分各种共存或相继的性质有着特别的重要性，这种排列和分类对于我们对事物的知觉是首要的，因为我们构建的对象是性质的有秩序的组合，并不是单一的性质，也不是各种性质随意而杂乱的组合。每个事件和对象都有一个形象、本质（eidos）或形式，它的性质则是模式（patterns），而这些模式又是由我们适应性行为中的相继模式决定的。尽管模式在与每一个有效生命活动中的连续性秩序的联系中最为显见，但也有一些对知觉到的事物的思维性元素属于这些模式。在生理学的意义上，即便是在最短暂的知觉经验中，我们也不可能找到一种只具有单一性质的经验。身体的反应也许集中在手、眼睛、耳朵或鼻子，这样被知觉到的事物就被集中或
聚焦到一点，这就是我们当下所讨论的原则。但是如果想压迫边缘化的 198
（lateral）身体行为，在物理上是不可能的；如果这种情况可能，那么所知觉到的性质从行为的角度看则是完全无用的（催眠的机制就是通过暂时性地使通常运作的器官瘫痪而将某些感觉反应非正常地完全孤立出来）。事实上，我们所要意识到的只是如下的事实，即我们并不是通过事物对我们身体器官的作用以及我们对此作出的反应来获得不同的观察经验的。我们需要从两个传统的系统化错误中解放出来，即“感觉”的被动接收，以及对感觉特性的单一化和简单

化假设。[①]

接下来的讨论将从一个本身没有特殊理论意义的事实开始。我确信每一个人都会认识某些人，特别是女性，这些人非常擅于快速而准确地评估她(他)所遇到的人的性格特征。如果我们仔细观察这些具有不寻常的才能的人，就会发现他们具有极高的感觉能力和反应能力。我之所以加上反应能力是为了澄清我所谓的“感觉能力”并不是通常认为的敏感的、以自我为中心的“易受伤的情感”，这种感情是不正常的，因为它是压抑反应行为的“自然”出路的结果。先在的条件制约或阻断了正常的表达路径，有些人只好自我封闭起来。然而还有些人并不通过直接而明显的行为表达他们的反应，但他们并没有走上前述这个相对病态的路子，他们不断地让自己的一部分反应让他人辨识到，这一部分反应仅仅是细微的面部表情和轻微的肌肉调整，通过这种方式，他们将由自身的不完全反应造成的特性转变为别人得以评估他们的材料。伴随着他人的每一句话和每一个行为，他们都能产生一系列微妙的波动，长期的实践使他们能够将这些特性迅速而准确地转译为对他人行为中的态度的评估。就像斯宾诺莎所说的，彼得对保罗
199 的看法不但让我们知道了彼得，还让我们知道了保罗，有时候甚至更多。这里的原因很明显，通过与保罗的互动，彼得通过经验到的特性将保罗变成了他的对象。当然这并不是说男人和女人都按照他们自身来评判其他人。他人的行为对被经验到的特性有某些决定性的作用，比如一个吝啬的人有时也会被迫做出一些大度的行为。但是因为作为结果的特性能通过作用于每个参与者的效果而被直接经验到，每个人在这一过程中所起到的作用就会被夸大，并足以掩盖真实的情况。

在刚才的讨论中，“男人和女人”被用来替代“人格”，这样上述事实也许更能被接受，因为“男人和女人”在经验的层面上与“事物”、“事件”处于同样的位置。这些词不具有“个人”和“人格”所带有的那些含义，这些含义可能来自宗教和道德的语境。事实上，“人格”具有比“人”多一层的含义，除了“人”的含义之外，“人格”还表达了一种社会群体中的代表性力量，在这种力量中法律关系得到了高度

① 格式塔学派反对“分裂”学派，坚持所有被经验的事物在知觉之初就具有模式化或形象化的特性，这一点值得称赞。但我相信由于德国的认识论传统，格式塔学派同样在模式化对象的出现上犯了错误。他们忽视了在本质上共存和相继的模式化过程，对于生命的维持来说这一过程在实践上是必需的。

的阐明。也许这种不同能在如下事实中体现出来，即在大多数现代社会中“投票者”比“公民”具有更多的含义，就好像“公民”比“外国人”具有更完整的含义一样。一个投票者一定是公民，但一个公民若想成为投票者就必须进一步满足某些社会条件。同样地，一个人格一定是一个男人或女人，但还必须具有一些额外的能力，这些能力只有在一个具有关系性功能的群体中才能存在（或运作），这些关系性功能包括义务、权利、责任和豁免权。在一些原始群体中，当我们提到作为人格的人时，我们并不像在提到动物的人格化时那样在使用隐喻。但在这个时候，人格这个词指出的是潜在而不是现实。法律对儿童的定义也存在同样的情况。在一些异教和大多数早期基督教文学中，对女人是否具有灵魂以及她们是否是人格具有争议，同样的争议还存在于对于男性和女性奴隶的看法中。亚里士多德显然是将家庭奴隶降至事物的级别，因为这些奴隶是在社会批准之下被雇来作为实现他人目的的有用的工具，就像其他家庭器物一样。认为所有的常人都是潜在的人格这一认识本身就是人类社会建构过程中巨大的道德进步的产物和标志。

如果我们抛开先入为主之见，也许会更容易看到人类是通过他们的行动特
性与其他动物区分开来的，我们甚至会更容易地看到男人可以以同样的方式与 200
女人区分开来。我并没有低估我们平常所说的因为形象的不同而作出的区分，但前面这种区分方式值得一提，因为只要考虑到那些制作得极为完美的蜡像，我们就能明白这种区分与特殊化的行为（互动）模式之间的显在的联系。由于特性的一般基础是身体性的，我们也许不会很容易就认识到不同的特性其实是情感性的。然而我们一旦认识到情感可以通过感觉方式被认识，并且不同的情感可以通过当下被经验到的不同的感觉特性被区分，就好像可以在苹果、桃子和梨之间作出区分一样，就很难再得出另外的结论了，不过前提是我们已经抛弃了存在另外的精神物体的观念。需要重点强调那些愤怒、害怕、喜爱、憎恨的总体的，要么作为整体存在，要么不存在的感觉，以及那些分级的特殊化的视觉感觉和同样分级的对于这些“特殊”感觉的智性能力。如果一个人思考另一个人，他首先想到的是一个具有一定形式的身体，这一身体处于一定的作为整体的身体的体态和面部肌肉的运动当中。但是这些想象完成之后，除了在与他人的交往中表现出来的有机体的行为特性，是否还有一些另外的将作为思维对象的人与其他身体区别开来的特性？除此之外我们还可以问：除了被感觉到的特性，还有什么

方法能够将某一身体和对象与另外的身体和对象区分开来？到最后，我们的立场的一个最强有力的论据是，这一立场与被承认的关于知觉同一性和对所有对象的区分的理论是一致的。因此就这一点我还要多说几点。首先我假定如下的两个观点已经被认为是错误的，即有机体只是单纯被动的，以及感觉特性可以被单一地分割开来。这些假定是以如下的事实为肯定的基础的，即连续性的生命行为是作为整体的有机体与环境媒介相互作用的结果，而特殊化的结构和功能会为了作为连续的生命进程的一部分而出现在更为复杂的生命体中。从生理上来看，感觉可以被认为是感觉事件，当变化的环境需要行为重新适应时，这些感觉事件就具有重新导向行为的特殊功能。认为感觉事件是发动行为的刺激物是完全错误的，这种观点认为在行为之前并不存在任何东西，并且认为有机体直到被驱动之前一直处于静止状态。一个生命体是一组活动的能量，这组能量或多或少地与其他生命体联系在一起，并且在一定的规则下具有一定的方向，比如朝
201 向食物、配偶或巢穴，或者远离敌人。然而对于具有不同程度的复杂性和多样性的动物来说，没有一个环境在空间和时间上是统一的，环境需要它们作出连续的行为上的重新定向，这种重新定向通常只是轻微的调整跟变向，但偶尔也需要很大程度上的改变。在生命行为的连续体当中，感觉结构和事件在决定内容和规定方向上起到了中介的作用。

任何知觉在本质上都是对那些联合性的向量事件的质的知觉。这其中神秘的部分或无法解决的问题并不是对硬度或颜色的知觉，这些都是有机体进程和变化的环境之间某个特别的互动的特性，问题在于知觉是如何出现的，或者说我们是如何意识到事物的。感觉事件本身出现在一定的节点，并且具有重新定位行为方向的功能，因此没有什么比曾经出现在心理学教科书中的关于我们如何知觉作为对象的橙子的观点更为荒谬的了。第一个错误是认为对象是如马塞克拼贴一般一点一点在经验中被构建起来的，构建的材料包括独立的颜色、质料、气味与味道的特性。除了在某个确定的语境中——这样我们可以从一开始就有一个初步的模式或者“形象”，没有一种特性会在任何时候出现。第二，考虑到构建起生命进程的互动行为的连续体，认为对象，比如橙子，能够在经验中无关于其他事物存在的观点也是与事实相悖的。当然我并不是说在经验中橙子不能与柠檬或者苹果区分开来，也不是说某个橙子不能与一堆橙子或树上的橙子区分来。我指的是首先在每一个知觉中，事物是在一个明确的空间和时间语境中被

感知的，也可以说事物是作为“世界”的一部分出现的，并且在一个特定的时间处于中心的位置。其次这种知觉的确定性将一定的质上的单一性与个体性赋予作为不断重复的区分与重组的结果而被知觉到的事物。因为关系到生命进程中已经发生的事件，且决定着尚未来到的事件，每一个知觉在发生上有其自身的时间节点。知觉作为决定未来经验场的要素由过去的经验场中生长而来，它永远是作为一个流动的场域的结果出现的，而不仅仅只是一条河流(flux)。

如前所述，插入感觉事件发生的关系的讨论——且这些事件是对一些非人格的事物的知觉的经验结果，因而属于“特殊的”感觉情况——目的在于指出下面两个进程之间并没有区别，即由生命体在与环境的互动中所形成的对原始的感觉材料的总体的有机的把握，以及对人格对象的知觉。较之于从狭隘的物质 202
或生理角度来知觉一个身体，我们现在首先把一个身体视为一个动物或人类的身体。这种对身体的“高等”特性①的消除是一个成就，经验的结果不再是对无生命的和纯物质的对象的知觉，相反，在原始的、相对未作区分的场域中所经验到的身体获得了与之前相对的特性。身体是生活的，如果是作为人类的身体，还带有初步的人格的含义。如果不是逐渐从一个共同的背景中被作为对立面区分开来，“人格”和“事物”并不会具有独立的意义。即便是作为单一体，事物也是作为世界的一部分被知觉到，人格也是同样的，人格总是在相互关系中以及与事物的关系中被知觉到。在反思性思维的整个历史中，没有任何观点比如下的观点更与事实相左了，即“为我论”是经验的原始“材料”，我们要么接受它，要么因为摆脱不了它内在的荒谬性而通过机巧的哲学手段将它限制起来。

① ［杜威对自己的提示：“在脚注中引用桑塔亚那。”］

第十章

心灵与身体

I

203 前面所讨论的将动词强制转变为形容词，甚至更为有害的，将形容词转变为名词的情况尤其可以应用到“心灵”这个词上，作为一些互相联系的行为的明晰而又独特的变体，最为重要的行为特质被转化为了实体。那些关于心灵的原始观念，诸如灵魂、生命(anima)，至少将它与可被观察的现象联系了起来，比如呼吸、生命体的热量与运动性(这种运动性被认为是自我激发与自我控制的)，以及这些特征消失在动物尸体中的事实。在希腊哲学中(至少在亚里士多德和不在毕达哥拉斯影响之下的柏拉图那里)，灵魂(psyche)被确认为是生命的行动原则。同时因为植物也是生命体，它们也具有“植物性的灵魂”。我们还可通过一组相互联系的可被观察的特征来辨识动物性的灵魂，在这些特征中最为明显的是运动、寻找食物以及求偶的能力。但是在以自我保护与专于获取为特点的低级动物灵魂之外，还存在着一些慷慨的动力，比如胆量、保护幼小、关心族群，等等。如果我们意图把人定义为*理性*的动物，那么没有什么比将其定义为纯理性的，或者主要是理性的更加与我们的意图相悖了。“理性”表达的是人类内部的*差异*(differentia)。人类能够消化吸收食物证明他们拥有植物性的灵魂，其他的行为特征则表明他们具有动物性的灵魂，在动物性灵魂的低级和高级层面之间，一些个人和民族，比如说希腊人(尤其是雅典人)，拥有异常比重的高级层面。相对来说，北方的满族，比如马其顿人，就以灵魂的精神特质著称，而东方的享乐民族的灵魂则浸淫在植物性的低级特征中。在一个共同体内部，不同的阶级亦具

有不同的灵魂比重。商人阶级是低级动物特征的典型，士兵和市民阶级在雅典 204
则体现了灵魂的精神特质，而统治者，尤其是立法者则体现了至高的理性灵魂，因为与专制君主的个人授权不同，法律是普世的和理性的。

我并不想证明在心理学上，希腊的思想家预见到了晚近的行为心理学。但除了某些毕达哥拉斯学派和准神秘主义的观念，希腊哲学的观点与后来的灵魂心理学比较起来，确是自然主义且建构于未经加工的可被观察的事件之上的。只要比较希腊流行的关于死后灵魂状态的观念与基督教流行的关于灵魂不朽以及天堂地狱的观点，我们就会发现前者是多么接近自然中寻常的事实，而后者则明确地建构于一些非自然的道德兴趣之上，正如我们前面所指出的，和它联系在一起的并不是自然，而是由人和神的意志所扮演的戏剧。有趣的是，我们还可以看到，尽管由超自然主义所控制，中世纪的神学形而上学仍然保留了某些希腊哲学的元素，比如在自然的一些基本的"物质"结构之间，从植物到动物再到原始的人类灵魂，存在着等级式的渐进性和连续性，而作为神的化身的人的堕落，以及牺牲和潜在的拯救则是超自然事件的高潮部分。伽利略和牛顿的物理学剥夺了某些既有的物质或物理特性，这些特性使自然中的"最低级"形式成为等级式递进的基础成为可能。这种新物理学切断了灵魂及理性与被物理科学研究的自然发生及结构之间的所有联系。心灵与自然成为了相反的对立面。对于由这种对立所造成的"认识论的"难题我们已经讨论了很多，但因为身体是物理自然的一部分，这一由于17世纪天文学和物理学的兴起而产生的危机同样也造成了心灵与身体之间的"形而上学"难题。

笛卡尔将*灵魂*等同于*心灵*，现代的读者往往不会注意到这一论断的革命性意义，这种同一性被认为是无需多加考虑的自明真理。事实上，这一论断意味着笛卡尔慎重地从他关于"灵魂"的构成和运作的理论中把一些至少存在了两千年的元素慎重地剔除了出去。这些元素在笛卡尔看来虽然真实而重要，但不完整也不足够，这些元素包括所有与生命相关的东西，生计、生长和运动的现象，甚至还有由身体所决定的感觉特性。我们对笛卡尔这种将灵魂与*心灵*等同起来的论
断所带来的负面含义已经很熟悉了，即所有的心理和生命现象都是*机械的*，在新 205
物理学所带来的新意义上，它们都是纯物理的。在这里举一个例子就已经足够了，*在原则上*，心脏的跳动和血液的循环（虽然那时还不为人知）与工作中的水泵并没有区别，也就是说，两个现象可以用完全相同的方法和机械原理来解释。灵

魂则变成了完全精神性的和非物质的，其运作的力量与导致“外部”自然出现和运作的力量完全不同。物质是有广延的，而心灵则是非广延的。物质是复合的，且经常变化其特殊的形式，而心灵则是简单而不可破坏的；每一个物理性身体都是惰性的或是需要被驱动的，而心灵则是思维和意识，内在于它的本质当中，因而心灵总是在思维。洛克极力批判了这一观点，但他没有认识到观念在笛卡尔的体系中是多么至关重要。在心灵和身体作为两种不同本质的存在这一前提之下，心灵是如何作用于身体的以及身体是如何作用于心灵的就变成了必然的问题。心灵和物质的两分成为了流行的信念，甚至在今天还有很多人认为这种两分是直接出自常识的，于是问题是：心灵是如何像作出一个决定或达成一个目的一样“移动”身体驱使其行动的？作为一般的“物质”，身体又是如何像心灵形成关于物理世界的观念那样作用于心灵的？用传统上讨论这一问题的语言来说，心灵与身体之间的“互动主义”(interactionism)是我们经验中的一个无疑的（也许是最为无疑的）事实，因为我们可以在我们获得的关于世界的每一个知识和我们审慎地移动身体的任何结构来制造我们所希望的改变的每一个行为中得到例证。然而因为心灵和身体属于两种不同形式的存在，它们之间的“互动”在本质上是不可能的。

我不想讨论对于这一问题的不同“解决方案”，这里相关的是文化环境的状态，尤其是物理科学和道德宗教信仰这两方面所产生的问题，我们尤其需要检查的是形成问题的条件，只有条件被接受了，才有寻求解决方案的需要。简单的事实是如下的常识在过去和现在都没有被接受，即心灵和物质互相作用，或者“意
206 识”作用于物理的身体（包括自身的身体），同时身体也作用于意识或某些非物质的事物。被接受的观点与之非常不同，人们相信具有人格特性的存在，简言之，人格，作用于和被作用于其他事物，这些事物包括无生命的、非人格的与人格的。无论是作用还是被作用，其介质都是身体。然而与被赋予“物理的”身体的特性和特性之间的联系比较起来，那些构建起人格行为的行动具有非常独特的特性。与环境中的事物发生互动的是约翰·史密斯和苏珊·琼斯，而不是没有形体的“心灵”或“灵魂”，作为人格存在，他们身处的互动行为被一些特性所规定，当这些特性被抽象化为实体，就有了所谓的知觉、观念、目的、目标、欲望和斟酌。简言之，意识到自身与周围环境中所昌盛的事物的联系的存在就是智性的(intelligent)存在。任何人都知道智性的行为与愚蠢的行为的不同，而全面的智性行为与目光狭隘的智性行为又有所不同，就如白痴和蠢人的行为不同于常人，

而常人的行为又不同于杰出的智者。简言之，将观点、计划、欲望、预见和对境况的知觉性把握简化为一个无比虚弱的非物质是“互动主义”的形而上学问题的来源，同样也是偶因论(occasionalism)、平行论(parallelism)、自动论(automatism)、副现象论(epiphenomenalism)等对立理论的来源。而这种对于作为原始材料的常识的简化则是把心理(the mental)与生命(the vital)分离开来的产物，后者是某个特殊历史和文化节点的产物。17 世纪的自然科学拒绝了所有明显的生命特性，但又保留了基质与本质的观念，还保留了被称为“物质”的这一基质的“僵死”本质，这一本质是由早期关于自然世界的诗化观念发展而来。由此产生了关于事件之间的机械联系的洞见，这一洞见造成了对动能、光、热、电，简言之，对所有种类的自然能源的不可想象的控制。然而因为对某些前科学宇宙论的未加批判的保留，这些机械关系并没有在一个合适的语境中得到把握，而是变成了另一种形而上学。

* * *

这里要讨论的第一个问题将我们带回了本章开篇所讨论的问题，即将动词转化为形容词，继而转化为名词，这样做的后果是把行动转化为了独立的行为。 207
心灵与精神并不代表心理学家和哲学家所发明出来的事物，相反，就如我们已经指出的那样，它们代表可被观察的重要的行为特性，以及需要识别的较之其他事件非常不同的独特特性。“心灵”这个词在许多情况中是一个瞬间，在这些情况中，习常的(idiomatic)用法比深奥的理论解释更能切中本意。这些情况的存在有一个明显的原因，习常的用法由我们的经验需求所决定，我们需要在经验中标明和记录事件之间的不同，这些不同对实际的操作与有效地生活具有重要的意义。哲学解释常常因为某些外在的先定理论的要求而放弃观察到的事实的首要意义，这些理论经常是神学性的。在习常的用法中，我们对“心灵”被当作动词使用并不会感到惊讶，心灵被用来指称一定的行为，而这其中的语境则表明这里所指的行为是有机体与周围环境的互动。儿童对“注意听”(Mind me)和“注意我说的话”(Mind what I am saying to you)这些警告非常熟悉，而提出这些警告的母亲或护士也对留心(minding)和看护儿童的必要性非常熟悉。同样，厨师会留心(minds)在烤箱中的面包或蛋糕。在这些情况中，留心(minding)这个词等同于注意力的行为(attentive act)，这种行为关心如何在某个环境中进行某个行为,因此关涉到有机体的行为,也就是身体。只要我们在可被观察的事实中寻找相关的线索和材料,我们就需要将上述蕴含在语词中的行为作为我们的研究对象,并在此之上建构其关于心灵和精神的理论。

我们已经提到留心等同于注意力的行为,这种行为关涉到有机体的身体是如何在其肉体的界限之外进行或准备进行某些活动的。我们还需强调这里“注意力的行为”所蕴含的特殊含义,因为通常“注意力”被认为是一种独立的力量或是精神的一种功能,而非生命互动的一种模式。也就是说,注意力被认为是灵魂、心灵或意识进行的一种纯“物理”行为,而非某些独特的有机体行为的可被观察的特性。我将进一步对注意力行为的本质进行细节性的分析。虽然军队中的
208 口令“注意!”并不是一个合适的例子,但仍然值得一提,因为它明显代表了一种特殊的关涉到环境的行为。如果考察注意力行为的较不特殊的情况,我们会在其中发现关心(care)的特质,这种关心作为一种外在的行为具有两个层面的含义,首先是通过做某事来保护或提升所关心的(caring for)的人或事,其次关心(caring for)某事或物表达了情感上的喜爱和挂念。虽然在注意力行为中这两种含义是不可或缺且不可分割的,但如果我们把将它们分开考量,事情就会变得更加清晰。“关心某事”(Have a care)等同于“注意”(Mind your step)、“留心”(Look out),它代表了一定形式的行为,如果脱离了对其周围环境的处理和改变,这种行为很难出现。注意力行为的情感特质,即在挂念、焦虑、害怕、担心、感觉负担等意义上的关心,与构成境况的要素是对应的,这些境况需要我们注意周边、提高警惕以及决定动向。这些境况需要我们关心意想不到的后果,而我们所采取的行动将会影响到当下进行的事件的结果。为了使外在的行为避免坏的后果,我们就需要观察,如果没有一些行为的介入来改变某些事件的发生环境,坏的后果就可能会产生。某些焦虑与担心的特质异常醒目是因为它们与接下来将要发生的事情的重要性联系在一起,这些事情存在着重大的未决定性,某些可能的行为会改变环境,让结果朝期望的方向发展。在流行的语言中,“忧虑”(apprehension)被用来表达对一种不好的结果的轻微的害怕,这种害怕是出于对结果或有可能严重影响结果的某个行为的不确定性。这其中自然包含了对一种情感特性的放大,这种放大忽视了对情况和行为的冷静或“理智”的观察和把握,但这一流行的用法同时也是一个有价值的提醒,它提醒我们拒绝下面这个认识论的立场,即把任何与实践有关的、与行为有内在关系的特性都从关于理解

(apprehension)的理论中排除出去。只要任何“理解”都被认为是行为性的，而非“内在的”精神性行为，它们的情感特性就和智性特性或思维性特性一样，都是其内在的性质。[①]

因此，以“留心”为特征的行为包含了心灵的所有特征，我们可以进一步将这 209
些特征区分为意志的、理性的与情感的。我们的行为中包含着对问题的关心，我们还需要对条件进行观察以决定接下来要做什么，而所谓的意志行为正是由后者构成的。值得一提的是，在所谓的意志行为中，留心实际意味着服从(obeying)。然而意志行为带有太多个体的任意性，不适合做我们的样本。服从中包含着一种努力与周围条件一致化的需要，这一需要不过是从一个方面强调了我们在所有留心的行为中都可以找到的特性。当行为根据它们所指示的方向产生的时候，我们便由此观察到了法律、法则与规则。培根坚持认为行为的性质包含在作为服从的留心当中，他提出的理论是，服从自然是掌控自然力的首要前提。服从的需要体现了实际条件在观念和信念的形成上所具有的某些权威性。从负面来看，这就警告我们(就像培根的例子所展示的)，要将观察的行为从对于某些结论的偏好中解放出来，无论这些预设或偏见是个人的“偶像”还是社会的正统习俗。而从正面来看，这就要求我们对所有的认识过程都怀有无上的尊重，要求我们意识到实在的权威性以及随时服从自然条件之教诲的重要性。我们的信念常常因为或大或小的原因而迷失，这些经验更加证明了接纳(admission)作为一种态度的重要性。隐喻地说，我们必须让事件进来，然而接纳事件的过程中存在着许多障碍，并且，服从的态度与被动地默认是完全不同的。服从是基于留心特殊条件(或者说留心“世界”)之上的，它是一门只能通过长期的训练和实践才能获得的艺术。服从这一态度的性质在其他的语境中被称为忠诚和忠心，它所要求的一致性表现了一种理念，对于追求这一理念我们负有道德上的责任，然而我们永远不能实现这一理念。[②] 在所有的诚实(honesty)，也就是理智上的正

① 自从亚里士多德尝试着证明哲学所特有的纯理论行为之于其他领域(包括国家的法律)的内在优越性，我认为必须承认“知识分子”希望放大他们的职责的愿望下意识地在维持如下的信念中扮演了重要的角色，即“纯粹的”智性活动是脱离了所有情感和实践联系的“纯粹”方法，它是通向和实现最终理念的条件。

② 只有先入为主的理论才会认为心灵、意识或认识主体“自然地”具有内在的理性特质，并认为谬误、错误、幻相是非自然的不正常状态。

直(intellectual integrity)中,这种服从的态度是最稀有也是最难以实现的。

每一种形式的“实在论”(无论是艺术上的还是哲学上的)都强调了这种服
210 从。然而,不幸的是,职业化的实在论通常会宣称,与由观察所得的必然条件之间的一致,其本身便是最终和完整的,因此,这种一致性能够为我们提供一种完整而适当的认识论。事实上,在此之前,必须存在某种形式的行为能够在一个特殊的方向上影响这些条件,并且这一方向指向的正是我们所欲求的结果。① 任何合法的实在论态度都必须避免两个错误。第一个错误是预设(暗含的或明显的)“条件”是静止的,或者是等在那里供我们去感觉的,也就是说,我们在任何时候去观察它们的时候,它们都是完全向我们的感觉敞开的。条件是运动的、变化的。观察中包含着一个不可或缺的元素,那就是预期(anticipation)将会发生什么,从而预期那些当下不能够触及、看到或听到(通过感觉知觉到)的因素。预测(prediction)不过是预期的详细形式。我所提出的并不是某个特殊的认识论,认为所有的观察都包含前瞻性的指涉。这里唯一的决定性问题是:实际的条件是否处在过程当中?如果有人否认条件在本质上是变化的,那么他也可以由此逻辑地否认观察中前瞻性或预期性因素的存在。同样的道理,否认前瞻性指涉也就等于承认事物并不是处于过程中的事件,而是业已完成了的、没有过去或将来的实体。如果我们批判地去检查科学对于因果关系的强调,就会发现,过程是如此内在于被观察到的和可被观察的事物中,因此,观察(以及一切依赖于观察之上的认识过程)必然包含着预期和对于将要发生的预测。第二个错误是实在论者常犯的错误,且与第一个错误中的假设是同源的。这一错误认为(公开地或隐秘地),忠诚于观察(和认识过程)中所包含的实际性或与其保持一致是我们用来定义观察的唯一特征。毋庸置疑,当一个人处于困难的环境中,不确定接下来要
211 做什么的时候,以下的做法能够提供重要的帮助:仔细地观察既有的条件以决定接下来会发生什么,这种观察是现成的呆板方法之外的另一种可能性。然而

① 虽然偶然会涉及,但一般的认识论并不是我的考虑对象。为了避免可能的误解,我要在这里指出,在最严格意义上的科学探究中,所作的观察与实验是由它们与未来问题和所要达到的结论之间的关系控制的。然而,这并不意味着某个为人所偏爱的结论就能被称为决定性的因素,事实上,这一观点正是科学态度的反面。我所指出的论点意味着具体的认识行为与未来所要达到的结论是相关的。认为所有欲求(desire)的元素都不存在于当下的观点中其实是扭曲了下面这个事实,即我们所欲求的事物或结论只受这样一种欲望的影响:通过有根据的事实去达到那个结论。这其中的显著特质并不是欲求物的缺席,而是欲求物的质。

就一种关于观察的理论或定义而言，任何认为一致性构成了行为的全部意义与内容的观点一定会同时认为，观察行为不需要涉及之前所做的，并且，因为观察行为不会影响之后的决定，所以也就不会对观察对象的选择或是对观察对象的解释产生影响。在这一观点看来，观察行为发生时，除了“去观察”这一意图之外并无其他的目的或意图，而在观察行为发生之后，观察所得的结果便成了处理做什么与如何去做这些问题的手段。为了跳脱这一多少有些荒谬的结论，我们必须认识到，观察业已完成的工作是决定接下来要做什么的第一步，而这种观察又是完全由实际状况和试图找出有效出路的意图决定的。这种看待问题的方式并没有消除一致性的因素，也并没有削弱一致性的重要性。不过，它倒是让一致性摆脱了由于批发式的运用而造成的空洞含义。如果我们批发式地运用一致性，那么为了达到这种一致性，观察就面临着一个不可能的任务：复制情境中的每一样事物以及每一样事物的每一个性质，这个任务显然是无意义且不可能操作的。观察的行为是选择性的，并且包含着希望达到的目的来作为标准指导和测试所作出的选择。事实上，如果问题仅仅是，是否要在实际操作中考量已经观察到的事物，并作出能够影响接下来的观察进程的最好决定，我想很少有人会对此持反对意见，有人甚至还会惊讶于为什么会提出这样愚蠢的问题。人们没有注意到的是，对这一问题的肯定答复实际上是给一致性或忠诚度设置了一个极为重要的限制条件，这一限制条件对于观察（和认识）理论来说至关重要，因为它证明了一致性并不是最终和完整的，一致性是另外一种东西，其性质是与服从和统一对立的，也就是说，这种一致性是让现存的条件在经验中服从于达到可预见目的的行动。

在任何一个观察行为中都存在着这样一种张力：一方面是与“给定”条件保持一致或服从于“给定”条件的需要，另一方面则是通过行动赋予这些条件不同
方向的需要，因为事实和理论都已经证明，如果任由这些条件自己发展，它们可 212
能会走向完全不同的方向。我首要讨论的是理论上的证明。一个简单的有机体生活在一个简单的，也就是说单质性的环境中；在任何时刻，活动方向上的变化都是不需要的。有机体能量与环境能量之间的平衡已经足够稳定，需要再适应(re-adaptation)的情况并不会产生。如果某些强有力的变化确实发生了，那么对这些简单生命体来说，它就是灾难性的。而高级的有机体则时常需要规模或大或小的再适应。对环境的再适应或再调试行为是对生命体能量的再引导，而这

种再引导就其本质而言是对立趋势之间的紧张或冲突状态。既有的行为具有冲量或惯性，它希望持存，它的存在就是一个持续的过程。另一方面，条件的变化也激发或唤起了不同的行为模式，进而通过功能性的适应去改变条件。行为与条件是两股并存的趋势。实际上，有机体的行为存在着各种不同的方式：在某些有机结构的行为中，存在着一种继续既有行为的趋向；而在另一些结构或器官中则存在着对于新条件的回应行为。这种张力在动物行为中就有预示，在动物行为中，它是以好奇的形式体现出来的——有机体行为或生命行为同时处于被吸引和排斥的状态中；动物行为中既存在着想接近或搜寻某物的倾向，又存在着想撤离或为地位高低进行争斗的倾向。在好奇状态占主导地位的情况下，某些方向上的行为也许会因此暂时占主导地位。不过这些都是暂定的，或者是实验性的。行为的方向并不是最终的和结论性的，有机体会被刺激物吸引也会对此产生排斥，由此行为也会发生剧烈的变化。有机体中存在的警觉（wariness）正是预示了这种张力，这种警觉构成了存在于人类中的觉察（awareness）。

接下来我要回到对于观察的具体例子的讨论。如果我们将注意力行为或留心的一个构成部分隐喻式地称作服从，那么我们也许可以更为隐喻一点地将另一个构成部分称为对条件的征服（subjugation of conditions）——以公开的行为手段让条件服从于我们，以维持我们的生命进程。张力或冲突正是产生于这两种对立的趋势之间。这里我们要再次提出培根。培根指出，为了让自然服从于
213 人类，为人类生活的理想目的服务，我们首先要服从于自然。正如我们有可能会错误地阐释特殊的观察行为一样，我们也会错误地阐释这一高度概括的知识观。服从和征服的态度或行为也许会被认为完全是相互独立的，自然能量对于人类目的实际服从与“理性的”和完全思维的认识行为对自然能量的服从以一种神秘的方式相互排斥。乐观的有神论者没有将上面这一观点中所包含的原则用于证明有一个超自然的事物的安排者存在，这让人感到惊讶，因为再难找到一个比这一观点更能体现前定和谐的例子了。认识论哲学家们认识到了“理论”知识在实际控制（科学）自然能量上起到的作用，但他们似乎没有意识到，将知识区分为理论知识与实践知识的做法导致了认识对于实践（在很大程度上表现为产生于现代物理科学的新技术）的优势地位，这种认识与实践的关系要么是完全神秘的，要么证明了有一个外在于自然的设计者在进行神秘的干预。如果有人想从简单的情况出发，那么他就必须承认，即便是在这些情况下（包括那些最少改变条件

的情况），观察也是与那些根据行为者的喜好而改变既有条件的行为相关的。比如在下面这个简单情况下就是如此：某人在尽可能仔细、忠实、精确地观察了条件之后，发现情境中的某些因素对他构成了威胁。在这种情况下，这个人不得不承认，对条件忠实地观察不再是将条件"是其所是"地接受下来，而是应该真正地调查条件，找出条件所指示的那些能够防止预期的有害情况发生的行为。如果有人认为上面这个例子过于低级，那么在那些严格的科学研究中所作的观察同样也是如此；在科学观察中，一致性或忠实性意味着，事件是基于它们所能达到的有根据的结论这一可预见的目的之上而被观察的。在科学观察中，值得追求的和有害的内容也许与上面提到的例子有所不同，但其中的原则是一致的。无论人们同不同意用"张力"来描述上面提出的发生在观察中的这种情况，我认为，在每一个观察中，一定存在着一种特殊的正反共存性或两面性。正确地看到已经存在的事物，注意到已经完成的事实并对尚未发生的事情作出预期并不是相同的过程；然而，虽然这两种过程并不相容，它们必须又是同时发生或者接踵发
生的。从心理学的角度来描述这种张力也许更为恰当——在观察的感性构成物 214
与理性构成物、边缘构成物与中心构成物之间存在着张力。①

在这种生命性张力中，对立的趋势都想控制将会发生的行为，这非常清楚地体现在了"心灵"在哲学上的另一个意义上。

作为观察行为的一个有机组成部分，预期的存在必须基于与直接的感性知觉不同的某些对象之上，而这些对象则来自之前的经验结果或互动结果在有机体的重点滞留——这就是习惯的原则。回忆或回想为观察中的预期部分提供材料，否则我们就只有基于习惯的直接行为，不会对条件加以区分性的识别。回忆的功能是因为试图控制行为而相互冲突的趋势的其中一股，因为如果回忆的元素以其原始的形态完全控制了行为，当下的条件就会被完全同化进已经形成的习惯中，从而取消那些能够唤起观察的新元素的力量。而另一方面，如果行为完

① 我们有必要从心理学的角度对"知觉"（以及"感觉"）与观察作出区分。观察不能离开感性知觉，然而感性知觉可以不用通过观察在熟悉的对象面前自动发生。这种自动发生甚至还出现在我们对熟悉事物的探索中——我们在这一刻识别或"把握"到的石头、树和接近中的车辆在其他的特殊情境中仍然会是石头、树和接近中的车辆。将观察等同于它的一个构成部分，也就是感性知觉，是一个对认识论造成极大破坏的心理学谬误。

全被当下感性知觉的有机体行为所占据，那么就出现不了任何预期性的元素。我们通常在机械记忆与“巧”(judicious)记之间作出的区分就暗含了这种张力，后者是基于当下条件的需要之上的对回忆材料的再调适。

前面我们对于留心和注意力行为的讨论与本章主题之间的联系，也就是“心灵与身体”之间的联系，是极为简单而直接的。我们可以这样来表述：在被观察到的条件之下，人类行为拥有一组性质，当我们将这组性质从物理性质和生命的行为性联系中区分出来的时候，它们就被统称为心理的(mental)。不过这一论
215 断并不是说想用精神的或心理学的性质去取代物理的和生命的性质，而是说，人类行为的观察者可以找出某些与物理学和生理学家研究的问题并不相关的性质，这些性质不能被定义为“物理的”，也不能被定义为“生命的”或有机的，除非是被用在物理学和生物学探究的结论当中。形而上学二元论的一个坏的后果是将两种存在的秩序分离了开来，有人因为看到了观念不可证实的性质，就进而认为存在着一种分离的、纯粹的精神性存在，并否认这种精神性存在具有像物理化学存在那样的“实在”性。这一否认标志着可观察的事实对于预设的形而上学教条的屈从，这一教条区分了两种不同的实体或存在秩序——“物质”与“精神”(灵魂或心灵)。一个重要的事实是：精神的性质只有在某些物理化学和生物的条件下才能够显示出来。然而我们不能因此就否认这些性质在发生时有其独特而明确的特质。“心灵与身体”这一形而上学问题及其各种“解决方案”产生的原因除了背后历史性和文化性的万物有灵论和神学信仰之外，还有一个理论，这一理论曾经被当作科学，晚近则被证明是非科学的。在晚近的自然科学史中，能量和事件已经取代了基质和实体成为描述自然现象的范畴，这一转变明确地标志着，对于事物(thing)的恰当运用现在已变成了一种论说(discourse)，无论是“anything”、“everything”或是“nothing”中的“thing”，还是与拉丁文的“res”同义的“事务”。拉丁文的“res”指的是一种事务(affair)，是带有某种统一的质的情境，其实体化的本质并不具有任何含义。大多数人现在仍会用静止的事物，而不是用行为和过程去思考和表达，考虑到好几个世纪以来的习惯性使用，这种情况不足为怪。“精神”与“物质”被认为是存在的形式，而“存在”又被认为是与行动相对的，或者是处于能量背后承载和推动能量的。在这样的理解之下，身心关系的问题很明显会变成一个特殊的形而上学问题，对此的解决方案要么是站在“物质”的立场上否认精神性质的真实性；要么站在观念论立场上，将“物质”还原为

心灵的不完美显现或局部把握；或者是采用互动主义所提出的各种形而上学解决方案。只有将问题明确地放到能量、事件和过程的语境中去讨论，或是用最广意义上的行为模式对此加以讨论，我们才能智性地处理和讨论身心问题。

然而，对哲学上关于身心问题的讨论来说，仅仅作出这样一个一般性论断是不够的。我们要讨论一下神经系统和大脑与具有“留心”性质（这些性质的综合 216
体被统称为“精神”）的行为之间的特殊关系，这种讨论不仅是有价值的，还是必要的。就处于人类之下的动物而言，大多数人不需要论证就能相信动物的大脑是一种能作出适应性行为的器官。而只有对人类来说，大脑才被认为（主要是哲学家）主要是一种认识器官，或者更荒谬地，是心灵的“座位”。事实上，一般性的身体与特殊性的神经系统和大脑原本就是生命行为的器官，当我们这样来看待它们的时候，问题就不再是物质如何能产生心灵、精神性的意志如何能带动物理性的肌肉，或是物理性的神经过程如何能够被翻译成精神性的感觉和观念，真正的问题是涉及严格意义上的科学探究的问题。就像其他的科学问题一样，这一问题的解决需要依赖于对已经发生的行为的持续观察。我们需要找出探索行为与其他发生在有机体能量和环境能量之间的互动模式的特征以及它们之间的明确不同。这样，一般性的问题就分裂成了许多特殊的问题，这些问题涉及在看、听、观察、记忆这些不同的行为中，神经系统的各个部分所扮演的特殊角色。这些问题要比，比如说，心脏或肺是如何决定生命行为的这种问题困难许多，但是在原则上，它们是同一种问题。我不能说传统的身心关系问题及其各种解决方案（副现象论、平行论、自动论、偶因论、前定和谐论、不可解的神秘主义论）的产生完全是因为人们接受了存在着两种完全不同的存在秩序这一前提。并且，作为其中一个解决方案的“一元论”并不是一种形而上学立场，而仅仅是意识到现象的本质是行为性的，行为具有性质，并且根据对不同条件下的特殊互动所作的观察，行为具有许多不同的性质。

站在实际探究的角度，这里的讨论（或者说任何哲学讨论）的主要责任在于指出探究的本质以及人们对此产生误解的历史和文化成因。哲学讨论没有义务去预期某个细节性的解决方案，这种方案会在将来由科学化控制的实验性观察找出。然而科学探究已经到了这样一个程度，我们有可能指出该从哪个方向去寻找关于大脑的适应行为问题的答案。下面这些已知事实明显是我们的出发点：在身体行为对感觉刺激作出反应的同时，在大脑结构的中心区域和间隙中

217 所出现的间接的、新的和复杂的回应。我们已经指出了所谓的“反射弧”理论的不足：感觉刺激和身体反应并不是相互独立的，也不是作为相互脱节的环节相继发生的。生命的维持与生命活动的持续要求身体反应在感觉刺激中扮演重要的角色。身体反应控制着感觉刺激，或者说，感觉刺激是属于身体的刺激物，反过来也是同样的，感觉刺激也控制着身体反应——这种互动是生命行为所必需的。有机体越复杂，构成其环境的成分也就越复杂，身体反应构成调适行为的过程也就越精细和广泛。粗略地说，大脑是引发满足以上这些条件的行为的器官。

大脑的工作有时被比喻成一个电话交互中心，这两者之间的表面联系无疑是存在的。从外面进来的“信息”必须在中心得到处理，然后再由特殊的频道发给某个接收者；在大量的“订阅者”中，每一个都是某个信息的潜在接收者，而这个信息则可以来自任何一个发送者。基于此，有人才将大脑比作一个总机(switch-board)。但是，这一类比存在着一个致命的缺陷。电话总机实际上是一个传递的机械装置，它的任务是将信息按其进来时的样子传送出去，它唯一的功能就是转换已经预设好的电子干扰装置。如果“信息”在交互中心被更改了，那么中心就没有尽到它的职责。而大脑的功能则是相反的。如果我们仍然将大脑比作一个总机，它的职责就是接收大量信息，每一个信息都因为太局部和太不完整而不能自身具有意义(也就是说，从互动的角度来看，最终获得的那种意义)，大脑进而对这些信息进行协调以引发最终的、统一之后的调适性行为。这一过程与一个感觉刺激物或刺激物的简单集合便能决定身体反应的过程完全不同。

换言之，直接包含大脑活动的行为是一种慎思性行为(deliberative behavior)，站在外在行为的角度来看，慎思性行为是滞后了的。对于因为着急而将要采取不明智行为的人，我们常常会说：“停下来想一想！”所有智性的和反思的行为(这些行为都包含了大脑过程)都包含了中断(stoppage)，也就是对直接行为的
218 阻止，这些直接行为会让有机体承受与环境直接互动所带来的后果。所有的观察都包含了阻止直接行为的要素。如果对形成习惯的条件缺乏恰当的观察，这样形成身体性习惯就是“自动的”，也就是说，其运作是机器式的(当下的家庭、学校与工业中存在着的一味“求快”的压力导致人们在行动时只求速度，不加思考，“自动式”习惯由此产生)。只有当我们根据目的对习惯形成的条件进行观察，对条件的观察才会作用于行动，行动也才会变得智性。由于我们身处其中的社会条件，在多数日常生活行为中，直接行动的趋势是很强烈的，因此，我们需要一

种慎思性的阻止技术将智性的引导引入我们的行为。然而这并不是故事的全部。在处理实际情况时，理性行为或大脑形式在表面上看来是与身体的行为脱节的，而“实践”行为这一或多或少带有轻蔑的说法更是加重了这一印象。然而，实践的真正含义恰恰在于与我们生活其中的物理与文化介质相关的整个生命行为。

由大脑所控制的滞后的或慎思性的行为中所包含的“中断”和阻止不能被视作行动的完全停止，“停止”的只是外在行为。在这一过程当中，能量被转化到内有机体(intra-organic)的频道中，因此，与环境进行互动的那部分有机体条件得以更改，并为新的行动作好了准备。慎思并不是某个发生于外在行动之前的过程，它是处于发生与发展过程之中的行为。决定打断了内有机体行为的进程，从而标志着有机体已经准备好将某个行为带入直接的互动当中。行为的产生并不需要一个外在的所谓“意志”的实体。行为是一个准备性的改进过程的自然完成点(consummation)，当大脑进程适当介入的时候，这一改进过程便发生了。这一过程本质地包含着开创力(initiation)、灵巧性(ingenuity)和创造力(inventiveness)。新事物(novelty)和多样性是发生滞后性行为(大脑的功能)的情境的本质。这其中具有神秘性的问题是：有机体和具有大脑结构的有机体究竟是否存在？然而问这一问题同问任一事物究竟是否存在是一样的，因为我们对此的解释只能是将某个特殊存在与其他存在联系起来，然而在这样做的同时，我们又理所当然地认识其他存在是存在的。世界是其所是地存在，这才是神秘的地方，同样，我们可以将这种神秘性运用于鸟的翅膀、雷电的发生、坚硬的石头、轻薄的气体， 219
也可以运用于大脑在智性调适行为中所发挥的功能，以及最丰富意义上的生活兴趣。

在这部分讨论的最后，我要指出目的、计划、意图在刚才所描述的行为语境中的合法意义。我要提出的都是平常的假设，就像关于意志的假设一样。的确，从最终意义上来看，将它们变成实体或力的行为与将意志实体化为力或官能的行为是一样的。意志力是一种实在，然而这种实在指的是一个智性行为从发生、成形，直到进入与环境的互动的整个内容，这些内容是每一个生命进程的命运，因为生命就是由这些内容组成的。否认意志作为独立的、外在的力的存在是合理的。然而将意志当作官能的信念造成了一个极坏的影响：人们认为否认了作为力的意志会连带地否认那些在流行的传统中被实体化了行为性质的真实存在，慎思、计划、目的的有效功能由此也被认为是虚假的，它们被称作“副现象的”(不管这个词是什么意思)。事实上，意图、目的、可预见的目的、计划就是新的、仍然处于成形过程中的(也就是说，仍处于内有机体阶段的)互动模式。

* * *

从生物的角度来看，过度拘泥于“理性”对于实际行为的服从其实是多余的，我们只需要主要地坚持基于感觉和身体之上的神经系统是为生命活动服务的，而生命活动又是由文化条件塑造的。将感觉视作认识器官的早期观念将感觉系统与它的联系孤立起来，这一影响至今依然存在。在这一影响之下，有些人否认(非常恰当地)感觉材料可以为我们提供知识。他们认为，必须有某些“理想的”和先天的要素去补充感觉器官和感觉材料，而他们的整个理论都是建立在将器官及其结构与它们在生活行为的整个领域中的生成性与功能性的位置孤立开来之上的。只有基于上面所提出的观点，我们才能解释社会环境对于人类的看、听、触、尝、闻这些行为的决定性作用，以及单纯的物理刺激物是如何被社会环境所转化的。性质被包含着感觉功能的有机结构所中介，从而完全浸透了它们因
220 社会语境而获得的价值与用途。对于实际的特殊问题来说，哲学著作中所讨论的红的“感觉”、硬的“感觉”、高音的“感觉”都是纯粹抽象的极端例子。事实上，能够在生理上被眼、耳、手、鼻所把握的(这种把握事实上是某些高度特殊化的物理化学过程)那些性质并不是抽象的蓝色、天空的蓝色、丝带的蓝色、地毯的蓝色和实验中化学反应所产生的蓝色。虽然能够认识到这一事实已经比将性质孤立出来放到真空当中的做法有了进步，但是其中仍然存在缺陷：它没能认识到天空(还是其他事物)是作为环境的一部分被经验到的(虽然是处于焦点的那部分，但依然只是一部分)，而环境又完全是社会性的。① 通过诉诸一般的理性或理智来弥补被孤立出来的感觉性质的不足完全不能为我们提供那些我具体看到、听到、触到和尝到的质性对象，因为这种理性或理智是在环境与人类有机体产生互动之前或之后被引入的。一个在生理上被视作感觉性和身体上的，并在认识过程中起作用的(即便我们完全把握了其中的身体性功能)行为仍然代表着它所选

① 讽刺的是，颜色的性质虽然是由一定时间单位中的光波比率与某些特殊的神经事件决定的，然而这一结论本身却是特定领域中的社会性成果。

择的对象。日常生活的需求和目的是行为产生和运作的语境，这一语境防止我们将行为当作肤浅而表面的存在。当我们对行为进行哲学讨论时，行为就被放到了另外一个语境中，在这一语境中，我们很容易就忘了行为的原初语境以及现在它所处的新的探究的语境。行为选择的对象所具有的性质中间有一些直接反映和促进了生活本身，也有一些是感觉性的、身体性的或思维性的，由此也就自然成为了未来生活的工具。接下来我要讨论一些与经验的时间性连续（也就是经验的生活功能）密切相关的宽泛结论。

对于任何人类来说，生命都是从生到死连续不断的，一代人与一代人之间同样也是连续的。我们对于这一事实是如此熟悉，认为它是理所当然的，由此也就不能理解这其中所包含的连续性的本质，我们甚至认为这种连续性仅仅是存在的一种保存或持续。我们忽视了下面这一事实：只有当某个特殊时刻的行动改变了现存的有机体和环境的条件，从而使它们积极地维持行为的连续进程，生命
才能够持存。人们用很多其他领域的概念来比喻心理分析，比如将之比作“快 221
照”（snap shots），就好像在一小段时间内所发生的要比我们在一长段时间内所观察到的更能说明事件从何而来，又往何处去——简言之，能够为事件的发展提供某些线索。当下对于“刺激—反应”这对范畴的使用就是一个典型的例子。如果我们将这对范畴看成一个心理学整体，那么较之于将“感觉”与“观念”孤立起来的做法，这无疑标志着一种进步。然而这对范畴通常被解释为“反射弧”的形式（比如膝跳反射、东西接近时的眨眼反应），从而自己被孤立起来。这样做的结果是，连续性的东西被切割成了脱节的片段；我们不可能再次将这些脱节的片段组装成一个连续性的过程，就像我们不能把摔下墙来的矮蛋（Humpty Dumpty）再次拼凑起来一样。[①]

听到突然发出的巨响人会跳起来，不经意碰到某些烫的东西手会缩回去，这些例子都不是孤立的“刺激—反应”行为。它们表达的是震惊的本质：环境中的突然变化在有机体能量的一面唤起了同样突然的变化。然而这种断裂和转换是相对的，而不是绝对的。它们并不一定要是行为的开始，就好像孤立的“刺激—

① ［出自《鹅妈妈童谣》：“矮蛋矮蛋坐墙头，坐着坐着掉下来了。就算来了国王所有的马、所有的人，矮蛋也不能变原样。”（Humpty Dumpty sat on a wall, Humpty Dumpty had a great fall. All the king's horses and all the king's men, couldn't put Humpty Dumpty together again.）——译者］

反应”情境是终极的行为单位一样，相反，它们是对连续行为的再定向，且这种再定向同国际象棋甚至网球中的行为还有所不同，因为它们要求更大的偏差角度。以突然发出的巨响为例，听觉器官之前并不是完全静止的，执行突然跳起之前肌肉也并不是完全不动的。有人也许会怀疑，在我们醒着的时候，完全单调的踏步行为是否是可能的。在某些方面和某种程度上有新的和不同的东西出现是一件寻常的事。在阅读一本书时，我们期待主题的某种连续性，但是这里的连续性并不是单纯的同一或重复。它是一个发展的过程，其中会出现不同的东西，而这些东西必须通过对其中所包含的有机因素的再定向而得到解释。在前面所举的这些令人震惊的例子中，在一定的时间跨度内，再定向的元素要比通常情况下大，由此才会出现震惊的性质。震惊的存在证明了中断的状态要比平常更为强烈，震惊是连续性行为中的再调试的瞬间。

生活是一个连续的进程，整体来看，它的每一个阶段都必须改变之前的条件，并为之后的行为准备条件。在受压的时候，我们也许甫出龙潭，又入虎穴，我
222 们失去理智，陷入恐慌。在这样的情况下，我们行为粗暴，举止随意。这一事实证明了，在平常的行为过程中，非正常的突变是调试性的。这里的“调试”意味着一个功能性的事实：这种调试是一种行为能力，它能够在特定的时间通过改变作为其结果的条件而引向后面的行为，也是后面的行为生长自之前的行为，进而再生长为之后的行为的能力。[①]

如果不是因为心理学的理论已经成形，而心理学描述则与同它们内在相关的生活脱节的事实，提及上面这类事实则是多余的。从例子中我们可以看出，重点必然要放在作为运动、生长与发展的连续性上，在这种连续性中，变化是连续的但又形成了一个行为的过程。心理事件的时间性延伸——比如在预期和回忆中——常常被征引为标志心理事件作为独立存在秩序的基础。只要物理科学的对象还被认为是瞬时的（因为它们由空间上的点和时间上的瞬间组成），希望、计划和预见的存在，对过去的回忆和沉思，以及活在过去等似乎一定会将“心理”现象放在一个本质上同“物理”现象分离的领域中。即便我们有了基础将时间性的绵延归为物理学背后的“实在”，它们所拥有的本质上的时间性似乎也给我们提

① 人们很可能（很不幸还是经常地）这样来定义前提，以至于“调试”的存在变成了一个问题。然而事实上，所谓的“调试”只是标志着生活之连续性的一个特征，它是出发点，而不是要达到的结论。

供了足够的保证，让我们将它们视为基本上是“生命性的”或者本质上是精神性的——柏格森（Henri Bergson）和怀特海（Alfred North Whitehead）就是证据。下面这种观点的科学依据已经由相对论消除了，即“物理”现象是建立在同时性和瞬时性的基础之上的，这一变化直接影响了将“心理”存在标示为不同秩序的标准。[①] 无论何时，如果我们直接考虑生命进程与生命功能，我们就会面临一种情境，在这一情境中，“过去”必须直接被理解为*通道*（passage），或者说*走向其他事物的过程*（passing into），或者说将来之物的“生成”（becoming）。有人认为心理现象是不同的存在秩序，它仅仅是*内在的或主观的*。这种理论是这样一种尝试的产物，即试图将过去的事实、未来的指涉同一种虚构的、独立于与环境之互动的存在结合起来。因此以下的强调也就获得了基本的重要性：心理对象与生命行为的内在关联，以及有机体条件与环境条件（彻底地被社会文化能量所规 223
定）之间的互动。[②]

我们在之前的章节中指出，行为中不平衡和相对不均衡的阶段或多或少地伴随着再平衡与再整合时的节奏变化而出现。我们提到了这一主题同心理问题的一些联系，但这一讨论的主要目的在于指出在实际经验中区分出环境和有机体（但不是将两者分裂开来）的根据。突变、震惊以及生命行为的进程对于再定向的或多或少的持续需要这些问题联系起来，这一主题在这一章中亦是被反复提及的。要想过度夸大下面这几个因素的重要性几乎是不可能的：与情感心理学的联系，以及全面意义上的探究——检查、检验、搜寻事实和观点、反思、反过来看事物、探测、测试，等等。只有在这个语境中，努力、斗争、慎思、选择和决定的过程才能被理解。[③]

讨论最为方便的是从包含在有机体与环境之互动当中的“经受—做—经受”（undergoing-doing-undergoing）这一联系开始。环境行为中的变化被有机体所经受，而这种经受又在某种程度上改变之前能量分配的状态。从某个观点来看，

---

① 比如可参加 A. F. 本特利[引文从缺]。

② 如果地方合适，我们还可以展示出，超越的观念以及其他用以认识事物（这些事物超出直接瞬间的可以把握的范围）的代理者所带有的“神秘”，而当我们将时间性和历史性的生活连续体纳入考量时，这些神秘又是如何消失的。

③ 也就是说，所有通常被归在意志之下的现象。

这一改变构成了一种扰乱(disturbance),而无论在哪种情况下,这种扰乱都等同于对于能量的再分配的需要,而这种能量的再分配或多或少会造成生命活动进程的再定向。称这种扰乱为一场危机似乎过于极端,除非我们按照字面意思来理解危机,那就是,一个转折,这个转折也许轻微,但又仍然是一个矢量因素。从生物学角度来看,这一再定向的需要是张力(tension)与张力过程(in-tension),以及张力状态(at-tension)与张力过程的基础。每一个动物在警觉与提防的时候都会经验到这一需要,从生物学上来说,这一态度是预期、预见、预防和计划在生物学上的先行者。在这些简短或拉长的重建周期中,作为过去经验之持续运作的习惯被改造为构成回忆和记忆的行为。也就是说,形成一个习惯的能量被分解为一些特殊的成分,这些成分的功能运作会造成所需要的再调试,而还未适应
224 当前状态的习惯仍然像原初所形成的那样运作,去应对当下此处的环境条件。[①]

在生物学上我们可以找到一个简单的例子,那就是饥饿与满足之间的变换。饥饿是有机体的一种不平衡状态,它构成了需要;然而这种需要并不是心理学意义上的,而是作为一种活跃的不舒适的条件,这种不舒适表现为寻找食物,也就是与那些能够恢复平衡状态的环境条件进行互动。如果我们从生物学上分析这一行为,我们会发现这一原型可以在所有描述搜寻或探究(在最为彻底的观念或智性意义上)的条件和过程中找到。前一种对所需之物的搜寻所用的手段是身体性的器官,而后一种搜寻所用的则是社会文化性的器官,它们由声音和记号组成,这些声音和记号拥有代表在时间和空间上相对遥远的事物的能力,也就是说,它们是语言学上的符号。但是为了实现能够造成生命行为之再整合(而这正是这些符号在探究中所要执行的职责)的再适应的功能,这些符号最终必须通过能够改变环境行为的外在行为起作用。思维是使用我们自身能够产生的性质(比如声音和纸上的记号),当我们需要的时候,这些性质能够作为中介者实现一种统一的生命行为。[②] 文学或审美思维是一种行为,这种行为本身就是生活的直接体现和直接状态,并不具备准备性的和前瞻性的指涉。"思考"或从事反思性探究是一种愉悦和乐趣,这一点证明了同一个主题既可以直接体现生命行为

① 我们也许可以回忆一下我们之前提到的、同这一一般性的主题相关联的一点:在相互互动的过程中,有机体行为结构和模式的多样性逐渐增加,同时,它们的复杂性和精巧性也不断加强。

② 为了避免误解,这里也许应该明确地指出,我主要是在理智的意义上运用"思维"这个词的。

及其直接丰富性，又可以作为代理者有效地预见到那些在时间和空间上距离当下此处的生命行为比较遥远的对象。①

在这里我不打算就下面这一点进行展开，即生命活动中不平衡与再平衡的阶段性变换，以及对经验对象之情感和意志性质的描述这两者之间的联系。相反，我要转向一个在哲学史的戏剧中扮演主要角色的主题。没有一个问题比下面这个问题引发更多的解决尝试或争议了：感觉对象——或者用更为不利的表 225
达，感官对象——与观念对象、冲动与思考、知觉与感念，以及在更为特殊的语境中，肉与灵、低级自我与高级自我之间的区分和关系。上面提出的这些对象首先必须包含时间性的因素，其次必须包含联系起来的空间性的因素。虽然在上面这几组直接给出的名字中，第一个概念有一种被轻视的意味（如果不是被认为是邪恶的），相反，第二个概念则带有一种被尊敬的意味，而每一种情况的不同或价值又依赖于具体的时间设定。在运动的生命行为进程中，如果直接的当下此处阶段占据了控制性的重要地位，这一阶段无疑便带上了高级的价值。相对来说，将来的与处于终点的事物［此处从缺］具有更高的规范性力量。日常的判断可以使我们认识到，虽然为了现在而牺牲未来是可能的，并且或多或少是普遍的，但人们也会因为让现在永远从属于未来（这个未来永远不会到来，因为到来的也都是现在）而使他们的生活变得贫瘠而空虚。毋庸置疑，下面这一观念标志了哲学思想的历史，那就是，价值的不同是内在的，而不是由功能性位置的不同所造成的。大体来说，这一特征可以由更为宽泛的、对生成性和功能性考量的忽视得到解释。更为特殊地，它产生的原因是道德家们对下面这种做法所造成的危害特别敏感，即屈从于就近的、未经中介的强大压力，而忽视了从长远来看好的或合理的事物。一般来说，追求理性的哲学家们会很自然地放大理性的职责而轻视当下的、具有直接生命力的东西。

* * *

在科学实验中，一个极为微弱的特殊张力的出现也许在某些特定的情况下具有决定性的证明价值，也就是说，在这些情况下，它能为某个特殊条件在当下

① 古典雅典哲学及其宗教后裔极为坚持思维的沉思性和非“实践”方面，这一立场部分是审美性的，部分又为有机体适应之后的事件作出了间接的准备，这种准备在斯多亚派的理论中走向了极端。

此处的存在提供决定性的证据。在一个“感觉”性质的单纯存在中，并不存在什么魔法。无论感觉拥有什么样的特殊价值，都归功于它可以作为证据的功能。在一种并不搜寻证据的整体情境中，追问一个性质以何种特殊的方式被经验到并不恰当。而在对证据的需要出现之后，对性质的生理来源的追问却盖过了对性质的生动性和其他特征的追问。

毋庸置疑，知觉材料主要是审美性的，因此它是极为感觉性的。因此，在这种情况下，更值得一提的是，那个最为直接地制造了审美产物的特殊感觉器官并
226 不像在为了科学目的而进行的观察中那样占据特殊的优先地位。一幅被我们看到的画是由画布上的颜色组成的。但是平常人看到的是一个景象，一幅风景、肖像或者是一个历史事件。颜色并不被视为颜色，除非观察者以一个画家的角度来看待画作，或者出于评论家或学生的兴趣去留意效果是如何被制造出来的。在后一种情况下，聪明的学生甚至会去关心颜色是如何被安排的以及颜色之间的关系是怎样的；并且，如果他们将其视作一幅画或是一个审美产物，那么当他们检查一个特殊的色区时，就必须研究这一区域是如何与其他色区进行互动从而产生总体效果的。当我们将看到的是一幅画或者说是画面呈现这一事实纳入考量，很明显，尽管生物活动聚焦在视觉器官上，但我们所知觉到的却是由互相联系的或者统一的能量运作造成的，而进行这种能量运作则是大量不同的结构——大脑的、感觉的（除视觉之外）、肌肉的、循环的、呼吸的，等等。知觉到的审美性质越丰富、越强烈，所有包含在内的有机体功能系统也就越完整，它们之间的联系也就越完整和紧密。视觉机制所做的工作极为重要，但它只是一个在这种情况下带领协作的合作性的因素。如果这一观点看起来不那么清晰，我们可以在具体的情况下考察它的意思（颜色被视为肉体、珠宝、丝绸、水、云、草等），也可以在作为形式安排的“抽象”画作中考察它的意思。这需要特殊的、为了特殊目的而进行的附加行为，这一行为不仅仅将颜色视为颜色。画家在画画的过程中，的确在他的调色盘和画布上以一种区分的方式来观察颜色，但这种区分的行为不等同于孤立的行为。对于建构过程的相互联系的整体来说，每个特殊的颜色都被视作一个起作用的因素。即便是在最为“感官”的知觉中，或是在所谓的“感觉”行为中，我们所知觉到的并不是单一的性质；同样，我们所知觉到的永远要比一个由具体的名词（椅子、橘子、树，等等）所指示的单一的事物（现在通常被叫作对象）多。一位意图完成某个实验的化学家在某个特定的时刻所考虑的

全部是某个特定色调的出现，这一色调位于一个大的范围之内，并且是一个能够让所研究的问题得到发展的因素，这一因素也许能够让一个完全理论化的问题得出令人满意的结论。类似地，如果在一个非科学的知觉中，一个给定的“对象”——一棵树、一块石头或一块丝绸——在某个特定时刻是知觉的聚焦对象或中心对象，这个对象同样也是一个在时空上延伸的情境中的因素。这一对象在生理上的对应体由大量不同的器官组成；之前整个经验进程中所经历的变化造就了这些器官，并且，这些器官在每一点上都是向着未来运动的，也就是说，它们 227
具有预期性的指涉。

之前的观点在于指出，初步印象（prima facie），也就是常识意义上的知觉对象，是一个统一的杂多景象，也就是以前所谓的“小世界”，或者是广阔世界的一个片段（这里的世界完全是口语意义上的）；我们有权用心理学理论来规定任何知觉的开始、结束以及中间阶段的材料，但我们绝对不可能制定任何关于知觉的描述或分析，不管这里的知觉是多么“感觉性”，并且多么符合那些能够引出其他结论的生理学和解剖学事实。在这个基础上，我们能够安全地推出，“感觉”本身就是经验性的事件，而不是所经验到的事物的生理性因果条件。在生理基础上，我们没有任何根据将一种红的、硬的或酸的性质指示为一种感觉。正如我们已经指出的，只有为了某些特殊的目的，我们需要确定它们被经验时的不同因果条件时，这些性质才能被称为感觉性的。性质在一开始是通过它们所限定的事物整体而得到区分和识别的（只要这些性质的本质并不主要是喜好性的，比如甜的、光滑的、苦的或粗糙的，这些性质一开始只是简单的赞同或不赞同）：蓝—天、绿—草、白—雪、乌—鸦、黑—矿、红—血、热的沸腾、粗砂质的、天鹅绒般的，等等。为了以情感之外的方式识别这些性质，我们只有指出导致这些性质出现的条件的延长体和连续体。不管怎样，当我们将经验对象的一个阶段或一个方面指为感觉性的时候，是具有某些意味或重要性的。下面这些口语表达暗示了其中的意味：“轰动性报纸”（sensational newspaper）、“爆炸性谋杀”（sensational murder），等等。然而，这其中的刺激必须由一个带有震惊性质的、被经验到的事件联系起来，而这一事件又是对一个相对连续的事件序列的打断。可以说，这一过程中所包含的时间性连续是负面的，因为它被打破和干扰了。在这个意义上，“感觉”不可能是任何已知事物的元素、成分和组件。对于之前已经发生的来说，这些感觉是一个有序的连续体中的裂口；对于将来的来说，它们也许是一种再定向,触发了行为进程中的方向变化。突然的巨响也许会让人跳起来。当这声巨响被识别为火警铃声时,它就变成了一个被知觉到的情境的一部分。对于这种知觉能力来说,这声巨响是一个明确的、改变了连续行为的进程或方向的中心点。在如此的区分和识别之下,初始震惊或感觉性事件的功能不只是单纯的情感刺激,比如,铃声和急赶的人群诱使街上的普通人跑向火灾现场去目击整个景
228 象。并且,作为功能性的刺激物,这种初始震惊或感觉性事件还依赖于它们作为震惊或中断出现的情境。被知觉为警报的巨响一开始也许只诱发了突然跳起这一简单的肌肉反应,但如果它发生在拥挤的剧院中、家中或是街上,就会有不同的后果。这些后果还由有机体的集合决定,而有机体的集合又由他们之前与环境的互动所产生的有机变化所决定,这些有机变化包括技能、态度、倾向、负面的不稳定性,等等。

在一个具有直接感觉(sensational)性质的实际经验和一个为了某个目的而分析出来的所谓感觉(sensory)性质之间存在着极端的不同,为了引出这一点,我用了几个极端的例子。这里的一个重要心理学考量在于,那些激烈程度不如中断和震惊的再修正和再调适的瞬间在不断地出现着。如果我们按字面意思使用"危机"这个词,那么危机就是连续出现的平常事件。正如行走的节奏有快有慢,经验的进程同样也不能被僵化或石化为单调而一成不变的例行公事。我们在观看一部戏剧的设定或是在阅读一本构思优良的小说时,其中的张力与消解的节奏就是生活过程的特征。因此我们再一次回到了之前已经说过了的生命功能的一般原则:被经验为有机体因素与环境因素之互动的生活过程是一种由"做—经受"构成的节奏。这一节奏呈现出了一系列的变化:相对的扰乱与恢复、不平衡与重组的状态、混乱与安定。只有在下面这种情况下"刺激物—反应"的范畴才可以被用在心理分析中:在某个给定的情况下,被描述为刺激物和反应的事物被明确地置于一个特殊的语境中,在这个于时空中延伸的连续体中,刺激物和反应产生和运作。这样一种放置需要我们对具体的条件作细节性的考量。

为了使托勒密的地心理论适合于天文现象,人们曾将一个个本轮(epicycle)加到均轮(cycle)上以建构起一个精巧结构,对于这一点,现在的普遍做法是轻描淡写地一笔带过。然而,这一精巧结构是与关于"知觉"的传统心理学理论完全不一样的。传统知觉理论从感觉或印象的虚假性出发,认为我们可以通过联合

(相似性和连续性)的方式将感觉和由此得来的模糊形象组合起来。尽管这种组合后来被认为是以一种化学性的融合实现的,但这种模式依然不像任何我们所实际经验到的。因此,人们引入了能够带来必然和普遍关系的综合性“思维”。 229
我们现在所持的知觉理论并不能被如实地等同于这一传统模式。将后者作为旧观念来批判不啻在鞭打死马。然而在很大程度上,现在的知觉理论对于传统理论的改变是在词汇上的,所加的一些新元素不过是强调上的变化,而不是对基本观念的改变。具有不同生理特征的有机体也许可以被用来替代早期理论中的灵魂、心灵或意识,但如果我们将它从环境条件(尤其是社会文化条件)中分离出来,那么我们就是在重复旧传统的主要缺陷。

II

较之于表面的问题,之前的讨论与一些真正的问题更为紧密地联系在一起,那就是处于所谓经验主义者学派和理性主义者学派这一分裂背后的问题。如果说我们在符合实际科学知识的理论基础之上建构自己的观点和定义,那么毫无疑问,获得科学知识的实际行为永远包含着理论的成分,但同样毫无疑问的是,这里的理论,其意义与作为单纯的沉思和思辨之同义词的“理论”是完全不同的。因为我们会注意到,这里的理论是同实践联姻的,也就是说,这个词与实验在知识建立中的必不可少的地位联系在一起。站在科学认识行为的立场来看,所谓的实验一定是由对某个观点、假设或理论(也就是安排词语以表达由之前的探究所得到的一定程度上的肯定)的建议所指导的,因此,站在同样的立场,任何一种具有理论或观念性质的东西都在最大程度上急需测试,并从那些由实验得到的可观察的结果获得证实。只要我们理性地、不带偏见地检查科学知识,就会清楚地发现,这些知识是理论与实践之间亲密的、必不可少的合作的产物。除非我们想表达那些现在看来是外来的、完全不相关的历史性观点,否则就不可能将理论与实践对立起来理解(这组完全的对立成了两个对立哲学学派的基石)。这些外来的、腐败的观点直接承袭自希腊和中世纪的理论,这一事实让那些历史性的哲学带上了当代的意义,而不再是已经过去和结束了的信息。因此,虽然之前已经 230
讨论过笛卡尔和洛克分别代表的两个哲学流派,我还是想再附加谈一谈,特别是下面这一点,即“经验”学派的基本理论乃是来自它对“实践”因素和条件的专门强调,而“理性”学派的理论特征则是来自将知识的理论成分转化为认识心灵的先天而独立的“功能”。

* * *

关于现代哲学史的一个平常的观点是：它的大部分进程都是由两个学派间的对立所决定的。其中一个所谓的理性主义学派认为，除非有一个*先天*因素进行奠基，否则不可能有知识。这里的先天因素指的是来自理智、知性或纯粹理性的概念、原则、范畴，简言之，就是与笛卡尔的“天赋观念”同样性质的东西。另一个所谓的经验主义学派认为所有的知识都是*后天*的，也就是说，依赖于由“经验”提供的材料。这里的材料是洛克意义上的材料，它们来自外部，“心灵”至多提供功能或能力将给予它的材料结合起来或分离开来。①

我们只要稍作反思便可以发现，认识论哲学的这一方面同前面两章所讨论的紧密而不可分割地联系在一起。这里所涉及的争议来自将知识等同于先天固定或“确定”的东西，关于这一点我们已经讨论过了。那种似是而非的“清楚明白”只是出于熟识，从而导致我们不再对有些信念进行批判型检查，如果不是因为这样，理性主义和经验主义这两个学派很明显都无法独立地获得和支撑自己所选择的概念。“理性主义者”并没有将理性的观念建立在对实际操作和认识结论进行检查的基础上。理性主义必须符合这样一种先在观念：任何包含了推论或其他形式的中介的观点、信念或结论要想是真的（或者说要想成为可敬的知识），就必须从那些本质上是真的（或者说自明的）的前提推导而来。在这种先在观念之下存在着这样一些事实（比如数学对于自然事件的科学知识的重要性），
231 这些事实被用来支撑下面这一理论：为了让知识存在，来自心灵“内部”的第一和首要真理是不可或缺的，而“内部”这一便捷的称呼也帮助我们逃脱了下面这一需求，即观察具体事实，并在此基础上建立起理论。

* * *

事实上，这两个学派都从对方的虚弱之处汲取自己的生存资源。它们忙于通过指出对方的虚弱之处来证明自己的理论，从来没有想过要让自己所持的一

① “*先天*”和“*后天*”的用法相对出现得较晚。在道德哲学中，人们喜欢用“直觉”来称呼所谓的非经验性元素。

般哲学前提接受检验。正因为如此，它们所谓的“概念/先天”理论和“知觉/后天”理论都没有建立在对于成功获得知识的探究方法的检验之上。

如果我们进行这样的检验，我们就会看到，自然科学已经逐步证明，观察材料（洛克正确地指出，所有合理的物理知识中都包含这些观察材料）是不可或缺的。同时我们还会看到，数学（正如笛卡尔所坚持的那样）也是不可或缺的。注意到这些事实之后，我们就会想要去发现这两个学派的立场为什么以及如何都是非必要的。通过研究，我们会发现，两个共存的事实能够帮助我们完全并永远地抛弃在内在和外在的秩序、世界、领域等之间作出的区分。这两个事实是：首先，以假设或理论的形式出现的前提有两个功能，第一，作为特定探究的一般性原理，第二，作为把握和形成问题以及检验结果的过程中的事实性材料。无论是作为原理还是作为事实性材料，它们都是在科学方法的运作中，并且是由后者所决定的，也就是说，它们既不是在认识过程开始之前，也不是在认识结果获得之前就现成存在的。熟悉物理学、天文学、化学、生物学等研究的人都知道，这些研究所要克服的一个巨大困难和障碍在于找出探究问题的数据或事实。研究者需要抛弃那些首先被用作数据的材料，小心而痛苦地寻找新的数据；研究者需要通过所掌握的每一种手段去证明实际知觉到的材料在特定的情况下是否可以被当作数据，因为实际知觉到的材料并不能为我们提供稳定、合法的数据所需要的确定性。有些通过感觉器官所知觉到的数据是上面提到的这些科学研究获得知识 232
的不可或缺的条件，但这一点本身也是从众多特殊的探究中归纳而来的，而正是这些特殊的探究让科学获得了确实的历史性进展。

* * *

上面这些考量让我们能够判断出某个特殊的知识中哪个元素离我们更近，是“理性概念”，还是“经验”。但是“理性概念”、“经验”这些词深刻地受到了既有的异化前提（“内在”和“外在”）的影响，最近三个世纪以来的认识论都陷在这种感染所造成的结果当中。对于我们来说，更安全的做法是，抛弃这些词，将我们的讨论限制为对于认识过程中作为观察数据的事实之位置和功能，以及作为假设和理论的一般原理（这些原理被用来决定那些真正被证实的知识）的讨论。

如果我们将自己的观点和关于知识的一般理论建立在实际的知识上，特别是天文学、物理学、生理学、地理学等知识上(因为这些学科的结论是在特别小心的条件下得到的认识结果)，那么很明显，我们就必须在探究的最后，而非探究的开端去寻找那些定义知识的特征。我们必须看结果和前提，看最后的成果，而不是看最初的开端。我们必须看那些与古典传统的基础相对立的观点。[1] 这一事实中并不存在任何奇怪的地方，因为古典理论在现代意义上的自然科学出现之前就已经形成了。用特殊交互运动的结果替代被置于任何行动之前以控制行动的“第一原理”，这一点与作为特殊技术形式产物的知识(也就是知识的实际内容)密切相关。处于认识过程的交互运作之前的那些信念就好比是原始或天然的材料，这些材料需要其他技术材料对此进行应用，对于这一点，我们无需再强
233 调了。如果与16世纪关于天体、火、空气、光、磁、大脑、心脏和血液的信念作对比，当下许多成熟的科学结论并不原始，但我们并不能说后者绝对完成了，无需在进一步的交互性探究中作修改了。比如，晚近兴起的相对论和量子理论让我们意识到，惊人的理论转型仍然在发生，因此，相对而言，已被接受的理论也只是原始的材料。一方面是认识过程和认识结果，另一方面是材料以及其他技术的过程和结果，这两者之间的比较具有高度的意义。没有一种技术不包含一些可以相互区分的副运作(比如劳动的分工)，它们互相合作，产生完成了的价值和服务。在认识过程的交互运作中，寻找用作推论证据(作为引导性的线索和测试项)的事实就是这样一种分工合作；寻找适当的一般原理、理论和“法则”，并在某个特殊的情境中通过探究决定一种最为有效的应用它们的方法，这又是另一种分工合作的产物，这种分工合作用实际观察的结果构建起一个情境，从而解决初始的问题。

的确，我们也许还可以更进一步说，大多数的智性观察的很大一部分结果都显示了这样一种交互运动，即解释的向度与直接知觉是完全统一的，在这种情况下，事实材料和观念材料之间甚至连暂时的区分都不存在。只有在我们需要质疑有效性(无论是一般有效性还是特殊有效性)的时候，我们才需要在我们所说

[1] 如果今天教授和写作哲学的人能够将他们的评论和解释建立在威廉·詹姆士下面这段论述上[引文从缺]，哲学界就会少很多无关而无用的“批评”。不幸的是，他们往往发现不需要进行研究就可以将自己的观点建立在他们所认为的“实用主义”这个词上。

的和我们所观察到的之间作出区分。我们在前面已经强调，这种区分只是一般性功能之间的区分，这些功能在大多数情况下都处在直接的合作性联系中。并且，这种一般化是通过一般性的逻辑理论在事后的反思中得出的。

有些读者也许会推论，上面所说的这些同康德的观点存在着理论上的相似性。因为康德认为，知觉材料是“盲目”、混乱而令人困惑的，而知性概念则是空洞的，这两者之间的某种联合是知识存在的必要条件。事实上，康德的观点同我们这里所表达的观点之间存在着本质的区分。两种观点都认为知识包含了观察
材料和一般原理的联合，但这两个立场的基础是如此不同，它们表面的相似性背 234
后是彻底的不同。首先，康德的理论完全将“*外在/内在*”的区分作为首要的指导前提。感觉材料是从外部被“给予”认识的心灵或“主体”的，概念材料则是由心灵从内部提供的。而根据我们这里的观点，这种区分是处于探究过程内部的，只是解决探究问题的一种手段。其次，在康德那里，这两种原始材料之间的区分是批发式的(wholesale)，而只有在接受了前定和谐的神秘理论的前提下，我们才会认为在实际认识中，直接观察到的感觉材料和理论性的观念材料会奇迹般地契合在一起。[①] 因为这种区分是*先在的*、批发性的，它的存在并不对实际认识过程中特殊事实和理论形式的运作起任何作用。根据我们这里的观点，知识的这两个方面是相互联系在一起的，且是在探究中由探究本身决定的，因此，它们的具体内容自始至终都受到探究的检测，看它们在解决特殊探究问题方面的能力。

通过感觉，内在的心灵或“主体”接受来自外在“对象”的印象，这一神学和哲学信念也深入到了我们的日常态度中，以至于对许多人来说，这似乎是一种常

---

① 这两种材料之间缺少任何内在的联系，因此詹姆士才把康德的认识论称作精神制作的“机器商店”(machine-shop)。康德试图寻找一种介入的手段来缓和这两种原始材料之间的明显对立。两种来源完全不同的材料能够相互契合，从而决定实际知识，这种观念从本质上来说是非理性的，这也刺激了康德的后继者，也就是费希特和谢林，去发展出一种将知识建立在一种来源之上的哲学理论。这一思路的结果就是“客观唯心主义”。对于康德来说，构建知识的唯一积极因素是由心灵提供的，而感觉材料则是从“外部”被动获得的。并且，在康德看来，心灵可以为整个“对象”世界提供结构，这是康德自己的体系中的一种非理性观念，这一观念邀请康德的后继者去设立一个“绝对心灵”或“绝对精神”。这种设定有额外的优势，它可以被等同于传统神学中的上帝，同时这种“绝对精神”的神学又有纯粹理性的哲学基础，因此我们就没有必要回到超自然(不过，给民众无法用理性的哲学形式所把握的真理披上想象性的外衣传达给他们也是一种超自然)。

235 识。在神学那里,认识的主体(无论被称作心灵、意识,还是其他什么)直接承袭自作为知识的行动者和位置的非物质性灵魂。①

在哲学那里,物理科学让一般人都习惯于相信物质性对象存在于有机体外部,这些物质性对象作用于感觉器官——眼、耳、手(一般来说是皮肤)、鼻、口和神经末梢。这一信念被认为可以由物理学和解剖学得到证明,并与洛克式认识论的其中一个方面混合在一起。这种情况所造成的直接后果是大众对这部分认识论的普遍接受,就好像它不需要检验一样。更确切地说,对于物理学和解剖学事实的流行解释本身就包含了将实际事实与洛克式观点混合的产物。

因此,虽然很多人认为体系化的认识论完美地展示了哲学的普遍无用,但他们还是坚定地相信那些荒谬的理论来源。每一个上过哲学"导论"的有经验的教师都知道如何从那些不被质疑的信念出发,引导学生进入认识论问题,以及各种观念论和实在论流派所提出的解决方案。因此,我必须批判性地检验这些事实,试图展示出我们刚刚大致总结的观点是建立在多么武断的"前提"之上,并展示出这一观点离可以被称作常识的信念和态度是多么遥远。

我们将下面这个事实作为出发点:活生生的存在不断地(即使是在睡眠中)与环境进行互动。或者说,站在构成生命的事件角度来看,生命是一个交互行为,如果对此进行分析性的检查,我们会发现在有机体结构及过程和环境条件之间存在着交互行为的连续序列,这些交互行为是自然的,就像碳、氧和氢在糖中进行有机的自然交换一样。任何将构成生命(从最简单到最复杂的形式)的交互行为作为出发点的人都会看出下面这一观点的荒谬性,即在"看"这一事件中,眼睛(或者说视觉器官)同构成光线的物理震动是可以分开来看的。如果看、听、
236 摸、拿、尝、闻是这种孤立开来的事件,即便生命可以在一个极短的、无法再分的时间内启动,它也无法维持下去。比如,在呼吸器官与空气之间交互运动就是呼吸,呼吸功能告诉我们生命是连续的过程,这一点无需争辩。任何阅读了关于呼吸的科学研究结果的人都知道下面这个事实:呼吸器官的"行动"绝对不能被孤立起来看,构成呼吸的化学—物理交换本身又是一个大的控制系统的

① 特别地,在一些当代哲学(自称是心理学)和科学文献中,"大脑",甚至是大脑皮层,仍被称作一种"内在"因素,这种内在因素从"外部"接收知识的材料,然后将后者积极地改造成关于印象"对象"或感觉"对象"的知识。

一部分，这个系统如此复杂、如此精细，现在我们仍然处于对此的研究过程中。并且，所有研究者都知道，呼吸器官这个复杂的控制系统的一个重要职责是，保持呼吸的交互行为，从而维持所有功能(循环系统、分泌系统、神经系统，等等)的协同工作。这种协同工作——加农博士(Walter Bradford Cannon)称之为体内平衡(homeostasis)——同样也包含了让环境条件适应于生命的连续过程。

传统的感知觉理论很难轻易撼动，如果不是这样，我们就不需要指出一般的神经系统和特殊的感觉器官(视觉、听觉、触觉器官，等等)在构成生命的交互行为中发挥的功能是连续性的，它们的运作形式同肺、肝、肾等完全相同。也就是说，它们是生命的器官，同循环、消化、呼吸和运动功能一样，它们的特殊运作是受身体与环境的互动控制的。坦率地讲，站在实际发生的事实角度(我们可以通过观察获得并用物理学和生理学知识证实这些事实)，下面这一观点完全是荒谬的，即认为一个单一的"对象"或一组孤立的震动可以作用于一个单一感觉器官(比如说眼睛)之上，并产生一个单一而孤立的性质(比如说红色)作为结果，这一性质被进一步定义为简单观念(或者说感觉材料)，然后作为基本单位构建起知识。这里所说的性质(也就是一般性质)无论在首要存在上还是在功能上都不是知识的模式或形式，也不是知识的对象，其本身更不是感性的。我们在后面将会看到，只有在下面两种情况下，我们才将它们定义为感性的：(a)考虑到它们的因果条件时，也就是说，从外部指涉它们为直接性质时；(b)这种对于因果条件的指涉只有在特殊的条件下才会出现，即我们需要根据一个既存性质作为符号或其他事物的指涉的价值来决定它的状态。作为证据性的符号，一个性质的地位和价值是在认识过程中形成的。前面这些思考告诉我们，无论在它们作为事件出现时的因果条件是怎样的，性质根本不是知识的首要事务。性质是在特殊的条件下形成的，它们的作用只是派生的、次要的。对于这一观点，大多数直接的 237
做法只是简单地断定它是荒谬的。但是如果从作为生命功能的交互行为出发，我们会发现，神经系统与声、光等环境条件的互动同消化系统与肉类、素菜中的化学—物理物质的互动是一样的。在此基础上，下面这些事实就非常明显了：(i)参与到互动当中的是整个有机体，而不只是用来看的视觉器官、用来进食的嘴和食道，虽然互动会聚焦在其中某个特殊的结构上。饥饿激发了进食，因此饥饿是生命体打破平衡、满足需要的条件。进食只是消化过程中的一步，消化过程的中心位置在肠胃中，而消化过程的产物则进入循环系统进行分配，用于维持整体性的生命功能。如果被消化的食物滋养的只是那些首要用于消化的器官(离开其他生命功能的辅助，消化器官本身当然也难以为继)，生命就难以长久地维持下去。在观看这一生命的实际运作过程中，神经系统和视觉器官当然具有直接的首要性，但进行观看的是活生生的生命体，是生命体通过眼睛在看。

* * *

眼前的红色、巨大的声响、粗糙的触感本身同胃痛、愤怒是一样的，作为一组性质，它们是有机体和环境进行互动之后所产生的结果。某个特殊的互动是性质产生的来源，这听起来也许有些神秘。但是如果这算神秘的话，那么按其所是存在的世界同样也可以被认为是神秘的，因为我们生活于其中的世界就是这样，某些特殊的互动造成了某些特殊性质的出现。不管神秘与否，都不存在认识的一般性问题，除非有人要跳出世界之外去探究为什么一个超自然的存在创造了现在这个世界。对于这个问题，恰当的神学回答是，问这样的问题是不明智且错误的，可朽的造物去问造物主这样的问题本身就说明了人有罪的骄傲。这里涉及的只是特殊的科学问题，这些问题问的是互动中包含了什么样的有机体过程及结构和环境条件，从而产生了红色、色盲、冷热、软硬、酸甜等性质。如果我们非要得出一个一般性结论，那么我们最多只能说我们生活在一个充满质性事件的世界中，这些质性事件的质性音调、质性气味等都是因为互动而产生的；通过耐心、广泛而连续的观察，我们能够发现互动与互动之间、性质与性质之间的联系。

238

我现在要考虑其他的方面，也就是当我们说感觉、感性或感觉材料的“性质”时，背后所具有的基础或意义。我们常常使用“感—知觉”(sense-perception)这一表达，对此，我们有可能(事实也相对比较容易)给出一个智性的定义。我们可以说，这一表达指的是这样一种知觉，在这种知觉中，感觉器官作为因果条件的一部分也影响了知觉结果。这一点是否适用于所有知觉(比如那些高度抽象的知觉或意识)，对于这一问题我们不需要在这里进一步深入了，尽管“抽象”一词意味着感觉器官的这种运用是相对间接和薄弱的。我们可以自信地肯定的是，“感觉”并不像哲学史中那些理论所告诉我们的那样是“知觉”的前缀。在知觉被看作知识的一种实例或形式，特别是被看作“理性”知识(这些知识被第一“实在”

和终极“实在”所占据)的低级层次的时候，“感觉”这个作为前缀的形容词具有重要的意义(因为它和知觉是有所区分的)。现在“感觉”之所以保留了那种意义，只是因为旧传统的残余被非批判性地投入了现存的知识状态中，并造成了令人困扰的结果，以至于当下的哲学不去利用我们已经获得的知识，反而一直在讨论那些假问题。

我不认为有人会否认，我们关于知觉对象的初步印象是一个广阔的领域，我们所*知觉*到的只是更为广阔的世界(日常的、非技术性意义上的“世界”)的一个片段。我们在早晨起来，如果光线充足，我们就能看到房间和其中的家具。并且，我们还知道这是一栋房子中的一间房间，这栋房子位于一定的方位，这一方位正发生广泛的交互行为。任何人突然醒来之后，发现自己处于一个完全陌生的地方，便会因为方位的混乱而震惊，并且按照常识，他会需要重新定位。这个普通的例子说明，如果我们不能完全脱离下面两个前提，即将物理科学的理论看作孤立的“实在”，并将孤立的感觉材料元素看作知觉的直接材料，那么我们就会构建出一个可怕的哲学“问题”。相反，如果我们接受并运用下面这个由已知事实建议和支持的观点，就不会发生这样的问题，即生命是由生命体和广泛环境之间的调试性互动组成的连续的交互行为，由这种交互行为所产生的性质经过联 239
系、安排和组织，构成了一个场景或情境。[①] 这些情境的内容构成了平常“对象”的世界，这里的对象指的是那些普通名词的对象——石头、树、星星、化石，等等——也就是同认识论意义上的对象(包含了对“主体”的指涉)不同的习语意义上的对象。在首要存在上或是在“初始意图”上，这些对象都不是*知识*的对象。它们是重复发生的手段，也就是结果、工具、完成这些组成生命的功能；为了区分和辨别它们，我们需要考虑在特定互动中它们对我们的作用以及我们对它们的作用。作为“对象”，它们的能力和意义在于被我们在生命的进程中享受、承受、经历、使用或转换。对于组成生命的交互行为来说，它们既是资源又是阻碍。作为*知觉的对象*，它们既不是孤立的性质，也不是器官直接参与的性质的组合或排列，除非这些器官保留了由于之前使用和享受的互动而产生的改变，也就是说，那些后天习得并固定为习惯的态度、倾向和性情就是这些器官本身。正是因为

① 为了避免误解，我们必须明确地指出，情境的存在是首要事实，上面所说的只是对情境的形成过程所作的事后分析。

这样，很大一部分性质（虽然严格来说我们不能对性质进行量化）表达的是潜在性。一把铲子之所以是铲子的性质并不来自原始和天生的感觉器官，也不来自任何生理条件的组合。①

洛克认为对象（普通名词所指称的那种对象）是大量直接而简单的性质（不管这些性质作为事件是否存在）的组合或集合，但没有事实可以被用来证明这一观点。铲子被知觉到和被命名的性质是基于它在使用中将会产生的结果，这些性质是根据有限的知觉材料作出的对未来的预期，而铁锹虽然是与铲子类似的工具，但因为被用于不同的目的，也就具有了与铲子不同的、表达了其他结果的性质。进入互动中的有机体是一个习惯的有机体，它形成于之前的互动中，这些互动的结果是形成了被我们使用、承受或享受的有益或有害的性质。我们后来
240 所知觉到的事物的性质是对未来结果的预期，这样，当下不可能出现的结果就由于习惯性的倾向变成了知觉的一个有机的组成部分。这种组成的完整性和亲密性让我们以前对性质进行量化的做法变得不再合适。因为器官所关注的某个首要互动，对应于习惯运作的潜在结果常常会推翻和转移原来的性质。毫无疑问，当我们在看的时候，视觉器官是首要的。颜色在知觉中占特殊的地位，但它也许，并且常常只是整体情景中的一个次要特征。在孩子、艺术家和有特殊审美习惯的人那里，颜色、光线、色调在知觉中所占的位置同视觉器官在知觉机能中所占的位置似乎是一样的。"看到"常常被用作知觉到和意识到的同义词，比如，"我明白你的意思"(I see what you mean)，这其中的原因在于，身体的确是通过眼睛在看，但通过眼睛看到的并不是我们知觉到的全部。

在眼睛的知觉过程中，颜色是一个显著的特征。但这种看是非审美性的，被用来揭示性质（受到感觉器官因果性地中介）与知识的关系。我可以通过颜色来识别一本书，当我在图书馆的书架上寻找一本书时，一个特定的颜色便是一个特别明显的特征，因为颜色在这里变成了一个符号。科学知识中充满了这种符号。性质是我们生活于其中的世界的直接而首要的组成部分，它们被用作自身之外的事物的证据或符号；在这种运用中，它们获得了新的状态，成为了知识的工具。洛克试图忘记那些作为其认识论前提的无关理论，并强调那些可以被观察证实的事实，他沿着这条道路走了一会，如果他继续走下去，也许会得到一个会改变

① 我们在下一章会讨论社会—文化条件在形成习惯性回应中所扮演的不可或缺的角色。

之后的认识论样貌的结论。在讨论“我们知识的实在性”(一般的实在性，不是实际情况下可证实的性质)问题时，洛克写道，通过性质(也就是他所说的“简单观念”)“我们能够区分不同种类的特殊物质，辨别它们所处的状态，根据需要和用途应用它们”。[①] 换言之，无论对于“理论”事务还是对于“实践”事务来说，性质 241
都可以被用作可靠的符号。以科学的方式来决定适当的数据是科学方法中很大且很困难的一部分，也就是说，我们要找出何种性质是某个事件及其确切条件的符号。对于下面这个传统观念来说，即“感觉性质”是直接而内在的认识对象或者说知识的基本单位，上面这个事实同样具有基础性的重要意义，但传统观念并没有涵盖整个领域。

我之前提到，“感—知觉”这一表达中的“感觉”同让某个特殊性质出现的因果条件有关。感觉性质并不是直接存在的一部分，也不是指任何出现的性质，因为性质的单纯出现中并不带有它们是如何发生的信息，这些信息是事后研究的产物。无疑，人类在成长的很早的阶段就认识到光和颜色是与眼睛联系在一起，声音则是与耳朵联系在一起的，等等，但这并不是说他们必须知道其中的事实，并且，这些认识同性质也并不相关。在原则上，这些认识与进一步的探究(比如，对色盲的认识，或者视柱细胞和视锥细胞的特殊功能)并无不同。但这种思考并没有解释将知识与感觉条件的产物关联起来的重要性，不过这其中的原因并不难找。通过对于因果条件的认识这一手段，我们可以在不同程度上控制事件的发生，这是一个基本的常识。然而只要我们还相信知识只关乎直接的、直觉性的确定性(无论是直接获得还是通过一系列直觉性的中介步骤)，我们就无法看到对知识进行控制(将知识同谬语、猜测、武断的臆想等区分开来)的需要。我们已经指出，让我们将“感觉”固定在知觉之前的唯一原因是为了将低级的直觉性知识和高级的理性知识区分开来。然而，科学革命的其中一个因素是，尽管有明显证据让我们相信某些生理学条件(包括感觉器官)的存在，我们还是要对这些信念进行调适，这些调适是我们检验假设和理论的必要基石。没有一个性质单纯因为它的内在性质就可以成为比其他性质更好的证据。以愤怒、害怕、怨恨或敬畏为特征的性质在某种文化状态下被经常地使用，比如在判断自然事件的性质时，原始人认为雨是一种恩赐，而地震则是愤怒的证明。就单纯的一般原则而 242

---

① [约翰·洛克：《人类理解论》，第4部，第4章，第4节。]

言，这种方法中并不包含任何非理性的因素，只不过我们无法将它们运用到那些有眼、耳、手等参与发生的性质当中。在原始阶段，人们不会去证明一个性质同另一个性质一样好，除非这种好是审美上的或“情感上的”；但是通过科学方法的运用，人们就要问某个性质的来源是什么，这时证明就占据了基础性的首要地位。更为特别地，我们发现周围神经系统直接参与了某个性质的发生，我们可以用这一发现（事实上这也是唯一结论性的证据）去测试某个现存的性质是否也是此处当下存在的事件。否则，我们用作证据的质性材料可能来自梦、来自书本，或者来自对某个对话的模糊回忆。

III

如果我们遵循这样的思路[将认识视作一种技术模式]，那么整个认识论工业（主体/对象、心灵/实在）就会完全消失。如果我们同意认识论是基于认识过程（科学探究所展示和证明的那种认识过程）的，那么我们就只能选择这条思路。

无疑，很多人都会犹疑不决，不知道是否该采用把知识称为科学技术模式这一观点。这种抗拒乃是由于一种根深蒂固的信念，即认为一种哲学的认识论必须包含科学的结论和方法，必须由固定的定义和标准组成，这些定义和标准要么是通过单纯的直觉获得的，要么是通过某些先在并独立于所有认识过程的神秘来源获得的。在这种老观念丧失力量之前，我们做不了任何事情。只要人们对于“技术”一词心存抗拒，我可以说，无论现在我用哪个词，几乎都会遇到同样的反对。现在人们需要坦诚地去面对“技术”这个词所指示的事实。我过去常用“工具性”(instrumental)来指示知识在组成人类生命的复杂交互行为中所占的中介性地位和功能。很多人都认为工具这个词的用法有一种机械性的意味，这种意味必然地使知识屈从于外在设定的目的，因此，这些人不愿意也无法去检查这个词的真实含义。而我则一直在试图通过分析指出作为工具的知识所具有的
243 那种自由的、具有解放性的工具性。我并不确定“技术”是否会遭遇同样或者更坏的命运。[①] 但是，那些较少受困于语言的人能够更好地接受认识是一门技艺这一观点——认识并不是一门人文科学，而是唯一的人文科学；这门技艺的最好例子是构成科学方法之基础的实践；最后，认识方法的对象远不只限于物理对

① 我想指出，克莱伦斯·阿里斯(Clarence Ayres)的著作影响了我，让我用“技术”代替了“工具”。

象，从哲学的立场来看，将表现为科学探究方法的认识技艺作为构成认识的材料的一个主要(如果不是唯一)原因在于，由此获得的理论会成为一个有力的、摆脱障碍的工具(如果允许我使用这个词的话)，使我们能够运用方法，自由地形成信念，而这些信念对于社会事务和社会交互行为具有决定性的影响。不幸的是，前面这句话包含了太多的从句，但是放在一起它们具有特别的效应，减掉一些从句，就不可能表达我要表达的意思。一个基于社会情境之负面特征的表达也许能更好地表达这一意思。社会组织与社会习俗包含了大量复杂交互与互动，科学结论对于它们的形成和控制有着巨大的影响。但是正如我们已经指出的，科学结果主要在“物质”领域起作用，因为后者在本质上是经济的。有效地控制着工商业的应用及其应用后果的利益和目的绝大多数是来自前工业时代的遗产，也就是说，它们并没有受到彻底而持久的智性检查的严重影响。因此，智性还没有得到系统的发展，可以去建构社会政策和社会计划(现在的科学结论和科学方法让这些政策和计划成为可能)。

这是当下基本和紧迫的社会问题。就哲学而言，当下的任务是启发人们提炼出组成实践问题的需要和障碍，以及能够进一步解决问题(如果被系统地使用)的资源。我这样说并不是自大地认为哲学天生就拥有高级的地位，相反，我的意思是，这项工作中任何包含了智性的部分实际上都是哲学的。这项任务最有力的障碍(这个障碍甚至蒙蔽了我们的知觉，让我们看不到这个当下的任务)是关于认识问题的根深蒂固的传统观念，这一观念将当下的哲学反思引向那些 244
相对不重要的小径(无论这些小径在以前是多么重要)，从而有效地阻止了我们去做那些必须要做的事情。从哲学上来说，知识是技术的一种中心形式这一说法并不意味着知识的内容和结果类似于电力工业技术、运输业技术，或是农业中的生物化学技术。它的意思是，作为一种技术形式，认识过程运用方法制造更多的知识，改进自己的方法，并且，成为一种能够对技术进行社会性引导的技术。当下对技术的人性后果和社会后果的考量只不过是习俗和体制的混乱交锋，鲜少有人有效地运用真正智性的方法去解决问题。上面所说的第一点(改进自己的方法，制造更多的知识)只是在狭义上构成了认识的哲学问题，而第二点(对技术进行社会性引导)则在更广的人性和道德意义上定义了认识的哲学问题。人们常说，“技术对于它的应用对象是无动于衷的”，这种说法就说明了上面所说的广义问题的本质。只要人们像当下一样认为这个说法是真的，那么就说明还是有东西决定了技术的应用——传统和习俗、商业法则和法律，这些东西之所以在当下存在，是因为它们在过去就已存在，只不过被道德主义者用谴责和劝诫虚伪地披上了糖衣。

认识问题的这两个方面——狭义的、技术性的和广义的、人性的——是紧密联系在一起的。我们已经从负面指出了第二个方面对第一个方面的依赖，也就是说，我们已经看到，传统的“主体/客体”观（即认识者、个体、意识等与实在之间发生的关系）是如何造成了自然知识的孤立，因为它让人们相信存在一个物理的、单纯物质性的世界或“领域”，我们和它之间唯一可能的联系（除了将后者作为认识对象）只有通过物质性和身体性的需求、欲望和交换，而这些需求、欲望和交换则被认为是独立存在于人的高级本性，并且与后者敌对的。高级的、精神性的“自我”制定行为的目的和法则，而低级的、欲望的、肉体的、感觉的“自我”则处于高级“自我”的正义力量的对立面，因此必须在道德上服从高级“自我”的统治。现在我们暂时不讨论这种道德上的区分。我们在前面看到，旧观念将自然科学的观念解释为真实的、客观的、外在的世界，并同作为另一种实在的主观的心理
245 存在区分开来。这一观念的后果是将所有常识认为是世界的东西，以及事物和事件的质性复合体（这些事物和事件都是通过人类的交互行为、享受、承受、运动而产生的）都削减为相对的非实在或单纯的表象，然而事实是，为了得出关于独立的物理“实在”的结论，我们所有的数据以及所用的检验这些结论的方法都来自日常环境。[①] 因此，我们现在所提出的观点是，我们需要非同寻常地将每一件事情都分成两个世界，一个是科学世界，另一个则是由我们日常环境的事物和事件所构成的世界。

认为认识是技术的一种形式的观点直接涉及这种特殊的两分，而后者则是传统在认识主体和认识对象间作出区分的必然结果。地表下的矿石和手表、电话或汽车（这些只是进入我们生命进程中的大量产品的一些例子）之间的区别是巨大的。怎么会有人将这种不可否认的巨大区别翻译成为两种完全不同的存在秩序（一种是“实在”，另一种则是“表象”，或者用哲学术语来说，“现象”）呢？上

① 在上面的陈述中，我省略了另一种理论，这种理论认为只有常识的世界才是“真实的”，并由此将认识论问题转移到“外在世界”存在的可能性和物理科学的普遍有效性上。这一省略对我们这里的讨论并无影响，因为这种理论所持的前提同我们所讨论的旧观念是一样的。它们提出的是同一个“问题”，只不过给出了两种“解决方案”。

面这种情况中的区别明显是原始材料和完成（也就是精炼之后的）产品之间的区别。虽然只有专家才会知道是何种干预造成了这种不同，但每个人都知道这种干预性运作是存在的，这种运作对能量、压力、运动等自然形式进行操作，将它们组合和分割，使它们带上新的性质、热量和电量，而这些运作本身作为材料也经历了长时间的中介性提炼和准备。材料和能量产生于同一个自然界中，并且从来不会离开自然界。天然存在于自然中的交互手段促使提炼的发生，而完成的产品在时间和空间上也属于同一个自然界，通过这种方式，促生实践问题的需求得到了满足，而通过提炼材料和提炼方法得到的解决方案也为人类生命增添了丰富的意义。我们还需补充一点，这里所讨论的技术经历了高度中介性的发展，这种发展是由特殊的人类群体完成的，这些人的交互行为距离提取原材料以及 246
应用和享受完成产品或多或少有些遥远。比如，有些中介性工作完全是在发明和制造可供将来使用的工具和机器。如果我们暂时忽视了这些工作的中介性和“工具性”功能，并最终因为这种忽视而否定了它们，它们特殊的运作和产物就必然会被孤立起来，从而形成一个固定的、人为的问题，促使不同的“学派”提供出各种互不相容的解决方案。

那些相对完整、距离最终结果相对较远的运作所具有的独立和孤立的特征只是在一个时间序列之内“暂时如此”，如果每一个人都很好地意识到这一点，那么上面这种问题就不会产生。我们还要注意到，高度发展的技术中还包含了这样一些运作，这些运作不考虑行动和工具所制造的产品，它们的位置和功能在于考虑的是在一个已经建立的常规次序中如何将之前阶段的产品带向下一个阶段。根据上面这个定义，有一群发明者和设计者在进行这样一种交互行为，这种交互行为意在修改那些组成现存技术的要素。对于这个群体中的成员来说，运作和材料（在某种程度上）本身可以说是独立于最终的直接应用、使用或完成的。今天，一些重要工业依然使用实验室进行研究，并且这些实验室与进行“纯粹”科学研究的实验室并不完全不同，这一事实说明，即使是站在所谓的实践或功利的立场上，暂时的独立性可以带来多大的好处。

人们认为认识过程是同“心灵”联系在一起的，而技术则是同以金钱利益为目的的工业联系在一起的。这种观念极有可能让某些人把这里所提出的观点继续与下面这种理论等同起来，即相对于实现私人的或“个人的”“实践”目的而言，知识的地位是从属性的。但人们应该不会对上面这些话作这样的理解，即科学探究是技术的一种形式或类型，且并不属于我们所熟悉的特殊技术内容。就语言上的习惯而言(其他习惯同样也是如此)，除非被习惯所决定的那部分有参与的意愿，否则任何改变都不会发生。那些信念还未达到改变的可能性的人倚重的是下面这个事实，即所有的探究都朝稳定信念的方向运动，而这些经过测试的
247 信念中都包含了实验(观察、检验、测试、分析)的因素。观察的目的是为了获得材料，从而解决迷惑、困难、窘境、阻碍、麻烦、危险。在平常事务的日常交互中，这些情况经常发生，它们会通过简单地改变肌肉的张力决定我们看到、听到和接触到什么，它们会影响听觉的精确度和强度(比如动物全神贯注地听)，让眼睛看得更加清晰和准确，并且通过身体的运动获得一个更好的看、听和触摸的位置，从而提升判断所依据的数据。

科学探究要运用各种物理性的工具设备，这是众所周知的事实。这些工具被用来获得经过充分变化和提炼之后的数据，这些数据既详细又全面，经过工具的测量，能够足够精确地引导对问题的界定、干涉和检验。相较而言，身体器官在没有工具的帮助下获得的观察材料就太固定、粗糙和原始了，在这种情况下，研究就受到了限制，很难超越那些直接呈现给眼、耳和手的东西。古希腊—中世纪科学获得的进步如此之小的一部分原因在于缺少工具，另一部分原因在于不愿意使用那些已有的工具，因为这些工具是同工匠的低级地位联系在一起的。这种缺乏和拒绝是古代“科学”在很大程度上只是一种思辨事务的原因。相反，从工业那里借用的工具和技术则催生和发展了科学革命。[1] 然而，如果我们认为是实验室和观察室中的研究促生了实验(也就是审慎地改变观察到的材料，以更好地控制那些我们赖以形成判断的对象)的使用，我们就犯了一个巨大的错误。实验产生于平常知觉中，也就是说，我们通过平常知觉看到、听到、摸到、尝到、闻到的材料能够为我们提供更加可靠的材料，并且这些作为判断(用来消除障碍和解决困惑)数据和证据的材料是以实验性的次序排列的。为了不再迟钝、愚蠢而一成不变地接受任何偶然出现的结论，我们唯一能做的就是对观察到的材料作这样的改变。在科学研究中大量使用工具和技术所带来的改变具有无法

---

① 下面这段出自怀特海的话我在其他地方也曾引用过，(单是因为这段话，)我们就不能指责怀特海偏袒认识的理论方面甚于认识实践和物理方面：“对于科学来说，最重要的事情已经在过去四十年发生了，这就是工具设计上的进步……这些工具将思想探究带向了一个新的层面。”[怀特海：《科学与现代社会》(*Science and the Modern World*)，自由出版社，1925 年，第 114 页。]

估量的重要性，但科学研究并不是史无前例地首次引入实验。[①] 248

简言之，常识性认识和科学认识的条件与因素在本质上具有类似的形式。它们的共同特征是在发生的交互行为中遭遇阻挡、障碍和互相冲突的趋向（也就是说，那些导致不相容的调适性反应模式的材料同时存在）。并且，这两种形式中都存在形成和解决问题的需求。不过，这两种形式所包含的交互行为具有极为不同的内容，因此也就各自具有特殊的问题和解决手段。但是就形成知识而言，它们其实是同一种形式。如果我们用这两种形式本身的概念，而不是用来自不相关的前科学信念的概念去观测和检查它们，我们会发现，它们当中并没有保证，甚至也没有暗示对于“对象”的两分。这种两分是传统认识论前提（主体/客体、心灵/实在）的必然结果，之所以称之为“前”提，是因为它们先在并独立于任何实际发生的认识行为和构成认识运作的观察。

我无法想象大多数僵硬的认识论哲学家会认为，如果天文学所描述的太阳（作为认识论上的“真实对象”）完全代替了我们在日常生活中知觉到的太阳（作为相对非真实的表象），我们日常生活中的交互行为会得到促进或变得更好。但是他们只能接受用另一个同样非常态的立场去代替这一非常态的立场，也就是认为构成生命的所有交互行为和运作都是单纯的幻相。因为如果我们要追问“实在”的问题，那么我们考虑的不是直接知觉到的太阳所具有的性质的“实在性”，而是构成生命进程的整个交互和互动系统的“实在性”。从生命行为的角度来看，“知觉过程”只是一些相互依赖、相互联系的交互行为。如果我们将作为生命行为的知觉过程消解为非真实，那么那些为“科学”探究提供数据和证据的知觉材料也只能被打入幻想的地狱。并且，因为科学研究已经就太阳、光、有机体的构成（包括它的神经系统）获得了真实或有效的结论，所以很明显，我们知觉到的太阳是太阳、光和有机体根据已经被接受的科学结论（特殊的和一般的）互动的结果。[②] 249

之前的讨论主要考虑的是为科学认识是一种技术形式这一观点划定地基。

---

① 我们会在后面看到，我们如何通过使用感觉器官和肌肉获得材料，这对所谓的身心问题具有决定性的影响。

② 亚里士多德的一段话同这里是相关的，他写道，[引文从缺]。

但是因为科学认识又同其他技术明显相关，我们的注意力又转向了实验操作（也就是在某个特殊方向上所作的审慎改变）和具体行动者不可或缺的存在，这些具体行动者——日常认识下的身体器官、科学探究中特别设计的工具——作为手段影响了所要求的改变，使后者向预期的方向运动。但是对这两点的关注不应该让我们得出下面这个结论，即这两点是我们将科学认识看作一种技术形式的根本且首要的原因。相反，它们是派生的、次要的。它们的功能是在可区分辨识的（而不是形成传统认识论前提的那种整体性条件）连续交互进程中形成并解决问题。我们需要技术操作去满足或实现我们的缺陷或需求，这是技术性事业的起点。技术的过程、工具以及实现任务的特殊技术都是满足条件所需的手段，它们既不是首要的也不是终极的、最终的。我们在上面提到的朝特定方向的运动指的是通过各种手段制造各种能够满足生物—社会需要的产品。农业技术所制造的谷物、烘焙师所做的面包都不是最终目的，而市场营销也不是技术的结果和存在目的。各种类型的使用、消费和应用是由一系列交互行为组成的技术所指向的结果或后果，它们决定了我们使用哪种设备、工具、机器和技术，对相对原始的、相对粗糙的材料作何种特殊的改进。为了能让玉米更多地转化成粮食，我们所作的改进同我们对洗衣粉所作的改进是不一样的。

除了我们已经讨论过的之外，科学是一种特殊的或者说可区分的技术形式这一论断中还包含另一种意味。科学的“原始”状态中一方面直接或近距离地包
250 含了一些错误、缺陷和与现存科学状态不相容的内容，另一方面间接或远距离地包含了日常处理问题（这些问题鲜明而连续地出现在构成生命进程的交互行为中，并且我们不能将这里的生命进程限制为狭义上的生理感觉）的结果。[①] 并且，我们之前提到，在历史上，科学直接起源于那些现存的模式无法充分地、令人满意地处理“实际”（也就是对生命来说紧迫的）问题的情况，这些问题与生命进程联系在一起，是由特定时间内的特定文化形式决定的。一个很好的例子是，如果不是因为解剖学、生理学探究以及之后的物理—化学探究带来的新结果，人们就不会去质疑和改进那些处理疾病和创伤的粗糙而原始的方法。但是正如我们已经指出的，这类例子远不能为我们的观点奠定充分的基础。只要解剖学和生

① [杜威的边注：“持存在一些早期哲学著作中的困惑是由于作者没有充分地区分出工具的两种含义。”]

理学所研究的问题仍然受到我们刚刚提到的那类内容的限制，作为技术的科学
的进展就只能是缓慢、痛苦而阻滞的。这些研究太粗糙、太单薄，总而言之太受
那些不相关和令人分心的思考阻碍了。探究应该基于自己的（适当）考量、利益、
目的、已有的材料、技术和特别设计的工具。只有当科学问题开始考虑发展探究
能力所带来的结果时，科学才开始发生巨大的变化。从社会的角度来说，这一事
实指的是这样一群人的出现，他们开展独立的探究，并将此作为一个重要的社会
分工模式。无论人们是否认同传统信念——使科学孤立于其他任何事物，除了
与一些社会职业和社会利益进行外在而偶然的接触与互动——所造成的特殊的
有害结果，我们无法否认的一点是，对于自由的、不限制于任何特殊使用或应用
的知识的发展来说，探究自然这项特殊工作的兴起是一个不可缺少的必要条件。
任何能够进一步指导探究的目的和应用一定是既存习俗的结果，或者至少必须
在很大程度上依赖于已经存在的条件。只有这样，作为探究产物的知识才能够
促生新的目的，而不只是考虑用更有效、更经济的手段去实现已经存在的目的和 251
应用。作为一种技术形式的科学知识的独特性质正在于此。这种技术形式直接
而系统地刺激和推动了生产、使用和享受，而正是这些让我们离开之前的条件，
甚至打破传统的做事情的方式。发明的加速和自然科学的成长在同一个时代中
出现并不只是巧合。对此有一个简单的解释，新目的的发展比能够实现旧目的
的确定的能力更能说明新科学已经驱逐了旧宇宙论科学中的目的论因素。类似
地，物理科学（最广泛意义上的）中出现的非表象性质也说明了我们控制这些性
质的能力，这些性质或者本身是全新的，或者对于它们所处的条件来说是完全崭
新的。现在，物理科学所处的是一个新的、完全由关系组成的状态，一个显著的
例子是，只需按一个按钮，我们就能影响声音从发生点到远距离听者的传播。

第十一章

实践的与理论的

I

252 关于知识本质的某些假设几乎贯穿了哲学讨论的整个进程。其他一些用于定义知识的前提的假设，被持对立立场的学派所各自征用，这些学派理论标志着现代的认识理论。从首要的意义上来说，最为重要的假设是，在任何可能下都要将知识作为纯粹理论的，也就是说，语词是与实践完全对立的。从次要的意义上来说，这一假设之下的种种考量制造了现代哲学中经验主义与理性主义的、经验与先验之间的冲突，相应地，这种区分在历史上与知觉—知性、归纳—演绎、特殊——一般，以及可能性—确定性之间的区分紧密相连。每一个学派的考量都与一种更为狭窄和更为技术化的知识理论联系在一起。本章将进一步展开上一章所提出的知识观，并将其应用于对刚刚所提到的历史性问题的检验上。这一知识观涉及众多的问题，只有将它的各种应用与各种历史性的学说进行对比，它的意义才能明确起来。这些历史性的学说由一般的知识观发展而来，而这些一般的知识观则承袭自形成于希腊—中世纪的信念，并经过了某些微小的改变。因此，这一章节会对已经讨论过的历史材料进行再一次的回顾，不过立足点会有所改变。

我们首先会考虑严格理论知识或“理性”知识，因为它与我们在前一章所讨论的作为一种技术形式的知识最为相近。但是因为“理论的”和“实践的”都具有
253 各种不同的含义，并且这种含糊性很容易就会造成误解和困惑，我将首先指出知识的“理论”特征中所不包含的意义。在任何意义上，“理论”知识都不是关于科

学探究者的态度、动机或目的的理论。我们有必要清晰地强调这一点。因为那些敌对批评一律认为我们的理论——重视认识方法和通过专业研究获得的结果——同“理论”知识非常不同，因为我们考虑的是科学家的“个人”目标。但是科学家个人目标的问题是一个道德问题，不在我们的讨论范围之内。不过科学的实际进步已经清楚地证明了，考虑探究行为本身的利益和效应（这种考虑与将会获得的特殊结论，甚至与结论的特殊应用或使用无关）对科学进步来说是一个不可或缺的条件。正是在这种道德意义上，我们说探究应该是“客观”、自由而“纯粹”的。我相信，任何基于对实际情况的观察和分析之上（而不是基于派生自无关来源的前提）的知识理论都会得出这一结论。然而要改变人们关于探究态度和探究目标的看法，让他们形成一种新的关于探究方法和探究对象的理论就又是另外一回事了，对于那些强调知识应该完全独立于任何“主观”和“个人”污染的人来说特别如此。

* * *

“理论”一词在科学程序中具有确定的含义，这一含义同“假设”紧密地联系在一起。在这种关系下，对理论的讨论就与科学方法联系在了一起。这一章标题中“理论的”一词，其含义是由传统决定的，根据传统，“理论的”和“实践的”指的是两个完全不同的存在秩序，“理论的”具有更高级的，或者说至高的形而上学地位。虽然现代哲学在本体论上对于这一立场的接受比较谨慎，但是和实践行为和实践对象比起来，它还是一致地赋予了理性行为和理性材料更高的价值。并且，一般来说，现代哲学和传统观念是一种相近的形而上学理论。它们都认为
知识完全是“实在”的理性（也就是排除了所有的实践要素和实践指涉）对应物， 254
而实践考量的对象因为与人类利益的联系而受到影响和感染，因此只能是与“实在”相对的“表象”。我们不会在这一章中重复之前已经说过的东西，即产生古典传统的文化环境。但是，我要补充的是，理论与实践的对抗在雅典生活中是一个剧烈的因素，比如，亚里士多德坚持哲学家的行为优于其他任何社会阶层（包括政治家）的行为，而一些修辞学作者则鼓吹作为主要公民力量的演说术的崇高地位。从职业的角度出发，一般的“知识分子”和哲学家都习惯于蔑视那些从事实践行动的人的价值，并放大他们自己所从事的工作的价值。

但是本章的意图不尽相同，它的意图的是双重的。首先，我将指出，如果将

经验看作有机体条件与环境条件之间的互动，“实践”所具有的意义以及它在不同文化条件下所表现出的各种形式。接着，我将考虑在不成为与实践不同的价值领域或存在领域的前提下，经验如何能够具有理性的或理论性的性质。这里对实践意义的讨论从本质上来说是上一章讨论的延续，但我们要特别考察的是我们归于实践的模糊含义，而这种模糊性是实践理所当然地遭到蔑视的潜在因素。正是基于这一点，环境在社会文化方面的效用就变得特别重要。

我们在前一章的讨论中看到，身心问题的当前状态是，对“身”的讨论完全是就大脑而言的。但是在讨论实践时，我们有必要将神经系统的其他结构和功能纳入考虑。由大脑作为唯一组成部分的中枢神经系统并不能涵盖我们所要考虑的整个问题域。倒退的生理学知识和哲学家对知识问题的完全偏见造成了对自主神经系统——或人们所说的“交感”神经系统——几乎完全的忽视。即使在人们提到自主神经系统的时候，讨论也只是局限于对它的控制能力(同消化、循环、分泌、排泄功能联系起来)的表面涉及。相对晚近，我们知道自主神经系统的运作是同腺体与荷尔蒙联系在一起的，这一点证明了前者同生命行为的情感方面
255 是紧密联系在一起的。情感与某些实践行为之间的联系是如此明显，我们根本不能完全忽视它们。但传统观念将情感与理性区分开来，并将情感视作一种单纯干扰正确认识行为的力量，这种倾向必然会延续到蔑视实践的过程当中。由情感和激情所激发的行为——无论是个人的还是集体的——远离知性与洞见，无法得到公正的评价。为了公正地评价实践的意义，我们必须记住，传统的心理学理论错误地将理性与情感分裂开来了。抽象的基督教理论(正如我们之前在另一处提到的)——上帝是至高无上的爱、同情在道德理论中的重要性——常常背离理性的荣耀；与这种充满柔情的福音派神学不同，官方的基督教理论总是试图以一种神秘的方式解释这一观念，这一点明显地表现在它们对正统教条式信念的强调上，它们认为后者是通过教会得到救赎的一个必要条件。

从中枢神经系统的角度来看，实践的“概念”在很大程度上建立在这样一种行为之上，在这种行为中，脊髓、基底核和最低限度的大脑参与是主要的身体性行动者。这种观念将实践等同于最低级的——因为它是最机械或最不理性的——形式。我们通常所说的“熟能生巧”就体现了这一观念，这里的“实践”代表了单纯的机械性重复或反复的行为，而“生巧”代表的则是自动(也就是完全不需要思考)进行某个行为的能力。由基底核和脊髓的运作过程组成的中枢神经

系统的这种实际功能使人们觉得下面这种观念似乎是有道理的，即基于所谓的科学之上的这种机械行为类型具有较高的价值。但事实上，这种观点的问题正是在于将中枢神经系统的这部分运作同“更高的”大脑运作分裂开来。理性选择行为的功能（其中包含了大脑能量和大脑事件）同霸道地（在最初和最后）决定行为的功能是极为不同的。前者表达了神经中枢的正常功能，而后者则代表了一种不好的状态，正如习语所说的：“习惯是一个好的仆人，却是一个坏的主人。”

人们也许可以就这里所说的脊髓结构和脊髓运作过程的正常功能展开辩
论。人们会说，像所有正常功能一样，判断脊髓功能的标准中也包含了价值判 256
断。因为所涉及的生理数据的复杂性，我不会在这里讨论呼吸功能或血液循环功能是否同样也是如此。更加简单、更容易获得的事实是，社会环境影响了对刺激物的机械反应。比如，一般的或传统的学校环境对于学生态度的作用。老师和课本垄断了学校交互行为中的观念和理性层面。学校对学生的要求就是尽快和尽可能精确地复制，学生不需要对复制对象作出自己的判断，也不需要去找出或告诉老师获得这一对象的最好方法。“正确答案”是学校的不变要求，而所谓的正确答案不过是与课本和老师保持一致。学校强调学生在背诵时要“快”，也就是说，学生必须“不假思索”地说出句子，这是在自动重复机械学习所“习得”的成果。学生们没有将“注意力”放在实际的学习内容上，而是放在了完成老师的要求上，如何过关成了主要的问题。上面所说的这些当中当然有一些夸张的成分，但不可否认的是，就教学材料（和科目）而言，传统学校倾向于灌输习惯性态度，在这种态度中，机械复制支配了对于包含新要素的情境的智性调适，而只有这种智性调适才能激发反思或思想。

学校只是社会互动的一个例子，这种社会互动将实践与理性区分开来，并明显地将前者的本质降级，让它的价值受到高度的蔑视。（与此同时，这一分裂也让主张行动的人将“理论”降格为“空头理论”，他们会说：“这在理论上也许是真的，但完全是不切实际的。”）我们举学校的例子并不是想说学校的教学和科目是造成这种分裂的主要原因。相反，学校的教学和科目只是让学生形成了一种态度，让他们维持这种分裂，而分裂本身则来自整合于体制中的行为习俗和信念习俗。学校实践的根源在家庭、教会、政治和工业中。为了证明这一论断，而不只
是给出例证性的材料，我们必须全面地批判体制，几个时代以来，正是这些体制 257
在整体上形成了人类关系的结构。传统家庭生活要求年幼的服从年长的（这一

要求的存在远远超出了家长制家庭的范围），最近半世纪以来，这一要求已全面弱化了。智性判断的习惯性态度的系统性增强并不想弱化这一要求，但这种弱化无疑造成了道德的堕落，迷信的人因而想回归旧式的教学方法。虽然有新教的兴起，教会机构在整个历史中的影响力并没有减弱，后者坚持认为我们必须将不容置疑的信条固定下来。为了执行这一要求，正统基督教声称自己掌握了通向永恒福祉和永恒受难之路的钥匙。在当前的社会道德环境之下，大量的人的行为甚至是不假思索地基于下面这一假设之上的：在最为重要的生命事务中，质疑、反思和理性行为必须在某一点停止，不管它们是否能够积极地推进前者。这一情况也许最为突出地证明了下面的说法：习惯的锁链是如此“自然”，我们甚至感觉不到它们的存在。

政治中民主体制的兴起以及相应的专制政府的衰落造成了政府事务中理性行为区域的扩大。柏拉图将奴隶定义为执行别人的命令的人。为了避免这种情况，一条明显的出路是积极参与命令、目的和指令的形成过程。民主所坚持的自由观念是心灵的自由，也就是说，自由地检查、批评、参与讨论，并积极参与到决定一般性社会政策以及执行政策的方式和手段的会议、交流和决定中去。不可否认，同少数人暴政和多数人的习惯性消极服从的体制比起来，民主是一个巨大的进步。但是从绝对的或根本性的角度来看，我们还不能说形成于理性行为中的信念和目的已经有效地进入了人类关系和行为规范的成形过程当中并扮演了主导性的角色。首先，现存于世的民主制度，即使包括由那些拥有最大程度的自治政府的人民所实现的平庸民主形式，是非常有限的；而且最近的事件也证明，无论在何处，如果我们不将民主看作一种珍贵的实践，那么民主的存在就是十分不稳定的。其次，绝大部分的民主理念和民主实践被限制在了政府的领域。这
258 一事实本身很好地证明了民主的观念和信念走得并不是十分远。如果我们将相互商议、自由交流、对他人经验的尊重这些特征和性质限制到生活的某个特殊片段中，我们就不可能深刻地把握它们。那些赋予极权主义自由统治的民族只不过是在议会制政体的基础上选举了许多基于封建关系的官员，这些官员继续控制着大量的平常事务和很大一部分的人际关系。极端国家主义在欧洲迅速兴起，之后的一段时期，走这一路线的国家采用了国家名义上为人民负责的形式，这些事实足以证明，任何运动一旦被限制到社会生活的某个特殊区域当中，就会带上肤浅性。民主在这一世纪中得到了如此广泛的传播，以至于在很多人看来，

民主的形式是必然而终极的，但这并不是因为民众主权作为一种政治体制所具有的内在优越性。民主在任何国家中的成功和维持都依赖于形成于非政治行为中的信念习惯和行为习惯。

工业中仍然保留着半专制的方法，而这些方法反过来又对政治民主产生了不利的影响，这一事实已经吸引了足够的注意。但人们所强调的全部都是物质的层面。我们当然必须承认，对于“物质”（也就是经济）条件的彻底重建最终只是人类的艺术潜力和理智潜力完全发展的基础，但我们并不能因此将作为手段的物质同作为目的的理想割裂开来。也就是说，在经济关系中培养理性因素是不可或缺的，对这一点的重要性怎么认识都不为过。[1] 就我们这里所讨论的主题而言，造成理论与实践之分裂的文化条件既是初始的原因，又是政治经济行为的当下状态不断持续的结果。

正如我们之前所指出的，我们刚刚所说的只是例子，并不是证明下面这一命题的有力的证据。这个命题是，社会文化条件造成了反思与行动的分裂，这一分裂使反思变成了物质领域之外的较为无力的事务（比如，物质生产的技术变成了与文化技术创造相对的东西），也使实践事务相对缺少了“理念”和观念性的性质。 259

因此，我要回到我们在中枢神经系统的“低级”行为和“高级”（或大脑皮层）行为之间所作的心理学分割。习得的行为会变成例行公事，并且可以自动执行，这是一个常见的事实。从生理学的角度来看，这一事实说明大脑能量并不参与决定行为的过程，反射弧的本质是身体反应。另一个常见的事实是，许多人认为这种例行习惯的建立是正面的、值得追求的。他们的理由是，在这种情况下，“高级中心”得到了释放或解放，从而可以参与到更高级的行为类型中。比如，有人也许可以养成一种完整的阅读习惯，他可以在大声朗读的同时思考与阅读内容极为不同的事情。人们在既有条件下——特别是在工业中——所做的许多工作只需要人们投注最少量的注意力，这种“解放”被认为是正常的，人们不会去问造成这种“自然”（习常的）情况的条件本身是否是值得追求的。

将这一情况与运用不同元素的技巧对立起来看也许是有益的。诚然，两者

---

① 我们会在下一章讨论经济是如何被削减为“物质”的。这从一个侧面证明了政治党派鲜少认识到“实践”行为与行为的反思性质或理性性质之间的内在联系，从而严重地阻碍和扭曲了民主观念。

中都存在形成于经验进程中的感觉调适，并且，从某种程度上来说，这种调适的本质是自动的。但是两者之间也存在着决定性的不同。离开了直接的身体感觉调适，蚀刻师、雕刻匠、杂技演员、台球专家、网球专家、高尔夫专家、作家、实验室里的科学家、图书馆中的学者都不会走得很远，这些感觉调适所执行的活动构成了这些经过训练的人所拥有的特殊技巧。但是如果我们从整体上将这些行为与那些操作机器的人的行为进行比较，我们会发现，从心理学的角度来看，前者的行为具有某种完全不同的性质。这一性质是，每一个特殊的身体反应不但需要适应之前的感觉刺激物，还需要参与对下一个感觉刺激物的决定，从而形成一个行为的连续过程，这一过程引向某个可预见目的（end-in-view），并执行某个目的（purpose），同时控制整个过程中的每一个感觉性的和身体性的可预见目的或目的。在例行的自动行为中，身体反应也决定了下一个刺激物，否则的话就不可能有行为的连续性，更谈不上制造即便是最物质性的或最物理性的结果了。但是自动行为中所包含的连续性本质上只是一条锁链，这条锁链的每一个环节都受到了前一个环节的束缚。一个专家的最为直接的身体感觉调适需要考虑到环境
260 的某些变化。当一个网球运动员作出同样的击打时（执行同样的身体反应），他的对手并不总是在同样的位置。他执行击打，让他的对手没有防备，从而很难作出有效的回击。无论调适中包含了多少机械成分，选择每一个身体行为的一定是某些作为可预见目的的最后结果，而不是预先决定的单纯机械运作。

可预见目的在经验中以理念的形式呈现，这一理念必须持续于整个经验过程中。正是这一性质构成了我们上面所讨论的心理学上的（同时也是道德上和社会性上的）巨大不同。意图处于完成或实现的过程中，其实现或完成的机制并没有提前得到安排和保证。操作机器和执行学校任务所要求的快速有效只是一种习惯，这种习惯能够保证确定结果的产生。在这种情况下，条件的统一性、刺激与反应的一致性被视为最高。然而，习惯性技巧中的每一步特殊身体感觉调适都直接或间接地受到智性的引导，连续性互动中的每一步特殊调适都受到理念的控制，这一理念代表了所期望的未来结果。对于高尔夫运动员、泥水匠来说，熟练的技术是值得追求的特征，对于数学家、艺术家、学者来说同样也是如此。但是如果考察后面这些人，我们能更清楚地看到，直接或机械的调适是服务于行为进程的运动性发展的，并且，这一生长过程的每一步和每一阶段都包含了一个可预见目的，或者说理念。脊髓、基底核与大脑皮层之间的不同只是行为统

一体内部的不同分工，并不是割裂或分离。至少根据下面这种观点，上面这个结论是明显的，即我们认为那些通过智性形成并由智性引导的习惯比那些自动的例行习惯具有更高的价值，更值得追求。当然，坦率地说，这一观点从本质上来说是一种价值判断。但下面这个观点同样也是一种价值判断，即自动的例行习惯（与观念和大脑没有任何联系的）的形成受到了共同体中某些阶层的某些行为的教化。无论是哪一个观点，我们都必须回到之前所讨论过的问题，也就是位于形成心理学态度、状态、过程的标准背后的社会文化条件。因为无论我们赋予原始的（天生的）动力或直觉何种程度的重要性，每一个习得的行为都是在社会文化条件中形成的，而社会文化条件本身又是由整合在社会文化条件中的价值判 261
断的文化习惯所塑造的，这些习惯表达并维持了构成社会风气的其他习俗。

包含了技巧的“实践”行为中的大脑或观念结构并不能涵盖理论（大脑）与实践相联系的整个问题，也就是说，我们并没有考虑到身体行为是如何维持互动以及如何根据人类利益界定环境的，从内在生理结构的角度来看，这一观点颇为正常。大脑最重要的一个功能就是延迟某些形式的互动。这一功能——也就是构成每一种由智性所引导的技巧的习惯——我们刚刚已经讨论过了。因为只有在直接的外在行为受到抑制的情况下（也就是说，被推迟足够长的时间，使我们能够将不同的感觉刺激物联系起来，从而构建出一个统一而持续的引发新行为模式的动力），习惯才能存在。在讨论习惯的形成时，心理学课本通常会举的例子是孩子们在学习书写时所做的不必要且奇怪的身体运动。但人们通常不会注意到，因为这些身体运动既不存在于新习惯的形成之前，也不存在于新习惯的形成之后，所以它们指示了习惯性感觉刺激的再调适过程。身体的扭曲之所以没有出现在习惯形成之前，是因为每一个感觉刺激都已经具备了合适的运动渠道；之所以没有出现在习惯形成之后，是因为经过大脑行为的介入，不同的感觉刺激已经协同起来，并形成了一个单一的、比之前更为复杂或“综合”的行为方式。每个人在取消已经建立的习惯（眼和手的习惯，或者更基础的，观察周围环境并作出实际反应的习惯）时所实际经验到的困难也说明了这一点。这里说的“取消”意思是打破习惯性的身体感觉调适。在这一解体过程中，也正是因为这一解体过程，不同的感觉刺激得到了释放，它们互相冲突，制造出混乱的局面，让我们（除了那些已经形成了审美方向上的习惯性态度的人）对于要做什么产生了轻微的茫然和不确定。如果我们要继续用大范围的社会性例子来说明这一点，那么我

们也许就要指出在体制的重建过程中出现的——正如我们当下所发生的——大
262 范围的理智上的模糊、犹豫和困惑。旧传统的益处已经消失，而新的文化态度和文化标准则还没有形成。较之于早先体制稳定的时期，教条主义和狂热的盲信在这种时候更加兴盛。因为只要一组信念被当作理所当然的习惯，它们就是“自然的”，不会被经验为教条，相反，它们是理论，是被接受了的教义。在这种情况下，它们也不会被当作强加的外在权威。作为共同体一员的个体所拥有的信念沉浸在共同体习俗的精神中，这些信念看起来就是出自个体的内心，是个体自发选择的。这样的时代就是信仰的时代，就是不容置疑的忠诚的时代。

通常我们将因为大脑的参与所造成的延时行为称为慎思、预见和计划。我们已经看到，这里所发生的并不是行为的中止，而是将行为导向内在于有机体的渠道。与呼吸功能、循环功能、腺体活动、自主行为联系在一起的不同的身体感觉调适必须重新得到安排，互相之间建立新的联系，从而找到一个新的、系统的协同性运动表达。有人认为，就身体性的一面而言，慎思完全是一个大脑的过程，这是一个巨大的错误。慎思中包含了大量不完全、不成熟的身体性释放，每一次释放都带有某种感觉波，根据伴随着这些感觉波的情感基调，拒绝和选择开始出现，直到统一之后的张力制造出能让我们与环境进行完全互动的能量。慎思与计划的过程中包含了所有有机体功能的参与，而不仅仅是大脑，这一观点已经被证明是普遍的生理学教义，因为我们不可能完全停止大脑的行为，除非我们关闭所有进出大脑行为的能量渠道。大脑的行为只能是能量的流入与流出。从更明确的生理学角度来看，下面这一事实也能得出同样的结论：如果没有(由有机体生命功能所维持的)身体感觉的参与，我们就无法意识到自己在思考和计划。我们所意识到的总是包含了有机体行为的感觉层面上的性质。的确，在我们思考的时候，用来接受外部刺激的身体感受器被削减到了最小化的行为状态，它们只是出现在意识的周边，以防止出神状态的出现。但是那些经过自动的身
263 体感受器中介之后的性质保留了下来，事实上，它们在思考的过程中得到了强化。对于习惯于慎思的人来说，自动的身体感受行为几乎完全被限制在发声器官的神经结构当中。换言之，这样的人用词语思考，很明显，用词语进行的思考包含了身体感觉的神经支配。而其他人，包括“知识分子”，则在反思的过程中运用更多的假想(imagery)成分。有些否认心理事物存在的人认为必须否认视觉假想和听觉假想的存在，而心理主义者则通过成功指出后者的存在来证明纯粹

心理事物的存在。我们最好这样来解释作为反思中的一个元素的假想，即假想是不完全和不成熟状态下的一种身体行为，因为它的出现是内在于有机体而不是公开的。事实上，假想的存在证明了慎思是内在于有机体的对于潜在互动模式的排演，这种“内在”（或空间性的）排演会尝试不同互动路线，直到找到一条能够最好、最长久地满足有机体条件的路线。最后，我们还必须注意，在这一过程中，内在有机体行为的身体层面并没有得到完全的抑制，即使是精明的观察也无法通过姿势的变化和面部表情来把握身体内部所发生的事情。有时候正在疼痛的人会面无表情或静止不动，而这反而证明有些身体性的变化正在自然地发生。

作为延迟了的互动，慎思包含了深思、计划、比较、回忆过去的经验及其结果，但这些并没有穷尽大脑活动的全部。因为如果是这样的话，我们就可以反驳说，大脑行为中明确地包含了理论（在观念的意义上）对实践的从属，因为慎思考虑的是做什么，以及采用和实行何种行为。我们会在后面考察大脑行为的其他功能，与此同时，我想反对一种做法，那就是窄化和僵化慎思中所包含的“实践”的范围和深度。那些远离实践思考的知识分子常常会将慎思削减为计算（calculation），并将计算的过程等同于寻找那些能够最经济、最有效地达到既定目的的手段，并且，这些目的的本质（通常）被认为是自私的，因而也是有限的。这些看法并无任何道理。慎思考虑的并不是选择一些手段来达到某个既定目的或不自由的目的。恰恰相反，慎思的主要工作是形成新的可预见目的，重构那些引导之前行为的目的与计划。与行为过程进行互动的环境条件是社会性的，这 264
一事实证明了上面这个观点——慎思受到了自私目的的限制——扭曲甚至违反了内在地包含在我们行为中的条件。与计算不同，慎思对那些以常规的行为方式为方向的目的进行反复的考虑，其中包含了大脑的参与或反思的因素，这一事实说明，慎思所受到的限制并不是内在的，而是出于某些特殊的利益。不可否认，当下的社会条件，特别是受金钱因素影响的经济活动层面，限制了反思性的慎思，我们在工业和贸易中所做的就是对手段的计算，商业中的“成功”成了固定的可预见目的。同样不可否认的是，我们在追求和实现这一目的的过程中偶然形成的习惯额外地造成了对于成功、“进展”或每一种“实践”行为的狭窄解释。但是，只有在承认当下流行的特殊经济和金融条件是先定的，并且能够永远存在下去的前提下，上面指出的这些不可否认的事实才能成为决定慎思的内在本质的标准。在社会理论和信念系统的形成过程中，本末倒置的情况在心理学层面重复地发生。态度和习惯(所谓的“官能”)是当下社会环境的产物,但是人们却认为它们是原始而天生的“心理”组成部分,并以此去解释和证明创造了它们的社会环境。这就是认为人类行为的“动机”是自我的这个观点的文化起源和历史,另一个稍弱一点的观点——所有的慎思不过是计算出实现个人目的的最好方法——同样也是出自于此。但是就后一个观点而言,除了那些极端主义者,所有人都试图解释社会现象,他们声称,人的天性中存在这样一部分原始的心理因素(他们并没有意识到所有的心理特征事实上都是社会文化性的),它们表达了慷慨、开朗、同情或“利他”的冲动。在这一语境中,人们隐约认识到有一些既存的社会体制能够在一定限度内明确地促进涉及一些参与者福利的行为和可预见目的。家庭生活、族群生活和国家生活(在所谓的公共精神的意义上)为我们提
265 供了这类例子。科学和艺术追求的特征就是自私和利他动机的同时缺失。

从某种程度上来说,慎思过程当中就包含了新目的的形成,这一事实我们之前已经讨论过。即使是在已被接受的经济关系系统中,我们也在进行着智性的计算,从而对既存的、具体的可预见目的作出一些改变,我们之前提到的限制在于,这些对具体目的的改变是处于现存的社会经济条件划定的界限之内的。为了证明这一点,我们只需指出下面这个事实:无论是在材料上还是在过程上,没有任何地方比工业更加一贯地珍视和实践新的发明。的确,人们是如此尊崇新发明,以至于他们为当下的经济制度进行辩护的理由就是后者刺激了自主创业、发明和企业的诞生。任何不带偏见的观察者都必须承认,比起那些当下经济领域中发生的行为来,那些被命名为“道德”的习惯和体制对改变的抗拒要强烈得多。然而,基于这些思考,我们得出的结论并不是现存体系是合法的,而是所有慎思(即使所要达到目的的一般特征已经被社会条件相对地固定了下来)都包含了可预见目的的新特征,也就是创造、开拓和发明。因此,这里的实际问题是一个社会性的问题:何种社会条件能够最有效地刺激,并在最广范围内释放那些能够实现完全有效运作的特征?在不接收和考虑新事物的情况下,计划是多余的。在新的、不可预见的因素出现并引起我们注意之后,我们开始调适行为去处理它们,为了让未来的成功不仅依赖于好运和机遇,我们的这些行为必须首先是内在有机体的反思行为。当下的一些圈子里流行着一种理论,但我们无法想象还有比这一理论更愚蠢的观点了,这种理论认为,新因素的进入制造了当下的困惑,为了解决冲突,我们必须回到古代的理论、体制和先例。这与我们的观点直

接相关:“现代”哲学的根本问题在于古代思想的起源和规定仍然和新思想混杂在一起。从历史上来说,保守主义是宗教信仰所固有的,而代表和保护宗教信仰的机构和具有实际力量的“世俗”体制的联合则更加强了这种保守主义,使它从传统文化条件中渗出,进入以哲学为名的系统化理论中,这种理论试图去解释新事物,并在很大程度上将“实践”削减到狭窄的功利主义层面上。这样做的一个结果是,人们没有认识到实践中具有明确道德性质的方面和成分实际上最需要反思的行为,这种反思行为是广泛的,它是在对既有条件作彻底而系统的观察的 266
基础上形成新的价值、目的和计划。

然而,这并不是说反思行为只限于慎思这一类型,即使慎思所涵盖的内容非常之广、非常之深。并且,即使我们给予暂时而外在的延时行为足够的重视,也不能完全覆盖慎思行为的领域。因为对当下条件的观察和对未来的预见都是为了决定遥远时间之外的结果,也许这些结果离我们如此之远,无法在我们的有生之年(尽管我们一直在据此制定计划)成为现实。后代的福利也许并不是我们当下慎思的重要因素,但它确实存在,并且因为环境的作用而逐渐变得重要起来。然而,即便我们认识到了这一因素,这一观点也并不能让我们得出所有反思行为都是慎思性的这个结论,即使慎思是最持久、最重要的互动行为。这一观点并不否认理智行为,也就是认识过程,可以以自身为目的展开,但它否认我们可以将以认识为主要工作的人的动机转化为一种自私的理论,只考虑认识过程中行为的特殊形式。有人认为认识中与实际应用无关的利益并没有在科学的发展中扮演重要的角色,这种观点是与事实相左的。事实上,即便是在技艺的发展过程中,所谓的“无私心的好奇”(disinterested curiosity)也扮演了重要的角色。我们首先去探求理智和认识行为得以发展的条件,然后再去探求这些实际条件所产生的持久的形式。在一定条件下产生的、为了满足这些条件而进行的行为可以维持下去,并以自身为目的进行发展,这一事实当中并没有什么特别的地方。现在我们面临的问题是:“理论”意义上的理智行为是如何从产生实际慎思行为的条件中发展起来的?①

希腊哲学家说科学(他们认为哲学是科学的最高形式)是闲暇的产物,但他

① 慎思的标志性形式也保留在科学的认识过程当中,这是我们下面要讨论的主题,参见第[从缺]章。

们忘了指出，还有极大部分的人类闲暇产生的是空想与幻想。人类的“本性”懒
267 惰到足以使他们能够享受懒散的状态。当环境条件没有压迫我们去做某事时，懒散或闲暇就产生了。关于做梦我们已经有了很多理论，有人说做梦是睡觉时仍在进行的一种大脑行为。这些不同的理论当中包含了一个不变的因素：在睡眠的过程中，感觉刺激仍然在达及大脑，但它们不再受到根据环境需要经过调适之后的身体行为的控制。懒散的行为机制就像是车子的引擎虽然处于发动中，但没有在进行实际运动。“白日梦”一词就代表了大众对这种情况的深刻洞见。神经系统（包括大脑）的能量和过程在睡眠过程中并没有消失，而在我们醒着的时候，即便我们没有通过做某事与周围环境相连，神经系统的运作也没有停止。在我们进行自动的常规行为时，大脑的引导处于最小化的状态，这时的大脑仍然在继续运作，这种运作的结果就是白日梦。一个典型的例子是，当我们问一个操作机器的工厂女孩，她——而不是她的双手——整天在做什么，她会回答说，在她开启机器之后，她就嫁给了一个百万富翁，他们俩的经历将她带离了单调的一天。当传统学校中的老师抱怨学生“注意力不集中”的时候，他的意思是，学生将注意力放在了他们头脑中更加有趣的形象和想法（如果我们可以称之为想法的话）上了。在某个特定的时刻，我们无法计算世界上有多少幻想正在进行。我们能够肯定的是，只有那些在引导下进行活动或进行真正创造性活动的人，以及那些心理运作经过了习惯性训练的人才能将他们的时间花在其他观念性的活动而不是幻想上。除了精神病医师和神父（他们必须听取那些沉溺于性欲幻想的人所作的忏悔），其他人都习惯性地忽视了幻想存在的事实。例行的工作有多令人讨厌，就会有多少不负责任的、懒散的幻想出现。

或许桑塔亚那是唯一一个注意到这类经验之广度与强度的哲学家。[①] 他写道：“然而，我们可以观察到，我们关于过去所作的断言并不是过去自己作出的报道，也不是过去以某种神谕的方式告诉我们或强加给我们的。关于过去的报
268 道是基于当下的经验所作的理性建构。如果我们没有注意到它，过去就没有力量；如果我们忽视了它，过去就不会存在。因此，虽然宇宙有可能并不产生于混

① ［手稿在此处缺少了一页。但是，根据文中提供的线索，我们或可补齐引文。下面这段引文出自乔治·桑塔亚那：《理性的生命：导论及常识中的理性》（*The Life of Reason：Introduction and Reason in Common Sense*），斯宾纳兄弟出版社，1906 年，第 39 页。］

沌，但人类经验一定始于私己而多梦的混乱，从这种混乱中，经验部分而暂时地产生了。这种觉醒的历史与我们最终所发现的环境世界的历史当然是不一样的，不过这种觉醒的历史就是发现本身的历史，是我们获得揭示世界的知识的历史。因此，我们也许可以将自己的好意分配给真正的普遍秩序、自然、绝对和神。如果我们想要回忆自己的经验，并追溯那些产生幻影的幻想与沉思，我们应该在时机到来的时候去同它们交识，并更好地欣赏它们的道德状态。”如果我们注意到哲学对这方面经验的广泛忽视，我们就一定会认识到这一观点的坦诚和敏锐。但是我们同样也应该注意到，当我们首次发现一个被忽视的事实时，通常会将其放大，以致对其他的一切都视而不见。从生理学的角度来看，大脑过程和“观念”的原始职能是不可能同维持生命的环境和“客观”条件无关的。从心理学的角度来看，如果“意识”像桑塔亚那所描述的那样完全是梦一般的、不负责任的，那它就不可能成为“符号”去表征对象。桑塔亚那自己在上一段引文的前一页写道：“人的意识很明显是实践性的，它附着于人的命运，记录其运气的起伏，从而代表这些运气所依附的行动者。”①在另一个段落中，桑塔亚那讨论了意识的这种工作，即作为形成理性生命的因素产生近乎理性的东西，他不得不写道：“有些观念已经有了用来自己评估的排序和评价原则，这些观念是最不负责的。然而在这些原则上已经刻上了理性生命的原则，尽管后者的发展也许会被中止。”② 269

上面这些引文并不是想要证明桑塔亚那的不一致性。我是想以此指出下面这种可能性，即在承认桑塔亚那或其他任何人所说的意识经验的白日梦性质的同时，将其放入一个适当的语境当中。大脑活动的首要功能是作为一组中介的过程，一方面是不同的感觉刺激，另一方面是与环境的统一互动模式，新的安排或调适在这两者之间形成。但是，即便是最繁忙的人也不可能总是在做事，而在闲散的时段大脑过程也依然在进行，因此，正如桑塔亚那所指出的，就会有很大的一片领域意识是处于植物性状态的。较之于那些维持生命的必要条件，以及

---

① ［乔治·桑塔亚那：《理性的生命：导论及常识中的理性》，第 38 页。］

② ［同上书，第 54 页。］有重要的一点必须指出，当桑塔亚那将表征功能指派给“意识”时，他不加批判地遵循了洛克式的心理学传统。根据后者，这种表征功能完全是自成一体的，内在于大脑行为中的准备性的、预期性的一面完全被忽视了。这种由洛克系统化了的忽视是下面这一观念的来源，即感觉性质是与“外在”事物的表征联系在一起的，而不是与欲望和冲动（它们明显带有预期的意味）联系在一起。建立在生物动机之上的古希腊心理学理论则更加明智。

神经系统的功能及其维持，经验的这一层面是次要的。

因此，毫不奇怪，最夸张的白日梦和最疯狂的幻想都用一种奇怪的方式来表征生命行为的某些方式。比起那些已被允许存在的冷硬事实来，幻想的背离和扭曲更能统一起来，帮助我们在实际世界中建构起一个更令人愉悦的、更辉煌的生命。即便是那些非理性的现象也表现了在有机体与环境之间的调适和再调适过程中正常出现的事物。当实际的效应受到阻碍时，能够移山的是幻想而不是信仰；在梦中，懦夫比英雄还要有勇气；在幻想中，被蹂躏的占据了高贵者的位置，被忽视的变得声名卓著。我们可以在想象中重复那些相对稀少的愉悦瞬间，并且大幅度地强化它们。幻想的材料来自日常"实践"经验中的事物，特别是那些具有突出的情感性质的事物。幻想对这些材料的再组织总是单方向的，它们纠正失败与挫折，修饰粗糙的东西，放大令人愉快的事物。

即便是这样，上面所说的这些还是更适用于伴随着例行自动行为的白日梦，而不是作为闲暇(其正常的行动是创造性的)之特征的幻想。幻想具有一种重要的正面功能，它是打破习惯之惰性的重要行动者，并打开可供将来行动的新路径。我认为，如果没有幻想的介入，就不可能有任何包含巨大新意的重要发明，科学中任何新的假设也许就不会出现。某些"预见未来"的方法常常被认为是重
270 要进步的条件。然而，幻想的正常(或者说常规)功能则展现在艺术中，幻想在那里有一个更加受到尊敬的名称：想象。任何以自身被品尝和享受作为目的的经验都是审美的。当我们通过操作实际材料——比如颜色、声音、词语、木头和石头——重新安排经验的材料时，经验就从审美的变成了艺术的。这一过程中包含了理想化(idealization)，而后者就是幻想的产物；理想化是对强调节奏和匀称的日常经验材料的扭曲。我们将实际经验中令人想要的方面称作正常的，因此，我们可以说我们要将幻想中正常的一部分或结果定型下来，而这种定型只能通过改变或重组环境条件的行为发生，比如那些构成舞蹈、歌曲、画作、雕塑、建筑等的行为。这些行为改变环境的方式和目的同所谓的技艺或技术并不一样。但它们也具有某种用途和价值，这种用途和价值向我们指出了技术和当下文化阶段中存在的不足与缺陷。技术的运用或服务多少是隐秘而延迟的，而经验中艺术的使用则是直接而当下的。艺术是当下此处对性质的强化，而正是这些性质让我们在经验的材料中间择优作出选择。

简言之，我们再一次遇到了文化条件的决定性影响。实际的事实证明，直接

服务于物质材料的技艺工具和技艺过程也可以具有审美价值，因此技艺同时也可以是艺术。这一事实让我们注意到一个社会问题：现存的生产、分配和消费条件在多大程度上造成了当下艺术与技艺之间的显著分离？更加一般地，这些条件在多大程度上造成了如此多的仅仅是工具性的，但不同时是完成性的经验成分？生产是为消费而存在的，这似乎是一个值得接受的命题。但是，生产行为是如何并且为什么会变成一种人工劳作的，以至于经济学家甚至说，如果不是为了某些将来的酬劳，没人会愿意从事生产工作？为什么这么多的消费是粗劣的、动物性的、庸俗的，而不是一个连续过程的自然完成？

在大范围存在的仪式、典礼和崇拜活动中，大脑进程的介入并没有直接与实际相连，这是一个众所周知的事实。它间接地证明了，原始人(对于今天的我们来说同样也是如此，因为仍有一些重要问题不受我们控制)能维持“实践”感和对大脑行为模式的感觉，要归因于这些形式化行为。我们将那些已经不再对我们 271
有吸引力的行为称为魔法，但是今天我们仍然在使用这一虔敬的表达来称呼某些事物，离开了它们，一些巨大的紧急事务就不可能获得成功。直接的审美欣赏维持着仪式，让我们逃离例行的平常生活，我们不能忽视审美欣赏所扮演的这一角色。但另一方面，我们又会很轻易地忽视人性中存在的一种强烈倾向，那就是赋予这些形式化行为决定事件进程的力量。

这部分的讨论的一个结论是，完整范围的“实践”必须包括每一种艺术行为，就像之前的讨论所指出的，选择行为过程的慎思(无论是广义的公民层面上的还是狭义的个体层面上的)中必须包括所有的道德问题。但是上面所说的这些也告诉我们应该如何去解释“为知识而知识”，或者说以自身为目的的理智行为。对于某些特殊的群体来说，探究——也就是一般性的反思行为——就是可以获得直接满足或审美满足的行为。传统的偏见将经验划分为分离的、互相之间没有交流的隔间，从而让我们无法认识到对于某些人来说，持续的反思性研究和艺术是同一种工作。尽管已经有一些人从社会的角度出发，号召我们在自己的工作中寻找艺术，但我们还是非常希望所有人都能受到这种教育，使他们能够在追求思想的过程中寻找到直接享受，这些直接享受同我们应该如何在包含了环境的行为中运用这些思想完全无关。经验告诉我们，特殊的科学研究的产生可以完全脱离社会需求和社会可能性，并对社会和在道德上造成危害；同时经验也告诉我们，由此得到的“理论”可以成为将人们从无法挣脱的习俗和传统中解放出来的主要力量。但是后面这个结果并不连续地产生于反思行为的直接实际功能(表现为慎思和计划)。理论所具有的高级价值并不能作为将理论与实践对立起
272 来的理由,就像我们不能将电发动机可以让汽车行驶作为使用电发动机比使用热发动机更高级的理由。

II

如果我们不带偏见地检查历史条件,就可以直接得出一个结论,社会条件影响了理论和实践这两个最为流行的概念的名声和状态。在古希腊,"实践"的观念反映了那些低级的不自由人的状态,那些自由公民的生活是建立在这些人所做的必要而有用的工作之上的。制造活动是由奴隶与不是共同体公民的工匠(即使他们并不是奴隶)所从事的。在这种情况下,得出下面这个结论是很"自然"的:一方面,实践活动是由外界强加给某些人的,因此在本质上是与自由参与的活动相对的;另一方面,实践的目的是由那些单纯物质性的事物所规定的,是为了满足身体性的需求。而那些自由公民的行为则是"自由的",因为低级阶层的活动已经满足了他们的物质需求和身体需求,他们不再需要去做手动的、制造性的工作。自由公民的活动至少相对地考虑那些"理念的"目的,而非物质性的目的,而那些首要关注认识过程的阶层则完全考虑那些理念的和自由的目的。

简言之,实践和理论的意义是由两个不同阶层的生活方式所规定的。当人们相对地从"实践的"或制造的追求中解放出来之后,就可以自由地投身于一种具有先天价值的活动。

如果我们要写一本关于人类文化的故事,其中最有意思的一章将会是关于手和语言器官所拥有的不同地位和功能的。手被视作"物质"和相对不自由的象征。把手放到社会语境中,我们会想到为他人工作的"手",尽管手并不是奴隶,我们还会想到进行手工作业或操作机器的手,但我们很少会想到画家或雕塑家的手,想到艺术家通过创造性的工作将内在的意义和价值呈现出来。[①] 相反,语
273 言则被认为是发自于"内在"的,而不像手工劳动那样是由外部强加的。自由的交流是自由人在闲暇时间的社交。

---

① 在古希腊文明,甚至在雅典文明中,所有的艺术家都被归为低级的机械劳动阶层。人们雇人来演奏乐器,自由公民则只管聆听和欣赏他人的工作。

* * *

希腊人将理性等同于语言形式，并极度蔑视从工业技艺获得的知识，这一结论似乎已成定论。当希腊原始的、充满生气的文化形式逐渐被亚历山大时期和罗马时期的文化所浸没，固定的语言形式超越了那些由希腊人的敏锐观察和无尽好奇心所贡献的富有生命力的内容。当半野蛮的中世纪进展到了某个阶段，独立的理性兴趣开始复苏，人们发现古代文学（当然包括权威的圣经和教会的记载）中包含了如此多的远远超越当前文化的东西，语言于是就带上了一种神圣而不容置疑的新声望。三种语言艺术——语法、修辞和逻辑（逻辑明确地被认为是一种语言艺术）——被认为是我们学习"四艺"（算术、几何、音乐、天文学）的唯一工具。[①]

在自由程度远比不上雅典的社会环境中，人们赋予语言——特别是那些传递过去时代的记录与智慧的书写语言——至高无上的地位。觉醒的现代精神的一个主要攻击对象就是词语。从 15 到 17 世纪，几乎找不出一个作者没有指责过传统知识以及获得这些知识的方法，他们说传统知识用词语替代了事物，这种替代将原本属于观察和一手经验的权威授予了古代的文本。他们认为这种做法是极坏的，并由此走向了相反的极端，忽视了语言所行使的独特功能。就像我们经常看到的那样，这种反抗以一种相反的方式将它所反对的邪恶永久地存在了下去。"语言是思想的表达"，这在今天的文本中已经成为了一个常识，这里的思想是指某种现存的、独立于语言和交流的心理性"内在"。 274

事实上，有序的语言所做的并不只是保存和传递过去的智慧（和愚蠢）。只有通过语言反思和探究才能获得解放。如果没有符号的发明和使用，我们就只能被束缚在直接的当下环境中，就无法逃离与当下环境中事物的直接互动所产生的压力。通过词语这一媒介，当下被带进了同过去和将来的富有成果的交流当中，想象性的实验由此成为可能。离开了词语，我们只能通过固定成型的习惯

① 当下，一群以中世纪哲学为思维方式、充斥了神学思想的教育家急迫地向我们指出，当前教育中存在的几乎所有问题都是因为我们的教育体制抛弃了这三种语言艺术。他们还重复亚里士多德，指出"实践"技艺（其中包括自然科学，因为后者现在运用的正是这些技艺的媒介和工具）不自由、单纯技术性的特征，这对于我们毫不为怪。在此我想引用一位英国学者的话，这位学者显然没有受到这种关于实践技艺的偏见的影响。加南·哈奇（Canon Hatch）写道：[引文从缺。]

接触到过去的经验。通过词语，我们可以组合过去的经验，让它们带上新的、更为自由的意义。新的、不同的事物的发明依赖于观察和思考当下并不在场的事物的能力，语言是这种能力的唯一来源和执行者。

换言之，如果我们看清楚事实，人们对词语的攻击实际上针对的是在基本信念上屈从于外在权威的文化状态。这一攻击不是要将“事物”放回到被词语占据的位置上，而是想要独立地运用所有的现成资源去发现、探索、发明和建构，所有这些都要求我们与几个世纪以来统治欧洲的信念习惯和语言决裂。极为重要的一点是，这时“经验”的意义被反转了过来。经验的传统用法(甚至霍布斯也保留了这种用法)是用来指称习俗的产物，也就是通过重复有用的行为所得到的知识，这种用法将“实践”放在了知识(作为洞见的知识逐渐变成了作为原因的知识)的对立面。从 16 世纪开始，经验开始变成了产生自个体的和由于个体的参与所获得的知识的代名词，这种知识相对于二手的信念，因为后者是基于传统的权威之上的。即便是洛克式的做法——将经验等同于心灵从“外界”得到的东西——也具有一定的积极意义，如果我们将它放到文化语境中来解释，也就是说，它代表了外在于传统的新社会运动对基于传统的欧洲体制的入侵。

希腊哲学家所犯的错误造成后来做法的有力因素，也就是让知识和获得知识的过程服从于来自教会和封建社会秩序的外在影响。但他们的错误并不在于认为有序的理性语言和知识之间具有内在的联系，而在于认为“话语知识”——
275 如果我们可以这样用的话——是理论知识，从而将它同“实践”知识完全割裂开来，而事实上，后者是唯一存在的严格意义上的实际知识。为了成功地满足人类的需求，工业技艺必须发展和采用那些与自然的运作相一致的方法。以木头、石头、皮革、铜铁和黄金为制造对象的人，播种和犁地的人，航海的人，治疗创伤和疾病的人都必须依照自然条件，而不是语法结构调试他们的行为。他们必然会发现关于自然材料和自然进程的大量事实。如果以逻各斯构成的分析能够被用来安排和组织由实践技艺所提供的丰富的实际材料，那些产生于 15 和 16 世纪的科学运动也许早在 2000 年前就发生了。

因为孤立于通过话语研究得到的游戏原则和系统原则，由实践技艺获得的实际知识并没有构成科学。因为尽管存在大量的事实，但特殊事实本身并不构成科学。科学既涉及形式，也涉及材料；既涉及一般，也涉及特殊；科学的体系化促进的是以自身为目的的探究，而不是为了实现处于自由探究范围之外的目的或结果。站在科学的角度，希腊技术的局限并不在于它的“实践”因素，而在于它引入了其他影响来决定发现自然事实的方法。毕竟，从一种天真或中立的、不带任何偏见的立场来看，“实践”指的就是单纯地做事，除了社会条件在有的时间和地点会给实践带来损害，不存在其他的原因让我们蔑视和轻视实践。实践的局限来自我们根据目的赋予实践的用途，相对来说，实践的用途通常被限制为技术性的和不自由的，这种限制并不是因为实践的本质，而是因为社会文化条件。

如果在某个社会体制中，工业技艺的产物不能被系统地运用于服务人类生活，使后者的意义不断生长丰富，那么这种工业技艺的目的就不是真正人性和自由的。在古希腊，工业技艺是为雅典的奴隶经济服务的，虽然我们的经济是非奴隶制的，但工业技艺的目的是类似的，因为特权阶层特殊的金钱目的控制了对“实践”技艺产物的使用。

不过在当下，与希腊哲学中的“理论”对等的那部分并没有大行其是。相反，
那些以“实践”为傲的人大肆指责理论家，他们蔑视理论，认为后者是无用的、学 276
院的，尽管他们所参与的任何“现代”类型的经济生长和经济分配的成功都来自研究者在理论的帮助下所作的研究。但哲学觉得仍有义务去维持理论与实践之间的分类——理论是“纯粹的”，实践是“应用的”，并且前者要比后者高级。

将“纯粹”一词的通常含义——与应用或使用相对的——同它在有效而人性的、富有成功的科学进程中的含义进行比较可以给我们一些启发。雅典的大部分工业技艺都是短视的，它们考虑的是某个特殊的就近结果。今天的技术无论在空间上还是在时间上都得到了延伸，它所包含的很多技艺都需要协同合作才能制造出特殊的产品。但存在于操作中的、需要很长时间才能完成的可预见目的也许仍然是特殊的、局限的。今天大多数技术工作已经足够复杂，人们认为可以资助新的研究以提高效率。只要这些探究的意图和结果是完全处于特殊工作的范围中的，这样的探究也许可以被称作不纯粹的。但这种意义上的“不纯粹”同使用或应用并没有关系，它指的是探究的结果并不由探究本身决定，也就是说，探究是由某个外在的、异在的目的事先决定的。相反，作为认识和探究结果的知识或科学是“纯粹的”，它们只考虑探究过程中出现的条件。当一个结论能够给我们带来更多的金钱或名声，或者能够支持某个我们已经相信的结论的时候，它就会歪曲我们的认识，没有人会否认这样的认识过程是“不纯粹”的。这种情况下，不纯粹就具有了道德含义，同样，纯粹也由此具有了道德含义。从道德

意义上来说，纯粹是防止探究被任何异化的考虑影响，它与是否有实践因素（做事）进入探究行为全然无关。纯粹的探究与结论的有用性或应用性无关，除非我们将结论在人类事务中应用的广度和深度视作衡量探究问题的标准。

上面这些思考推出的命题是，当下对“理论”和“实践”的使用完全是基于某
277 个社会阶层的偏见与偏好之上的。因此，我们要将讨论放到一个远离传统用法的影响的、自由而人性的层面上来。我们应该尽量不使用这两个词，而是通过对认识方法和认识结论的检测来得出我们的结论，这样做应该没有害处，也许还很有帮助。

如果我们以长远的眼光看待任何技艺和科学的进程，我们会发现，在早期阶段，它们的内容遍布在空间和时间当中。即便这些内容是由已被证实的事实，而不是由幻想和猜测组成的，这些事实的质量也是参差不齐的。这种参差不齐是孤立和缺乏交流的必然结果。比如，关于铁人们已经具备了一些知识，但这些知识并不会走得很远。人们在熔化矿石和打铁的过程中——简言之，在粗糙的处理和工作过程中——获知了铁的一些明显性质。但是当下系统的化学科学将关于铁的知识整合在关于金属的知识当中，而关于金属的知识又是与关于九十几种元素的知识联系在一起的，这样的联系不但丰富了我们对于铁的认识，也丰富了我们对于空气、水、氧气、氢气等的认识。我认为，与这种化学科学相比，早期知识的那种参差不齐、褊狭而短视的性质可以说是足够明显了。

简言之，相互联系是科学知识和技术的一个不可或缺的特征，当我们把它们的成熟阶段同早期阶段比较起来看的时候，这一点尤其明显。诚然，这一特征众所周知，我们只不过是说出了一个常识：每一种科学和每一种高度发展的技术都是事实和操作相互联结而成的系统化网络。从这个角度来看，本时代对于空间和时间性质的认识的改变不过是自 17 世纪以来稳定发展的科学运动的高潮。牛顿所写的《自然哲学的数学原理》将之前相互独立的一些归纳联系了起来，太阳系真正变成了科学意义上的系统。但是最为重要的还是天文学上的成就，因为它为所有科学提供了模型，证明了所有现象都是相互联系在一起的。因为牛顿的体系将空间和时间视作不包含任何关联性的“绝对”。它们是空的容器：空间包含了终极的不可分之物或个体性实体——原子，时间包含了产生变化或事件的运动。今天，空间和时间变成了相互关系的无限延伸的网络，所有事件之间
278 都相互支持，这种相互联系是如此完整，科学不得不用“时空”来代替空间和

时间。

相互联系的事实与科学家所谓的理论在自然科学中的功能之间存在着密切的关系。检查引力理论、光的电磁性理论、进化论（无论是达尔文式的进化论还是突变论），我们会发现，“理论”代表的是某些相互支持的现象的联系模式。根据这种用法，理论代表的某些事实性的东西，只有通过观察的检验才能决定能否被称为“科学”，正如只有通过观察的检验才能决定某个特殊现象是否是科学事实一样。

简言之，如果哲学将关于理论的观念或定义建立在实际的科学实践之上，那么我们会发现，自己将身处一个与亚里士多德所发起，并通过理论与实践的对立而固定下来的哲学传统完全不同的理智环境当中。

如果我们到科学探究的行为中寻找理论的意义，我们就会发现，理论的确是同某些东西相对立的，但这些东西并不是“实践的”东西或“实践”本身。这里的区分和对立是所获得的事实之间的区分和对立，是普遍事实与特殊事实之间的区分。查看历书，我们会找到关于日食和月食的预测，历书预测事件将出现在特定年份的某月某时。这里提到的太阳并不是无数太阳中的任何一个，而是某个特殊的太阳，对于将发生月食的月亮来说同样也是如此。如果我们试图从普遍出发来辩证地定义特殊，那么我们就会相对容易地遭遇困惑和争议。如果我们在被称为“感觉”的心理事件的基础上来定义特殊，或是根据某个形而上学体系将“特殊”视作低于“普遍”的秩序，我们就会遭遇麻烦，但是如果我们像上面这个例子那样来决定特殊的意义，这些麻烦是能够被避免的。

在上面这个例子中，“特殊”代表的是某个发生在特定时间和特定地点的事件，而所发生的事情，也就是日食或月食，就是一个普遍事实。这一事实表达了现象之间的联系，这种联系形成了日月食的理论，而日月食的理论只不过是完整天文学理论的一个方面。“特殊”事实与“普遍”事实之间的区分并不来自孤立或分裂，从严格意义上来说，它们的区分是相关的（correlative）（比如丈夫和妻子的 279
区分），这一点可以由以下这个事实得到证明：关于特殊事件发生的判断是根据由理论决定的（无论在内容上还是在方法上）计算而得出的。

如果是这样的话，人们也许要问：“理论”——作为普遍的、不局限于特殊地点和时间的事实——如何具有与特殊事实显著不同的意义？如果我们继续将科学认识行为作为我们的思考模式，那么这一问题的答案并不难觅。作为结论的普遍事实是一种方法，它联结了那些之前并不包含在系统内的事实。在科学进程中，已有结论的功能是非常重要的。因为神圣的不满意，科学知识一直在向前推进。已有的结论是投资的资本，而不是供我们安睡的暖床。不接触科学实践的一般人通常将普遍事实视作法则，并将法则视作终极的。但是对于科学的实际工作者来说，普遍事实就是一种*理论*，人们用理论来开启探究领域，设立新的问题，并将那些之前尚未进行富有成果的交流的知识区域协同起来。比如，牛顿之后的科学家将他的引力理论*只视作法则*，因此这一理论就只能是一种障碍，而爱因斯坦对此的修正则恢复了这一理论作为理论的功能。

换言之，在科学认识的实际行为中，每一个表达了特殊观察事实之间的联系的理论都具有*假设*的性质。*假设*这一名称让我们注意到普遍化（generalization）的两个特征：首先，它是为了让未来的认识过程更加有效、更加富有成果才来探索已知的事实的，它是用来进入当下尚未充分获知的领域的工具；其次，它所使用的这些事实同时也在对它进行检验和修改。

在现在为止，我们对于理论和实践问题所进行的讨论是想指出，两者之间的重大对立，即便是在两者之间作出的具有启发性的对立，并不符合下面这个事实，即我们关于*理论*的性质的观念是在由科学认识实践获得的被证实的观察的基础上形成的。基于这样的理解，我们就开启了一个领域，可以不受限制、不带
280 偏见地思考与哲学上的认识问题相联系的*实践*的意义。在讨论的开始，我将从生物学层面大致地考察一下前科学时期的日常认识，从有序的角度来看，这些常识类型的知识甚至比技术知识还要不系统化。系统发生学的事实已完全证明在有机体结构和功能的发展过程中，首先出现的是外在的行为。在感觉器官或中心器官开始作出区分之前，某些组织（它们在功能上预示了肌肉）的发展是与身体运动直接相连的。必须首先存在在有机体与环境之间作出调适的身体器官，否则生命就无法继续下去。对脊椎动物中心结构的发展进行研究可以发现，这些结构必须作为“身体—感觉”的整体来维持作为整体的身体与环境之间的平衡与关系。在这些结构的发展过程中，最早形成的是大脑组织，然后是那些“实践性的”感觉——味觉和嗅觉，最后发展的是“理智性的”感觉——听觉和视觉，这些“理智性的”感觉逐渐扩大，削减了一般性的身体感觉器官。精神病学、生理学和解剖学的发现一起向我们展示了基本的自主神经系统与相对特殊的中央身体

感觉系统之间的密切联系。坚持“感觉”的欲求性和推动性的道德家心理学远比哲学家心理学——思考“认识问题”的哲学家认为感觉器官是“知识的入口”和构成“观念”的首要材料——更接近事实，这一点已被已知的事实完全证明。

“感觉”是知识的单位这一信念形成于解剖学和生理学的婴儿期。这一信念变得如此坚固，以至于身体感觉器官与环境过程之间的结构性和功能性互动并没有对哲学的认识理论产生多大的影响。① 但是，任何尊重基本生物学事实的理论都不得不在三个重要的方面完全脱离这一传统观念。

第一，它必须信任下面这个已被证明的事实：所有的感觉事件——看、听、摸、尝和闻——都首要地与身体运作相连。我们通过看(look)——这一运作包含了复杂的肌肉调适——去看到事物(see)，而我们看到的事物(也就是跟随身 281
体过程的感觉变化)又引导新的看去发现新的事物，如此不断继续。人们在很大程度上忽视了发现身体感觉的结构性和功能性联系的重要意义，因为这种联系被解释成孤立的事务，每一个身体感觉调适都被认为是完整的。所谓的“反射弧”理论明确地体现了这种观念。这一理论仅仅是在表面上认识到了感觉与身体之间的联系，但早期的终极简单元素论的影响仍然保留了下来，从而导致了对维持生命行为连续性的身体感觉的再调适功能的忽视和否认。

第二，一个特殊的“看—看到—看”序列具有下面这种功能或职责，即为某个行为的结束或相对总体的变化提供条件。比如当一个动物在观察另一个动物的洞口时，它的观察就是由上面所描述的“看—看到”序列联结而成的。然而，这其中所包含的过程实际上是内在于有机体的。进行观察的动物的整个身体都处在等待当中。简言之，它不是为观察而观察。隐藏的猎物一旦出现，进行观察的动物的身体就开始作为整体运动起来：它猛扑或追击，观察(也就是身体感觉调适联结而成的序列)所指向的功能开始被执行。把这个例子归纳一下：我们不能将某个特殊的身体感觉反应从它所处的连续的调适进程中孤立出来，同样，如果我们将身体感觉的整体序列从它所占的位置、所发挥的功能，以及处于时空中的生命行为整体中孤立出来，是无法理解这一整体序列的。

① 当代认识论的“实在论者”也许为我们提供了最令人信服的证据来证明这一论断的正确性：他们虽然否认了感觉性质的“心理”特征，但仍然保留了下面这一观念，即被他们用来替代心理状态的“感觉材料”作为知识的单位或简单元素是完全孤立于身体行为的。

第三，在脊椎动物中，特别是包括了人的灵长类中，每一个特殊的身体感觉调适都有中心结构或大脑结构的介入，通过中心进程的介入，特殊的身体感觉序列才能连续地推进生命行为。简言之，从生物学（解剖学和生理学）的角度看，中心结构和中心进程是中介性的和工具性的。它们提供了手段，使一系列前瞻性的行为能够构成特殊的身体感觉调适，这些行为是准备性的，为了让我们准备好去迎接新的条件。因此，从生物学的角度看，理性区别于身体感觉（也就是生物
282 层面的认识过程）的地方在于，理性的运作是为了计划未来的条件并使行为适应这些条件而对既有的条件展开的调查。

我们有意将之前的讨论限制在任何认识论都必须考虑的生物学层面上。关于知识的理论必须与行为的生物学条件相一致，并且不应该包含那些与行为的基本生理层面不相容的要素，但是指出这一事实并不是说这些条件本身就可以为认识论提供全部材料。更具体地说，我们并不是说知识应该从属于某些特殊的实践模式或所有实践模式的总和。但所有这些又不会影响认识和探究自身成为一种极为吸引人的行为模式，并因此成为一种"实践"行为的形式。

我们前面并没有提到在高等脊椎动物中有一种严格意义上的生物学行为，那就是被称为审美的行为。基于这一事实，我们发现，即便是在严格的生物学意义上，除了其他形式的行为，还存在一种以自身为目的的认识行为。因此，生物学运作就具有了双重状态：它们既是维持和推进生命的手段，同时自身又是生命行为的直接显现和表达。在后一种功能中，它们既是目的和完成，同时又是准备性的和工具性的。也许在一定时期内，生物行为基本上或完全是获取食物以维持生命的手段，但是在获取了食物之后，没有什么能够阻止我们在将食物的摄取作为不可获取的维生手段的同时将它视作直接的享受。

我们注意到，在小猫、小狗、幼狮、成年类人猿和人类那里，有些身体行为是以玩耍的形式表现出来的，这就使我们在上一段提到的审美行为获得了具体的意义。在这个意义上，追捕猎物的行为模式是在这样的条件下发生的：猎物并不存在，而饥饿——觅食行为通常的刺激物——也是缺席的。对人类来说，那些物理和生理行为——为了获取食物而进行的打猎、捕鱼、耕作和为了延续生存而进行的搏击、交配——明显变成了强烈享受的来源，这种享受是直接的，并且独立于任何之后获得的结果。

事实上，下面两种实践之间的一般化区分在严格意义上只是习俗性的（也就是说，是因为既有的社会体制），一种实践是使用某物去实现其他的目的，另一种 283
实践是被直接享受的做事。古希腊人对于生产技艺的评价就是一个例子。在当时的社会条件下，技艺的确是受限制的，但我们又不能凭想象设定其他的社会条件。习俗不仅是第二“自然”，而且那些生活在其影响下的人缺少将第二自然与第一（或未被人化的）自然区分开来的标准。雅典哲学家将科学和哲学的兴起同有闲阶级的出现联系在一起，这一点是非常正确的。有闲阶级从生存的负担中解放了出来，因为低等的奴隶阶层为他们提供了生存所需的材料，这是一个社会事实。有闲阶层的成员由此可以献身于发展观念、创造理性的有序思想，这体现了当时的经济政治条件。包含在这些条件中的习俗和体制就是第二自然，哲学家并没有意识到让这类知识成为可能的闲暇本身就是一个社会现象。相反，这些哲学家认为这类知识表达了自然内在的宇宙论构成。中世纪的社会条件发生了巨大的改变，变成了封建和教会的等级制，它的阶层组织体现了中世纪的神学形而上学，这种形而上学一方面实践着博爱的至高美德，一方面又忠诚于体制化的权威。

只有愚笨自满的人才会只在古代寻找例子。无论在什么地方，只要人们将求生存（making a living）的过程同生命（living）过程孤立开来，就会造成一种社会环境，导致实践被降格到一个相对较低的位置。现代，人们在很大程度上将（以求生存为目的的）工业运作同那些构成生命（这里的生命带有赞颂的意味）的运作区分开来，古典经济学家的理论很好地说明了这一点。他们将制造性工作定义为劳动，又将劳动定义为一种繁重的行为，劳动者无法有所积蓄，因为他们无法对未来的奖赏抱有期望。我们很难再找到一个更加清晰的例子来说明“实践”是如何被剥夺了自身的全部意义和价值了。古希腊、中世纪和现代的哲学家都将习俗性的或体制性的外在事实（作为事实它们并不能胜任）当作了内在事实。通常的哲学思考会在“自在目的”（ends-in-themselves）和其他目的之间作出严格的区分，同以自身为目的的目的不同，我们是出于外部条件的压力才被迫去寻找 284
其他目的的。

“工具”和目的之间的区分是根本性的，因为人们关于事物本质或关于宇宙的形而上学和神学构成的认识是根深蒂固的，而那些显而易见的事实反而遭到了忽视。比如，那些被区分为“艺术”的过程实际上既是完成性的，也是工具性的。音乐家、画家、雕塑家、剧作家、诗人的存在本身就证明了手段与目的的区分只是外在的，或者从正面来看，这些人的存在证明了同一个运作既可以是“工具的”又可以是“最终的”。即便是在当下的社会经济体制下，我们也能找到许多从事机械劳动的人以一种艺术家的态度进行他们的工作。

我们毫不否认以下的事实：对行为的区分具有超出区分本身的意义和价值，这种区分会对未来产生影响，并间接引出一些行为的价值。很多明显的事实都可以证明这一点。我们要否认的是将这种区分视作内在和必然的(因为事物的宇宙论、形而上学或神学构成)观点。可以肯定的是，这种区分依赖于并反映了社会条件，它的性质同奴隶与主人、农奴与领主、助手与主管之间的区分是一样的。每一代人都比上一代人更清楚地认识到，如何减少分工之间的鸿沟，以及如何有效地结合各种行为(无论是因为外在压力而进行的行为，还是因为自身的享受价值而进行的行为)是我们的一个主要社会问题。

这一事实将我们带回到了一种完全思考人类事务的哲学。哲学的工作并不是要去治疗那些呈现在社会分层中的，以及由社会分层所造成的社会问题，这种社会分层区分了一个不自由的仆人阶层和一个指导他人的生产活动，并享受这一过程的阶层。为了消除这种区分，需要社会中的所有元素通力合作，这是一个最深刻意义上的社会问题。但是哲学家在这一任务的完成中扮演了一个特殊的角色。他们至少有责任将他们自己所制造的混乱清理干净。他们可以纠正将理
285 论视作最高形式的知识并将它同实践和实践知识对立起来的错误。他们可以指出在何种条件下理论可以变得不再遥远而多余，而成为霍尔姆斯大法官(Justice Holmes)所说的最为实际的东西。他们可以指出在何种条件下实践事务的运作是相对不自由的，因为它们阻碍了智性的使用和应用。在这样做的同时，他们会创造出一种社会生活状态，其中自由的理论知识和具体的实践能够相互支持。只有这样，我们才能克服科学与道德、人类行为与确定知识之间的既有分裂。

第十二章

物质与观念

这一章的内容与上一章紧密地联系在一起。从某个层面上来说，本章标题 286
所呈现的对立来自古希腊在理论和实践之间作出的对立。理论在希腊哲学中的首要性主要是道德的，理论在本质上所具有的高级地位是它的一个内在价值。人类是由他所关注的东西塑造的，在纯粹知识中灵魂关注的是那些具有高级本质的东西，甚至是神圣的存在。在处理未被物质污染的材料时，心灵的粗糙和劣质得到了净化，而这种粗糙和劣质明显是心灵被物质占据所造成的结果，因为物质起源于欲求，受欲求引导，并且是为了满足身体性的需求。饮食和性关系是欲求的直接对象，我们通过获取金钱与好处获取它们，金钱与好处则是欲求的间接对象。欲望还可以表现在人类关系的领域中，这时候欲求的对象就更为高级——声誉。但是同纯粹知识的必然和永恒对象比起来，声誉和以生命为代价获得声誉的行为——即便是出于公民的责任，或是为了保卫自己的城市——还是偶然而易变的。纯粹知识的对象是纯粹观念性的或理性的，在认识的过程中，心灵的理性潜能得到了实现。在这种实现过程中，心灵带上了认识对象所具有的性质，自己也变得神圣起来，享受着纯粹的福佑。

物质完全是同所有“高级的”、有价值的对象和行为相隔离的，除了基于这一信念，我无法理解“物质”和“物质性”是如何获得现在这种被蔑视、半堕落的意味的。在这样的语境下，那些系统地蔑视“物质”的宇宙论和形而上学理论实际上是下面这种做法的结果：将道德上的不同和不同的价值转化为宇宙结构的不同
性质。中世纪的基督教哲学家坦诚地认识到了这种对于自然的物质层面和物质 287
构成的解释。他们认为（古希腊哲学家则并不这样认为），世界是由一个全知全

能全善的精神性存在所创造的，而自然当中粗劣、不道德和反道德的倾向只能被解释为人类意志的邪恶行为所造成的腐败。

我已经指出过，基于对已知事实的自然主义式的解释，“物质”作为一般概念在哲学中并没有自己的位置。它在自然科学中倒有明确的意义——作为一个符号被用来代表质量和惯性事件的性质。将任何价值判断（无论是赞赏还是贬低）赋予这个意义上的“物质”明显是荒谬的。“物质”只是代表了自然事件中的一些东西，而这些东西又有必要在每一个物质数学公式中被标示出来。有一些“崇尚精神性”的人在散布错误的谣言，他们说现代物理学完全将“物质”转化成了能量，这一事实只是证明了在当下的文化中，人们习惯于将基于道德价值的信念直接投射到自然的总体构成当中。这些“崇尚精神性”的人所持的信念是由中世纪神学版本的希腊宇宙论所决定的。

正如我们之前在另一处所说的，在哲学中，“物质”一词被合法地用于指示自然事件的总体，这些自然事件是任何人类经验出现的条件。虽然这个词很抽象，但是只要下面这个观点还在流行，即人类经验（无论作为整体还是其中的特殊部分）的出现是由非自然的物理或精神力量“导致”的，“物质”的这种用法就是合法的。在这种用法中，“物质”这一概念反对的是一种广泛传播且影响深远的信念。从负面来看，这个词仍然同它所反对的信念一样有害，因为它同样认为可以将某种东西作为“原因”，即一种可以产生存在的力量。从正面来看，正如我们前面所指出的，这一概念预先建议我们去寻找可以解释这一经验或那一经验的特殊条件，这里，“解释”意味着用实际的理论和预测去控制事物，这种控制是潜在的、实践的，也就说，是生存性的。

在日常语言中，“物质的”一词（如果不是“物质”一词）就具有这种含义。在词典中，特别是在法律实践中，“物质的”（或“实质性的”）代表了相关的、有分量的、“具有严肃或根本性意义”的事实，这些事实能够在一定程度上决定最终的判
288
断。相反，“非实质性的”则代表那些不足信的、琐碎的、不重要的事实，对于最终的判断来说，它们是不相关的、“无法胜任的”。被用作名词的“材料”（特别是在复数形式下）同上面这种用法是同源的。我们不仅会说物理生产的“原始材料”，还会说文学材料、历史材料、得出结论的材料，以及作为工厂、军队或公民（有时候）材料的人。简言之，作为材料的物质（无论它是何种性质的）为我们提供了生产或建构的材料，它的意义是同最终完成的产物相对的——人类行为从材料中

造出产品。在这个意义上，材料就像是为生产产品的活动所提供的原料。这种对物质和材料的用法同哲学上的用法密切相关，在哲学上，质料同形式相关，但又区别于后者，因为每一种原始质料都必须被赋予形式（也就是再组织）以得到最终的产物。①

上面对物质和观念的关系进行的讨论是想指出，如果我们想要引入价值判断，我们对“物质”的评价也必须依赖于特殊的事实。我们不能对它进行批发式的轻蔑解释，也不能一味地对它表示尊敬和乐观。作为一个一般概念，“物质”指的是它在特定情况下的作用，而材料的价值则在于它的产物。比如，离开了统计学，科学不会走得很远，但更为基本的常识是，为了在科学中使用，科学的原材料必须以相互联系的形式被有序地排列起来。

物质和材料的双重含义有其重要意义。一方面，“材料”的同义词是基础、低级和粗劣，几个时代以来，这个词都带有与精神相对的道德上的蔑视感。另一方面，“材料”（“实质性的”）又是重要和有分量的同义词，也就是实体性的。从这个 289
角度来看，一个具体的（embodied）观念是一个实现了的观念，而从另一个角度来看，它就要被降格到唯物主义的水平。如果我们用物质来统称它们，那么这其中的双重含义就会变得不明显。只有在使用这个词的基础上我们才能理解它的含义，而这种使用正是社会文化条件的表达。有社会分工的地方就会有社会阶层的区分，根据所从事的工作，不同的社会阶层有着不同的地位、声誉和受尊敬程度，包含在低级群体的习惯行为中的材料同这一阶层一样受到不敬和鄙视。它们变成了典型的“物质”。从历史上来看，“低级”阶层的行为（i）处理的是物理事物；（ii）是由身体器官执行的，大部分是手动的；（iii）从心理学角度来看，控制所做和如何做的是感觉（触觉和视觉），而不是观念；（iv）主要是例行的常规和机械的重复；（v）是在其他人的引导下进行的，工人不参与制定行为的目的。对于决定工人工作的奴仆性质来说，最后一点最为重要，并且它与其他四点完全契合。

① 亚里士多德认识到了这一事实，他将物质和材料同潜能等同起来，同时他又认为每一个潜能都有自己的相对形式和实在性。很难说亚里士多德著作中提到的终极的无形物质是他自己的说法还是由后来的人限定的。在后来的神学传统看来，“没有形式和声音”的、无序而混乱的物质虽然在学术史上是一个重要的问题，但它本身并不具有重要性。不管怎样，亚里士多德的宇宙论认为本质上固定的潜能和物质要比终极的实在性低级，因为后者是纯粹观念的和理性的。换言之，亚里士多德的理论预设了一种批发式的固定联系，这是我们要在后面进行批判的。

综合起来看，这五点不但解释了人们对“实践”和“功利主义”的非难，也解释了物质和材料所处的位置。

上面这些引介性陈述所表达的基本观点在一些重要的方面是同当下的观念相左的，并且，在当下的信念状态下，这些观点远远无法进行自我辩护。因此，我希望用它们来总结本章的立场，而不是为它们自己进行辩护。首先，我指出了物质、观念同文化本身之间存在的联系。其次，我讨论了造成低级社会功能和高级社会功能分裂开来的历史条件，这种分裂直接影响了哲学理论。再次，我讨论了一种与当下知识状况相一致的自然主义，这种自然主义并不认同“唯物主义”的传统定义。在前一章中，我首先考虑的是理论，然后再考虑社会文化条件作为例证和加强，现在我要将这一模式倒转过来，首先考虑文化层面。

从文化的角度看，为了讨论物质和观念之间的区别与联系，我们不妨先引用
290 一段文字，这段文字出自一篇关于文化的文章，我们在第一章当中已经引用过。事实上，这段文字只是附带地同我们的观点相联系，但这也说明了物质性文化与非物质性因素之间一贯而内在的联系明确地影响了哲学对于心灵和物质关系的思考。引文如下：“为了接触外在世界，人类创造了一个人造的第二环境。他们建造房屋或搭建蔽身之处；他们准备食物，多少花费了一番苦心，运用武器和器具来获取它们；他们修筑道路并使用运输工具。如果人类只依赖自身所带的工具，他们很快就会因为饥饿和暴露而毁灭或消亡。即使是在最原始的人类生活模式中，防卫、进食、运动、生活空间所有这些胜利和精神需求都是通过人造物品间接满足的。……人类的物质装备——人造物品、房屋、航海工具、器具和武器、魔法和宗教的仪式用具——是文化的一个最为明显和切实有形的层面。它们定义了文化的一个层面并构成了后者的效用(effectiveness)。然而，文化的物质性工具自身并不具有力量。在制造、管理和使用人造物品、器具、武器和其他东西的过程中，知识是必要的，并且知识在本质上是同心理训诫和道德训诫相联系的，而这些训诫的终极来源则是宗教法则和伦理规则。对物件的操作和使用也包含了对它们价值的欣赏。器具的操作和物品的消费也需要合作。共同工作以及对于工作结果的共同享受总是建立在一种明确社会组织之上。因此，物质性文化需要一种更加复杂、更难被分类或分析的补充，这种补充是由理性知识，道德、精神和经济价值的体系，社会组织，以及语言所组成的。另一方面，物质性文

化是塑造或调制一代人的不可或缺的工具。第二环境，也就是物质性文化的装备，是一个实验室，有机体的反思、冲动和情感倾向在其中慢慢成形。……事实上，人造物品和习俗都是不可或缺的，它们互相创造、互相决定。”接着，文章又说：“社会群体的组织是一个由物质性工具和身体性习俗组成的复杂组合体，我们不能将它同它的物质地基和心理地基脱离开来。”①

上面这段引文肯定了“物质性文化”至少是同非物质性文化联系在一起的， 291
这里的非物质性文化指的是既存的知识体系、价值体系（以及所有形成信念和维持信念的过程）和社会组织。我们在第一章就提到了文化与价值信念之间的联系对哲学的重要意义，我们后面还会谈到文化与社会组织及“个体/社会”问题的联系。在所有这些主题中，文化与知识及认识过程的联系是引起持续关注的对象。在这一章中，我们考虑的是一个更为一般的问题：根据已知的文化，我们分别将何种意义赋予了“物质”和“观念”？

在上面这段引文中，作者对于物质性文化与非物质性文化之区别和联系的讨论也许会给读者这样一个印象：物质性文化的存在是相对独立的，而非物质性文化只是一种补充。对于研究文化的人来说，这一区分是重要且明显的，并且，为了研究的目的和为了将研究的结论传达给其他人，研究者不得不将它们区分开来，就好像它们从一开始就是相互独立的。但是我们还可以对此作进一步的解释，虽然这种解释并没有明确地出现在我们所引的段落中，但它们两者之间不存在任何对立。我想进一步指出，虽然物质性文化与非物质性文化之间的区分对于研究和探究来说是必要的，但是除了被用来描述文化信念的某些特征之外，这种区分并不存在于我们所研究的文化当中。我的意思是（上面的引文也指出这一点），物质性文化与非物质性文化不能离开对方独立*存在*，它们之间的区分是探究和思考过程中的区分，而不是存在上的区分。将它们区分开来的信念本身也是某些文化的非物质性层面的组成部分，并且，像文化中的其他元素一样，这种信念完全是由物质性层面的元素维持的。

如果我们要寻找作出区分的标准或原则，我相信上面这段引文中就包含了线索：它指出，人造物品的总体构成了文化的*效用*。换言之，这些人造物品是我

---

① 马林诺夫斯基(B. Malinowski)：“文化”，见《社会科学百科全书》(1931年)，第4卷，第621—622页。

们选择或区分出来的，用以探究一般文化和某些特殊文化中的决定性因素的对象和过程。正如引文所指出的，非物质性层面上的观念和实践决定了器物、用具和所有其他工具（包括用于仪式和祭典的）的制造和使用，这一点无疑是正确的。但引文所指出的另外一点也同样正确，只有通过物质性的基础和媒介，这些观念
292 和实践才能运作起来，或者说才具有效用。语言的使用就是一个例子。意义或观念定义并区分了所有的词语和词语组合。它们让语言（无论是口头的还是书面的）成为语言，而不是无意义的胡言乱语。身体行为和物理体现是语言的物质层面。意义和物质性体现、乘客和交通工具并不是两种东西。语言就是意义与声音形式或可见形式的完全融合，但是在其他的文化现象中，如果我们不将这两者区分开来并区别对待，我们就不可能研究或谈论语言。比如在交谈中，意义是一方面，手、视觉和听觉器官则是另一方面。①

下面这个例子本身并不是十分重要，但被用作我们的例证之后，就变得重要起来。就目前所知，每一种社会组织形式都会运用威胁、承诺、惩罚和奖赏作为控制其成员的工具。这其中包含一定量和一定程度的残忍力量。然而即便是在这种残忍元素表现得最为明显的情况下，其中的控制也是处在另一个维度，因为它考虑的是如何操作不动的事物。社会组织对不屈从的人施加惩罚的威胁，这其中表达了一种意图：将物理手段施于接受命令者的身体之上。但是让威胁运作起来的并不是当下的物理能量（虽然为了传达命令与威胁，物理能量是必需
293 的），而是一个表征性的因素，一个关于受苦和对表征内容作心理回应的观念。激发行动的退缩和恐惧产生于对某些尚未存在之事的预期。也就是说，虽然当

① ［来自文件夹 53/15："我们并不一定要否认非物质性因素的存在，也不需要用一个虚幻的精神力量去解释它们。指出语言——也就是以物质性事物承载的意义——的存在就足够了。也许形成关于文化中物质性元素和非物质性元素的最简单的方法就是将下面这两者进行比较，一方面是包含了直接作用之下的身体碰撞的事件，另一方面则是由说服、建议、指导、争论，甚至威胁和承诺等互动行为而产生的后果。语言是发声工具、空气释放、空气震动等现象的"物理"压缩。但是如果这些事件不进行意义的交流，而非物质性的意义又不是任何意义上的"精神性的"（也就是与物理存在相对的特殊类型的心理存在），那么它们就不是语言。

对于物质性文化和非物质性文化来说，联系同区分一样本质而不可或缺。由价值、观念（意义）、已知事实和原则（这些原则规范着人类联合体的本质与进程）所组成的系统中并不存在分裂而空洞的存在。这一系统存在于打猎、捕鱼、耕作、采矿、打铁、治木、搏击、讨论等活动，以及为开展这些活动而进行的工具制作当中。非物质性成分只有通过其物质性的具体化才能被观察到。在每一个具有文化意义的行为中，都有逻各斯或意义被肉身化，也就是被具体化为物质性的。"］

下此处确实存在物理能量，但断定、预期、观念和计划的运作却是基于那些被表征的、当下并不在场的事物。对于形成非物质性事物或实体的概念来说，这是一个主要的经验性因素（不同于形而上学因素和宗教因素）。但是，表征内容是通过语言组织起来的，是一个具体化的意义，这一事实指出了物质性经验与非物质性经验之区分和联系的本质。并且，我们还可以对此作进一步的解释。从价值判断的角度来看，许多人认为对受苦的恐惧和对奖赏的希望是没有价值的动机。他们希望通过教育的进程倚赖更高级的、更理想的动机。然而，方法的变化并没有消除物质性条件，它只是改变了物质性条件的特点，让人们相信，从长远的眼光来看，人类本性能够更有效地建立良好的社会关系。另一方面，那些将压力强制性地施于别人的人通常（如果不是普遍地）会说，他们是基于某些“更高”的善而这样行动的，他们甚至会说，这样做是为了对方的终极福祉。即使有人这样说的时候并不真诚，实际上是想用“理性化的方式”掩盖维护私人特权和阶级特权的欲望，但它仍然表达了一种“理念化”的性质（在心理运作的意义上）。[①]

例子的使用范围在本质上是受限的。因此，它们也许会模糊而不是澄清我们的主要论点。我们的主要论点是，文化就其本质而言是性质和特征的结合体，这些性质和特征在探究和语言中被区分为物质性的和非物质性的。有些社会学文章试图完全用心理学概念去解释社会现象，就像有些政治哲学试图完全用努力实现自身的公意或理性去解释社会状态一样。另一方面，有些理论试图排除 294
一切，只保留物质性因素，比如马克思主义的某些庸俗版本。如果我们用文化概念来定义社会现象，那么这两种思想学派之间的问题甚至是不可争论的。因为如果我们承认社会特性的人性层面和文化层面，我们同样也要承认文化的物质性层面（比如人类学家研究的人造器物）只有同非物质性层面——知识、价值判断和意义的交流——联系在一起才能存在和运作，同样，非物质性层面只有通过

① 物质与非物质代表的是两种不同的实体或存在种类，这一信念长久存在于我们的文化“遗产”中，并且受到强大的社会力量的支持，我们甚至没有合适的词汇去描述它。上面那段引文中有时会用到“精神性的”这个词。考虑到其中所包含的道德条件和心理条件，有人会反对使用这个词。但是站在传统信念的角度来看，这个词也许表达了对形而上学和神学二元论（“物质”和“精神”）的接受和认可。类似地，本章标题中的“观念”一词也会造成严重的误解，从而遭到反对。因为“观念”带有这样一种赞颂的意味，即它在本质上比物质高级，这种意味阻碍了我们将它理解为一个中立的概念——包含了某些意义次序的观念性内容。因此我们在这里频繁地使用非物质性的和心理的这些概念。

复杂程度各异的物质性工具的运作才能存在。我要再一次指出，文化的物质性层面和非物质性层面是相互融合和互相贯穿的，它们的区分只存在于探究和语言中，而不是存在上的分裂。

由此我们得出结论，物质性文化和非物质性文化的区分只是功能性的，更为确切地说，这个结论已经包含在我们所说的这些话当中了。我们可以从反面来理解这里的“功能性”，这样后者的意义也许会变得更加清晰一些。某物被称为物质性存在或非物质性（或心理的、观念的）存在并不是因为它本身具有这样的性质，相反，这种区分是基于它的运作方式，而运作方式又是由所得结果的种类或性质决定的。这一论断已经足够极端，我们可以从中看出它会遭遇的反对意见。人们会问：你的意思是不是说，当我们说自己看到并认出一把椅子、一把铲子或一栋房屋时，我们不是立刻就知道它们是物质性的？或者，当我们进行宗教仪式、看到或听到一种高尚行为，或表达一个观点时，我们并不是直接知道我们的对象是理念的、精神性的，或至少是观念的？这些问题的意图与我们的观点正好相反。椅子、铲子或房屋既是物理事物又是意义，这里的意义并不只是指词语所具有的意义，而是说，这些被如此称呼的事物具有某些意义，如果我们消除或排除了这些意义，这些事物就不再是椅子、铲子或房屋了。如果我们用国旗、十字架、朋友的遗物来代替平常的椅子和铲子，用寺院——比如伦敦的威斯敏斯特大教堂和罗马的圣彼得大教堂——来代替房屋，上面所表达的意思也许会变得更加清楚一些。事实上，如果用真正被欣赏的艺术作品去代替这些平凡的东西，人们就会发现，我们的观点至少不会显得明显荒谬。如果对象是真正被欣赏的
295 艺术作品，物质和意义就是完全混合在一起的。我们会看到，如果我们的考察没有受到先在理论的主导性影响，物质和意义的区分只是反思性的，也就是发生在实际事务之后的。另一方面，宗教仪式、高尚行为和观点都必须是具体化的[1]，离开了具体化，它们就无法存在。

但这并不是说我们当场即时地将对象和内容规定为物质性的或非物质性的，这样的观点是一个自然而无辜的错误。我们将一系列经验的结果（由此形成了习惯）当作一个原始经验的内在特性。从实践的角度来看，这一观点是无辜的，因为人们看重的确实是结果，出于简明和经济的考虑，那些形成结果的经验

① 也就是说，作为某种语言对象被表征，参见前述，第[从缺]页。

就被放到了一边。但是如果我们在理论性的一般解释中将某个结果看作独立的、原始的,因此是“天生的”,能够一眼就被人认出来的,这个错误就比较严重了。有些对象,比如我们刚才所举的例子,直接且不容置疑地就被认为是物质性的,另外一些则被认为是观念的或精神性的,这一事实说明,通过一系列经验所形成的习惯能够通过不断强调让事物的某个功能性方面变得突出,并最终排除其他方面。

我们的观点会引出两个核心问题。如果物质性和非物质性代表的是功能性区分,而不是事物本质的内在不同,我们就有义务对下面的问题给出合理的解释:功能的性质是什么?它们的影响为何会如此普遍,能够构成物质性和非物质性这两个深刻而广泛的概念?然而这个问题并没有涵盖全部。假使第一个问题获得了满意的答案,我们还必须面对第二个问题:人们为什么不但没有认识到功能的本质,反而完全误解了它们,认为它们是事物终极结构上的区分?对于第一个问题的回答是:功能是事物作为手段或目的的能力或职责,存在本身是中立的,我们根据它们在经验中的习惯性功能或习惯性运作将它们放到不同的类别当中。对于第二个问题的回答是:作为手段被使用的事物和作为目的被享 296
受的事物实际上是相互关联或相互结合的,在它们的影响下所形成的习俗和体制在它们之间制造了分裂,这种社会文化性的分裂最终导致了物质世界和精神世界的双重世界观理论。①

手段与目的的分裂来自深刻的文化区分,无论是在实际上还是在哲学上,文化区分都是物质和心灵问题的根基。在很多人听来,这一论断无疑是很奇怪的,虽然如果我们承认哲学问题有其文化起源、文化语境和文化影响,这是唯一正确的论断。因此,我们应该从一开始就注意到“唯物主义者”(或“物质至上者”)这一流行用法中所包含的道德意味。在流行的用法中,一个物质至上者通过行为表现出将作为手段当作目的的倾向。从道德上来说,一个物质至上者在行为中拒绝让物质服从于道德上的善。“物质财富”、“物质文明”和“物质需求”是我们所熟悉的表达。根据通常的判断,那些物质至上者完全沉浸在物质对象和追求

① [杜威删除了下面这段:“对于这两个问题的回答在很大程度上是相同的,它们互相重叠和交织。从根本上来说,手段与目的、结果与工具的区分和关系问题是经济与道德的关系问题,社会中经济元素和道德元素的分裂造成工具与目的的分裂,而后面这种分裂又是物质与精神之分裂的经验来源。因此,我将先考察手段与目的的分裂,之后再来考察它们之间的实际联系。”]

物质的行为当中，不管他们持何种哲学和形而上学信念。从另一个角度看，我们发现经济理论的正式定义是：“社会关系学科，考察出现于满足物质需求过程的人与人之间的关系。”[①]虽然我们不可能找到任何关于物质需求的定义，但上面这个定义还是被接受了下来。

众所周知，对于历史的唯物主义解释是这样一种解释，用恩格斯(Friedrich Engels)的话来说：“所有社会变革和政治革命的原因都不在人的脑子里，也不在关于真理和正义的更好洞见中，而在于生产和交换方法的改变。”[②]马克思的辩证唯物主义并不在这里的讨论范围内，但我们也许应该指出，马克思批判了他
297 所谓的“庸俗唯物主义”，后者认为大脑中的分子变化是社会现象的近因。与当时占统治地位的德国观念论哲学相反，马克思试图证明“观念不过是反映在人类心灵中的，并转化成思想形式的物质”。[③] 这里的“物质”指的是“生命的物质条件”(马克思的原话)，而不是形而上学的唯物主义所使用的“物质”概念。尽管马克思主义者要求消除道德因素，但马克思的这一理论在首要意义上却是一种社会道德理论。与这里的讨论相关的是下面这个事实：如果我们将手段与目的完全地分裂开来，那我们只能通过武断地选择出一个极端，赋予其决定性的“因果”力量。被普遍接受的理论是，物质的一端提供了所有的手段，因此，将因果效应赋予物质比将因果效应赋予单纯的目的(也就是终点)要显得较不武断一些。比如桑塔亚那的“副现象论”(桑塔亚那同马克思主义的距离肯定是相当远的)。虽然桑塔亚那赞美理念，并根据古典传统将它完全分离出来，但他又明确地指出，理念在决定因果关系上是完全无能的。不过，流行的“理念”概念正是建立在理念的绝对遥远、绝对完满且无法获得之上的。简言之，马克思的观点是传统物质和观念相分裂理论(无论它通过何种现象表现出来)的逻辑发展。基于传统的二元分裂，基于黑格尔式的观念论形而上学，也基于经济力量惊人的社会效应(在19世纪的工业革命和新科学结论的推动下)，这种关于物质和观念的理论似乎是不可避免的。因此，对此的有效哲学批判必须建立在对基本前提——手段与目的、物质与道德的分裂——的追问上。

---

① “经济”，见《社会科学百科全书》(1935年)，第5卷，第345页。

② [恩格斯：《社会主义：乌托邦的和科学的》(1880年)。]

③ [马克思：《资本论》第2版后记(1873年)。]

亚里士多德的著作第一次完整地归纳了下面的观点：手段与目的之间存在内在的分裂，这一观点所涵盖的范围相当之广，为我们的解释提供了基本的范畴。亚里士多德这样表述这一原则："这一原则是过有价值生活的条件，但不是后者的组成部分。"[①]这一表述所表达的观点已经隐含在亚里士多德的整个宇宙论图示中了。正如我们已经指出的，亚里士多德的等级式体系虽然避免了现代 298
思想中硬性而仓促的二元论，但他只不过是将硬性而仓促的区分拉伸成了事物的种类，事物根据它们的本质互相区分，不同种类的事物之间并不存在任何可供它们生长或发展成为对方的通路。事物根据其存在的完整和缺陷——也就是不变的程度——被划分出形而上学上的等级。事物的道德等级也是据此划分的，存在的等级越高，和它发生的行为的等级也就越高，在这种行为中灵魂距离实现自身存在就越接近。不同等级之间的区分是固定的，我们也许可以说低级存在是高级存在（直到最高级的神圣存在）的条件，但我们不能说低级存在组成了高级存在。高级存在的组成部分同低级存在完全属于不同的次序，前者拥有更高的本质。我们在下面这个意义上说低级存在是高级存在的条件：在整个宇宙体系中，低级存在并不在任何意义上创造或产生高级存在，但是高级事物特殊的形而上学状态要依赖于低级事物的存在，特别是那些比它低一级的存在。我们或许可以说，在亚里士多德那里，离开了植物性生命，动物性生命是不可能的，而离开了动物性生命，理性生命也是不可能的；但是，植物性生命又不可能让动物性生命存在起来，而动物性生命也不可能让理性生命存在起来。同样，离开了由劳动阶层提供的物质支持（食物、衣服、住所等），共同体中的公民阶层是不可能存在的，但劳动阶层的活动又不会进入公民阶层或帮助构成那些定义后者的独特而本质的活动。根据亚里士多德的定义，公民阶层物质需求和身体需求的满足完全是由外界提供的，因此他们有完全的闲暇投身于特殊的公民活动当中。[②]

用手段和目的的概念来说，亚里士多德所设定的自然等级秩序中包含了这样一个原则：存在一些完全外在于目的的手段，这些手段是实现目的的条件。比如，建造过程中所用到的脚手架是一个条件或一个外在手段，它就是日常语言

① 杜威自己的脚注："检查这段话。这里用的是我的转述，而不是翻译原文。"

② 当然，在亚里士多德的系统中，离开了公民阶层的活动，科学和哲学阶层同样也不能存在，因为后者的工作依赖于有序而安全的公民生活，但是公民活动并不在任何意义上构成科学哲学活动和能量的本质与定义。

所说的单纯手段，是用来建起房屋的，而不是房屋本身的组成部分。它是建造房
299 屋所必需的外在条件，但又完全与构成和定义房屋本身的观念无关。如果不是
作为外在和偶然的条件，建造房屋的任何阶段都不需要脚手架。某个事物在存在序列中所处的位置越高，其自由程度（不需要任何外在条件和手段）也就越高。比如，上帝不需要任何外在的依靠或支撑。*所谓的物质*正是由外在的事物和手段所组成的，这些事物和手段外在于它们所支撑的真正存在，但又是后者的存在所必需的。亚里士多德明确地指出，这种对手段与目的的解释同下面这一论点是相关的："并不是任何对于公民共同体（*城邦*）的存在来说不可或缺的人都能被视作公民（也就是共同体的*成员*）。"他说："作为手段的事物和作为目的的事物之间并不存在任何*共同之处*，除了手段生产产物，而目的则*接收产物*。"生产和接收是一个严格的单向过程。为了把握这一论断的全部意义，我们必须回顾一下"产物"在亚里士多德那里的意义。产物是同行为和活动相对的；技艺考虑的是产物，而与技艺相区分的道德考虑的则是行为。对技艺来说，只要产物好就可以了，生产者的善并不需要考虑。行为的善恶（道德上的）是它们本身所具有的。道德行为是自在自为的目的和最终结果，而作为"活动"的工业生产总是服从于一个自身之外的目的。①

我们可以预见到这一观点对于社会理论（也就是道德理论）的直接影响。但是我们还需要进一步展开这一观点，看看这种社会理论是如何间接影响了关于手段和目的的整个观念，以及手段与目的的分裂是如何造成了*物质与观念*的分裂的。根据亚里士多德的《政治学》，生命被区分为工作与闲暇、战争与和平，而行为要么是必要而有用的，要么是高尚的。根据同样的原则，我们决定灵魂的哪部分（以及它们所对应的行为）是高级的，哪部分是低级的。亚里士多德写道：
300 "战争的目的是和平，工作的目的是闲暇，而有用事物的目的则是公正而高尚的
事物。"②通常对这一论断提出的质疑是：功利主义和"唯物主义"的事物同"公正

---

① 在亚里士多德（和古希腊人）那里，艺术家（artist）和手艺人（artisan）之间——比如建筑师和木匠、画家和粉刷匠之间——并不存在原则性的区分。他们考虑的都是外在的产物，而不是"自在自为的活动"。他们是共同体的仆人，而不是后者的成员。而另一方面，那些与词语（与艺术或手艺的产物相比相对模糊，但又是观念的媒介）打交道的演说家和诗人则直接参与到公民活动中。他们是公民，因为对于共同体的存在来说，他们是内在形成者而不是外在条件。依照典型的希腊观念，他们对建立法律秩序起着教育性的功能。

② ［亚里士多德：《政治学》，7.15。］

而高尚的”行动和对象之间为什么不能是平等的，甚至是处于后者之上的？然而这种质疑依然保留了包含在这种分裂之中的二元论立场。按照这一思路，亚里士多德的确很容易受到质疑，但每一个理智的批评者在做的仅仅是质疑这种二元论立场的可取之处和内在必然性。他们并不去质疑分裂本身为什么会存在，而是去批判分裂所体现的道德上的非人性，以及分裂所造成的有害的社会(道德)结果或分裂的实际“目的”。如果在一个社会中，“有用”的技艺也具有内在的价值，那么这个社会是一个更好的社会，因为这样有用的技艺本身就具有了值得去做的有益价值，而不只是为了未来可能的“报酬”而不得不忍受的行为。这些批评者拒绝将那些自身并无意义或价值的活动作为剩下大部分必要(因为有用)行为的标准模式。他们特别反对下面这个曾经被认为是通过反思和“理性化”证明而得出的观点：“大众”的行为应该为小部分“阶层”提供闲暇和机会，让他们去处理“更高级”的事物。简言之，这些批评者肯定了别人对他们的指控，说他们的立场是一个价值判断的表达，但是他们又指出传统对于手段与目的的分割同样也是一个价值判断。但是这一事实并没有被公开宣布，相反，它被掩盖了起来，并受到了全副武装的形而上学的保护。这种形而上学将道德判断和社会实践作为“自然”内在的必然构件，从而保护了它们。我们应该坦率地认识到，任何一种立场都是一种道德判断，只有认清了这一点，我们才会明白，实践活动一定是在我们选择和实行社会政策的过程中并通过后者被决定的。

为了表述的充分性，我将进一步展开这方面的讨论。我想提醒读者关于亚里士多德经济理论的一些细节，因为这些细节具体地说明了手段与目的之分裂的意义、这一分裂在某个特殊的社会关系组织形式中的起源，以及这一分裂是如何等同于物质(必要和有用的事物)和观念(自由、公正、高尚的事物)之间的分裂的。有一段时间，人们习惯于站在赞同的立场上解释亚里士多德著作中的任何表述，而之后人们又尽可能地蔑视亚里士多德所说的每一句话。我并不想蔑视亚里士多德的话，但我想以另一种形式提出警告。刚刚提到的那种过于友善的 301
解释习惯试图将亚里士多德的话简单化，认为亚里士多德强调了经济必须服从于伦理，从而赞同所有那些坚持伦理的高级地位的人。对于那些无法接受现代理论——经济完全独立于道德，并且，将任何社会道德考量引入经济理论会破坏后者的“科学性”——的人来说，这种解释特别容易被接受。因此，我要再次指出，问题并不在于批判经济从属于道德这个高度概括的观点，而在于考虑这种从属究竟是哪一种类的。在这种从属关系中，经济活动和经济关系(对于社会来说是必要的)完全被剥夺了某些性质和特征，这些性质和特征只属于那些具有内在价值的目的；而那些“公正而高尚的”(也就是具有内在价值的)活动和关系的位置则被放得太高，以至于它们和“生产”及支撑它们的东西不再相互负有责任。

对于亚里士多德来说，家庭是技艺(也就是生产活动或经济活动)的合法处所。每一种技艺都需要器械或工具。这些工具要么是无生命的，要么是有生命的，有生命的工具包括负重的动物、奴隶、家仆和女人。然而，即便是那些作为搬运者的孩子和女人也是亚里士多德意义上的生产者，他们是工具，是实现某个外在目的的手段。有些人“天性”就是奴隶，作为最终的标准和理性的来源，“天性”的人们无法再与之争辩。因此，对于他们来说(对身体或家畜来说同样也是如此)，过一种服从的生活是真正有好处的。从整体来看，亚里士多德在这些事情上的观点是“现实主义的”和经验性的。也就是说，他报道那些现存的社会文化状态，但通常又带有“理性主义”学派的绝对假设：有些事物“天性”是永恒的。当然，并不是所有的经济活动都发生在家庭中，但是从整体上来看，政治经济与家庭经济的起源并不相同。城邦或自由公民的共同体当然有它自己的公共财政或收支体系，但后者一定是一种与城邦有关的政治事务，亚当·斯密的《国富论》讨论的就是这种政治经济学。亚里士多德认为，除了那些多余产品之间的必要交换，其他交易都是“不自然的”，因此我们应该将合法经济限制在家庭的范围内。在他看来，与家仆相比，那些不是家庭客户的机械工人和手艺人更没有能力过一种好的生活，因为家仆能够参与(或者说反映出)以家主为首的理性而有序
302 的生活。

上面的讨论似乎将经济活动作为了社会生活的一个方面。事实上，恰恰相反，我想指出的是，社会的阶层结构，特别是工人的低级社会地位(他们所做的是那些对于维持生活来说——无论是私人的还是公共的——必要而有用的事情)造成了哲学在下面两者之间作出的分割：一方面是作为单纯手段的事物(或者说，它们“本身”就是手段)，另一方面则是“本身”就是目的的事物；而这一分割又造成了“物质”与观念或精神之间的分裂。

今天，我并不认为很多人在经过思考之后会认为“本身就是手段”的事物真的存在。很明显，首先出现的是事物和能量，只有当我们将它们有目的地用在人类技艺当中，以期获得某些结果和目的时，它们才变成手段。众所周知，随着新

技艺和新技术的发明，一些之前没被用到的事物变成了实现目的的手段，但这并不妨碍我们认为有些事物天性就是目的，尽管这一观点与实践之间存在着巨大差距。有些极权主义的国家试图建立这样一种观念：有些种族天性就是低等的，它们的成员就应该从事仆人的工作，去服务统治民族。众所周知，所有人在道德上都是自由的，但还是有人认为有些阶层不过是且只能是手段。在古希腊人那里，技艺是习俗化的、世袭的。根据大众的信仰，技艺是由神或半神的英雄所授予的，到了哲学家手中，这一信仰很容易就会被转译为这样的观念：技艺的材料和过程是自然存在的，由此，这些材料和过程作为手段和“物质”的地位就这样被固定了下来。认为有些事物天性就是目的的观念对当今的职业道德家和传教者仍然有着巨大的影响，他们认为道德“实在”的整个进程是同下面这个不容置疑的信仰联系在一起的：与那些作为人类欲望和努力对象的目的不同，有些事物本身就是目的。只有认识到了这一观念的荒谬性，我们才能真正理解手段的含义。并且，虽然这一观念将合适的起源和地位赋予了“低级”目的，但它对“高级”的、控制性目的的设定却造成了道德上的混乱状态。我们只有从这一观念中跳脱出来才能看清，一旦我们通过某种逻辑（事件的逻辑，同时也是语言的逻辑）废除了“自在手段”，我们同时也就废除了“自在目的”，因为这两个范畴是紧密联系在一起的，适于此者亦适彼。一旦放弃了“自在手段”的观念，我们就会 303
在“自在目的”不同于那些在特殊语境联系中成为目的的对象这一观念中看出巨大的逻辑上的不平衡。但是，从实际的角度来看，“自在目的”的观念之所以会持存下来是因为下面这个假设：道德习惯必须被固定下来，其他物质和实践上的发明和创新都是完全不相关的。在物质（必要而有用的）和观念（公正而高尚的）之间的分裂形成的时候，作为手段和目的的社会习俗并没有受到发明的影响，现在，发明几乎控制了所有具有经济价值的事务和关系，而道德价值又被认为太过超越，不是一个适合实验与发明的领域，正是这种情况造成我们上面所说的逻辑上的不平衡。在寻找一个更好的例子的过程中，我们发现旧的信念和那些真正现代的结果混合在一起，“现代”一词实际上是由那些相互冲突的元素结合而成的。

事物和事件并不是本身就是手段或目的，它们是在社会条件的影响下变成了手段或目的，或同时变成了两者。社会条件决定了使用和享受的流行习俗，我们的首要问题是创造一种社会条件，让生产活动具有内在的价值且富有生机，同时，让最终的完成性活动也变成生产性的（比如，进食和享受食物既是生产性的，又可以被直接享受）。这个问题涉及经济层面上的社会组织，因此并不在本章的讨论范围之内。与我们的主题相关的是下面这个事实：智性的自然主义哲学坚持自然事件的理论，但是如果它不进入与人类行为（表达了人类的需求、欲望和目的）的互动，就会完全处在手段和目的的范畴之外；而有意识的或慎思的人类活动一旦介入，“手段/结果”的范畴就占据了中心位置，并且，这里所说的人类活动包括了经济活动、技术活动、道德活动、艺术活动和科学活动在内的所有活动。我想，大家都会承认，经济活动和技术活动这两种模式是由寻找互相支持的手段与目的所引导的。分歧在于道德活动。而艺术活动和科学活动则普遍被认为是由我们这里的观点所涵盖不了的另一种范畴控制的。

第十三章
自然与人性

研究思想史的人都熟悉下面这个事实：主体和客体的意义经历了重大的变 304
化，人们通常认为它们现在的含义同开始的含义是相反的。在希腊哲学中，主体与实体是同义的。从词源上来看，实体是站在事物背后支撑事物的，而主体也是处在事物背后起着同样的支撑作用。性质和偶性是基于主体之上的。一个命题是由主词和谓词组成的，终极意义上的主词具有一定的独立性，而依赖性则属于那些谓词，这种逻辑（和语法）上的用法也反映了主体的这种原始含义。类似地，还有“主体”一词在“主题”(subject matter)这一表达中的用法，这里的“主题”就是探究或讨论中的话题或主题。实体和主体被用来指示那些基于自身存在的事物，而客体和对象则被用来指示那些进入知识领域的存在物，只有当一个主体被扔到心灵的对立面，或者被放到后者之前时，它才变成一个客体。在当前的流行的用法中，客体与事物或存在是同义的，这种用法从相当早之前就已经开始了。霍布斯在 17 世纪中叶就将“客体”这个词等同于“外在于我们的物体”。[①] 对于“客体”这个词来说，从旧的意义转到之后的意义并不困难，并且几乎让人觉察不到，因为人们需要做的仅仅是消除一个界定。相反，直到 19 世纪，主体才获得其当前的意义（至少是在一般的哲学用法上）——认识的心灵或有意识的自我。就英语世界的思想而言，康德似乎是造成这一转变的主要影响。另一方面，旧的实体意味仍然保留在精神、灵魂或意识当中，而那些造成认识论兴起的条件则让任何“外在”实体的存在变成了一个有待解决的问题。

---

① ［霍布斯：“论感觉”，《利维坦》，第 1 部，第 1 章。］

305 上面对主体和客体意义转变的考察是为了引入对“主体主义”的讨论，主体主义被认为是现代哲学的特征，这一观点在很大程度上是正确的。然而，主体和主体主义这两个词充满了来自高度技术化理论的意义，而本书的目的又在于探索这些技术化的哲学问题背后的文化起源与文化语境，因此，我要在这里引用休谟的一段话：[引文从缺。]

* * *

这里并没有使用人文主义这个词，但下面这一观念明显得到了复兴：人性是我们理解世界的出发点，也是这种理解所得到的最终结果。新的物理科学研究微小的物质粒子在空间中按照固定法则的运动，这些固定法则包括了可测量的延展范围、持续时间和运动，但抛弃了(站在旧科学的角度)自然中所有让世界变得美好而高尚、让生命变得有意义和有价值的性质。人性为这些被谴责的自然性质提供了一个避难所：那些被自然科学排除出自然的价值和价值标准构成了人性的基础。然而人性同样也是自然的。现代科学虽然排除了超自然的东西，但是满足于自然法则的全面统治，而人性则为那些被排除的价值提供了一个无法攻占的要塞和避难所。作为我们的存在本身，人性比自然法则距离我们更近。我们能够直接接近人性，或者说，人性是自我阐明和自我揭示的。被自然科学驱逐的性质和价值在人性中找到了它们的居所，并且，在这个新居所中，它们是如此自在，同时又向知识直接敞开，并构成了科学和艺术的基础。在这个意义上，我的观点并没有跃出激发了 18 世纪的人文主义式“理性主义”的乐观
306 精神。①

---

① [来自文件夹 54/1：“基于实际出发点，康德发展出了一种艺术和审美价值的理论，以及一种关于法律、社会组织和历史的哲学，这种理论和哲学保证了朝向最终目的的持续运动，虽然这种运动实际上是理性在逐渐化身为感性，或者是感性、情感和欲望被提升至理性和本体的层面。

“我们很难再找到一个理论比康德的理论更加彻底地尊崇人性(包括潜在的人性以及人性的最终目的)。事实上，康德的理论是高度技术化的，既运用了职业哲学和形而上学传统的材料和语汇，又运用了激发启蒙运动的社会进步和无限完满原则。不过康德强调的是道德基础的必要性，而指引性的道德法则对于法国和英国的启蒙运动代表者来说是陌生的，康德哲学的这一特征与古典传统发生了密切的接触并改变了后者，让后者带上了一种并非固有和内在的特征。这条介入的思路认为自然法则是它自己的裁判，这一观念起源于罗马的斯多亚派，而不是柏拉图、亚里士多德或新柏拉图主义者。它强调了道德的裁判层面，强调了职责和绝对命令，同腓特烈大帝(Frederick the Great)的启蒙式独裁联系在一起，并同路德式二元论虔信的一面间接地 (转下页)

然而，为了构成一个在哲学上被称为主体主义的现象，我们所需要的远不只是一个关于人性的新观点以及对这一观点的自信。我们还需要一个关于人性本质的特殊观点。我想我完全可以引用密尔的一段话来代表这一观点，正如我在前面引用了休谟的话来代表其他观点一样。密尔写道："社会现象的法则是也只能是关于在社会状态下联合在一起的人类行动和热情的法则。但是在社会状态下人依然是人，他们的行动和热情必须服从个体人性的法则。氢气和氧气不同于它们结合而成是水，氢气、氧气、碳和氮也不同于它们所构成的神经、肌肉与筋腱，但是联合在一起的人并没有变成另外一种性质不同的实体。社会中的人除了原有的性质并没有其他性质，其法则也可以被还原为个体人性的法则。在社会现象中，原因的合成(Composition of Causes)是普遍的法则。"[①]密尔认为，人性是所有科学知识以及任何确证信念的"首都和中心"，除此之外，所有关于人性的事实都是关于具有独立个体能力的个体的事实。另一个同样重要的观点是，我们需要通过严肃的探究去发现"个体"人性的法则，并且，个体存在拥有完 307
整的、与社会脱离关系的本质，这一点是自明的，无须争论。

因此，我们需要注意那些社会学的思考，它们代表了不同寻常的文化变革，在这些变革中，首先是从自然到人性的转移，其次，人性被解释为相互孤立的个体人性，并且与物理自然孤立开来。而在密尔之后的一个世纪以及休谟之后的两个世纪，这两方面的情况又发生了显著的改变。我们的时代对这两个观点持部分的否定态度。然而，虽然人们认识到社会心理学作为一门理性学科在密尔之后必须得到更新，但人们还是认为关于独立个体的心理学是存在的，并且，这种心理学是自然科学中最首要和最基础的。下面这段话出自最近的一篇文章，

(接上页)联系在一起。德国二元论在路德新教的影响下成形，圣保罗式的灵肉冲突是道德分裂的本质和基础，这与法国的形而上学二元论非常不同，后者是在具有外延的、符合的物理存在与不具外延、简单的精神存在之间作出区分。

"不过，文化之于自然(人类原始的感觉和欲望)的最终胜利，其根基还是在于人性当中。否则稳定、无限而缓慢的朝向最终目的的运动就缺少了动力。"]

① 密尔：《道德科学的逻辑》(*Logic of the Moral Science*)，第7章，第1节，见《逻辑体系》，第六部。为了公正起见，我们必须指出，密尔写这段话的意图是为了讨论另外一个话题。他试图指出，与官能性方法相对，对于社会现象的科学研究需要一种他所谓的"具体的演绎方法"，在他看来，上述引文中所提出的假设是采用这一方法的唯一理由。不管怎样，他认为这一假设是使用假设性演绎方法的唯一理由，并且这一理由足够明显，无须争辩。因此，我们也就可以在下面的讨论中合法地利用这一段话。

这段话就很好地证明了这一点："人天生就属于两个世界，一个是物质世界，另一个则是无法表达的世界。后面这个世界无法与人交谈，无法给我们写自我宣传的信件，也无法编造社会科学的理论。人类感兴趣的是为我们提供原材料、满足我们身体福利的世界。人对世界的反应及其经验是个体心理学的内容。人类面对的第二个世界是社会性的。人类不但生活在生产玉米、出产矿藏的土地上，也生活在人类的共同体当中。这就是事情的本质。人的生理结构就决定了他必须是一个社会性的生物。在完全无助的漫长婴儿期中，人类必须依靠他人的扶助才能生存。……基于人际关系的社会世界为社会心理学提供了内容。"值得一提的是，这段话所表达的观点不同于通常的倾向，认为"个体"心理学应该依赖于"社会"心理学，而不是相反。它不但指出人的生理构成决定了人的社会性，还进一步指出："社会心理学与个体心理学之间的划界和分割并不清晰，它是由对人类研究的不同问题感兴趣的专家创造出来武断区分的。人类对自然环境的反应是由滋养他们的社会环境决定的，而他们之间的相互反应则受到他们的生理和
308 心理本质限制。"①有人认为"生产玉米、出产矿藏的土地"（作者将其作为一个例子，认为它属于作为个体心理学内容的人类反应和经验的世界）是社会现象，这一观点也许可以挑战固有的传统心理学观念，因为任何对原材料（即便是最原始的材料）的反应都带有一种心理学上的（不仅仅是生物学上的）性质，这种性质成形于社会当中，是由社会决定的对象。根据这一思路，除了引文所指出的武断之处，社会心理学与个体心理学之间的区分在另一个意义上也是武断的。这种区分并不是出于科学的兴趣（比如将心理学同生理学区分开来），而是形成于前科学阶段的那些观念的投射（由于早期信念残余的纠缠，探究中的科学性质受到了阻碍）。简言之，引文所表达的立场的积极一面在于指出，所有不同于生理学和生物学的心理现象都涉及原始生物天赋的转化，这种转化受到人类生活于其中的社会条件或文化条件的影响。换言之，"基于人际关系的社会世界"并不是由非社会或前社会的"个体"相互联结而形成的。相反，社会决定了个体之间的特殊关系，从而决定了个体对"物质世界"的反应以及由此得到的经验。因此，就人类经验而言，"物质世界"同"社会世界"的每一个组成部分都是交织在一起的。

① [丹尼尔·卡兹（Daniel Katz），里查德·斯参克（Richard Schanck）：《社会心理学》（*Social Psychology*），1938年，第1页。]

所有的心理现象都是由生物现象转化而来的，而这种转化又受到社会或文化条件的影响，不过对于这一点的讨论要放到后面进行。与现在的讨论直接有关的问题是，在很长一段时间内，那些具有影响力的所谓现代观点（无论是流俗的还是哲学的）认为个体人性之间不但可以完全区分，而且在本质上也是相互独立的。不管引文的作者们是否意识到，心理学教科书就是建立在这一假设之上的。整个反思性的心理学方法将此作为科学研究人性的根本预设。希望穷尽人类的行为模式的“行为主义”运动试图用孤立的有机体来替代正统心理学中的孤立“意识”，甚至将神经系统从剩下的身体中孤立出来，并将思维同语言联系起来， 309
还将前者削减为发声器官的特殊进程。在神学保守分子看来，极端现代的哲学家持有一个非常危险的观点，即认为“每一个语词对象的原始用法中都蕴含一种自我中心主义，随着语言的发展，这种含义变得越来越明显”。[①] 另一方面，物理科学的语言则完全是由不具自我中心主义意味的词语组成的。认识论不得不去处理因为这一对立而出现的问题。华生（John B. Watson）式的行为主义并没有解放这种自我中心主义的假设，因为他主张那些首要材料或“基本”命题（也就是那些基于知觉经验的、最为直接的材料）存在十大脑中。但是，基于孤立的个体主义前提，或者，更确切地说，基于自我中心主义的前提，还存在着一个比刚刚提到的认识论问题更加深刻的哲学问题。所有科学（包括物理科学）实际上都因为采用了基于联系概念的描述而走出了相对无力的早期阶段。但是如果我们坚持认为终极的、最确定的真理（这一真理是所有确定的“客观”命题的基础）只能是完全决定的非联系性，那么得到的结果就只能是大范围的困惑。

基于我们上面所讨论的这个根本前提，我们所面临的直接问题是双重性的：首先，从文化的角度来看，从自然到人性的转变是如何发生的，且为什么会发生？其次，人性是如何被认为是完全自我中心主义的或“主体主义的”，为什么会这样？从实际历史事件的角度来看，社会条件为我们提供了回答这两个相互交织、相互依赖的问题的材料。但是，我们也许还是要将它们区分开来（至少在一定程度上）进行考察。人性为什么会获得中心地位，对于这一问题的回答已经包含在关于人性的哲学理论当中了。根据这种哲学理论，物理科学的内容与性质、目

---

① ［罗素：《意义与真理的探究》（*An Inquiry into Meaning and Truth*，1950），劳特利奇出版社，1996年，第127页。基于罗素于1940年所作的威廉·詹姆士讲座。］

的、善恶(无论是经济的还是道德的)之间没有任何直接或间接的关系。不管怎样,这些被排除出来的东西继续存在着,并决定着我们的行为,因为根据定义,它们是经验中唯一被珍视和被追求的。人性也就变成了它们的位置和居所。知识
310 表达了对象的"实在性",物理知识完全穷尽了关于宇宙(当然不包括人性)的知识,这两个未被证明的假设不仅仅造成了物理学和心理学——或者用传统的概念来说,物理存在和心理存在——之间的完全分裂,还导致了人们将人性与心理以及所有具有意义和价值的东西等同起来。

物理科学为什么研究那些并且只研究那些非人性的东西?为什么给那些赋予生命意义和价值的性质寻找一个确定而坚固的居所的做法会创造出一个自我中心主义的形而上学而不是宇宙的形而上学?任何试图回答这些问题的讨论最终都会发现自己处在新旧元素最引人注目的结合当中,这些完全不相容的元素可以出现在文化中的任何时间和任何地点。我将从物理的一方面开始,也就是说,我将首先讨论人性的成分是如何被从自然科学的材料中排除出去的,这里的自然科学指的是流行观念下的自然科学,也就是排除了心理和社会现象的自然科学。第一个原因最好用负面的形式来表达。从自然科学发展的早期开始,下面这一事实就变得很清楚:通过人性概念所把握的自然已经被接受并体制化为了权威观念,新研究者的方法如果要被普遍接受,这些被认为是唯一正确的权威观念就变成了巨大的障碍。不过现在这种新的立场早已被普遍接受并成为了普通常识,这让人觉得我上面的描述或许是一种不恰当的夸大。用目的和实现目的的倾向去组织和解释自然现象是一种被抛弃了的拟人观(anthropomorphism),但是在16和17世纪它仍然是一种被认同的习惯性解释模式。对于新科学的代表来说,这种习俗性的模式是必须克服的最大敌人,在此之后,更好的方法才能保证他们有机会展开有效的行动和发展。

然而这种模式依然十分有力,提倡自然科学中所包含的内在人性的做法会被认为是单纯的多愁善感,甚至是反智主义。如果我们提倡的是新科学所反对的那些道德或人性的元素,那么我们确实可以被认为是多愁善感或反智主义。但事实是,关于所谓第一前提的哲学理论和新物理科学的内容所做的远不止将
311 道德或人性的元素从科学的直接内容中清除出去,后来的科学发展证明,如果只是单纯清除,情况会好得多。哲学解释让物理和人性尖锐而完全地分裂开来,并且相互对立,从而造成了我们在别处讨论过的认识论问题。分裂和二元论的成

因并不在于实际使用的新科学方法，也不在于新科学的具体结论。它们的起因是外部的，也就是说，是因为人们不加批判地接受了古希腊和中世纪的观念，虽然这些观念正是新的科学态度所要取代的，但是它们还是被带进了新科学的解释当中。我们在讨论其他问题时就遇到过这些旧观念。这些观念包括：首先，知识（特别是科学知识）的对象和内容是实在的；其次，理论（理智的和认知的）与实践是二分的。在第一个观念未经挑战地进入新科学的解释之后，物质和物理所指示的事实就带上了严格的形而上学意味。下面这一描述性命题不但是合法的而且也是明显的：物理科学的内容完全不具有那些让直接经验到的事物成为有用的、可享受的和珍贵的性质。而这一命题又进一步被转化为下面这个形而上学命题：自然科学所揭示的“真实世界”或“终极实在”是同“意识”（人性状态和人性进程是它的特点）所直接揭示的那种终极实在相对立的。

科学革命中包含了一个真正的问题。这个问题既不是认识上的也不是形而上学上的，相反，它问的是：将性质、目的和价值从自然探究中清除出去的做法如何并且为什么会如此大规模且系统化地促进了科学的进步？这样一个问题必然会进一步发展成为如下的追问：物理科学的地位和功能是怎么样的？[①] 这种追问的结果是，我们开始将物理科学这种特殊经验模式的内容（互动）同其他经验模式的内容（道德的、审美的等）区分开来。但是另外一个结果是，我们开始对不同经验模式之间的富有成果的互动感兴趣，我们想更好地控制它们的发生，并在这一过程中丰富原初的经验。我们所说的这些并不能证明这种兴趣必然会引 312
向物理与道德（或人性）之间的积极（或建设性的）互动，但我们至少能够避免某个固定的先天原则在两者之间造成的全面分裂。如果科学能够被人性化，而人的欲望和目的能够被自然化，那么它们至少有机会能够逃脱科学本质中所固有的，以及哲学上的终极真理所设置的障碍与限制。

理论活动高于实践事务，不变的存在高于变动的事物，这一古希腊和中世纪的信念支撑着下面这个观念，即自然科学的对象是同所有人性的特征相对的。很明显，人性中永远充满了瞬时的变化和偶然的机遇。不确定、斗争和起伏是人类通常的命运，而物理学则被认为穿越了自然表层的变化，从而证明了普遍

---

① 这里的假设是，“物理世界”实际上代表的是“物理科学的内容”，这是唯一能够将前者从外在的形而上学观念中拯救出来的解释。

不变法则的庄严统治。一个事物越是远离实践考量，越是独立于人类干预，就越确定。[①] 在自然科学中，虽然早期宇宙论的本质和固定种属让位给了法则，但文化惯性和理性习惯的运作仍然体现了下面这一事实："本质"或必然的不变性质继续保留了原来的全部意义。即便是在科学探究者致力于发现变动事物之间的相互关联时，他们的所说所写只不过是将固定性这一古代"概念"从一小部分(天国的)对象推广到了所有的现象。这样，"自然的一致性"原则就带上了一种形而上学上的而非方法论上的意义。从负面的角度来看，方法论上的意义其实是恰当的，因为它警告我们不要将超自然的东西引进来。更具体地来说，上面所
313 说的"相互关联"的意义完全是结构性的或形态学的。因此，我们关于自然世界的观念完全是由两个逻辑上互相矛盾的观念毫无意义地混合而成的：一方面，我们承认所有的存在物都是由变化组成的；另一方面，我们又认为世界从根本上来说是一个完全僵硬的骨架，这个骨架将变化保持在固定的界限之内。变化之间的关系是不变的。然而，我们并不能由此得出结论，将法则定义为变化之间的相互关联，这一结论是没有意义的或无效的。我们必须在功能的意义上来理解相互关联，笼统地说，相互关联是实现目的的手段。[②] 我们刚刚所说的这些足以证明这一结论中的"目的"是一种属人的功能性解释。从整体上来看，科学和哲学圈子中所谓的"法则的统治"只不过是"现象是服从于法则的"这一流行理论的技术化版本，而这一流行理论又是来自中世纪和基督教的神学宇宙论(这种宇宙论结合了希伯来思想赋予造物主的意志和古希腊思想赋予造物主的理性)。我们无法忽视物理世界和人性事实的对立所造成的障碍，如果我们将牛顿式宇宙论中的单一同质性以及自然世界的固定重复性与多样而持续混乱的人性进行比较，这一点就显得尤为明显。人性现象的科学探究者们试图将异质性、新元素和不可预测性削减至一小部分固定的法则，这一事实是同下面这一事实一致的：

---

① [这里，杜威画出了一段话，想把它移到别处，但没有指出具体的位置。这段话是："相比之下，即便是视人性为腐败堕落的中世纪观念也还要光明一些。中世纪观念认为人类体制的变革是进步的机会，而不是必然退化的标志。人们所追求的发展指向的是一个遥远的社会目标：人类事务完全被固定的法则所控制，进一步的变革是不可能的也是没有必要的。"]

② [杜威在这里手写了一段引文，但不清楚这段话要插在何处："历史性的事实是，所有形而上学原则在与事实保持同质的同时又要比后者高贵，只有这样，它们才能完成我们分配给它们的角色。"乔治奥·德·桑蒂拉纳：《理性主义和经验主义的发展》，见《综合科学国际百科全书》，第2卷，第8注，第43页。]

刚刚提到的这种对立也影响了我们将自然分裂为物理世界和人性世界。这种新的观念是由科学对人性的驱逐造成的，但科学仍然将一些旧的观念保留了下来：固定性以及内在性所固有的必然性和普遍性是任何终极“实在”的标准。

上一段讨论的问题是：自然探究的发现或结论为什么会被解释成与人性特
征和性质相对的内在性和必然性。对此的基本回答是：那些试图从哲学上来解
释这些发现的人将它们从经验性的语境中抽离出来，并将它们转化成了一个独 314
立的“外在”世界。他们不是用“物理世界”去指示其明显所是的东西，即物理学
所获得的结论体系（物理学是否处于人类经验中是一个有待进一步研究的问
题），相反，他们将这一结论体系转化成了一种形而上学的存在。

第十四章
作为生命功能的经验

I

315 我想首先提出一些可以被认为是之后讨论之预设的一般性原理，这些基本原理可以被用在任何我们所处理的主题和问题中。预设的意义主要来自使用的结果，而这些结果也检验了预设的价值。关于预设的一般看法有其正确之处，但其中并不包含数学假设所要求的严密性，因为预设所涉及的是说明观点的方法，而不是证明的方法。因此，我们现在要做的是把作为说明方法的预设同其他形式的相反预设（这些预设在人类生活和哲学中仍然具有影响力）进行比较，从而让读者注意到这些特殊的预设。

我们的第一个预设是，经验就是生命功能的生活过程或发生过程。我们的第二个预设是，这里的生活过程和生命功能代表那些完整而明确地呈现在人类生活中的事件，而大体来说，认识到了这一事实就等于是认识到了我们所处理的现象的社会文化本质。我们的第三个预设是，心理学理论就是对这些现象的分析和描述，而这些现象可以被统称为（人类）行为。我们的第四个预设是总括性的，即上面所定义的这种正确的经验理论是对人类活动和人类信念进行系统批判的必要手段或媒介，因为这些活动和信念不但构成了生活过程（这里的生活过
316 程当然是社会性和文化性的）的存在形式，也构成了生活过程的一般目的和策略。这种批判性和建设性的工作构成了哲学，这一预设并不是一个独立的预设，而是前面四个预设的焦点。

这些预设是复杂的，而且并非完全独立于数学假设，它们之间是相互交叠

的。除了这些预设之外，还有其他的相反观念存在，这些对当代生活影响巨大的观念直接或间接地来自早期社会生活（当时的科学方法、科学结论以及工业、政治活动与现在的相比有着非常不同的特征）中的哲学和心理学理论。而正是这些相反的观念决定了上面这些预设的实际意义和实际运作。因此，我们不会一上来就对第一个预设进行说明，更具启发性的做法是首先讨论第二和第三个预设（主要是指出这两个预设与现存观念的对立之处）。持久的习惯性态度体现了某些特殊传统的影响力，因此我们有必要从一开始就强调下面这个事实：生命活动彻底地浸透了基于社会文化条件和社会文化能量的性质和特征，因此，将心理分析和心理描述的结果等同于生物的和生物学的做法完全是误导性的。这一论断与心理学之间的联系是紧密的。当前的心理学理论采用并整合了哲学认识论的结论，从而赋予了后者一种准科学的意味，这样，心理学就在决定当下的进程（包括哲学）上拥有了强有力的影响力。

* * *

因此，我们的立场是，心理学所涉及的环境或“世界”是社会性的，这里的社会受到文化条件的深刻影响。因此，哲学也是社会性的，哲学所用的词语——比如心灵、心理、感觉、观念、理性、想象、思维、信念——以及所有用于分析和描述的词语都表达了生命活动或行为性事件；并且，在这些活动或事件中，只有在下面这种情况下某个互动部分才能被称作物理的，即根据当时所处理的某个特殊问题的性质，我们有意识地在分析中抛开了那些社会条件。对这一基本原理的应用必须是双重方向上的：我们必须排除任何脱离社会文化条件的心理存在或精神存在，同时，我们也必须排除任何独立的物理存在。任何被称作心理（我们 317
用这个词来避免在使用精神、理智、意志或情感这些词时会遇到的陷阱）的事物都是生理器官和生理过程在社会文化条件中所形成的转化。

我们首先来考虑环境的方面。我认为，下面这一点是毋庸置疑的：器皿、设备、仪器、武器、工具、武器以及所有与它们相联系的技艺和技术（装饰、觅食、筑物、战争、社会管理，等等）都是能量，而社会工作和社会利益则是这些能量发生改变的目的和原因。野蛮人由类人猿发展而来，文明人则由野蛮人发展而来，这一点之所以获得了承认，是因为那些不用超自然力量去解释历史变化的人同样也承认了那些包含在人类学家所谓的文化中的过程与产物。比如，民俗学在人类学之前就认识到，对火的人工控制是决定人类生活的一个因素，而那些将技艺的发明和进步视作人与动物相区别之唯一标志的古希腊人文主义哲学家也许是第一批理解文化之意义的人——文化将自然能量转化为人的家园。我们的立场包含了所有上面这些信念，但还不止这些。我们还坚持来自日常生活的事实：对于农民来说，他的工作直接依赖于降雨，而对于城市人来说，下雨的直接意义则在于需要带一把雨伞或一件雨衣，所有的自然现象中都存在这种意义的区别。诚然，所有的自然事件曾经都带有一种万物有灵论的性质，但这一事实并不意味着我们不能提出一种理论，认为早期人类愚蠢地将许多内在的灵魂事件“投射”到了物理世界当中。早期人类并没有对这些事件的实际社会联系进行深思熟虑，或者说，他们没有分析实际现象，而是将它们直接转化成物理对象。我们已经指出，古典哲学传统——古希腊的自然主义和中世纪的超自然主义——正是来源于这一原始的观念。在这个过程中，有一个特征一直被保持了下来，并且，在物理科学没有对哲学所总结和记录的关于“物理世界”的结论进行分析性选择的地方，这一特征就一直持存着。这一特征在实践上变得如此重要，以至于人们忘记了“物理世界”这一表达实际上是哲学化的(确切地说是形而上学的)，并将它当成了直接的常识，这一表达由此也就成了衡量“实在”的常识性标准。

318 实际的事实是，“物理世界”以及“物理”本身就是社会因素的产物。这些概念表达了一场科学运动，其中的代表人物有哥白尼、伽利略、牛顿、波义耳(Robert Boyle)、赫尔姆荷茨(Hermann von Helmholtz)，等等。

* * *

有些人认为笛卡尔式的松果体理论只是一种古怪的古董理论，但他们仍然认为大脑甚至大脑的某些“中心”具有一种能够达及“外在”世界(处于皮肤或大脑本身之外的)的力量，这种力量曾经被称作理智。这些人应该会接受下面这个假设(至少会引起注意)：心理现象代表的是生理性的生命功能在与社会条件(包括语言及其文化产物)的互动中所发生的转化。

如果我们不从受社会条件影响的环境角度，而是从同样受社会条件影响的有机体角度来进行考察，我们可以将如下的事实作为出发点：人类有机体天生具有清晰发声的能力，而行使这一能力的结构与发声器官有着紧密的物理联系，这两种机制的互动让我们“自然地”获得了语言。在实现这一结果的过程中，发声器官的鼻部和唇部结构发生了有机的改变，就像在学习一种乐器的过程中，弹奏乐器的那部分有机体结构也会发生改变一样。身体性改变是在社会条件这一不可或缺的因素影响下发生的，而正常的有机体则会积极地让自己进入这种引发改变的互动中去。对于有机体来说，清晰发声的能力是语言的前提条件，而正如我们刚刚特别指出的，这种能力（即便是在生理层面上）是与其他事物互动的结果。语言并不是简单的发声和听声，即使是清楚表达的声音，因为语言是智性的；并且，不管我们如何定义智性，一定会包含具有意义的语言成分，无论我们如何定义意义。在社会互动的过程中，也因为社会互动，声音获得了意义，从这一事实出发，我们可以得出下面这个假设：作为社会文化的媒介，语言是意义和理解（对于事实的智性理解）的来源；并且，这是一个基于独立观察的假设。那些拒绝了超自然成分的人（物质性“灵魂”及其不同的继承者和指派者）至少会将这一 319
假设应用于对心理现象的分析和描述中，直到遭遇不可逾越的障碍为止。

有人将语言定义为“思维的表达或交流”，但这一定义说明的只是语言的二级和派生功能，而不是它的首要职责。这一事实也间接地证明了社会互动（语言是它的一个内在组成部分）是意义和理解的可供观察、可被证实的基础。[1] 我们在很多地方都能找到这样的表述：“语言是思维（或观念，等等）的交流。”说这些话的人心里想的都是书写语言，他们忘记了语言在首要意义上是用来说的。在电话发明之前，语言并不是说给远距离（时间和空间上）的人听的（语言不是文学和“书信”），而是说给直接的对象听的。如果我们认识到语言的这些平常而首要的特征，我们就会看到，语言的基本和首要的功能是影响和规范人们的行为，不管这种人际的联系是友好的还是敌对的，是合作的还是竞争的。[2] 320

---

① ［来自文件夹 53/15：“语言表达了‘当下’的双重性质：当下既携带着过去又产生着将来，当下是表征性的，它是重大的（momentous），而非瞬时的（momentary）。所有的意义和价值都与当下的述说维系在一起，当下的能力在于表征那些成为当下的东西。

“我们视交流和语言为理所当然的事情，却视知识为一种神秘、一个问题。但是从语言事件的角度来看，所有知识都是由词语——无论是名词、动词、形容词还是副词——组成的事件。”］

② ［来自文件夹 53/15：“当代量子理论足以让我们认识到，物理‘元素’的存在和活动并不是在虚空中的，每一个科学等式都是与其他等式联系在一起的。（杜威的脚注：参见亚瑟·本特利［A. F. Bentley］；怀特海是一个例外，他清晰地认识到，在关于经验以及经验与自然事件之关系的传统理论中存在着许多不同，而这些不同正是由于物理上的相对论。）量子理论甚至认为电子存在和活动于‘任何地方’，这可以说是关于相互联系性的最为极端的陈述了。现代生态学已经用植物有机体的联合（甚至是生命之间的团结）代替了互不依赖的孤立状态。动物学则指出了共（转下页）

在认识到这一基本事实之后，我们还要进一步打消下面这一观念："思维"的存在是先在的、独立的，思维在套上了语言的外衣之后就可以"进入社会"了。这个观念主要来自被书写语言所主导的学院和经院思想，"内在"的原因和"外在"的效应这一对范畴实际也存在于"心灵与物质"、"主体与客体"、"个体与社会"这些概念的背后。在这一观念开始发挥巨大影响力的同时，内在的心理世界和外在的物理世界(及其所有同类物)这一对范畴也开始发生巨大的改变。"词语的意义是由它们在具体行为中的结果构成的，通过直接作用于其他有机体，语言也间接作用于环境。"①

上面这些话的意思并不是说社会学是心理学的一支，也不是说两者具有相同的内容。我们的预设是(首先从反面引出，接着又通过对比得出)，心理学内容(因为其固有的心理主义或灵魂性特质)并不是一种独立的存在秩序。而且，我们的预设还包含了对下面这一观点的彻底否定：物理学处理的是一种存在类型

(接上页)生关系和群生关系对于有机体行为的意义。虽然晚近的生理学研究已经彻底地改变了早期的细胞活动和结构理论，但是让结构化和形态学思维从属于功能合作性思维的观念还没有完全占据上风，不过，现在的结构化和形态学思维完全是从解剖学角度出发的，其地位并不是垄断性的，而且声望也不如以前那么高。总之，所有事物都处在与其他事物的连续互动中，这一事实迫使我们修改早期的个体化观念以及建立在这一观念上的心理学和哲学理论。我们对于性、生殖以及年轻人独立性的看法似乎标志着'个体主义'理论影响力的逐渐扩大，但是这些甚至没有被我们注意到的事实并没有增强个体主义观念的力量，因为它们被固定了下来，被用来控制并最终防止我们的观察。无社会性的孤立个体以某种方式结合并组成了社会，在这种解释开始流行之后，不同的理论就层出不穷。造成这种情况的原因中包括自我防卫的需要，以及共同的生活和工作所带来的经济优势。这些原因解释了人类为什么会以某种特殊的形式联合起来。但是，我们不需要问人类为什么要与其他人联合起来进行生活、工作和玩耍，就像我们不需要问'原子'为什么要联合起来以进入更大的联合一样。唯一的'理由'是，就像化学元素一样，人类天生就是这样的。但这样说并不是要否认人类群体的独特性，也不是要削减这些特征的重要性。打个比方，氢被认为'参与'了水的形成，而太阳和地球之间的介质则让光从前者'传送'到了后者。但是这里的参与(partaking)并不具有人类社会中联合式参与(participation)的那种含义，而这里的传送(transmission)也没有交流(communication)所具有的那种分享意义和相互理解的含义。共同体的建立就是将某些态度、视角、信念和传统共同化，而交流则是实现这一结果的过程。"]

① 引自马林诺夫斯基："文化"，见《社会科学百科全书》，第4卷。我们可以将这一段关于语言的论述与奥格登与里查兹合著的《意义的意义》作一个比较。[C·K·奥格登，I·A·里查兹：《意义的意义：一项关于语言对思维和符号科学之影响的研究》(*The Meaning of Meaning: A Study of the Influence of Language upon Thought and of the Science of Symbolism*)(London: Kegan Paul, 1923)。——译者]如果奥格登与里查兹能将附录中的观点作为整部著作的基础，那么他们的著作会比现在好得多，而它对于之后的"符号学"理论的有害影响也将得到避免。这些"符号学"理论有一个不同寻常的特征：它们认为语言的首要功能或社会功能——引导参与者们的联合活动——即使不是半病态的，也是必须加以拒斥的。

的事件或“对象”，心理学处理的则是另一种。我们想从心理学描述和理论中消除那些未经批判地就从17、18世纪的认识论哲学中拿过来使用的态度与范畴。 321
那些熟悉历史事件的人知道，对非物质性的“主体”是如何获知物质性的“客体”并对此作出反应这一问题不感兴趣的人虽然表达了对“形而上学”问题的蔑视，但是仍然认为可以将下面这一假设作为事实接受下来，即存在一个独立的内在区域或“领域”为心理学提供材料。从正面来看，这一情况证实了我们之前提出的观点：心理现象是经过社会文化条件深度染色的生物现象，在这一过程中，生物现象彻底地带上了人类行为和经验特有的性质，这些性质构成了我们所熟悉的心理学上的区分与关联。

讨论到这里，我们实际已回到了本章开头提出的第一条预设：“经验”指示的是作为生命活动或生命功能的行为。生命的文化层面中也整合了它的生物功能，只有将这一事实纳入考量，我们才能理解或正确分析“经验”一词所包含的内容。同样，我们对于心理现象的理解也依赖于生物学所涉及的那类知识。对于狭义（生物的）生命来说是正确的命题，对于广义生命（也就是人的、社会性的生命）来说同样正确，出于语言上的习惯性便利，“生物的”一词的意义往往被限制在生理层面。我们需要注意的第一点是，生命活动是“环境”和“有机体”这些因素的合作性互动。如果不是因为“主体/客体”、“内在/外在”、“主观/客观”理论的持久影响力，我们完全不需要指出行走既包含了地面也包含了腿部，呼吸既包含了空气也包含了肺部，消化既包含了食物也包含了负责吞咽、传输、循环、排泄等功能的器官。进行探究的最好手段是分工，通过分工，我们最终可以实现高程度的专门化，但这样做并不是要将研究的对象分裂或孤立开来。在研究构成呼吸器官的结构与过程时，我们不需要直接涉及空气，而在研究肌肉神经的运动机制时，我们也不需要明确提及通过阻力和支撑让行走成为可能的环境条件。在这些情况下，没有人会有意识地认为，独立研究有可能获得成功的事实并没有保证研究对象中的有机体部分是独立存在的。环境部分同样也是如此，作为介质 322
的空气、土地或水都是直接进入生命运作的维持和进行中。

简言之，有机体和环境仅仅是用来总结、浓缩和统一特殊互动（比如空气—呼吸过程、地面—运动机制、食物—消化行为，等等）的一般性名称。有机体和环境并不是代表两种以某种方式联系在一起产生生命功能的独立事物，相反，它们的状态和功能是我们对原初生命活动进行分析的结果。毫无疑问，较之于“环境”的一面，我们能够在“有机体”的一面更加容易地认识到这一事实。亚里士多德曾经指出，只有在观看的过程中，眼睛才能实际成为眼睛。在亚里士多德的时代，科学探究已经清楚地告诉人们环境条件对实际观看过程的参与。同眼睛一样，有机体都是潜在的，并且只有在与环境的积极互动中才成为现实。只有那些相信预先存在的生命“力量”的人才会质疑这一结论。“生命”并不是实体或力量，生命是生活过程，而这一过程则是由互相联系的活动或功能(其中包含了环境能量的运作)组成的。

环境不过是互动条件的一般性名称，在承认这一事实上，人们肯定会更加犹豫一些。造成这种误解的一个原因是，我们用的是作为名词的“环境”，而不是作为形容词的“环境的”，因为在许多情况下，名词容易将只存在于同其他能量模式的互动联系过程中的条件“实体化”。然而，将名词的“环境”等同于完全独立于生命运作的“世界”的做法并不只是单纯的实体化。人类生活过程中包含的某些环境性质也促成了这种误解。生命活动的复杂程度超出了环境条件的时空范围。单细胞有机体的生活条件几乎是单质的，不需要考虑远距离时空中的条件。随着有机体结构越来越分化，为了维持功能的统一(而不死亡)，有机体只能将越来越遥远的时空条件纳入考量。比如，远距离感受器官(眼睛、耳朵)的发展是伴
323 随着环境条件的拓展而发生的。环境条件的拓展标志着人类生活开始依赖于回忆和记忆，而书写语言让我们能够“生活在”古希腊、中世纪的欧洲，以及遥远的南半球岛屿或阿拉伯。每一项新技术都会拓宽环境。对于这一点的认识让我们意识到，环境并没有固定的界限，无论是在空间上还是时间上，环境一定会比现在更加宽阔。从另一个角度来看，将环境等同于世界和宇宙的做法也说明人们模糊地认识到了环境的无限延伸性。并且，如果我们认识到环境还间接包括了那些没有公开而直接地包含在现存生命活动中的部分，环境的延伸性就更加明显了。人们发现，某个特定时间的实际环境并不受地域的限制，事实上，只有依靠科学探究所得出的结论，我们才能够清晰地认识到这些直接呈现给我们的环境。有人认为我们可以将“环境”中的事物和事件视为和定义为独立于“有机体”的活动，形成这种观念的主要原因也许就是“环境”的无限延伸性。基于平常的目的，这种观念并不会造成特别的危害，但是当它演变成外在世界与内在世界、物理世界与心理世界之间的分裂时，就将旧观念(这些旧观念起源于文化，并促

生了认识论问题)的危害带了进来。[1]

“环境”和“有机体”这两个词是高度概括性的,为了解释心理现象,我们必须将它们分解为各自所代表的具体的不同互动。在具体的使用中,甚至空气和呼吸机制这样的词也仍然过于“一般化”,除非我们通过化学和生理的探究将它们分解成大量微小进程(这些进程复杂而精细地相互联系在一起)之间的互动。科学对经验的解释忽视了下面这一事实:每一种探究都是从质性整体开始的,比如,铁的锈蚀、消除口渴的水、承载船筏的水、用于清洗的水。这里对连字符的使用是一种笨拙的方法,这也告诉我们像英语这种分析性的语言在命名以质性整体或宏观整体被经验到的原始事件时是多么无力。[2] 我们已经习惯于对这些 324
“整体”进行分析(无论是“实践”分析还是科学分析)之后得到的结果,并倾向于将这些结果视为“实在”,而原始事件则或多或少是假象的,这正是传统哲学思维在表象与实在之间设置的对立。事实上,这种分析的原初和直接功能是为了方便控制事件的发生。比如,对火的控制取决于我们是否有能力将它作为更小的互动行为——比如,在朽木上转动硬木棍,或是用燧石敲击钢铁以制造火花——之间的互动。规范和引导的能力、生命经验的连续进程,以及对某个特殊事件的促进或阻止都依赖于将实际的整体事件分解成更小的事件。然而,人类信念的历史告诉我们,在完成这一必然任务的过程中,出现了两个相连的错误。正如我们刚刚指出的,如果某个事件可以被分解为更小的事件,那么它的“实在性”就被认为是次级的,人们没有认识到正是这些更小事件的互动构成了原始事件,更为有害的是,这些事件被当成了“简单”或基本的静止实体。[3] 哲学的一个功能是将我们从分析(出于某个特殊目的)的结果唤回到更广阔、更粗糙、在许多方面更原始的具有首要存在性的事件中去。[4]

总结一下上面所说的,有下面几个命题:(i)“经验”所指示的就是生命活动或生命功能;(ii)如果我们对这些功能进行分析,就会发现它们每一个都是运作

---

① 上面所说的环境的无限延伸性也可应用于包罗一切的“可能经验”中。

② [从缺]形式的语言也许可以指示这类原始事件,但是这种语言又不适合从科学的角度传达事件之间的区别与共性。

③ 与一般人在家里、商店和工厂所进行的探究不同,实验室中的科学探究正是将这些互动性联系作为它的对象。然而不幸的是,对于孤立的狂热仍然在科学探究中保留了下来,而哲学的反思则进一步将这些包含在科学结论中的互动性连续当作了一种与平常事物相对的特殊“对象”。

④ 皮尔士的一个优点是,他彻底地认识到了哲学的这一功能。比如,他写道:[引文从缺。]

性因素之间的互动，这些因素在需要的时候分别被概括为环境和有机体。通过检查生命进程（特别是其中更为简单的生物层面），我们自然会注意到这些生命进程所构成的时间性的、传记式的、历史性的连续体，但是，基于我们后面将会指出的原因，对这一连续体的描述必须同周期性地出现在过程中的中断或"断裂"
325 联系起来。生命是一个连续的过程，这是一个显而易见的事实。然而，我们有必要不仅仅考虑由生到死、代代相传这一明显的事实，还要考虑为什么要将这一事实放到如此醒目的位置，并且，这一事实具有哪些主要的特征。生活过程是环境因素和有机体因素之间的互动，它包含了（相对来说）主动的一面和被动的一面，我们也许可以称之为做（doing）和经受（undergoing）。连续活动中所包含的环境条件是至关重要的，并且，它们的改变相对较小。有机体能量对环境做了一些事情，而环境又回做了一些事情；有机体身体之外的环境改变也会改变有机体本身所经受的。在某些程度上和某些方面，有机体必须接受或接收它对环境所做的造成的结果。有人认为位置的改变是有机体的变化而不是环境的改变（对于实践目的来说，这个观点足够正确），因为无论是逃离险境还是才出虎穴，又入龙潭，它们对于特殊生命的益处和坏处都是显而易见的。然而描述性分析却告诉我们，移动中的变化实际上是现存环境的改变。只有在作为环境功能的条件改变了的情况下，有机体的情况才会变得比以前更好或更坏。一个从头到尾完全发生在动物的表皮或外壳内部的变化对连续的生活过程并无意义。基于特殊的目的，发生在循环和消化过程中的变化也许可以被认为是只处在某个特殊身体内部的；我们只有将它们放到与环境的互动当中，才认为它们是一种生命进程。环境的改变继之以有机体的改变，如此连续，直到某个生命进程以死亡终结。简言之，如果我们用环境和有机体因素来分析和描述生命活动的时间连续体，那么后者必须被看作连续的、交互性的做与经受，这里，做与经受之间的连字符代表
326 的是一种内在的双向联系。①

发生在有机体上的持续改变构成了习惯，我们用习惯来命名那些相连的变化和这种变化的持续运作。习惯就是习惯、熟悉或熟识于某些环境条件（作为生

① 如果两者之间的联系是成功的，也就是说，两者的互动推进了生命的运作，就一定存在调适的事实。我们只须在这里指出，调适描述了连续生命事件的实际特征。任何将问题从它的实际发生中一般化出来的做法都会设置错误的虚假前提。调适只不过是有机体与环境之间的双向对等关系。

命互动中相对被动地接受和经受的一面)以及某些技术、能力和官能(作为生命互动中做的一面)。到了其他的语境下,我们也许可以对习惯的形成有更富有成效的说法,特别是指出在形成习惯的过程中,重复所扮演的次要角色(重复是习惯的结果,而不是形成习惯的原因),以及成就或成功所扮演的主要角色。这里,我只想指出,人们不但并不十分理解后面这一因素在形成习惯中的作用(主要是因为我们所选的例子都来自令人厌倦的学术和工业领域),甚至还将它当作一个难以解释的特殊问题。造成这种情况的原因当然是人们将以下的前提作为了思考的出发点,即用一些作为简单独立单位的孤立事件代替了实际的生命连续体。

与我们的讨论直接相关的两点是:(i)习惯代表了有机体所承受的改变,而它所承受的又同它所做的联系在一起;(ii)习惯构成了有机体的时间性生命连续体。习惯、态度、性情和技术形成于同实际环境条件的互动过程当中,也正是通过它们,过去的环境条件变成了在未来的生命情境中继续运作的条件(尽管它们并不是直接地处在这些情境当中)。① 社会文化环境中的互动比构成“低级”生命的互动更能明显地体现环境条件的变化。就像鸟儿筑巢、海狸筑坝一样,动物对环境所作的大多数改变都是位置和方位的改变。人类活动引起的是持续的环境改变,随着智性的发展,人类能够通过有计划的改变影响生命活动,促进某些
活动,并回避其他的活动(或将其减至最少)。人类不得不通过发明和制造工具 327
去控制现成的介质,从而对周围环境造成直接的、希望中的改变。野蛮状态与文明状态之间的区分是由之前生命活动的累积性后果构成的,同时,当下此处的生命环境的改变也是这一区分的一个原因,这一事实足以告诉我们,连续生命互动中环境因素的改变具有何种性质及重要性。

生命进程几乎每时每刻都需要再调适。环境和有机体中的变化也许可以满足近处的需求,但满足不了远处的需求,不过那些满足了近处需求的行为也许会制造一种情况,让有机体原来的那些习惯对此毫无准备。在这种情况下,两组互动的能量互相冲突,无法展开平稳的连续活动。只有在彻底稳定而一致的条件下,经过调适的活动才能维持生命的进程。生活在单质性想象中的单细胞有机体不需要面对危机或与突发事件作斗争。有机体越复杂,其行为就越多样,这些

① 我们无须指出这一事实对于回忆和预期的意义,但是我们可以适当地指出,“回溯”并不是某种单独的力量或事件,而是持续或连续运作的有机体变化的简单名称。

行为之间的联系也就越复杂;同时,它所处的环境也延伸于时空当中,并包含了有机体迟早需要处理的同样多样的元素。

以上讨论的结论是,生命进程是由平衡而统一的互动与处在不平衡和张力状态下的互动之间的节奏构成的。结构和功能的分工越多,就越有必要进行协同工作。不同结构的数量越多,它们的相互依赖就越复杂,也就越容易陷入不平衡的状态。没有一种观念比下面这一幻觉更远离事实了,这种观念认为进步的过程就像是行驶在微风吹拂的平静海面上。有机体和环境条件的每一次进一步区分都必然产生新的、需要得到有效调整的问题。的确,有些事物会变得越来越简单、越来越自动,但环境条件只会变得越来越困难,运作机制也只会越来越容易出问题。我们只有将新的情境视作对勇气和创造性智性的挑战,才能得出下面这一结论之外的结论,即所有的问题不过是精神本身的烦恼和自负。从低级
328 层面上来看,人类的整体历史不过是斯多亚式态度的记录,即对于我们无能为力的事只好忍受;从高级层面上来看,人类的整体历史记录了在能够的情况下,人类如何创造出新的工具和方法,在不能够的情况下,人类又如何将自己上升到悲剧的高度。当然,我们这里要考虑的并不是极端的情况。我们要指出的是,在人类的生命活动中,不平衡或不均衡的状态是一再出现的正常事件,伴随它们出现的还有特殊的心理现象。比如,每一个情感性质都体现了这种情况。情感性质不仅仅是单纯的感觉性质,还可以是实际事件的符号,虽然哲学和心理学研究一律将注意力投向了感觉性质、感觉材料等。先见、预期和计划同这些紧要情况的干预式出现直接相连。

* * *

但是无论如何,重构或再调适都是在之后的条件下发生的。正是因为这种双向的能力(一方面受到之前活动的阻碍,另一方面又紧接着激发后面的活动),有些能量被区分为有机体。除此之外的能量也具有双重的状态:既阻碍有机体的活动(因此需要再调适),又为有机体提供了物质条件(在这些条件与之前活动的互动中产生了朝预期方向的改变)。这些能量被区分为环境。①

我们可以从上面所说的这些话中明显地看出,有机体与环境之间的区分并

---

① 可以比较我在《逻辑:探究的理论》第 27 至 34 页的讨论。[LW 12:33—41.]

不是原初而首要的，而是一种辨别行为的结果，这种辨别行为的基础在于有机体活动中的再调适层面。直接而连续的生命功能中只有分工，没有区分。我们可以说生命过程是能量的整合，并且这些能量可以被区分为有机体条件和环境条件，但即便这种说法也存在着危险，因为我们可以对此作这样的理解：两种从一开始就不同的事物以某种方式在一个活动中彻底地组合在了一起，我们将这一结果称为整合，这个整合暗示了先在的区分。但我们所说的意思完全不同于这样的理解。生活过程就是统一或整合，区分只是阶段性和周期性地在其中出现，并且，区分出现的时候正是再调适的时候，也就是生命活动的连续体需要作出直接改变的时候。一般来说，在这些需要作出改变的时候，意识会变得更加敏锐一些，因此在这些时候我们会更加关注那些互相反对的因素，我们必须在它们之间 329
建立合作性的联系。比如，我们在很长的一段步行中并没有特别地意识到地面或腿部，但是当某个超出预期的新事物突然出现时，我们马上就意识到了地面和腿部。又比如，当在学习开车时或是车子运作不灵时，我们会有意识地区分车子的机械结构，同时我们还要注意分辨自己拥有哪些技术和资源能够让车子重新顺畅地运作起来。在我们熟悉了这些干预活动和调适过程之后，我们所作的区分就带上了直接的心理意义（也就是我们俗常所说的情感、意志和理智），继而成为习惯而被用于所有的情况。从实际的角度来看，这样做并没有害处；并且，对于研究特殊问题来说，维持区分是一个积极的办法。但是如果我们将这种本质上完全是生成性的和功能性的区分变成一种不同的存在，那就会造成巨大的危害。

上面这个观点应该已经暗示了经验（等同于“生命功能”或生命活动）这一概念潜在的哲学价值。每一个研究思想史的人都知道经验这个词是很容易产生歧义的。诚然，用经过文化转化的生物活动来分析经验的做法可以避免一些危险的历史性混淆和扭曲。这个观点所暗示的经验概念所涵盖的范围是很广泛的，我们不仅可以对此作一般的应用，还可以在需要的时候对此进行特殊的限定。“经验”并不是指出某类东西，至少不是机械的东西。“经验”指的是一个兼容性的指涉框架，因此它既是一种警告又是一种指引。作为最广义的哲学范畴，“经验”警告我们必须把每一种区分和关系都放在它们出现的语境当中，也就是连续生命功能的系统当中，并考虑它们是如何在其中运作的。经验的完整功能指的是有机体与环境的互动，它是一个“双管”（double-barreled）的概念，既代表进行经验的模式，又代表被经验的模式，这样，它就能防止哲学思维暴力地将这两者割裂开来（这种主客体的分裂是现代认识论传统的特点）。它还能帮助我们认识到，我们不仅仅是生气（angry），而是对某事生气（mad-at-something），这里的“某
330 事”是生气的一个内在组成部分；同样地，我们不仅仅是“想”和有“想法”，而是在想“某事”，而我们的“想法”则是一种因为未来才会存在的建议。

出于界定的需要，我们习惯于根据它们被经验的方式来区分经验内容。传统心理学将“经验”划分为两种独立的存在秩序，在这种心理学的影响下，人们通常将想到的当作概念，将看到和听到的当作知觉，而将直接感觉到的当作感觉材料。但是，这一事实并没有摧毁下面这种做法的价值，即通过对经验方式——也就是包含在某个特殊互动中的心理条件——的探究（而不是通过所谓的反思性魔法）来区分经验内容。我认为没有人会否认知道下面这些在实践上和理智上都是有帮助的，即这个内容是通过做梦的形式被经验到的，那个内容是听到以及对所听到的进行回忆而得到的，而另一个内容则是通过视觉器官直接看到的。但是这种描述并不是我们原始经验到的。它们是附加的，就像我们说一个人是小偷或懒人，或者为了一个孩子以后的行为告诉他之前所做的是贪婪的或有礼貌的一样。在这些情况下，我们给出的名称指的是由联系组成的事件，对这些联系的把握能够有力地帮助我们控制某个特殊事件的出现或不出现，同时也间接地控制了同类的事件。

在科学实践中，“观察”通常占据着特殊的地位，并扮演着关键的角色。为了正确认识观察的本质，恰当的方法无疑是研究（也就是去“观察”）观察是如何在最规范的科学活动中发生的，比如天文学家在观测室中、生物学家在显微镜前、物理学家在实验室里、地质学家在岩石堆中进行的观察。有人认为，我们越是将观察与其他经验方法区分开来，就越能以一种全面的眼光把它和其他方法系统地结合起来，也就越不容易在下面的问题上出现偏差，即观察到的材料在科学探究中的功能如何，以及让这些材料获得最有效运作的条件是什么。但是这种观点中存在着许多陷阱。比如，即使在科学实践中，我们也常常会发现人们在分析和描述“经验”时，完全没有考虑到经验是由问题感所引导的，也没有意识到我们
331 不仅需要假设性观念或假设性解释，还需要特殊的证明性材料才能测试这些观念或假设。将来我们也许能够消除这些认识论心理学的残余，这样我们就不再需要一个系统的经验理论（这种理论在不同的经验方式之间进行区分并将它们

系统地相互关联起来)，但这个时候还没有到来。

不管我们如何使用经验，为了避免传统的错误，也为了引导探究，我们都必须将同哲学相关的所有心理问题的背景和前景考虑进去。因为那些很久之前起源于哲学(哲学本身又是由旧信念和旧态度所控制的)的观念已经进入了心理学理论，但另一方面，心理学理论又被认为必须具有非哲学的“科学”状态和根据。因此这些观念只好再一次回到哲学当中，并且没有人会想到，为了成为哲学探究的标准手段，它们需要受到批判，甚至是修改。我曾经认为这就是真正哲学进步的主要障碍，那时候那些拥有巨大学术影响力的杰出哲学家仍然只是在敲打认识论的外壳。只有一种方法可以满足我刚才提到的将背景和前景全都考虑进去的需要，那就是生成性和功能性的方法。这种方法之所以是生成性的，是因为它考虑的是对象产生的条件，就像是天文学家、古生物学家、生理学家和病理学家通常所做的那样，这样他们就能确实控制那些特殊的被观察到的事实。这种方法之所以是功能性的，是因为它具体指出了被检查对象在产生时做了什么。原初的、生成的、功能的、运作的这些词总是会引起误解。为了避免误解，我所知道的最好办法是确保这些词所指的对象是时间性的，并且在时间上是连续的。如果这个条件得到了满足，我们就有希望认识到，任何研究的内容都必须同之前的内容(生成性的)和之后的内容(功能性的)联系起来。将对象从它的语境(心理事件是在语境中发生的，并且从语境中获得它们的意义)中孤立出来的做法是来自传统的一个诅咒，并且仍然流行于心理研究中(至少在哲学中是如此)。我只能相信，那些在实验室中研究动物或心理紊乱者的心理学专家在解除了来自这一思想遗产的负担之后，能够做一些更有效率的工作。如果今天的哲学家能够 332
从他们的心理学同事那里借用一组一般观念，那么他们就能以这组观念为工具去代替心理学家无意识地从哲学中借用过来的那些观念。在物理学、生物学、人类学及其他文化研究这些“田野”理论取得今天的进步之前，我们应该还不具备这种条件。现在，这些学科已经将理性工具放到了我们手中，我们已经具备了可以建构和使用生成性和功能性方法的条件。

II

作为生命活动的连续进程，经验中充满了变化的阶段。从更大、更极端的范围来看，某个阶段既为我们提供了构成遥远过去的黄金时代的材料，又为我们提供了构成遥远未来的乌托邦和新千年的材料。说得更真实一点，这些阶段为我们提供了一种形式和框架，在具有了内容之后，这种形式和框架就变成了理想。在更强烈的形式下，这些阶段又变成了能量、热情和人类勇气的来源。变化的阶段就是努力和斗争的阶段。对比加剧了这些阶段之间的关系以及它们之间的统一。对立的出现刺激并挑战了统一与和谐的需要。统一与和谐带来的不仅仅是满足，因为它们还是斗争完成和征服障碍之后到达的终点，努力的过程充满了冒险和浪漫的性质。

这种关于经验的一般理论的更为重要之处还在于，之前占支配地位的和谐互动为中断和调整的干预阶段提供了材料，也就是说，提出了特殊的要求和具体的实际问题。这些干预阶段只是一般连续体中的中断期，而这一连续体则有它的独特构成。如果我们考察体现在某个特殊传记或特殊历史阶段的特殊社会群体中的实际经验进程，我们一定会对教条的力量留下深刻的印象，教条一旦变成了被当下所接受的习俗，就不但会扭曲我们对实际的认识，还会将后者隐藏起来，让我们想不到，甚至看不到它们。即使站在最一般的角度来看，较之于实际
333 经验中存在的巨大差异，一小部分感觉材料（无论简单观念及其组合如何对此进行补充）完全没有能力去构成哪怕一丁点的事件运动，这一点明显是毫无疑问的。认识论哲学家考虑的问题是，“物理对象”和自然科学的特殊事实是如何从感觉材料及其最广泛意义上的相关物那里派生出来的。但是同用孤立于首要生命活动进程的心理材料建构人类历史这个任务相比，上面这个认识论问题就显得苍白而琐碎了。

我们之前讨论过的一个问题最为明显地应用了上面所说的观点，这个问题是：是否存在“个体”心理学①，是否存在脱离互动（在这种互动中，社会文化条件构成了环境）的心理事件？我们在这里的观点是，无论具体的材料还是具体的运作都包含了再调适。调适是将互动的因素统一到足以维持生命过程的程度，它是经验进程中批判性阶段的事实和内容部分，而非形式部分，而经验本身又是由各统一阶段的内容所决定的。对于参与统一进程的行动者和行动过程来说同样也是如此。最终的情境决定了经验进程会在哪个层面上进行下去，也决定了要通过再调适达到的目的的特征。这一概括性陈述只是想指出，鱼的“目的”是像

① 当然，“个体”的含义本身也是通过“社会”概念来描述的。

鱼一样生活，牛的“目的”是像牛一样生活，老虎的“目的”是像肉食动物一样生活，野蛮人的“目的”是像野蛮人一样生活，文明人的“目的”是像文明人一样生活（根据他所处的文明程度和文明性质）。更具体地说，这一陈述是想指出，只有一种一般性的经验理论才能为我们提供作为探究工具的原则，这种探究的内容必须来自对社会情境的观察。心理学理论能为我们提供的只是框架，而不是内容。

III

我们已经指出，为了有效处理特殊问题而进行的分析将“经验”消解为经验方式和经验内容，前者构成了主宰互动的有机体成分，后者则构成互动中最直接和明显的环境因素。我们还指出，这些考量可以被哲学分析描述为生成性和功 334
能性的方法。任何问题的解决都依赖于陈述经验内容所处条件的能力，在这些条件中产生了构成特殊问题的材料以及之后的结果（这些结果也是经验中的被经验到的材料）。简言之，“生成性和功能性方法”这一表达指出了下面两点：首先，将问题的材料放到语境中的做法能够推进哲学探究；其次，语境是由作为互动的先在材料和之后的生命功能所构成的。根据以上所说的这些，这种方法同每一个科学探究所用的方法是相似的，因为任何一种关于“原因—效果”之关系（这种关系是科学描述和科学解释中的主要范畴）的理论都会将孤立的现象放到连续的时空语境当中去。

哲学在使用这种普通方法时的特点是考虑语境中那些更一般、更持久，并且被特殊的科学理论所忽视和遗漏的成分（这些成分是如此持久而普通，以至于被理所当然地忽视了）。哲学分析与哲学描述的任务是将专业材料与“常识世界”（我希望这一说法不至于引起太多的误解）——也就是构成日常生活经验的事件与交往——之间的联系明确地展示出来。[①] 社会层面和环境因素在所有的经验中都存在，只不过它们没有在特殊的理论中以明确的形式表现出来。被称为兴趣、考量、意图、享受（或受苦）的性质在经过抽象之后就可以描述一手经验的特征。科学本身的存在也是因为直觉性倾向和冲动，只不过这些倾向和冲动最终被整合进了相关的工作当中。哲学的任务是将特殊的主题、命题、结论、活动等

① 哲学特别考虑的这种联系还与影响未来社会互动的目的和策略相关，这一点我们已经在前面的章节中指出了，后面也还会对此进行讨论。

等放到一个兼容的语境中，也就是说，哲学不但要考虑这些特殊的内容，还要考虑广泛的抽象时空语境，哲学通常将这种语境一般而全面地定义为“理性的”或“物理的”。

每一个经验内容都是由有机体与环境的互动决定的，因此，每一个探究内容都属于一个领域或情境。领域或情境具有一种空间和时间上的一体性
335 (togetherness)，构成情境的存在物和事件都处在这种一体性当中。这里所用的“一体性”涵盖了通常所说的相互联系与相互关系。我之所以使用这个从“一起”派生出来的词，是因为想尽可能地避免对事物联系在一起形成情境的方式带有偏见。“关系”的概念常常被辩证化，用以支撑某些特殊的哲学结论。比如，它被用来证明某些一元论结构与封闭宇宙的必然性。“一起”这个词否定了任何完全孤立的存在，并指出了日常经验的领域性或情境性。它为观察所得的每一种联系都留下了空间，而不是将它们强制纳入某些首选的形式。比如，它还包括了詹姆士所说的“各自”(each-to-each)或个体形式，而不仅仅是“所有”(all-form)或集体形式。它为詹姆士所说的“延长”(strung-out)的关系提供了空间，只要我们能够观察到这些关系。如果我们能够完全领会到这些，情境在空间上的延伸性和时间上的持续性也许可以被认为是模糊的(indefinite)，这里的“模糊性”中包括了边缘的模糊阴影，这些阴影中也许包含着会在其他经验情境中变成焦点的(也就是会变得明亮而清晰的)事物与联系。

我们还应该清楚，如果要避免误解，在特定时间和地点存在于联系中的中断(如果它们被观察到了)也必须被认为是经验领域的真实组件。在一个一体性的时空连续体中可能会出现中断的情况，这样的说法也许有一点矛盾。但这种矛盾即使存在也只是字面上的。有机体因素与环境因素的互动中肯定会出现不平衡，这种不平衡是再调适与再组织的契机，它们的功能是引发方向上的改变。连续的情境中存在着相对不连续，这样说的意思是，生命活动的连续体为我们提供了改变的机会，这些改变不仅是量上的，还是质上的。不平衡制造了一种相对未决定的状态，同时也重新组织了经验材料，从而造成了从一个情境到另一个情境的过渡，并以这样的方式维持了生命历史的连续性。缺少了这些关键结点，就不会有生长，也不会有倒退，生命就变成了一个完全同一的平原。在延伸于时空的
336 情境中，再组织的不断发生维持了生命对变动条件的适应，离开了这些，生命的

过程就只能是片段的前后相继，没有足够的连续性让这些片段(disjecta membra)成为生命的“成员”(member)。

这些对情境的一体化构成方式的讨论从一开始就预见到了可能会引起的误解。詹姆士提出，区分是一种关系的模式，这一观点几乎完整地总结了对这些误解的回应。[①] 我大致认同詹姆士的观点，前提是还要加上一点：区分和一致的形式有很多，在不同的情境下(或者即便是在一个情境下)，联系的松紧程度也不同。现在我们要考察的是情境的一般性质，为此，我们需要考察哲学史上那些具有重要影响的问题。我们首先要讨论的性质来自下面这一事实：每一个情境都是有机体因素与环境因素的互动，并且，这两个因素互相融合、混合，并统一在一起，只有外在的分析才能将它们分成两个概念，但即便是这样，这种反思性的外在分析也必须在已有科学探究结果的指引下进行，这样它才能将情境看作一个整体，而不是两个因素的互动。[②] 关于情境的第一个一般论断是，情境包含了所有审美、实践或理性认知上的特征[③]，这些特征混合在一起，我们无法在一个直接的情境中将其中一个同其他两个特征区分开来。这样说的意思不仅是说情境具有这三种性质，还是说，知识、实践和审美这三个词所表达的直接性质是彻底融合在一起的，因为来自直接情境之外的问题的压力，我们才通过分析将它们区分开来。对于知识、实践和审美，不同的思想学派有着不同的解释或描述，这一事实间接地确证了这三个词所代表的性质既不是属于完全不同的情境和经验事件，也不是一个情境中的不同性质。因为无论是哪一种情况，这些明显区分的特征都会呈现在经验内容的表面，这些差异巨大的解释也就不可能存在了。但是 337
这些词代表的是在处理问题的过程中有意为之的区分(在这个意义上它们完全是人造的)，那些已经独立存在的关于技艺、工业、道德和科学的不同观点则会控制区分性的选择过程，而知识、实践和审美正是在这种基础上被定义的。因此，我们应该能够预见到历史上的以及当下存在的不同观点。毫无疑问，任何知道一点思想史的人都会认为这种区分只是“经验”或“意识”表面的区分，只要对此

---

① 《逻辑：探究的理论》，第54页。[LW 12：60.]

② 这个一般原则是下面这一事实的基础：陈述一个特定性质(即感觉性质和感觉材料)是在陈述因果条件下的性质，而不是直接呈现的性质。

③ 因为“理性认知”会产出种种误解，我将在后面使用“知识的”(epistemic)这个词，以避免同“认识的”或“认识论的”(epistemological)混淆起来。

稍作检验或反思就能将这些特征直接去除。[①]

我们之前在讨论生命功能时指出，生命功能既是反映生命的直接生活阶段，又为(因为生命是连续的)未来的调适性互动作好了准备。在预期之后发展的过程中，即便是更简单的生物形式也展现出了准备性和完成性的特征。但是在更简单的生物形式中，每一个变化既体现了一个连续的时间进程，又预示着下一个体现在变化中的进程。在简单的生物形式中，我们不需要在准备性层面与完成性层面之间作出区分。在更高级的生物形式中，比如由远距离接收器官所参与的生命形式，直接的接触过程与为之后的接触功能(比如进食、交配，以及更加遥远的繁殖)创造条件的过程是有所区分的，这种区分为我们在准备性层面与完成性层面之间作出区分提供了基础。但是这种区分至多是一种相对性的强调。正如之前所指出的，我们不能否认逃离敌人、逼近猎物的行为本身是被享受的生命能量的直接表达，我们也不能否认在连续的生命进程中，最明显的完成活动会影响之后的生命功能，因而这些活动实际上也是准备性的。前面的讨论还指出，单纯工作与单纯享受之间的区分是不正常的，尽管人们已经无意识地将这种区分当作了一种理论模式，用来在工具与结果、外在“价值”与内在“价值”之间制造完
338 全的断裂。

每一个情境都是由有机体因素与环境因素之间的互动决定的，这一事实让我们注意到这两组条件分别作出的贡献。一般的形式化结论是，情境具有分别被称为知识、实践和审美的性质(如果我们将它们从情境中剥离出来)，这一结论让我们注意到来自有机体的贡献。这些形式化性质的实际内容以及不同的思想体系对此作出的不同解释让我们注意到环境所扮演的角色。[②] 现在我们要简略地考察一下第一点。

“实践”这个词具有很多模糊的意义。这里尽可能在最中立的立场上使用这个词，也就是指情境的某些质性方面。下面这个取自牛津大词典的定义同这种

---

① 我们可以从实际经验中去除所谓的心理学的基本三分，即理智、情感和意志。我们只是在处理问题的过程中将某个特别的性质实体化了，这样一来，原本用以区分三种不同性质的合法手段(artifice)就带上了坏的人造性(artificiality)。

② 如果我们将有机体削减至狭义的生物体，而忽视了与社会条件的互动给生物带来的改变与转化，那么作为哲学工具的有机体所扮演的角色就是纯粹形式化的。

用法的要义最为接近："具有或暗示与行动相关的价值或结果。"但是"行动"和"活动"在哲学中的意义同样多样而不确定，并且有些意义进一步变成了独立的行动者或力量，因此，从某种意义上来说，这种"行动"同我们的立场是直接相反的。我们强调的是，与行动相关的之后的结果，"做"和"制作"是中立的，并不暗示有一个行动者或制作者存在，同样地，正在做或发生的某事也必须同它的结果联系起来。所有情境都具有与条件相应的性质或质性层面，这一定意义上真实地表达了下面这个事实：生命是一个连续的调适性互动过程，任何发生的事件都必须促进之后的生命功能，或者至少不能给之后的发展造成无法逾越的障碍。每一个构成生命过程的互动状态和互动阶段都包含了预期性的指涉，这种提前或预见性的指涉一定会显示在它所制造的情境的直接性质当中。比如，某个带有明显反思性内容的情境就直接或间接地证明了这一结论的正确性。直接的证明是：为了获得之后行动的引导和指示，过去的内容（心理分析将这种经验方式称为回忆）形成了情境最明显的焦点部分，并且这种情况的发生比我们一般意识 339
到的更频繁。间接的证明是：过去的显现是怀旧性的，这种情况通常都包含着逃避现实的元素。上面所说的这些并没有暗示为未来作准备的这些性质必须是情境中的主导，甚至是显著特征。恰恰相反，在有些情境下，"审美"性质占据了最主要的位置，人们甚至不会明确地表达或意识到任何预见性的指涉。我们这里的意思是，连续的生命功能包含了"过去—当下—未来"这些相互依赖的时间因素，每一个情境（包括审美性最为突出的情境）都具有一些由有机体习惯性的预见功能所带来的层面。

IV

审美艺术的运动经常会有一些持久的后果，回过头去看，这些后果往往是预言性的，虽然这种预言并不是这些运动的原本意图。带有强烈审美特征的情境能够让我们从对未来的担忧、焦虑和顾虑中解放出来，对我们来说，由此获得的自由要比任何亚里士多德意义上的净化（*katharsis*）更加健康，正是因为没有表达任何对于未来的指涉，它的结果才更加重要。我想指出，在这个意义上，教育与审美是同类的。最彻底、最深入的教育情境（无论是"指导"还是"训练"）是那些有机体因素与环境因素进行整合互动的情境，在这些情境中，人们甚至意识不到它们所具有的教育意义。通常所说的最牢固的经验正是那些对有机体因素

(态度、倾向和习惯)——之后的情境正是在这些因素的基础上形成的——影响最深刻的经验。

我之所以用极端的情境来作例子，是为了预防下面这个可能会有的反对意见：有些经验中并不存在被描述为预见性指涉的特点或特征。为了证明这些特征一定存在，我们只须指出，经验的每一个阶段和层面都存在一个意识焦点。在很多情况下(在我这里总是如此)，正是那些我们没有意识到的因素造成了那些
340 被我们意识到的特征，这一点就足以说明问题了。① 至于那些具有明确的预见性指涉性质的情境，我想指出的是，这里的立场并没有假设存在一种属于心灵、自我、人格或意识的预期(或预见、预测)力量或官能。就心理分析而言，冲动和习惯也是有动量的，它们会向前延伸。更一般地说，所有生命过程都是连续的，未来会给任何情境(有机体因素是其中一个组成部分)的性质都染上颜色。怀特海这样描述经验："将未来割除，当下就瓦解了。"②审慎(prudence)也许可以被培养成一种美德，滥用之下也可以退化为一种缺陷。但是无论如何，构成策略、手段和计划的元素存在于每一个动物性生命的进程当中，并且这些元素的根基毫无疑问是在植物性的生命中。离开了这些成分，包含在生命过程中的时间序列就不会存在。

这里不需要考虑政治和道德是否是由审慎发展而来的更为复杂的形式(因为我们通常将审慎与环境的时空介质联系在一起)，也不需要考虑它们之间的不同是不是一种不同的秩序。在任何情况下，我们都必须认识到下面这一事实：政治和道德考虑的是广泛而持续的情境，并且这些情境都是预见性的。如果我们能在这里回顾传统的与当下的经济、政治和道德理论，就会发现这些理论通常并没有做到这两点。亚里士多德和中世纪传统的追随者们将审慎变成了一种官能或力量，而那些清教传统的拥护者则将它变成了良心。无论是哪种情况，在与社会条件的互动中发生转化的有机体因素都被实体化了，因为人们将它从它所参与构成的情境中孤立了出来。另一方面，那些"科学"理论为了避免上面这些理论所带有的主体主义，将"客观"与外在等同了起来，因此也就同它们所反对的

① 这里的"意识"与"无意识"是在口语意义上，而不是在哲学意义上被使用的，哲学试图将它们作为一种实体、力量或行动者。

② [怀特海：《观念的冒险》(*Adventures of Ideas*)，麦克米兰出版公司，1933 年，第 246 页。]

理论一样，保留了内在与外在的二元论，并最终以一种形式的武断代替了另一种形式的武断。有些道德理论甚至想通过建立控制一切的“第一”原理以及永恒而先在的“自在目的”来排除所有行为情境中的预见性指涉，从而奇迹般地从所谓的目的中消除一切对结果的指涉。它们因此认为所有指涉结果的道德理论都是低级且没有价值的。我们必须承认，有些指涉结果的道德理论并没有看到结果总是情境化的，这些理论因而也就要么倾向于功利主义的“内在”享乐层面，要么 341
倾向于功利主义的“外在”体制层面（在政治学和经济学上）。道德理论一旦忽视了存在于所有行为情境中的未来阶段和预见性阶段，下面这种情况也许就不足为怪了，即自称科学的经济和政治理论将自己的研究对象限制为“存在”的事物，并且将后者等同于已经结束和已经做过的事，这样，这些理论就无法认识到每一个经济和政治命题事实上都包含了对应做之事的建议（这种建议最终是基于对某些政策形式或社会安排的偏好，在这个意义上，这些命题是社会策略的表达，它们指出了需要被采用的社会行为进程）。

我认为，人们普遍承认指涉未来的知识是低级的“非科学”认识。传统观念将技艺和手艺降格到了“实践”的领域，根据这种观念，考虑后果的知识不过是在强调技艺知识的低级地位，这些知识是同科学知识的永恒对象（甚至是暂时对象）相对立的。这个观念有意无意地支持了下面这个观点：正是永恒的知识让哲学成为了至高而终极的科学形式。我并不想在这里对所有自然科学中的预见性指涉内容作细节性的讨论，我只想说，反对预见性指涉的批评通常都是基于对这一观点的误解之上的。最常见的误解形式是将关于对象的知识或认知层面的理论转化为关于认识动机的理论，并进一步将我们的理论削减为认为科学探究者也有某些“个人”目的的理论，如果我们将这里的个人目的等同于某些“物质”利益形式，那么这种误解的效力就更加强大了。事实上，关于动机的一切同我们的立场是完全不相关的，它们的进入说明批评者们还不能将“主体主义”从他们自己的知识理论中清除出去。

一般的批评（包括上面提到的）都会忽视下面这个事实：知识中的预见性指涉完全是在情境中对结果进行定义，而那些不熟悉探究和情境概念的批评者则将结果当作了某种“内在的”（主观的或个人的）或“外在的”（客观的）东西。这样 342
做之后，他们的“反驳”就变得非常容易。为此我们需要回到我们的主要观点和指导原则：知识只是情境的一个层面，每一个被直接经验到的情境都混合了知识、实践和审美层面，为了某些特殊目的，我们把它们从情境中抽离出来才作出了这样的区分。每一个认识过程都是从情境开始到情境结束，并且整个过程都是由从一个情境转到另一个情境的能力所控制的，然而对此我又提不出任何证据，因为"证明"(demonstration)的首要含义就是直接指出或指向，就是直接呈现和展示，这种含义同派生出来的通过理性或话语来展示是不同的。这种证明要求对于呈现对象的直接观察，这种观察是一种自愿的回应，这种力量并不是任何人都能获取的。如果我们进行这样的观察，那么我认为我们只能得到下面两个结果：(1)经验首先是一种广泛的情境，且具有这样一种性质，能够在有机体一方唤起互动的模式或行为方式，这种占主导地位的模式非常明显，构成了作为延续行为的认识过程；(2)我们能够修改原始情境的某些特殊方面，从而控制原始情境向另一个情境的转化。①

关于第一点，我想再补充几点，这样那些愿意采用这种方法的人就能更容易地掌握这种证明的运作。有没有人能想象一种从孤立的感觉材料或互相之间没有联系的不同感觉材料出发的认知运作，或者想象一种从孤立的对象或相互之间没有联系的不同对象出发的认识行为？我邀请有兴趣的人都来尝试这个实验，你可以选择观察任何实际的探究、研究和反思，只要你的观察摆脱了任何先在的心理学和认识论理论的残余。这种实验的结果可能是，有人会反对使用"情境"这个词，如果是这样，那么我欢迎任何其他的建议。但是我相信，无论使用哪个词，它一定具有我赋予情境的那些特征和性质。② 我不想在这里重复之前的
343 讨论，但是前面的讨论的确最好地说明了认识理论是如何建立在对早期流行信念的接受(和恢复)上的。我们的观点建立在一个简单的假设上：如果一种关于知识和认识过程的理论能够建立在对认识结果的观察上，那么这种理论最有可能成功。

基于这一立场，我们的主要问题并不是考虑认识过程与情境(情境的预见性指涉影响着认识对象)之间的关系，而是考虑有什么证据能够证明每一个情境都

---

① 第二点当然是在重申我们上面对未来性指涉和结果的讨论。

② "视界"(sights-seen)一词传达了同样的含义。参见本特利的文章。[《作为知识材料的视界》("Sights-Seen as Materials of Knowledge")，见《哲学杂志》，1939 年第 36 期，第 169—181 页。]

具有知识、实践和审美的性质。然而在我看来，寻找特殊证据并不是出于事实的需要，而是出于理论状态的需要。哲学家常常过于关注知识理论，并且进而认为只有把艺术和审美经验还原为知识或“真理”的载体，我们对它们的处理才可以说是充分的。根据他们的立场，这是唯一一种使审美经验免受无价值之责难的方法。我认为这种观念与艺术家及提倡直接审美者的观念最不相合。后者自然会提出反对。最现成的反对形式是强调审美经验的情感本质。这种强调经常否认审美经验同行为和“理智”的所有联系。将审美经验还原为某种科学、哲学或道德真理的载体的做法侵害了直接审美经验的性质，也阻碍了对任何可以被直接享受的艺术的创造，在这样的观念下，人们就会怀疑认为艺术和审美经验包含着“理性”性质的观点其实是想把一些外部的东西放进来。根据我们的观点，性质在任何情况下都是阶段性的（phase），或者说都是一种强调（em-phase）（审美经验中最显著的是审美阶段，在审美经验中，知识性质完全从属于渗透的性质），但即便是这样，上面那种怀疑也依然会存在。但我们还是有必要指出两点事实。我不相信任何一个艺术家对事物的性质会不带有强烈的敏感，会不去敏锐地观察自然现象，他们的艺术作品会不受观察的深刻影响（即使情感性的想象已经制造了巨大的转变）。就审美经验而言，我们只须注意下面这个事实：那些最坚信 344
审美经验的情感本质的人也会犹豫是否要将这些性质还原为单纯的情感爆发，但是在排除了所有知识的成分之后，他们也只好这样做。①

有些人认为观察是为哲学提供材料和检测标准的唯一合适的方法，在我看来，这些人并不会对这里提出的观点产生严重的分歧。有些人认为每一个情境都带有“理智”、“情感”或“实践”的性质，这种想法是一种倾向于孤立的夸张，其产生的原因是过分夸大了环境因素在决定情境上的作用。人们认为这就是审美经验经常会自我激发的原因，这样说的意图当然是为了拔高审美经验，但它的代价是否认审美性质（在情感上获得满足和生机的性质）与大量日常经验的联系。当前经济层面的社会条件将日常经验中的审美层面削减到了最小化。人们活动的直接层面几乎都是为了“将来的”目的，只有在预期将来的回报时，这些目的才具有直接的可被享受的、令人满足的性质，自然，这些性质并不能留下明显的特

① 下面这个事实有一些讽刺：那些相信所有艺术都是“抽象”并且/或者“非客观”的人同时也将艺术作品理智化到了最高的程度。

征，也不能造成干预行为的直接后果。这样，审美元素就从“生存”活动（对人类来说，这种活动是占支配地位的）中缺席了，人们由此认为所有与物理环境有关的行为（比如工作）天生就不具备审美元素。今天的大部分工业都是准备性的和“工具性”的，这种准备孤立于直接的完成或实现。将经验分割成不同种类的理论无意识地（就这些理论的基础而言）符合了流行的经验类型。

正如我们已经指出的，当下对“实践”的理解受到了上面提到的这些文化环境的深刻影响。实践被等同于那些以结果为目的的经验，而这些结果则是由外在强加的因素所造成的。这种情况常常发生在那些不是以做事本身为目的而去
345 做某些事的人身上（经常还包括学校里的孩子），并且，他们做事的目的常常是由极不平等的社会条件所决定的，因此，他们的目的乃是来自能够发生巨变的社会条件，而不是人类联合的事实。然而，古希腊人不可能去想象一个他们所不熟悉的、社会阶层状态极为不同的社会。这一事实体现在下面这个信念当中：奴隶制是“自然的”，因为有些人（并不完全等同于特定社会中的奴隶）天生就只是实现外在目的的工具。无论古希腊社会是基于何种理由认为有些经验是“实践的”，并规定了很大一批“实践”阶级，我们现在知道，“实践”情境是我们自己的创造，并不是“事物的本质”。经验情境的特征应归于可变化的环境条件，它不能被认为是内在心理条件的表达。

“审美”与“实践”（这两者又是同一个基本分裂的两个层面）的分裂反映了实际的社会条件，因此错误并不在于反映出来的结果，而在于假设自然或经验中有不同性质的存在。但知识元素之间的分裂则不是这样的。知识以及获取知识的努力从来没有在社会构成中占据一个突出的位置，知识阶层也从来没有取得过高级的特权。即便是得到这一地位的时候，知识阶层的身份也是僧侣，人们尊崇他们，因为他们是超自然力量的守卫者和传播者，这一事实也间接地证明了知识的低级地位。的确，最近一个半世纪以来，科学的声望和科学家的地位已经获得了巨大的提升，但这只是晚近的事，并且，我们还不确定获此殊荣的是科学事业本身还是科学知识在工业和战争中的应用。惯于讽刺的人或许会说，知识所获得的孤立而崇高的地位本身就反映了以文字谋生的知识分子以及其他带有低等情结的人在利用自己所处的地位对自己进行过度补偿。

索　引[1]

① 本索引每个条目后所附的页码均为英文原版书页码,即本书边码。在翻译中发现,有些词条在正文中并未出现,出于研究目的,本索引保留了这些词条。——译者

译后记

复旦大学刘放桐教授、各位学界前辈和编辑朋友对《杜威全集》不遗余力的译介使汉语学界对杜威的全面认识逐渐成为了可能，这实在是当下希望了解和研究美国哲学的读者的幸事。三十七卷的《杜威全集》不仅标明了杜威思想的发展脉络，还为许多我们以前仅作口号式理解的概念提供了深厚的语境。但是《全集》并没有为我们标明杜威思想的起点和终点，这是杜威思想作为一种开放式的哲学的特点和优点。这种情况也许会对我们把握杜威思想造成一定的困扰，比如，我们应该如何定位杜威早期思想中的黑格尔遗产。但这种开放性很好地代表了实用主义的邀请性姿态：理论的发展依赖于多样性和建设性的阐释，而理论的可能性则直接创造了实践的可能性。在这个意义上，我们很自然地会问：如果给予杜威更多的时间，他的思想会发展到何处，他的思想对我们当下的境况又会有何种启示？现在，通过这本精心编辑的杜威手稿，这种发问也许能够得到部分的回答。除此之外，我们也许还能得到足够的材料来把握杜威晚年的思想脉络及其文化哲学史观的基本要义。

综观全书，杜威的基本观点是现代哲学承袭了旧的、误导性的哲学传统，即古希腊与中世纪以来的二元论传统，因此，现代哲学从根本上来说是非现代性的。他希望通过提出一种"文化"的哲学史来重建一种真正"现代"的哲学，这种现代哲学着眼于人的情感功能与探究功能，把人作为目的性的有机体置于自然与文化的环境当中。

具体来看，这部手稿的重要性至少体现在下面几个方面。

首先，杜威在这里提出的功能性的心灵观对我们脱离"认识论的泥潭"来重构身心关系的问题提供了有意义的启示。杜威的心灵观有两个重要的观点。第一,作为一种功能性的意向系统,心灵意指了一种连续的生命性传播和互动。当有机体能够理解个体之间的意义互动,并能预见行为可能产生的后果,且作出合适的回应时,心灵就产生了。第二,杜威的心灵观指出了自我希望交流、发展,并拓展其自身界限的潜力。这种实验主义的心灵观最终落实到了杜威对智性的强调上,正是通过智性对心灵发展过程的控制和引导,经验(或者说文化)才能逐渐生长,达到一种有益的多样性。

其次,杜威的文化哲学史观可以被看作其一生所倡导的“探究的逻辑”的一种应用,这种应用不仅指明了一种操作的可行性,更是在一种深层次的意义上为“探究的逻辑”铺陈了操作的场地。在杜威看来,逻辑的意义并不在于通过一些不变的关系项建构起关于宇宙的理性结构,也不在于阐明符号性语言的形式化结构。逻辑起源于探究,其意义在于控制探究的过程以达到有根据的可断定性,在这个意义上,逻辑是有条件的、渐进式的,且是生成性的。杜威的逻辑不仅着眼于经验,更着眼于经验的转化、改造与发展。杜威以功能主义的立场重构文化的深意即在于此。重要的不是找出文化蕴含的价值,而在于如何智性地研究和发展这些价值,让价值变成有价值的。如果能够成功,这种重构就能导向一种真正“现代”的哲学,这种哲学以“存在的类别特征”取代自我封闭的范畴,以建构性的对话式逻辑取代先在的本体论框架,用杜威自己的话来说:“最完善的逻辑应该回归逻辑这个词的原始意义,即对话。”(LW 2: 371)《非现代哲学与现代哲学》可看作杜威式的逻辑在文化层面上的一次真正运作。在杜威看来,逻辑在文化中本体论式地展开(黑格尔)并不是逻辑的真正运作,逻辑的真正运作乃是生成性的,其关涉的对象不是逻辑范畴之间的关系以及由此建构起来的逻辑秩序,而是以存在的类别特征为基础的实验性构建。杜威赞同黑格尔将逻辑的展开等同于当下现实,但在杜威这里,这种展开是方法上的,而不是体系上的。因此,这种展开最终依赖的不是绝对精神,而是想象力。

再次,杜威在本书中所举倡的现代性是治疗性的,而不是解构性的。比如,较之于传统哲学试图将人类从自然中分离出来,杜威试图证明两者之间的连续性与进化性的发展。较之于传统还原论的伦理学,杜威则认为伦理学应该是实验性的,在他看来,道德慎思的要义恰恰是要把幸福、权力或美德当作许多因素中的一种,而不是将任何一项作为规定性的范畴。罗蒂在晚期有一个著名的论断，即当英美分析哲学家和法国哲学家，比如福柯与德勒兹，走到道路的尽头，他们会发现杜威已经在等着他们了。谁更现代，是这些在路上的哲学家，还是在路尽头的杜威？要问这一问题，我们首先需要认同杜威为我们指明的道路是现代性困境的一条出路。那么这条出路是唯一的吗？杜威的回答肯定是否定的。那么这条出路的合法性何在？回答很简单，这条出路与其说是出路，更应该被叫作方法。杜威所指明的是一种在当下的境况下寻求发展的方法。这种方法是建构性，并且其本身也需要反思性的批判。方法之所以被叫作方法，其本质在于建造并未成形的事业，而不在于寻找某些预先存在的目的。这一以实践为导向的哲学气质保证了杜威能够跃出“回归传统/彻底解构”这一现代性语境下的基本理论范式，而真正思考现代性真正所能带给我们的东西，以及我们对现代性所能作的真正贡献。

这本未竟的手稿留给我们很大的想象空间，这种想象不仅仅是理论上的。哲学的现代性进程尚未开始，还是已经开始，或是业已结束？这绝不只是一个理论上的议题。杜威对此的讨论以及他所提出的真正“现代”的哲学的设想绝不仅仅出于理论上的兴趣。只要一个哲学家还有志于对文化作出贡献，甚至敢于为文化的发展指出方向，他所要做的绝不是自闭于某个理论框架之中，他需要反思的态度、丰富的想象力、足够的责任感，以及向文化中的一切经验讨教的意愿。这样的哲学思考，在杜威看来，是真正“现代”的哲学。

在翻译的过程中，我尽可能地保留了编者所呈现给我们的手稿原貌，但是仍然对一些不连贯、重复甚至有歧义、矛盾的地方作了最低限度的修改。感谢复旦大学哲学学院，特别是刘放桐教授和汪堂家教授在翻译过程中给我的鼓励和支持，也感谢我的导师 Larry Hickman 教授对我的指导和帮助。我的爱人周漪澜帮我通读了整部译稿。译文中仍然存在的问题，以及一切讹误和不当之处，当由我独自承担全部责任。

谨将本书献给恩师汪堂家先生。

图书在版编目(CIP)数据

杜威全集. 补遗卷：非现代哲学与现代哲学/(美)约翰·杜威著；孙宁译. —上海：华东师范大学出版社，2016
ISBN 978-7-5675-5235-7

Ⅰ.①杜… Ⅱ.①约…②孙… Ⅲ.①杜威(Dewey，John 1859-1952)—全集 Ⅳ.①B712.51-52

中国版本图书馆 CIP 数据核字(2017)第 259944 号

杜威全集·补遗卷
非现代哲学与现代哲学

著　　者　(美)约翰·杜威
译　　者　孙　宁
策划编辑　王　焰
项目编辑　朱华华
审读编辑　李玮慧
责任校对　李美娜
装帧设计　高　山

出版发行　华东师范大学出版社
社　　址　上海市中山北路 3663 号　邮编 200062
网　　址　www.ecnupress.com.cn
电　　话　021-60821666　行政传真 021-62572105
客服电话　021-62865537　门市(邮购)电话 021-62869887
地　　址　上海市中山北路 3663 号华东师范大学校内先锋路口
网　　店　http://hdsdcbs.tmall.com

印 刷 者　上海中华商务联合印刷有限公司
开　　本　787×1092　16 开
印　　张　23
字　　数　364 千字
版　　次　2017 年 11 月第 1 版
印　　次　2017 年 11 月第 1 次
书　　号　ISBN 978-7-5675-5235-7/B·1020
定　　价　98.00 元

出 版 人　王　焰

(如发现本版图书有印订质量问题，请寄回本社客服中心调换或电话 021-62865537 联系)